丛书被列入兰州大学『双一流』文化传承创新建设项目

萃英门

我的父亲母亲

主编 刘新陆 陈文江

副主编 王秋林 焦燕妮 刘继华

兰州大学出版社
LANZHOU UNIVERSITY PRESS

图书在版编目（ＣＩＰ）数据

萃英门：我的父亲母亲 / 刘新陆，陈文江主编. --
兰州：兰州大学出版社，2023.11
ISBN 978-7-311-06570-6

Ⅰ. ①萃… Ⅱ. ①刘… ②陈… Ⅲ. ①兰州大学—校
史 Ⅳ. ①G649.284.21

中国国家版本馆CIP数据核字(2023)第221299号

责任编辑　钟　静
封面设计　汪如祥
印章篆刻　何家骅

书　　名　萃英门:我的父亲母亲
作　　者　刘新陆　陈文江　主编
出版发行　兰州大学出版社　（地址:兰州市天水南路222号　730000）
电　　话　0931-8912613(总编办公室)　0931-8617156(营销中心)
网　　址　http://press.lzu.edu.cn
电子信箱　press@lzu.edu.cn
印　　刷　兰州人民印刷厂
开　　本　710 mm×1020 mm　1/16
印　　张　27.25
字　　数　430千
版　　次　2023年11月第1版
印　　次　2023年11月第1次印刷
书　　号　ISBN 978-7-311-06570-6
定　　价　108.00元

序

我们有一个共同的名字——兰大子弟，这个名字起源于萃英门时期。上小学时我们称自己为兰大娃娃，上中学后我们称自己为兰大子弟。物换星移，似水流年，转眼间，我们已垂垂老矣；白云苍狗，往事如烟，再回首，已难觅从前。虽然现在我们孙子的年龄已年长于当年的我们，但是我们仍然愿意称自己为兰大子弟。这是大院文化的遗存，也是我们身上共有的印记，其中自有一种不可为外人道的温暖。

20世纪50年代初期，整个国家百废待举、百业待兴。地处萃英门的兰州大学当仁不让，顺势而起，率先开启了大刀阔斧的改革，对内重用麾下俊彦，对外延揽八方英才。一时间，各路豪杰纷至沓来，但见群英荟萃，众贤毕至，精进独绝，继往开来。兰大在当时落后封闭的西部地区迅速发展起来，仅用几年时间便一跃成为全国十四所综合性大学之一，堪称新中国教育史上的一大奇迹。我们也因为父辈们共同参与了这一壮举而有幸成为发小，成为兰大子弟。

我们的记忆是从50年代的萃英门开始的，是从兰大幼儿园、兰大附小开始的，是从至公堂、天山堂、昆仑堂、静观园、老甘院、第一宿舍开始的……我们见证了兰大的崛起，我们目睹了父辈的努力，我们保持着纯真的记忆。

正是有感于萃英门的往事，2020年4月，刘新陆、魏绪昌、靖明农三位仁兄在发小群里发起了记述自己父母的活动，名之为"萃英门：我的父亲母亲"。目的就是让我们用自己的心灵与笔来追记父辈们曾经的努力、艰辛与贡献，让我们在共同的回忆中重新认识兰大，重新认识父母，重新认识我们自己。

无独有偶，此时，同为兰大子弟的兰大档案馆原馆长王秋林也正在做"萃英记忆工程"的出版项目，其中《我的兰大——人物访谈录》系列已经出版了两部专集。心有灵犀，在获知刘新陆等人的提议后，王秋林便与刘新陆取得联系，双方一拍即合，约定将《萃英门：我的父亲母亲》纳入"萃英记忆工程"系列丛书。于是，这部《萃英门：我的父亲母亲》不再仅仅是我们自己对父辈的缅怀，它还将融入兰大的校史，成为永久的记忆。

事实上，随着老校址的搬迁与老一代开创者的相继谢世，萃英门的往事也渐渐不为人知，甚至很多兰大人也不知道兰大还曾有过一段萃英门时期的历史。现在也只有我们这些老兰大子弟还残留着最后的一点记忆。

这些记忆是儿童眼中的父母，是儿童眼中的兰大，是有血有肉的其他任何人都无法代为描述的纯净而真实的过去。复活这些记忆就是复活兰大的历史，我们有这个责任和义务，也有这个能力让那些已经被湮没了的过去显现出来。于是，我们尝试着用记忆中的点点滴滴像拼图一样拼出父母的剪影，再用这些剪影拼出那个特定的群体，用以复活那些已经被淡忘但不应该被忘记的过去。

宏大的历史叙述（比如官方的历史书写）无暇顾及细节，但历史的真实却恰恰存在于具体的细节之中，存在于具体的人物言行之中。这既是"藉人以明史"的史学传统，也是稗官野史的历史价值。

我们父辈的能力已被他们自身所证明，我们要做的就是讲故事，讲他们的真实的故事。不论是教学科研、为人处世、人品性格、友谊亲情，也不论是典型的、精彩的、有趣的、独特的，只要每人都能讲出一两个故事，合起来就是几十个上百个故事，就能拼出一幅父辈的群像，我们就有了一部兰大版的"世说新语"，就有了一部兰大版的"萃英遗事"。

事无巨细，文无短长，只要是想到了，就写出来；只要写了，长短都是故事。"一个人的故事只是个故事，一百个人的故事就是历史。"这就是我们回忆与讲述的价值。

为了证明回忆的真实性与可靠性，也为了更有效地感受历史的变迁，我们都尽可能地提供了父辈们在各个时期的生活、工作照片等图文资料，将其穿插于文字之间，以期达到图文互补的效果。

遗憾的是，发小中有些人已经去世，有些人杳无踪迹，还有一些人不愿意回首过去，这就使得很多先辈的事迹不能昭示于后人，但愿以后能有机会弥补这一缺憾。

受编写组的委托，写出了以上的话。

是为序。

孙绿江

2020年5月31日

前　言

　　从1949年到1958年的十年，是新中国成立以后兰州大学的萃英门时期。呈现在读者面前的这本《萃英门：我的父亲母亲》，收集了曾在萃英门时期的兰州大学工作过的三十多位老教授、老专家的子女们的回忆文章，其内容真实而感人。他们用深厚的情感和细腻的文笔记述了父辈们无论在逆境还是在顺境中始终坚守自己的理想、信念和追求，不以物喜，不以己悲，为兰大的发展注入毕生心血的感人故事。通过这本文集，我们读懂了老一代知识分子严谨务实的治学精神、正直高尚的道德情操和乐观向上的人生态度，这些永远值得我们缅怀和学习。

　　马克思、恩格斯在《德意志意识形态》中指出，历史的遗留物预先规定着新的一代本身的生活条件，使他们得到一定的发展和具有特殊的性质。萃英门时期的兰州大学奠定了百年老校的一个优良传统，那就是立足西北，面向全国，不拘一格，萃聚英才。古人云"得人之要，必广其途以储之"，学校历届领导都对此有清醒的认识。自从有了教育部直属综合性大学这样一个国家平台，为留住和吸引优秀人才创造了更加有利的条件。在原有抗战期间西北联大留下来的教学力量的基础上，20世纪50年代归国的留学人员和从全国各地大专院校调集而来的教学人员，汇聚成为兰州大学的新鲜血液和教学骨干。他们带来了新知识、新文化、新观念、新学科，大大提升了兰州大学整体的教学和科研水平。不仅如此，这一代人还克服了在工作和生活方面诸多难以想象的困难，扎根黄土高原，自强不息，砥砺奋进，为兰州大学的发展作出了不可磨灭的贡献。今后，立足西部，面向全国，不拘一格，广揽英才，仍应是兰大的办校宗旨和方略。

习近平总书记说过，"历史是最好的教科书"，"同历史对话，我们能够更好认识过去、把握当下、面向未来"。回顾萃英门时期老一代教育工作者的工作和生活经历，可以清晰而深切地感受到一种融于血脉之中的爱国敬业的教育家精神。久而久之，便形成了兰州大学独有的校训："自强不息，独树一帜"。这个校训，是一代代兰大人传承下来的，既包含着普遍的教育规律，又浸润着强烈的人文特色，同时也彰显着独特的兰大气质。这里是传承科学文化的殿堂，是培养高级人才的摇篮，它源源不断地向国家和社会输送出各类优秀人才。兰大培养出来的人才，无论走到哪里，都展现着兰大校训的风采。大学之间，不比大楼，而比大师。兰大大师的风采，从萃英门时期就能看出渊源。如今，在高等院校千帆竞发、百舸争流、乘势而为、因时而新的时代，只有从容自信、鉴往知来、厚植优势、守正创新，方能行稳致远。

让我们向前辈致敬！向萃英门这一段珍贵的历史致敬！

刘新陆

目录 / CONTENTS

父母回忆录

人物访谈录

父母回忆录

萃英门的历史变迁

靖明晖

萃英门是兰州大学的旧校址，位于兰州西关什字的西北隅，从中山路以西到白云观，北临黄河，南靠临夏路。原来有城墙四面包围，城门上刻着"萃英门"三个大字，寓意群英荟萃之地。它见证了从甘肃法政学堂到甘肃学院，再到兰州大学的百年历史，成为兰州文化积淀很深的地方。

回溯历史，清朝光绪元年（1875），陕甘总督左宗棠上书朝廷，获准陕甘分闱，这里成为甘肃举院，开始开科取士。光绪十一年（1885），因与试者众多，故将此地增修，扩大面积，外部修城墙，内部增建厅堂，完善举试建筑用房，形成规模宏大的建筑群。据记载，当时城墙纵长一百四十丈，横宽九十丈，蔚为壮观。城内的中心建筑为至公堂，堂西为明远楼，三层建筑，居高临下，监督考试的全部过程。

1919年，明远楼被五泉山人刘尔炘移至五泉山，改名万源阁，现仍可睹其真容。明远楼南北为号舍，可容千人。兰大使用后，北号舍曾作为兰大附小及老甘院宿舍，南号舍修缮后，成为学校办公厅，周围小院改为职工宿舍。至公堂以东，依次为观成堂、衡鉴堂、雍门等，其南北两侧为监试官员的办公场所，后成为兰大家属宿舍，南侧为第一至第五宿舍，北侧为第六至第九宿舍。

至公堂是监临大员的办公处所。共有九间，砖木结构，青砖砌墙，巨木屋架和过梁，歇山顶，筒瓦屋面，气势宏伟。门楣上悬左宗棠书"至公堂"匾额，门侧挂左宗棠撰书楹联：共赏万余卷奇文，远撷紫芝，近搴朱草；重寻五十年旧事，一攀丹桂，三趁黄槐。这副楹联后来曾挂在室内，供人观赏，颇有雅趣。1931年甘肃学院成立后，将至公堂改为礼堂，后又作阅览室，直到积石堂启用。

至公堂东的观成堂，原为监督官的办公处所，门前有一座石桥。老甘院时期，观成堂先是作为图书馆，后来成为兰大工会俱乐部，在这里开展琴棋书画、歌舞演练、灯谜晚会等活动，是大家最喜欢的地方。

整个萃英门建筑群，气势恢宏，主次分明，功能齐全，能够高效推动举考过程的运转，为国家选取人才，成为甘肃文脉的发端之地。

1946年，成立国立兰州大学，辛树帜任校长，设文、理、法、医、兽等五大学院。辛校长励精图治，奋发图强，他一方面遍邀国内各地的知名教授学者以及归国学子来兰大执教，不断充实师资队伍；另一方面与当时的省府协商，将萃英门内许多单位迁出，扩大学校面积；同时筹措资金，进行校舍房屋建设及设备购置，提升学校实力。先在至公堂东北面建成三幢二层教学楼，即天山堂、祁连堂、贺兰堂。每栋楼有大教室两间、小教室八间，还有实验室等用房。"三堂"建成后，辛树帜校长作《三山堂记》，立于天山堂前，其铭曰："立上庠，邦之央。作三堂，育元良。萃彦英，自四方。建边疆，固金汤。瞩天山，瞻贺兰，抚祁连。追前贤，朴且坚，亿万年。"对兰大的办学精神，作了精辟阐述。此后，这三堂作为兰大教学和试验大楼，承担着学校的教学任务，直到1958年全国院系调整，兰州大学迁入盘旋路新校址，此三堂交给了兰州十六中学（现兰州民族中学前身）。

1947年，在至公堂以南建五栋二层楼，分别为泰山堂、嵩山堂、衡山堂、华山堂、恒山堂，作为学生宿舍，基本解决了学生的住宿问题。

1948年，在至公堂与观成堂中间偏北处，建成积石堂，作为图书馆新楼。当年观成堂仍为兰大图书馆，至公堂辟为阅览室。同年，在萃英门西北部修建昆仑堂。该建筑平面很奇特，呈飞机形。北部机身为大礼堂，可容纳一千八百个座位。南部机头与机翼为教学楼和办公室，共有教室二十多间、办公室十几间。因工程庞大，到新中国成立初期才竣工完成。大礼堂除供学校开大会使用外，还可以排练和演出话剧、戏剧等文艺节目，放映电影，所以也是兰大举办文艺活动的主要场所。

萃英门内有一处园林景观，名静观园，是校内绿化最好的地方。这里原是兰州士坤刘尔炘所建的潜园，蕴含以沉潜之志致力向学的意思，后改名为静观园。园内植有数十棵梨树，春季花开如雪，秋季枝繁叶茂，果实累累。这里幽静闲适，是人们调节身心、潜心读书之所。

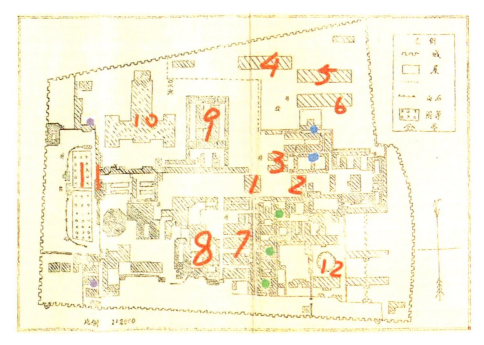

　　1.至公堂；2.观成堂；3.积石堂；4.天山堂；5.祁连堂；6.贺兰堂；7.学生宿舍楼五堂（泰山堂、嵩山堂、衡山堂、华山堂、恒山堂）；8.办公厅；9.老甘院宿舍；10.昆仑堂；11.静观园；12.兰大医院。绿点为第一至第五家属宿舍，蓝点为第六至第九家属宿舍，紫点为静观园家属宿舍。

（图片来源：兰州大学档案馆）

　　假山顶上建有一亭，曰休休亭，亭侧有副楹联：远山近水天然画，明月清风自在闲。这是对眼前景物的真实写照。新中国成立后，为纪念兰大为革命牺牲的陈仙洲等七位烈士，将此亭改名为烈士亭，在亭内立碑，铭刻烈士们的生平事迹，以志纪念。随着兰大迁到新校区，烈士亭也随之迁到盘旋路校区。

　　在静观园的南北两侧，假山下面，有几处平房小院，是刘尔炘未建成的祝楠别墅，后来也成为兰大家属宿舍。

　　1958年以后，兰大陆续搬到盘旋路校区。萃英门在兰大迁出后，交给兰医二院及其他单位使用。后来，随着城市的扩建，拆除了城墙及旧房屋，拓宽了道路，新建了大楼。萃英门已不复存在，只在人们的心里留下遥远的记忆。

作者简介

靖明晖，1939年出生，1949年5月随父母来兰大，入住萃英门。建筑工程专家，高级工程师，毕业于甘肃工业大学工民建专业及兰州大学化学系。曾就职于兰州市建委，任处长，副总工程师，兰州一建副经理，总工程师。退休后，任省政府采购办及省发改委评标专家。

忆父亲曹觉民

曹大安

父亲曹觉民（1907—1977），祖籍山东昌邑县饮马东南村，早年随祖父母迁往山西夏县定居。1934年毕业于清华大学哲学系，后当过中学教员、新闻记者。抗战爆发后，受聘于重庆《国民公报》，台儿庄战役特派战地记者。曾深入前线，报道了大量战地新闻。后受伤，伤愈后被聘为国民党第二战区司令部少将参谋。不久，应清华同窗邀请，赴西北大学任教，后又相继在陕西榆林第二女子重点学校、湖北师范学院、南昌大学任教。新中国成立后，应兰州大学邀请，于1951年从南昌大学携全家赴兰州大学任教。一生酷爱民间文学，主讲民间文学等课程。1957年受"反右"

父亲

扩大化影响，脱离教学岗位，从事资料整理工作。1972年后，因高血压、糖尿病加重，回家休养，病卒于1977年11月4日。1956年出版民间故事集《避风珠》。20世纪80年代，由长子曹国安代为整理出版了民间故事集《火龙潭传奇》。

母亲韩敬杰（1919—2020），1919年8月15日出生于汉口韩家

母亲于2018年受邀出席甘肃省
纪念5·12护士节大会

墩。1938年肄业于汉口协和医院附设普仁高级护士学校，后转至重庆宽仁医院附设高级护校，1939年毕业。1950年就业于中南军区医院。1951年随丈夫曹觉民从南昌大学来兰州大学，受聘于兰州大学附属二院。三十五年间不懈努力，从一名普通护士成长为护士长、总护士长，到护理部主任。担任过两届甘肃省护理学会副理事长，受聘甘肃省政协医药卫生组成员。多次被评为甘肃省"三八红旗手"，优秀共产党员。1990年入选《中国当代护理群芳谱》。六十七岁退休。2020年6月29日逝世，享年一百零一岁。

1950年，父亲接到远在兰州的朋友舒连景的来信，邀请他去兰州大学工作。不久，又收到兰大发来的邀请函和寄来的聘书。父亲没有过多考虑就答应了。一是父亲不喜欢南昌潮湿闷热的天气，二是喜欢吃牛羊肉。而干爽的气候和牛羊肉兰州都有。

1951年，父亲、母亲携两个哥哥，远赴地处大西北的兰州。其实这也不是父母的第一次远行了。

父亲老家在山东昌邑县饮马东南村。爷爷在家乡是个基督教传教士，又懂中医。不知何故，早年爷爷率全家从山东昌邑迁往山西夏县安家落户。也许由于家道殷实，爷爷的四个子女全都大学毕业。

大伯曹仲植，毕业于山东（齐鲁）大学，后又赴美国耶鲁大学进修工商管理硕士。回国后，任河南省财政厅厅长。

父亲1934年毕业于清华大学哲学系。

抗日战争爆发后，父亲经范长江介绍，加入范长江创办的中国青年记者协会，并受聘任重庆《国民公报》台儿庄战役特派战地记者，以"麦萍"为笔名，发表了很多战地新闻。1939年5月，他随许多记者前往延安，应陕北公学邀请，在学生毕业典礼上从五个方面把延安和重庆做了一番比较，赢得学生们的赞扬。随后，他采访了毛泽东和朱德等同志。回到重庆后写成《今日的延安》和《毛泽东先生采访记》，以后又辗转于山西、河南、陕西等地，报道抗战新闻。一次在前线采访时，他被日寇炮弹击中，遂被送往武汉战地医院救治，在战地医院认识了母亲，但未进一步交往。后来武汉失守，父亲赶往重庆，母亲也随战地医院部分人员撤往重庆。父亲在重庆又遇到了母亲，他决定追求母亲。据母亲讲，父亲第一次去母亲家，提的点心盒垒高约一米。最后二人终成伉俪。

父亲伤愈后即失业，奔波于重庆、成都、洛阳等地谋生。大伯得知父亲的情况后，即介绍他去国民党第二战区司令部任少将参谋一职。我小时候见过父亲当年的聘书。上写："薪俸四百斤小米。"我问父亲："每个月给你四百斤小米你能吃完吗？"父亲笑着说："傻小子，是每月按四百斤小米比较市价发给大洋。"

不久，父亲接到清华同窗邀请，让他去陕西城固西北大学任教。父亲欣然前往。那时，汉中风调雨顺，物产丰富，是个令人向往的地方。虽在西北大学任教，但父亲不改好提意见的毛病。聘期已满，西北大学不再续聘，父亲又失业了。他先后在陕西榆林第二女子重点学校、湖北师范学院、南昌大学任教。1949年南昌解放，父亲参加了南昌大学军管会办的旧职人员学习班。1949年9月1日，南昌大学军管会聘任父亲为南昌大学中文系教授。1950年，母亲到中南军区医院工作。

1974年，父亲于黄河南岸铁桥西侧留影

1951年应兰州大学邀请，父母亲风尘仆仆赶到兰州。兰州大学派马车接全家至萃英门家属大院。大院共有九户人家，其中有冯绳武伯伯、顾正伯伯，其他人记不清了。

天时，地利，人和。正值壮年的父亲想着能在他喜欢的民间文学领域大干一场了。1956年，父亲编注了《中国人民口头创作》，这本教材后来被高教部列为全国大学中文系必修教材。同年，父亲编写出版了他的第一本民间故事集《避风珠》。就这一点点成就，历史也没有忘记。一次，我去古旧书店，偶尔翻看《甘肃教育志》，上面载有："曹觉民，×××（民院）教授，对甘肃民间文学教育进行了开拓性的工作。"《甘肃文艺五十年》中也对父亲的《避风珠》有所记载。

经历了20世纪50年代后期反右扩大化，父亲一蹶不振，只要在家，就是看书、写作，无暇顾及其他。生活重担全部压在了母亲身上。幸亏大哥少年老成，为父母承担了无数忧愁。

母亲是汉口韩家墩人，也是兄妹四人，母亲上面有两个哥哥和一个姐姐，排行老四。母亲常说她家贫寒，我总不信。一个在汉口开帽行的人家怕不会太穷。大舅因英语好，考入上海海关工作，二舅学会计与审计，一直在工厂工作。姨妈大学毕业，与姨父于1947年官费赴美国留学。毕业后，姨父姨妈就留在了美国，姨父就职于美国通用电气公司，姨妈在印第安纳州立大学任教。母亲考入教会办的护士学校，因遇战争，在武汉、重庆两地完成了学业，毕业后投入护理工作中。

她随父亲来到兰大，被安排在兰大二院工作。当时兰大二院只有二十几张床位，数十名医护人员。母亲以她特有的精明能干以及工作热情，在兰大二院一干近三十五年，从一名护士一直干到总护士长、护理部主任。她还是甘肃省护理学会秘书长。直到六十七岁时，单位才同意她退休。

说到家庭教育，我们不记得父母亲是不是每天把怎样做人挂在嘴上。父亲对我们的文学修养教育恐怕是零。得益的是，父亲数万册藏书是我们摄取知识的宝库。除常见的那些长篇小说外，《浮士德》《神曲》《希腊神话与英雄传说》我们不知看了多少遍。真是：

惨目灵椿，风风雨雨度残生教子无暇常唏嘘；
伤心慈竹，辛辛苦苦护寸草懿德长存化清风。

1986年5月24日，父亲追悼会现场
(前排左起柯杨、胡之德、张代经，右起张淑惠、李志杰)

父亲坎坷半生，母亲辛苦一生。

1986年5月24日，兰大给父亲开追悼会。我走进会场，仰视父亲遗像，不禁潸然泪下。大厅四周挂满了各单位教研室与个人送的挽联。兰大党委的挽联：

春回华夏十载，浩劫留得青梦今始觉
寄情文学七旬，生涯尚余遗墨送平民

中文系民间文学教研室的挽联：

常忆音容卅载春秋颂师长
永失教诲满天风雨哭先生

李端严先生写的挽联：

山高水险奔赴疆场热情抗日尽到了记者责任
心直口快评击时弊出语惊人不愧是书生本色

中文系古代文学教研室的挽联：

推赤子之心写儿童故事有枝有叶
进古今谣谚讲民间文学亦语亦文

林恭寿送的挽联：

输胆交心遽获严遣其实未悔当年颇有骨鲠人
流金铄石矢志改造笃信不式至今犹忆曹觉民

作者简介

　　曹大安，系曹觉民三子。1952年5月生于兰州萃英门。1959年就读于城关区萃英门小学。1965年考入兰州第十六中学。1968年12月被分配到西北林业建设兵团第二师第四团跃进第二农场。1975年10月病退回兰州。1976年初，被招工至兰州市城关区东风化工厂工作。1989年调入甘肃省委组织部招待所工作。2001年提前退休。2012年正式办理退休手续。从1959年至1966年，共有七年就学经历。改革开放后，在北京参加函授大学学习，学期三年。

我的父亲王德基、母亲曾丽勋

王家纯　王家絜　王家维

父亲王德基（1909—1968），湖南省慈利县人，幼年在家乡求学，青年负笈于长沙。1930年考入南京中央大学地理系，1934年毕业后留校任助教。1936年考取洪堡奖学金赴德国留学，1940年获博士学位归国，同年受聘于中国地理研究所，先后任副研究员、研究员兼自然地理组代理主任。1946年受聘为兰州大学地理系教授，是兰州大学地理系的创建人之一，并任首届系主任至1957年。1955年加入九三学社。1956年被评为教授，并开始担任研究生导师。1958年被错划为"右派"，受到撤职、降级降薪、留用察看处分。1961年摘掉"右派"帽子后，按一般教员使

父母合影（1952年拍摄于上海）

用。"文革"中去世，卒年五十九岁。1979年2月错划"右派"问题得到改正。1986年5月9日，兰州大学隆重举行追悼会，为他平反，恢复名誉。曾任全国地理学会理事，兼任甘肃分会理事长，并担任《地理学报》编委。学术成就主要集中在地貌学领域。和陈恩凤等人合著有《汉中盆地地理考察报告》一书，发表论文数十篇。1999年，兰州大学九十周年校庆之际，由李吉均、张林源主编出版了《王德基教授论文与纪念文集》，以昭彰其在

地理科学方面的成绩。

母亲曾丽勋（1913—2004），湖南省邵阳县人。幼时在邵阳家中读私塾，十岁后在湘潭、长沙等地读中小学。1934年夏以优异成绩通过全省会考，同年秋考取南京中央大学地理系，1938年7月大学毕业获理学学士学位。1938年8月—1949年6月，先后在四川黄桷树复旦大学史地系任助教，在重庆中国地理研究所人文地理组担任助理员，曾先后在重庆高等师范学校、湖南邵阳成德女中、慈利中学、慈利简易师范、长沙艺芳女中任地理教师。1949年7月，应邀来兰州大学任讲师。1956年9月，加入九三学社。1975年8月退休，2004年病逝，享年九十二岁。兰州大学地理系创建时期，她作为筚路蓝缕的创业者之一，积极承担教学工作，认真负责，授课效果好，深受学生欢迎，曾获评校先进工作者并多次受到表彰。她积极参加科学研究，主要从事区域地理与西北资源的研究，先后发表有《黄山考察记》《华南蔗糖区的气候》等多篇论文。作为主要成员，在20世纪70年代翻译出版《利比里亚图志》《毛里塔尼亚》两部译著。

永远活在我们心中的父亲王德基

1968年11月19日，对于我们姐妹来说，是一个特别刻骨铭心、终生难忘的日子。就在这一天，我们敬爱的父亲撒手人寰，离开了他热爱的事业，离开了温馨的家庭。每念及此，我们都悲恸莫名，不能自已。父亲虽已离开我们半个多世纪了，但他的音容笑貌却依然宛在眼前，他的生前往事常在我们脑海中浮现。

父亲1909年4月2日出生于湖南省慈利县渔浦乡粉铺岗村的一个农户家。幼年在家乡求学，青年负笈于长沙。1930年考入南京中央大学地理系，并选修地质系的课程。1934年毕业后留校任助教。1936年冬考取洪堡奖学金赴德国留学，1940年获博士学位归国。1940—1946年受聘于刚创建的中国地理研究所，先后任副研究员、研究员兼自然地理组代理主任。在所长黄国璋组织的嘉陵江流域和汉中盆地综合地理考察中，父亲任汉中盆地考察队队长，和所内同仁一道完成了对汉中盆地的综合考察，撰写出版了《汉中盆地地理考察报告》一书。鉴于该书研究体系完整、论据确切，备受地理学界的关注，并受到已故著名地理学家徐近之教授的高度评价，认为是一部不可多得的区域地理著作，并把它作为抗日战争时期我国地理研究的重要成就之一向国内外介绍。

1955年4月，父亲在兰大校园

　　1946年秋，父亲受聘为兰州大学教授，是兰州大学地理系的创建人之一，并担任首届系主任至1957年。1952年，他在全国地理学会第一次代表大会上当选为理事，兼任甘肃分会理事长。此外，他还担任《地理学报》编委。1955年，父亲参加九三学社，任兰州大学支社委员。1956年，被评为教授，并开始担任研究生导师。

　　父亲从事地理教学和科学研究工作三十余年，他最重要的贡献是在兰州大学地理系的创建和地理人才的培养上。作为筚路蓝缕的创业者，他克服种种困难，四处奔走，竭尽心力，为新中国培养了一批急需的地理人才，为兰大地理系的发展打下了良好的基础，1956年，高教部确定兰州大学四个系为副博士研究生培养单位，地理系是其中之一。

　　父亲作为一位学者，一生刻苦勤奋，治学严谨，一丝不苟。他的教学、科研主要集中在地貌学领域，他十分重视野外实地考察，擅长用素描方法展现山川特征。他要求学生做地理调查必须"眼到、手到、脚到，缺一不可"，而他自己也正是这样身体力行的。在兰州大学的二十余年里，他和兰大地理系师生携手合作，多次承担重大建设任务的科研课题，既支持了国家的建设事业，又培养锻炼了人才。父亲还先后主持或参与兰州城市规划、兰州地貌区划、甘肃省地貌区划、甘肃省农业地貌区划等调查工作，并撰写发表了多篇论文。1964年，他应邀参加甘肃省畜牧厅草原工作队组织的河西地区草原综合考察工作，执笔撰写了《甘肃省河西地区草原调查综合报告》中的地貌与气候等部分。

父亲曾多次赴祁连山考察，于1959年完成了《祁连山东段的古剥蚀面》一文。这是对祁连山夷平面问题研究最早的文章，具有开创性意义。这份学术遗稿在1983年经由他的研究生、著名地貌学家、中科院院士李吉均教授的推荐，在《兰州大学学报》（自然科学版）上发表。

1952年8月，兰大地理系欢送五二届毕业生合影
（前第二排左四为父亲，右二为母亲）

1958年，受"反右"扩大化影响，他受到撤职、降级降薪、留用察看的处分。1961年摘掉"右派"帽子后，按一般教员使用。父亲在"文革"中去世，卒年五十九岁。1979年2月，父亲的错划"右派"问题得到改正。1986年5月9日，兰州大学隆重举行追悼会，为父亲平反，恢复名誉。

父亲是一位具有中国传统美德和爱国忧民之心的知识分子。为了不愧对社会，他一生做事总是勤勤恳恳、兢兢业业，对工作认真负责，忠于职守，于治学严谨刻苦，孜孜不倦。

在我们的记忆中，父亲最大的特点是"忙"。1946年国立兰州大学成立伊始，父亲应辛树帜校长之邀，就任兰大地理系系主任之职，担负起了"筚路蓝缕，以启山林"的创业之责。以后十余年时间，他除了主持全系的各项工作外，还教授多门专业课，为地理系的建设和发展倾注了全部心血。此外，他每年都要带领学生去野外实习。在西北二十余年间，父亲的足迹遍及陕、甘、宁、青、内蒙古等省区，他把自己后半生的全部精力都奉献给了陇原大地，奉献给了祖国大西北的教育和科研事业。平时，父亲很少在家，他总是在资料室、实验室或办公室里忙碌。即使在家休息时，也经常有许多老师和学生来找他谈各种事情。那时年幼的我们，从父亲那专注认真的眼神里，逐渐理解了他。

父亲忙于教学、科研和系务，他几乎是全身心地投入，忘了自己和家人。家中的大小事务，特别是我们的学习和生活，均由母亲照料。同样作为一名大学教师的母亲，担负的教学任务也很繁重，又要操持家务，她的辛苦和劳累是不言而喻的。对此，父亲常有愧疚之意，因而对母亲十分敬重，从无疾言厉色。拙于家务的父亲偶尔也下厨做他拿手的白菜肉丝汤，并为自己的厨艺沾沾自喜；衣扣掉了，他总是自己一针一线地缝上。他大概是以此表示对母亲的理解和歉意吧。

父亲的敬业精神，在遭遇逆境时仍一如既往。受"反右"扩大化影响，他的教学、科研工作被迫停止，被安排到系资料室工作。无论是打扫卫生，还是整理图书资料、办理借还书手续等，父亲都认真地去做。因思想压力大，父亲患上了失眠症，晚上睡不好，白天就感到十分疲倦，但他仍一丝不苟地做好本职工作。

父亲深知学无止境的道理，他不断地吸收新知识，以适应教学、科研的需要。我们记忆深刻的一件事是父亲学俄文。20世纪50年代初，各高等院校掀起了学习俄文的热潮，父亲身为系主任积极带头参加。先是1952年冬出席了在北京召开的中国地理学会第一次代表大会后，在北师大参加了为期一个月的俄文突击学习，回到兰州后，他又和全系老师一起参加了兰大教师俄文学习速成班。父亲此时已是四十多岁的中年人了，虽说有很好的英文、德文基础，但记忆力毕竟不如年轻人，为了熟记俄文单词，在外地出差时，他特意买回许多袖珍型小铁夹子，然后用小夹子把自制的俄文单词卡片分门别类夹在一起，装在口袋里，一有机会就掏出来念念。他还时常和母亲切磋讨论，交换学习心得，遇有疑难问题就向同一个院子住的刘阿丽先生（时任兰大俄语教研室主任）虚心请教。经过一段时间的刻苦学习，父亲可以借助字典阅读俄文版的专业书籍了。现在，我们家中还留有一些小夹子，每看到它们就不由得想起了父亲，想起了他伏案苦读的情景，一股深深的敬佩之情油然而生。

1955年，父亲在漳县指导学生野外实习

父亲待人诚恳，很重感情，为朋友甘冒风险。父亲和张沈川伯伯的友谊就是一个突出的例子。张伯伯是我们伯父王厚基和父亲青年时代的朋友，20世纪20年代就加入了中国共产党。1929年，张伯伯在上海做党的地下工作时，担任周恩来同志领导的中央特科交通科科长一职，和李强同志一起开创了党的无线电通讯事业。1930年冬，他不幸被捕押送南京，关在国民党的中央军人监狱中，以政治嫌疑犯的罪名被判处有期徒刑九年十个月。父亲当时刚到南京求学，得到消息后立即和哥哥王厚基前往狱中探视。张伯伯当时患有严重的肺结核，伯父和父亲经常送去营养品和日用品，还有书报等，帮助他渡过困厄，在长达六年的时间里，从未中断。最后，由于始终无证据落在敌人手中，适逢"大赦"，他俩又找人联名作保，使张伯伯得以提前获释，重新投入革命工作。新中国成立后，张伯伯曾任最高人民检察院厅长等职，常和父亲书信来往。20世纪60年代初，张伯伯出差路过兰州，父亲带家维去兰州饭店看他，老友相见，倍感亲切。张伯伯言及父亲的为人，赞叹不已，给年幼的家维留下了深刻的印象。

父亲虽然性格内向，不善言辞，但感情丰富，极富同情心。他平时很少看电影、戏剧，偶尔观看，也是愿意看喜剧，不愿看悲剧。记得有一次看白杨、陶金主演的电影《一江春水向东流》时，他流了不少眼泪，而且以后好多天都在为女主角的悲惨命运叹息不已。父亲担任系主任时，对师生的生活十分关心，也常解囊助人。有一位教师经济上很困难，父亲就经常接济他。父亲视这些为小事，从不向人道及。

为人正直，严于律己，是父亲的又一特点。他从不在背后议论别人，在家里也从不谈系务方面的事情。对在同系工作的母亲，他总是守口如瓶。他还不止一次地告诫我们："大人说话，小孩不许在场！"所以我们从小养成的习惯是：家中来客人，奉茶之后，就去别的房间做自己的事。

父亲生活很有规律，非常重视体育锻炼。每天早晨起床后，他都要做一套自编的早操；晚饭后，必外出散步约一小时。长期从事野外考察，培养了他对大自然的热爱。在广阔的天地之间，父亲可以远离人事的纷繁，排遣内心的烦闷。每逢节假日，他就到兰州城郊的五泉山、白塔山、雁滩或榆中的兴隆山去郊游。游五泉山时他常由此攀登到皋兰山顶。这些活动，父亲最爱带小女儿家维一起去，舐犊之情可见一斑。

保持独立人格，看重人的尊严，是父亲苦苦坚守的精神支柱。1961年，父亲摘去"右派"帽子后获准重登讲台。第一次上课前，他的心情一直忐忑不安，担心学生歧视他，对他有不礼貌的举动。那天上完课回到家里，他心情很好，而且有些激动地对我们说："我原以为我走上讲台时，学生不会起立致敬，没想到他们都站起来了，上课纪律也好。"寥寥数语，道出了他的苦衷。学生对他的尊重，使他感到十分欣慰。在遭受冷落、身处逆境的岁月里，父亲内心的痛苦和彷徨是可想而知的，但他却很少向外人甚至家人表露。他与兰州医学院图书馆馆长朱允尧先生是同乡，也是好朋友，"文革"前的几年，父亲常去朱先生那儿借阅书刊，有《鲁迅全集》《郭沫若文集》等。在看完《鲁迅全集》后，父亲对朱先生说："鲁迅真伟大！"

忙碌的父亲和我们实际相处的时间虽不太多，但他对我们的成长还是十分关心的。他经常教育我们要好好学习科学文化知识，长大后为社会多做贡献；生活上要注意节俭，不能浪费。在生活上不苟言笑的父亲内心深处还是很关怀我们的。三年困难时期，粮食定量少且杂粮多，父母亲总是设法让我们多吃一些，常把细粮让给我们吃，他们吃杂粮。闲暇时，学识渊博、阅历丰富的父亲也给我们讲各地的风土人情以及在国外的见闻，使我们增长了不少知识。

父亲辞世时年仅五十九岁。父亲的逝世，不仅仅是我们家庭的不幸，也是我国地理学界的一大损失。然而，人已逝去，留给我们的是无尽的回忆和思念。

父亲生活俭朴，一生清贫。他没有留给我们丰厚的遗产，但他的敬业精神、治学态度和高尚品德，却是留给我们的宝贵财富。正是在父母的教育和潜移默化的影响下，我们姐妹都能够自强自立，学有专长，在各自的岗位上为社会做出努力和贡献。这也是我们唯一能告慰父亲在天之灵的！

堂堂正正做人，兢兢业业工作，这是父亲一生的真实写照，也是我们所要追求的人生境界。

追忆父亲点点滴滴的生前往事，更引起我们深深的思念。父亲永远活在我们心中。

湘水泱泱　慈恩难忘
——记我们的母亲曾丽勋

2004年9月12日，我们的母亲因病医治无效，走完了她九十二年的人生历程，追随父亲而去，永远地离开了我们。十六年来，每当我们姐妹回忆起她一生的辛劳、颠沛，我们的心里就涌起揪心之痛……我们感念母亲的养育之恩，更为母亲的坚毅、磊落、无私的品质而骄傲。母亲，您和父亲一样，为我们树立了做人行事的楷模！

母亲曾丽勋，字彦成，1913年2月5日出生于湖南省邵阳县南乡新冲，她生长于商人家庭，其父振志公（字毓驷）以经商为业。

母亲十岁以前在邵阳家中私塾学习《三字经》《女儿经》《女四书》等，十岁后在湘潭就读于美国长老会主办的三育小学。1926年，以优秀的成绩初小毕业，之后移居长沙就读于私立艺芳女中附设的慕义高小。1929年夏至1934年7月，在美国长老会主办的福湘女中、长沙艺芳私立女中上学。在中小学阶段因时局动荡，曾在家辍学两年。1934年夏天，以优异的成绩（甲等）通过全省中学会考，受到湖南省教育厅的嘉奖。

在中学求学阶段，对母亲影响最大的是在长沙艺芳女中读书的那段时光。艺芳女中（新中国成立后更名为长沙十四中）是由曾国藩的曾孙女曾宝荪和她的堂弟曾约农共同创办的。中学阶段严格的训练培养了母亲扎实的国文、英文基础，更重要的是使她形成了自强、自立、自尊、自爱的人生追求，坚定了她终身献身教育事业的信念。

母亲（1957年拍摄于上海）

通过全省会考之后，母亲又通过各种途径报名参加了多所高校的入学考试，先后被南京金陵女子文理学院、北京大学、中央大学录取。当时的北平已处在日军的威慑之下，战事一触即发，为了安全读完大学，故选择了中央大学地理系就读。在校期间，除了日常上课外，还要外出实习、撰写论文。

抗战爆发后，母亲随中央大学迁往重庆的沙坪坝。1938年7月，大学毕业获理学学士学位。父亲比母亲高四级，当时已从中央大学地理系毕业留校任助教，因同为湖南老乡，母亲是在读二年级时与父亲相识，逐渐有了感情。1936年12月，父亲考取洪堡奖学金赴德国留学；1940年5月，获博士学位回国；同年7月抵达重庆北碚，受聘于刚创建的中国地理研究所。这期间父母亲只能通过信件互通消息，以解相思牵挂之绪。1942年1月，由双方家长主持，他们在衡阳举行婚礼，结为伉俪。

1938年8月—1949年6月，母亲先后在四川黄桷树复旦大学史地系任助教，在重庆中国地理研究所人文地理组任助理员，在重庆高等师范学校及湖南邵阳成德女中、慈利中学、慈利简易师范、长沙艺芳女中任地理教师。在此期间，母亲先后诞下家纯和家絜，因为时局动荡和抚养孩子的缘故，父母时聚时分。1946年秋，父亲应辛树帜校长的邀请来兰州大学筹建地理系；1949年7月，母亲也应邀来兰大和父亲一起参加地理系建系的工作，任讲师。1949年8月—1952年8月，母亲曾兼任理学院办公室秘书一职。

20世纪50年代，全家在萃英门第十六员工宿舍前合影

父亲和母亲两人感情很好，在生活上相濡以沫，在事业上志同道合。在国家贫穷落后的时代，他们有幸受到良好的教育，立下了矢志报国的夙愿。父亲从国外学成归来后决心竭尽全力为中国地理学科的建设和发展做出贡献，母亲理解父亲的理想抱负，甘当绿叶，全力支持他的工作。在兰大地理系建系初期，师资极其缺乏，作为筚路蓝缕的创业者之一，母亲积极承担教学任务，参加科研工作，协助父亲指导研究生。母亲对工作认真负责，忠于职守，教学效果好，深受学生的欢迎，曾被学校评为先进工作

者，多次受到表彰。母亲作为职业女性，除了承担着繁重的教学科研任务外，还要一人支撑家务。1949年秋，小妹家维出生后，母亲的负担更重了。

母亲性格温婉内敛，对人从无疾言厉色，对我们姐妹的教育也是以理服人，从不打骂，辅导我们学习时很有耐心。家纯刚上小学时算术差，考试成绩很少及格，她自己也很苦恼。有一次她做不出算术题，就大发脾气把课本都撕了，母亲却未恼怒，坚持耐心辅导，循循善诱地启发她、鼓励她。在母亲的帮助下，她在读四年级时，脑子终于开了窍，每次考试成绩都在80分以上。

母亲不善言辞，但待人宽厚，和系里的同事相处融洽。她很关心年轻教师和学生，乐于帮助他们解决生活上的困难。所以他们对母亲很是亲近

1965年6月，母亲赴高台县搞农业区划路过嘉峪关时留影
（前起依次为母亲曾丽勋、向导、徐德馥、艾南山、
冯绳武，坐在围墙上的为蔡光伯）

和尊重，即使在父亲去世后，他们也经常来家里探望和慰问。母亲对生活上有困难的职工也常伸出援手，给予帮助，直到父亲去世后，我们家中经济状况大不如前了，才不得已而中止。

母亲和周围的邻居也都能和睦相处，从无是非。"文革"期间，我们家从兰大校本部的6号楼306室搬到207室居住，先后和两家人共同挤住

在一套七十多平方米的房子里长达数年。两家人合用一个厨房、厕所，不便之处可想而知，但我们家和先后两家的老少都能和睦相处，从未发生过龃龉。他们两家人搬到新居后，还和我们家来往不断。

20世纪50年代，父母工作繁忙，除上课外，还要带领学生去野外实习。这期间我们姐妹三人的生活无人照料，所以我们家中有很多年都要请保姆。母亲待她们如同亲人，以至她们离开我们家多年后仍和我们保持来往。她们在经济上遇到困难时，即来找母亲救急；在生活上遇到烦恼时，也来找母亲倾诉排遣。照看家维多年的张嫂，无儿无女，老年又丧偶，多亏养女照顾。每逢年节时，母亲都要带着钱物前去看望她。后来母亲年纪大了，就让我们姐妹代劳，一直到张嫂过世。

1956年3月，母亲在酒泉边湾农场劳动锻炼
（樊祖鼎老师拍摄于灶房，左为母亲，正在帮厨切萝卜，右为许登庸）

母亲一直秉承勤俭持家的宗旨，精打细算，量入为出，从不乱花一分钱，把家里的一切都安排得井井有条。我们姐妹穿衣服也是遵从"新三年，旧三年，缝缝补补又三年"的原则，老大永远穿新衣，老二、老三只有过年时才有新衣穿，她们有时虽然不悦，但也从未提出过异议。不能穿的破衣服，母亲就把它们撕成布条做成拖把，这个优良传统在我们家一直延续至今。

母亲在操持家务方面是一把好手，会做菜，善烹调，做针线活儿、绣花、织毛衣等，样样都行。母亲去世时穿的寿衣都是她生前一针一线缝制而成的。母亲是湖南人，本不会做面食，但来兰州后学会了包饺子、揪面片等厨艺。母亲还曾拜家纯为师，学习使用缝纫机，只是未能学会。

1956年2月—1957年7月，母亲被派往华东师大生物系植物地理进修班进修，由于父亲忙于工作，仅靠保姆也管不住我们姐妹三人，母亲不得已将我们的外祖父从湖南老家接来兰州帮忙管家。此时母亲已是四十五岁的中年人，在进修班上算是老大姐了，吸收新知识的能力肯定不如年轻人，但她不服老、不服输，克服困难努力追赶，取得了优异成绩，顺利结业，业务能力又上了一个新台阶。

母亲1975年8月退休，由于当时她参加翻译教材的工作，退休时已经六十三岁了。退休后，母亲又报名加入了甘肃省退休科技工作者协会，积极参加"退协"组织的各种活动。1981—1982年还应许延年先生的聘请在中学地理教师进修学院教务处任职，发挥自己的余热。

退休后，母亲还和好友崔志筠先生结伴多次外出旅游，饱览祖国的大好河山。她曾写了一篇游记《川西平原旅游随笔》发表在《甘肃退协成立五周年征文专集》（1987年7月）上。

1986年5月9日，在兰大党委举行的王德基教授追悼会上，母亲含泪用工整的毛笔字在宣纸上写了一篇《哭德基》的追悼文字：

> 相处卅载，情投意合，矢志辅佐，共创学业。每经坎坷，竭尽慰勉，互相激励，冀现凤愿。……君可瞑目安息，我亦慰藉适然，感念畴昔，悲痛凄怆，今能衔哀致诚告君之灵，请听我陈言：
>
> 金陵相逢，尔后君即留德累年，三湘聚首，结为良缘，同来西北，育英兰垣。品德高尚，治学谨严，潜心好学，博览群编。诲人不倦，桃李满园……
>
> 1986年5月9日
>
> 曾丽勋泣陈

这篇悼文悬挂在会场，表达了母亲的锥心之痛和深深的怀念，也令与会者感动嘘唏不已。

父亲的追悼会后，母亲着手准备父亲论文集的整理出版工作。在此之前，她已经尽可能搜集了父亲已发表过的论文，当时我们姐妹对此事是不太积极的，但母亲的态度十分坚决，我们也转而支持，其时母亲已年过八旬。在校、院、系三级领导及兰大出版社的关心和支持下，在李吉均院士、张林源教授的具体指导和帮助下，我们开始了长达半年多的编辑工作。母亲不顾年老体衰，亲笔写信给父亲的老同学、老同事以及学生约稿。收到稿件后认真校对，工作量是相当大的，母亲默默地做着这一切，忘记了疲劳。读稿时每到伤心之处，母亲便不由得百感交集，潜然泪下。在各方的支持和帮助下，《王德基教授论文与纪念文集》终于在兰州大学九十周年校庆之际得以出版，当母亲捧着《文集》，抚摸着书的封面时，脸上露出了久违的笑容。

2004年6月，我们姐妹与母亲合影

晚年的母亲虽然年老体衰，但她仍不知疲倦，又把她那无私的爱奉献给了每一个孙辈，无微不至地关心着他们的身体、学习和生活，并为他们的每一点进步而感到由衷的高兴。

由于长期心情的郁闷和压抑，母亲在八十六岁高龄时不幸患上了癌症。考虑到她年事已高，大夫只给她做了局部的切除手术，术后也未再做放化疗。术前大夫担心她老人家下不了手术台，但她很坚强，硬是挺了过来。我们怕影响母亲的情绪，对她隐瞒了病情，只说是良性肿瘤，还把她口服的抗癌药瓶上的标签撕掉，不让她看见。母亲心里明白，却装作什么也不知道的样子，配合检查和治疗，以顽强的毅力和病魔抗争。我们曾乐观地认为母亲能够闯过这一关，但五年之后发现癌细胞已经转移到脑部，严重影响到她的智力和体力，母亲最终离我们而去，享年九十二岁。

母亲的一生是平凡的，但她却是一位伟大的女性。她的音容和精神将永远伴随着我们，和父亲一样，她也将永远活在我们心中！

作者简介

王家纯，女，1942年10月生于重庆。1964年7月毕业于西北师大生物系，曾在甘肃省畜牧厅任技术员，1997年10月在兰州一中退休，中学高级教师。

王家絜，女，1945年8月生于湖南省慈利县。1968年7月毕业于兰州大学现代物理系，毕业后在部队农场、定西地区基层劳动锻炼和工作，1978年后在中科院近代物理研究所工作，2000年退休前在云南科学技术研究院工作，任副研究员。

王家维，女，1949年9月生于兰州。1968年夏毕业于兰大附中高中部，在甘肃会宁插队劳动三年，后调入靖远煤矿职工医院药房工作，2004年9月退休前在兰州百货大楼医务室工作，具从业药师资格。

王家纯　　　　　　王家絜　　　　　　王家维

缅怀我的父亲管照微、母亲徐修梅

管 京

父亲管照微（1911—1963），祖籍浙江黄岩，经济学教授。幼年在家乡扶雅学校读书，初中毕业后在上海江湾立达学园高中部学习。1935年毕业于复旦大学新闻系，大学毕业后东渡日本留学，研究生毕业于日本法政大学。回国后在南京中央信托局任职，后被总局派往兰州任中央信托局兰州分局经理。1948年起，兼任国立兰州大学经济系教授；1950年开始，专任兰州大学经济系教授，后在兰大加入了九三学社。1963年1月16日，在上海病逝，享年五十二岁。

父母合影

母亲徐修梅（1916—2014），1916年2月14日出生于上海，祖籍浙江慈溪。1931年于务本女中初中毕业，1934年于务本女中高中毕业。抗日战争爆发后，考上了重庆大学商学院银行保险系。1942年7月大学毕业，获商学士学位。毕业后，在重庆邮政储汇总局经济研究部任研究员。1951年进兰州大学经济系任助教，1956年调入兰大教务处。1978年后在民革上海市委工作，1988年退休。2014年逝世，享年九十八岁。

怀念父亲

我的父亲管照微，1911年12月25日出生在浙江台州新桥镇当地人称"老屋里"*的家里。

父亲（1947年拍摄于上海）

新桥管氏是黄岩县东南乡望族，《新桥管氏宗谱》载：元顺帝至正初，黄岩东浦人管新涵到新桥收租，看到那里"山水明秀，土地肥美，遂徙居焉。就所购故庄，僻基五亩余，营宅百余楹，后居高楼为书室"。新涵就成了新桥管氏始迁祖。新桥管氏以耕读传家，光绪三十年（1904）管氏后代创办了扶雅书院，1912年改名扶雅学校。父亲幼年就在家族创办的扶雅学校里读书，初中毕业后去上海江湾立达学园高中部学习。立达学园创始人是匡互生，巴金曾在《怀念匡互生先生》一文中写道："我最初只知道他是五四运动中火烧'赵家楼'的英雄，后来才了解他是一位把毕生精力贡献给青年教育的好教师，一位有理想、有干劲为国为民的教育家。""我忘不了他那为公忘私的精神。我把他当作照亮我前进道路的一盏灯。灯灭了，我感到损失，我感到悲痛。"立达学园名师荟萃，有刘大白、丰子恺、夏丏尊、陈望道、郑振铎、方光焘、周予同、夏衍、关良、朱自清、朱光潜、黎锦晖、叶圣陶、胡愈之、李石岑等老师授课，大家甘苦与共，为中国的教育事业开辟了一条新路。父亲在立达学园高中毕业后考入复旦大学新闻系，1933年在大学期间出版了第一本书《新闻学论集》。父亲在大学期间曾参加闹学潮活动，结果被当局抓进上海的监狱，爷爷只得急忙从乡下赶到上海找人把他保了出来。复旦大学毕业后，父亲东渡日本留学于日本法政大学经济系，留学归来在南京中央信托局做事并和母亲结为伉俪，后被总局派往兰州任中央信托局兰州分局经理。1948年，兼任兰州大学经济系教授，新中国成立后从1950年开始专任兰州大学经济系教授，并在兰大加入了九三学社。1958年被下放到天水，后来又被调到天水师院。1963年1月16日在上海病逝，享年五十二岁。

我们家住在兰大院子东侧的第十六员工宿舍，原来是中文系主任冯国瑞教授住的三间平房，他家搬走后我们搬了进来。那时候还没有自来水，每家厨房都备有几个大缸，把"水客子"（挑卖黄河水为生的人）送来的河水倒进缸里，再加入少许明矾，用一根长长的擀面杖搅一搅，等泥沙沉淀下来后方可食用。我家对面住的是地理系主任、留德博士王德基教授一家五口，王先生的夫人曾丽勋先生也是地理系的老师。院子西面住的是外语教研室教授俄语的两位女教师——刘阿丽和崔志筠先生，我们称她们为"刘伯伯""崔伯伯"。刘伯伯祖籍广东，性格豪爽大方，俄语说得比汉语流利。崔伯伯是东北人，美丽端庄，说话轻声细语，标准的大家闺秀。她们俩没有小孩，所以特别喜欢院子里我们几个小孩子，常常邀请我们去她们家里玩耍，请我们吃各种好吃的零食。后来，我们院子又搬来了兰大附属医院的妇产科大夫谢家骅，他家有一个女儿叫谢聪明。我们几家人相处得十分融洽，每逢闲暇时光，大人们就坐在院子里面看报、喝茶、聊天，女人们手中还忙着织毛衣、做针线活儿。王家有三个女儿，大女儿王家纯是我们院子里六个孩子中年龄最大的，我们都亲切地叫她"大姐姐"，我们整天跟在她后面一起玩。院子里长着一棵臭椿树和一棵沙果树，每到秋天树上果实累累，我们就打果子吃。刘伯伯家门口还种了两棵紫丁香，每年花开时，散发着淡淡的香气。我们最爱玩的游戏是踢罐头盒、捉迷藏、踢沙包、跳房子、滚铁环、抽冰猴、扇洋画片、弹玻璃球儿、上房、爬树。每逢大礼堂（昆仑堂）放电影，我们就早早地吃完饭去占位置，有时候也在操场放露天电影，我们就提个小板凳去抢占前面的位置。那时候放映的多半是国产影片和苏联影片。

父亲每天属于自己的时间就是晚上。挑灯夜战是当时知识分子的工作常态，人人都有大量的书要读、繁重的教学工作要准备，时间有限，任务繁重，能挤出来的时间就是晚上。经常是我们已经睡了，父亲房间的灯还亮着，时间已是后半夜了，门缝里常见到父亲伏案的身影，起来倒杯水喝或伸个懒腰走动一下。

父亲不过问家事，心中只有工作，脑子里整天考虑的是他教学上的事情，家中大小事情，全由母亲操劳。20世纪50年代初，高校学苏联，兰大所有教师都要突击学俄语，清晨我们经常看到父亲背着手在房间里来回踱步，口中背着单词，这一场景至今历历在目。如果在俄语上遇到不懂的问题还记在小纸片上，去邻居俄语系的刘阿丽先生那里请教。

我们一家（1959年拍摄于上海）

父亲不管到什么地方，有好的东西一定带回来给我们，所以我童年时代，父亲每次出差回来，就是我们兄弟两人最高兴的时候。

父亲虽然受过不少打击和挫折，但我从来没有看过父亲忧愁的样子。他是一个永远向前的乐观主义者，再艰难的环境也不皱一下眉头。这种乐观主义表现在他对生活与生命的尽力，他常说："一个人的对错，岁月能够证明一切。相信总有云散雾开的时候。"这一点深深地影响了我们。我们兄弟两人的乐观与韧性大部分得自于父亲的身教。

他的乐观精神和理想主义，使他成为一个温暖如火的人，只要有他在就没有不能解决的事，这也让我们对未来充满了希望。他也是个风趣的人，喜欢说笑，从来不把痛苦予人，只为别人带来笑声。

后来父亲得了口腔癌，他躺在医院的病房里，还不忘叮嘱母亲不要告诉我们兄弟二人，因为他怕我们担心他的病情。不论什么事他总是先为我们着想，至于他自己他倒是很少关心。

怀念母亲

我的母亲徐修梅，1916年2月14日出生在上海，浙江慈溪人。初中和高中就读于上海市务本女中，初中一年级就开始住校了。母亲学习成绩很好，通过了上海市中学会考还考了全市第四名。外婆重男轻女，八个儿女，四个男孩初中、高中读的都是上海中学，大学都是上海交通大学，而四个女孩只给供到高中毕业为止。高中毕业后，母亲一心想上大学，当了四年的家庭教师攒了一点钱。抗日战争爆发后，她只身去了重庆，考上了重庆大学商学院银行保险系（当时沦陷区来的学生学费可以全免，一年还给发两套服装）。1942年7月，母亲大学毕业，由恩师马寅初先生介绍到重庆邮政储汇总局经济研究部工作，任研究员，当时马寅初先生的女儿马仰惠是母亲的助手。母亲结婚后，跟随在中央信托局总局工作的父亲居住在南京。

后来，父亲被调到中央信托局兰州分局工作，母亲就随父亲来到了兰州。

母亲（1983年拍摄于上海郊区）

1951年，母亲进入兰州大学在经济系任助教，1956年调入教务处。后因反右扩大化，母亲离开兰大，带着我们两个孩子回到上海。那时父亲被下放到天水农村，他在来信中经常担心母亲寄人篱下、生活无着落，带着两个孩子怎么过？母亲则担心生活更艰难的父亲，一再叮嘱他注意身体，但心力交瘁、疾病缠身的父亲还是于1963年初在上海去世了。母亲自从离开兰大后就没有一分钱的收入，我们家的那点积蓄也慢慢用尽了，值钱一点的东西都给变卖了，仅靠亲戚的零星资助勉强糊口。

上海的住房向来就紧张，外婆家原来独住的石库门的一幢房，先后挤进来了五户人家，我们后来只能住在最差的亭子间和三层阁。上海的亭子间屋顶是晒台，楼下是厨房。夏天热得无法入睡，晚上母亲就在晒台上洒点水，坐在小凳子上拿着蒲葵扇扇啊扇，每晚都要在深夜才能下去休息一会。母亲瘦瘦的，原本不高的身材，被岁月煎熬又缩减了几厘米，看起来更加瘦小。

直至1978年12月，兰州大学党委给父亲、母亲平反后，民革上海市委才给六十二岁的母亲安排了正式工作。这样母亲又重新有了工作，由于有深厚的文字功底，而且熟悉那个时代的各个阶层人们的生活，她在负责的史料工作上挑起了大梁。连民革中央都知道上海有这样一个人，民革的领导写好自传或回忆录都会送到上海来润色，时任民革中央主席屈武的回忆录等都是母亲协助完成的。这样母亲又工作了十年，直到1988年七十二岁正式退休。

1970年，我初中毕业，面临着上山下乡。母亲没有收入，我去学校恳求，能否让我去黑龙江的农场，这样我每个月可以有一点儿固定的工资寄回上海养家。后来，我去了黑龙江农村插队落户。我在黑龙江农村生产队是强劳力，每年冬天分红分到一点儿钱就寄回上海，母亲拿到钱都会泪流满面。

听过她经历的人都对母亲这份坚韧钦佩不已。然而，经历了岁月的风刀霜剑的她说："并不是我本来就坚强，而是我必须要活下去。"原来，父亲去世后母亲曾几次在黄浦江边徘徊过，但当她想到两个孩子还这么小，母爱与责任给了她支撑下去的动力，把她从死亡的边缘拉了回来。后来，这些都成为往事烟云，平凡的退休生活成了她幸福的源泉，也成为她长寿的动力。她说："我爱自己的儿子、孙子孙女，而他们也爱我，所以更要好好地活下去。"

1985年拍摄于上海家中

记得母亲退休后刚搬到愚园路的时候，居委会的干部看到老太太一个人独居，便打抱不平，找我们两个儿子谈话："你们怎么能让年纪这么大的老人一个人住？你们是哪个单位的？这么不孝顺老人，我们是要向你们领导反映情况的。"这一顿说，真是让我们哭笑不得。要知道，我们曾提出过好几次要与她同住，可她却坚持说："我血压不高，小区门口又有保安站岗，有什么可担心的，不用你们陪我住。"坚持独居，每天她都会花三四个小时看书读报。不仅我们兄弟每年的书报费都用来为她订报刊，而且她还自己掏钱订报纸。她说："要是不读书看报，我的天地只不过在几十个平方的空间里转来转去。可现在，通过这些书刊，我的世界变得广阔了。而在不开心的时候，读报又是一种极好的排遣方式，往往读着读着，人就心胸变开阔了。"母亲还是同学聚会的召集人，她一般每个月都会组织同学聚会，有时地点选在四川北路等繁华地段，有时索性把聚会定在家中，中午大家聊得饿了，她就和同学们到附近饭店吃饭。而平时，她喜欢和朋友们煲电话粥，一拿起电话往往能聊好几个小时。家里的电话开支往往一个月要花上两三百。不过，我们都支持她"唠叨"。虽然家中有钟点工，可她总坚持做些力所能及的家务。她爱花花草草爱绿色，花园里桂花树、紫藤、兰花……都由她亲手修剪、浇灌，即使冬天，踏进院子也能见到满眼绿色。

对于社会，母亲是个极普通的妇女，而对于我们，则是伟大的母亲。

没有母亲的呵护抚养，悉心照料，全力护佑，就没有我们兄弟俩，感谢母亲。这世上，有一种爱如阳光沐浴，是不求回报的，那便是母爱。对我们来说，说多少声感恩都不够回报母亲；对母亲来说，即使我们不说感恩，她也依旧内心愉悦。母亲想要的从来就不多，她总是希望子女身体健康一点儿、人生顺遂一点儿。

2014年11月24日凌晨，母亲无疾而终，享年九十八岁。

这首七律是哥哥管宁在2015年清明节写给母亲的。

七律·悼母

锥心潸泪夜惊眠，往事寻究何与言。

慈母柔魂梅影淡，孤儿疏梦月波残。

红尘半辈辛酸路，净土一抔福寿园。

未了凡缘盈百岁，修得来世再团圆。

[注] * "老屋里"迄今已有250年左右的历史了。1997年，《中国文物报》曾发表过一篇文章——《台州发现五凤楼古建筑群》：在台州市新桥镇发现一处明末清初规模庞大的五进十五堂四合院组合的五凤楼，五凤楼占地4万平方米，平房、楼房114间，建筑面积1万多平方米。五凤楼的天井、檐阶均为雕刻石板、条石砌筑。屋脊及转角雕有各种造型，其中屋脊存有"凤头"向天作飞翔状，从高往下俯视整体建筑，屋脊呈五凤朝阳图，故名之。整座建筑有五进，专家称之为"五进十五堂"四合院式组合。其五进进深各不相同，整座建筑浑然一体，檐檐相接，廊廊相连，来往畅通，不受天雨日晒的限制，可以不出屋通行。五凤楼内50多扇棂窗，遍嵌蝙蝠等动物图案；青石础琢饰龙凤狮像和鱼虾蟹蜻等；柱、梁、廊有花卉、禽兽等木雕，技艺精湛，图案美观。大门前还存有"文革"时遭破坏断裂的抱鼓石。2005年，公布为省级重点文物保护单位。

作者简介

管京，1953年7月28日出生于兰州萃英门。1960年就读于上海江办一联小学，1966年就读于上海南静中学，1970年6月到黑龙江省甘南县插队。上海华盛海运公司工程师，北京华联工程总监。2013年退休后居家。

萃英门纪事

刘新陆

　　父亲刘天怡（1914—1992），英文名Stanly，四川省筠连县人。1941年毕业于国立中央大学经济系。1947年赴美国留学，就读于丹佛大学经济研究院，获硕士学位。1949年在美国威斯康星大学攻读经济学博士学位。1950年6月回国参加新中国建设，被分配到兰州大学经济系任教，先后任副教授、教授，硕士生导师，人口理论研究所所长。兼任中国美国经济研究会副总干事，中国外国经济学说研究会副会长，甘肃人口学会会长，甘肃计划生育协会副会长，教育部学位评审组成员，九三学社甘肃省委秘书长。著有《外国经济史》专著一部，发表《凯恩斯经济思想批判》《外国经济史的研究对象和体系结构问题》《美国发展经济时期的人口决策》《大西北的开发与移民》等论文数十篇。

1984年，刘天怡先生主持国际人口理论研讨会（北京）

在科研方面，刘天怡先生是新中国成立后最早在当代西方经济学研究方面获得重要成果、在学术界具有话语权的学者。20世纪50年代，在国内经济学权威刊物发表的《凯恩斯经济思想批判》一文，代表了当时新中国经济学研究的一流水平。

在经济史研究方面，刘天怡先生最先提出把外国经济史作为一门独立学科体系来研究的主张，代表作《外国经济史的研究对象和体系结构》，系"文革"后首个探讨学科建设体系的论作。

在人口学方面，1982年8月，刘天怡先生为了解决国内人口学专业教材不足的问题，不顾六十八岁高龄，组织翻译了美国人口资料《人口手册》及人口学家威廉·彼得逊所著的《人口学》，对于当时我国刚刚起步的人口学研究和计划生育工作，具有很大的借鉴和指导意义。他提出的西北大开发中的移民问题和人口政策，在甘肃、宁夏"三西"建设中，发挥了重要的作用。

一

我是在一个寒冷的冬天，随父母亲来到兰州大学萃英门的。那一年，我三岁。

在我的眼睛里，萃英门很高大。城门上还建有一层砖木结构的城门楼。城门外，狭窄的马路两边，有一些低矮的小商铺，有卖笔墨等各式文具的，有卖酿皮、炒凉粉、热冬果等各种小吃的。人来人往，熙熙攘攘，

1946年，父母合影

很是热闹。

进了城门，便是大学校区。向北走，土路两边东边是教职工宿舍，西边是学生宿舍，还有食堂、锅炉房、洗澡堂。走到至公堂南墙下，便东西分道，东边通向观成堂（工会），堂前栽种翠柏，有一个下沉的水池和一个石拱桥。西边通向学校办公区，有供销合作社和理发室。北面是积石堂（图书馆）。"三堂"之间有一个小广场。至公堂高大宽敞，庄重典雅，东西开门，两檐流水，树木环绕，处于校区的中轴线上。整个校区，四周围着高高的城墙。

刚来时，我家就住在城墙西南角的一个小院子里，晚上点煤油灯，院落紧挨着静观园。两年后搬到了老甘院，才有了电灯。

静观园是一处休闲的好地方，花木繁多，清静宜人。园中有一座长长的堆石假山，南北朝向，把园子分成前后两园。假山南端有一个烈士纪念亭，纪念兰州解放前夕被国民党反动派杀害的师生。前园里种着许多百年老梨树。每年秋天，又大又黄的冬果梨挂满枝头，是小男孩们觊觎的目标。

老甘院位于至公堂北侧，是校区中央最大的教师宿舍区。西侧是篮球场和排球场，东侧是田径场和足球场。北面城墙内，从西到东，便是昆仑堂、天山堂、贺兰堂、祁连堂、积石堂。城墙外黄河流过，涛声可闻。北

1950年4月，父亲在归国邮轮上

城墙下开一小门，是专门用来从黄河拉水的，平时总是关着。白塔山光秃秃的，山顶耸立一座七层的白塔。

父亲是1950年4月从美国启程乘船归国的。先到香港，又转乘国内轮船到天津，5月抵达北京。母亲白朝莼闻讯后，带着我和姐姐刘元露，从四川重庆来京，找到颐和园旁边的华北人民革命大学，与父亲相聚。年底，我们一家四口来到兰州大学。记得火车路过郑州黄河大桥时，母亲抱着我到车窗前探望，只见下面黄河水翻滚流淌，漂着浮冰。

二

来到兰大以后，父亲做的第一件事，是报名参加土地改革工作。

土改工作是1951年甘、青两省农村的头等大事。兰大组织了一百多人的土改工作团，在解放军的护送下，到青海省海东地区参加土改。当时土改的政策是：依靠贫雇农，团结中农，中立富农，消灭地主，发展生产。父亲在这次土改工作中，被分配到乐都县的瞿坛寺乡。他有两个收获：一是亲身经历了平生第一次阶级斗争；二是结识了一位陕北来的老干部，这位老干部以后帮了父亲的大忙。

父亲出生于四川省筠连县，家境贫寒，五岁丧母，九岁过继给本家伯父。依靠伯父的资助，才得以上学读书，一直到出国留学。他没有想到大西北的农村会如此贫困。在他看来，这里顶多只有富农，没有地主。父亲在和那位陕北来的老干部交谈中，说到美国的经济情况，便讲了一些美国西部开发时期的土地政策，老干部很感兴趣，听得津津有味，对父亲的渊博知识心生敬意。

参加完土改工作，父亲获得好评。回到兰州后不久，发生了南关城门楼枪击事件。后来为了防患于未然，兰州旧城所有的城门楼，包括萃英门的城门楼，便统统被拆掉了。

父亲听说此事，沉吟许久。觉得萃英门乃学府文脉之地，拆掉城门楼，面目全非，不免可惜了。

三

谁知过了两年，兰州开始修建和拓宽城市交通，把所有的旧城墙全拆除了。这样，不但萃英门被拆掉了，而且连带南城墙都被铲平了，变成了一条东西方向的马路。整个兰大就好像脱去了外衣一样，暴露在路人面前，校园里宁静安详的气氛不复存在。当时，正逢全国高校进行院系调整，兰州大学被列为全国十四个高教部直属重点综合大学之一，成为国家教育战略布局的一个组成部分，教育规模必将大为扩展。旧校区显然无法满足新时期的要求，选择新的校区已经势在必行。

1950年5月，在天安门前合影

这个时候，我们一家已搬进老甘院。

老甘院位于至公堂前荷花池的北侧，分中、东、西三院，院间有日月门相通。中院为主院，宽大气派，有石子甬道和花坛，从南到北分三进大院，最北端有一座三开间高高在上的中堂，有台阶拾级而上，大概是当年贡院主考官大人坐堂监考的地方。

我家住在老甘院东院。这里也是三进院，但北院隔墙独立。我家在中院，居东房四间。两间是住房，一间是厨房。厨房里有两口大水缸，用来装黄河水，一口是澄清的，另一口撒一点儿明矾澄清备用。每隔两天，就要淘洗缸底，把沉淀的黄泥清洗出来，倒进花园里。缸口上盖一块大案板，用来切菜擀面。

父亲终于有了自己单独的书房。房间很小，屋角放两张靠椅和一个茶几，临窗摆一张三屉书桌和一把椅子，背后靠墙是一个小小的书架。书桌上放着卡片盒和一个双层立架，上面摆着精装的英文辞典和汉语字典等工具书。墙角剩一块很小的空间，摆一盆夹竹桃。父亲的成名作《凯恩斯经济思想批判》一文，就是在这里完成的。

父亲在抗战期间毕业于中央大学经济系，后留校任教。1947年7月赴

1950年5月，父亲在北京教育部花园留影

美国留学，先在丹佛大学经济研究院获硕士学位，后入威斯康星大学读博士。1950年4月，为了争取早日回国，父亲放弃即将进行的论文答辩，乘船回到北京。20世纪50年代，大学引进苏联教育制度和教学内容，父亲深感学力不足，便努力学习马克思列宁主义，力图跟上新时代的步伐，在教学上占有一席之地。1951年，《毛泽东选集》第一卷出版发行，他便从张掖路新华书店买来细细研读。以后皆如此。书店的人都认识他。

四

昆仑堂是学校大礼堂，堂前是一排二层小楼，门庭前有半圆形平台，

台侧有若干级台阶，也是半圆形的。从上往下俯视，整个造型像一架飞机，机尾靠近北城墙。学校的大型会议和文艺演出活动大都在这里举办。父母亲曾带我们去看过一场外地著名剧团来兰演出的京剧《画皮》，把我吓得半死。好长一段时间里，我都不敢一个人待在房间里，晚上更不敢一个人去上厕所。

老甘院是萃英门里最大的教职员工宿舍区，却没有厕所。公共厕所设在院外北侧，穿过单双杠吊环吊绳架，下一个大坡才到。厕所后的粪池就在北城墙下，墙角挖了几个大洞，里面养猪。

因为上厕所十分不方便，家里便备有一个大痰盂。痰盂盛满了，用绳子提着，出东院，进中院，出北角门，下大坡，倒进厕所里。

母亲在萃英门连生两子，一个取名人杰，一个取名东平。"东平"的意思是，朝鲜战争结束了，和平有望了。记得有一天下雨，晚上路滑，母亲去公共厕所倒痰盂，不小心摔了一跤，屎尿溅到裤子上，很不开心。

五

全国高校院系调整以后，兰大陆续调进了许多教职员工，其中有一些是全国知名的学者，如化学专家朱子清、刘有成，生物学家郑国锠、吕忠恕，历史学家赵俪生等，以后又选调了一些留学苏联的学生以及北京、上海各高校的教师。天南海北，一时人才荟萃，显露出萃英聚雅的兴盛气象。

人多家属多小孩多，然而萃英门独立于西关城门之外，没有小学和幼儿园。于是，学校决定自办，选址确定在静观园南侧的三四个大院落里。我家刚来时住过的小院，封门改院，变成了小学的教师办公室。小学有六个教室分六个年级。隔墙便是幼儿园，有三间大教室，分大班、中班、小班。小学和幼儿园教师大多是教职工的家属，有的还是学生家长，老师们待人都很和蔼可亲。1956年，从上海来了一批知识青年，带来了大城市的文化气息。他们穿着入时，年轻漂亮，爱唱歌跳舞，说一口柔声细语的普通话，令孩子们十分崇拜。1958年"大跃进"时，人们在这里挖出废铜烂铁，还有炮弹黑火药，我们才知道这里曾经是马步芳军队的临时兵工厂。原来，我们玩耍做游戏的院子里，埋藏着炸弹！

萃英门校区的教工宿舍，集中连片的有两处。一处在萃英门东侧，院子套院子，从南城墙到东城墙，排列成一、二、三、四几个序号。另一处便是老甘院。另外，在静观园周边也有几个院落，比较分散。人多时安置不过来，临时还占用过静观园假山上的亭台楼阁。

孩子多了，校园就热闹起来，到处都有孩子们的身影。大孩子们喜欢爬城墙，在高高的城墙上打仗，眺望城外的景色。有人来制止，便冒险从墙上跳下，不顾屁股蹾得生疼，一溜烟跑掉了。静观园的冬果梨，也是大孩子们关注的对象，一年年眼睁睁地看着梨花开梨花落，细数着哪棵梨树上的果子长得大，记在心头，等成熟后便去偷来分吃，炫耀给别人看。

1955年，兰大幼儿园毕业照

到了冬天，静观园的花园里便开辟出一块滑冰场，大人小孩都在那里学滑冰。学会的人，便绕着冰场转大圈子滑，脖子上围着围巾，头上冒着汗，动作十分潇洒。一年四季，大操场上大学生们开展的各项运动，孩子们都会模仿起来，样样都能来两下子，所以运动素质大都很好。至公堂里每一个周末都有舞会，小孩子们便会在人群里穿梭不休。最令孩子们向往的是一年一度在昆仑堂大礼堂举办的春节联欢会，有各种有奖活动，可以玩到半夜三更不睡觉。学校每年都组织大家到兴隆山去游玩，晚上就住在山上的大庙里，打地铺睡觉，十分热闹。至于周末去五泉山喝茶，更是常有的事。父母亲每年还带我们坐马车去十里店看桃花。黎明时分，月亮还挂在天上，父母就把我们从梦中唤醒，每人给上一块泡泡糖，便上车出发了。走过黄河铁桥，还不到金城关，我们便在马车上又睡着了。

萃英门，是孩子们的天堂。

孩子们的母亲们，操着各种口音，穿着打扮各不相同，有挽髻小脚的，有烫发穿高跟鞋的，但她们的共同之处是都忙于操持家务，很少有人出外工作。当时提倡向苏联学习，做英雄母亲，一家四五个孩子很普遍，独生子女很少。有的人家还带来老家的保姆，说的话外人听不懂。一时间院子里高声细语，南腔北调，分外热闹。

母亲不开心，并非是因为生活条件不好，经过战乱的人，并不怕吃苦，而是因为她不愿意当家庭妇女，一心想出去参加工作。

小时候在萃英门，母亲曾教我们唱过"长亭外，古道边，芳草碧连天"这首歌。父亲说这首歌是美国歌曲，我们不相信。因为母亲说，她是抗战期间在学校里学唱这首歌的。当时，因为日本人轰炸重庆，他们常常要躲进防空洞里去。教室也是千疮百孔，破烂不堪。有一天下雨，教室屋顶漏雨，学生们便打着伞，一边唱着这首歌，一边流着眼泪。所以，这首歌在我心里留下了深刻的印象。

但是，也许这首歌的曲调太忧伤，所以我们只在家里唱，不在外面唱。在外面，我们更喜欢唱"烧饼油条，烧饼油条，炸麻花，炸麻花，一个铜板一个，一个铜板一个，真便宜，真便宜"，或者用同一个曲调唱"两只老虎，两只老虎，跑得快，跑得快。一只没有眼睛，一只没有尾巴，真奇怪，真奇怪"。

大人听见我们这么唱，一边笑一边告诉我们不能这么唱，说这首歌是二三十年代反抗帝国主义和地方军阀的革命歌曲。这首歌在北伐战争时期曾响彻中国大地，歌词是"打倒军阀，打倒军阀，快冲锋，快冲锋！消灭封建势力，打倒帝国主义，定胜利，定胜利"。

母亲喜欢唱歌，但她喜欢中国歌曲，比如《小白菜》《我的家在东北松花江上》等。她不喜欢美声唱法的外国歌曲，认为那种声音像是鬼哭狼嚎，收音机里一有这种声音，她马上关掉收音机。这对我们几个孩子的影响很大。多年以后，我才知道，美声唱法是意大利人根据自己的身体条件创造的一种科学的发声方法，中国人没有这种声嗓，唱了并不好听。

抗战时期，母亲在重庆读完书，便在宋美龄主持的中国妇女文化促进会工作。1945年，父母亲结婚。父亲出国留学后，母亲留在重庆的家里抚养孩子，到1956年，已经做了十来年的家庭妇女了。

要参加工作，第一件事，是写自己的简历，向组织交代清楚自己的历史。母亲很认真很仔细地回忆自己的过去，几易其稿，在父亲的帮助下完成，交给兰大人事部门。父亲告诉母亲，向党交心，一定要老老实实，不能隐瞒任何问题。父亲回国后写的第一份简历，是在华北革命大学。以后又经过几次运动，简历越写越细，很有经验。母亲经过审核批准，被录用到图书馆工作。

母亲（1944年拍摄于重庆）

六

住在老甘院，邻居多了起来。第一个同住东院的邻居，是从法国留学回国，与父亲同在北京华北革命大学学习，又同乘一辆敞篷汽车来到兰大的樊祖鼎教授一家。樊祖鼎教授是浙江温州人，专攻国际法。刚来时也同样吃不惯黄河水，老胀肚子。我们两家还曾一起搭伙做饭吃，所以孩子们便是自幼相识，常在一起过家家。樊教授西装革履，英俊潇洒，爱好打猎。他不知从哪儿搞到一支小口径步枪，闲暇之余会带着女儿去打麻雀，有时还能打到斑鸠，用麻绳拴了，提回家做成下酒菜。樊教授是男孩子们热烈追逐的偶像。后来他家搬到西院去了。

跟父母亲交往比较密切的，有同在兰大经济系任教的吴宗汾教授。吴教授夫妇二人都是上海人。吴妈妈最擅长做汤团甜食，常常召唤邻家小孩子们到家里品尝，深得孩子们的欢心。吴教授是全国著名的统计学家，后来调到西安去了。

1956年夏，全家人拍摄于老甘院

搬到老甘院，第一个来家探望的，是陈时伟、左宗杞教授夫妇。他们都是国内著名的化学专家，与父亲同是中央大学校友，又都是留学美国的。左家是湖南的望族，与母亲的继母任家有世交，两人很说得来。陈时伟夫妇先在东北大学任教，后来又到兰大任理学院院长，后升任副校长。父亲来兰大任教，是陈时伟教授亲自到高教部做了动员工作的，所以二人的关系更是非同一般。陈时伟组建九三学社兰大分社时，把父亲拉进去做了秘书。

据有关部门统计，20世纪50年代初期从美国回国的留学生有一千七百多人，其中学理工农医者居多。来兰大任教的，还有生物学家郑国锠和吕忠恕。他们都是与父亲在美国威斯康星大学的同期博士生，完成学业后，先后来到兰大。校友相见，十分亲切。我们几家的孩子，年纪相仿，都是从幼儿园到小学的伙伴。化学系搞有机化学的刘有成教授，是1955年来的，是萃英门最后一批留美归国的学者。

住在老甘院里的，还有数学系的周慕溪教授、赵继游教授，历史系的张雅绍教授。张雅绍曾在新疆学校任职，夫人是维吾尔族的，女儿们长得特别漂亮。另外更多的是刚成家的中青年讲师和助教，还有一些行政后勤人员。我家前院就住着学校食堂的一个炊事员，他的儿子跟我差不多大，说着一口方言，听不大懂。后来玩熟了，才知道人很憨厚老实，不久又回老家去了。兰大的行政后勤人员，很多都是甘肃本地人，以天水、榆中人居多。

经济系的李剑夫教授也是与父亲同在华北革命大学学习后，又同车来到兰州的。他的夫人沈滋兰，是民国时期从兰州去北京上学的女学生，北平师大地理系毕业后，回甘肃办教育，任兰州女子中学校长，是宋美龄创办的妇女文化促进会甘肃分会的领导者。她说一口标准兰州话，仪态大方，做事认真干练，是兰州妇女界有名的"三兰"之一。

解放军接管兰州大学后，军管会任命辛安亭代理兰大校务，林迪生为副校长。林迪生个头不高，笑脸常开，曾留学日本，很受人敬重。他负责筹建盘旋路新校区时，圈了很大一块地，要坚持党的领导，把延安办学的经验引进兰大。

经济系在原法学院撤销后，成为兰大文科第一大系，有教授、副教授十四五人，占全校教授总数的近四分之一，大都有著名大学的学历。比如管照微教授，民国时期曾任甘肃信托局要职，是一位金融信托业专家。1956年"向科学进军中"，兰大组织上报的六十个科研项目里，就有管照微教授的"发展社会主义信托事业"的课题。另外，还有段重熙教授的"论毛泽东的经济思想"的课题，引人注目。兰大在"向科学进军"中提出的科研项目之广、水平之高，令学界刮目相看。

父亲也向经济系申报了一个科研课题，题目是《凯恩斯经济思想批判》。经过几年时间对马列主义毛泽东思想的学习和研究，父亲对于斯大林时期苏联社会主义计划经济理论的来龙去脉了如指掌。他认为，斯大林利用国家力量干预经济的做法，与罗斯福在三四十年代采取的做法，二者有相通之处。罗斯福的做法来自凯恩斯理论，是在保护私有制基础上利用国家财政力量和金融手段对经济进行必要的调节，而斯大林的计划经济是建立在消灭私有制的理论基础上的。两者之间，手段相似，却有本质区别。父亲认为，经济学是关于人的经济行为的科学，人对经济利益的追

1949年，父亲与美国同学在一起

求、预判、选择是经济学的三大要素，在这些方面，西方经济学已经有了二百多年的历史。因此，批判性地研究凯恩斯经济思想，对社会主义计划经济平稳发展有重要借鉴意义。

七

在父亲心目中，法学、逻辑学、心理学乃至西方哲学等学科知识在现代经济学理论中都有重要的价值。任何经济行为，当事者双方要讲诚信，都需要有契约来约束，契约则靠法律来维护，这是常识。而人的经济行为又受心理活动支配。任何一个经济活动，都会在人的心里产生一定的影响或预期，这种心理预期又会对经济活动本身造成反作用，成为影响经济波动的重要因素，这也是常识。这些常识积累起来，经过上百年市场经济实践，被总结成古典经济学理论。马克思、恩格斯便是在这些理论的基础上写出了《资本论》，提出了剩余价值理论，用来维护雇佣劳动者的权益。在此之后，资本主义生产方式又经过上百年的发展，不断解决劳资双方的矛盾，创立出稳定经济发展的许多方式方法，从而产生了现代资本主义。凯恩斯经济思想便是现代资本主义经济理论当中，最具影响力、最有操作性的一种学说。凯恩斯的代表作《就业利息和货币的一般理论》完成于1936年。

在政治上，父亲是积极向上追求进步的，是跟着共产党走的。他选择回国，是坚信共产党能救中国，这在当时那一代知识分子当中是一种普遍的思想倾向。所以，父亲很早就向系里党支部提交了入党申请书。

八

在生活上，父亲唯一保留的留学时期的习惯便是每天都要喝一杯咖啡，不加糖不加牛奶，原汁原味。若买不到咖啡，就喝茶，喝的是老家寄来的雨前毛尖。泡茶用的是一只精致的紫砂壶，壶盖的造型是一个小小的荷花叶。无论是咖啡，还是茶叶，只要泡出来，屋里便飘散出特殊的清香。

四川宜宾筠连老家，位于川滇交界的大山深处，自古是茶马古道。马帮往来，络绎不绝。爷爷刘绍琨开一家小客栈，勉强维持生计，无力供养父亲读书。直到父亲九岁时被过继给本家伯父刘绍斌（质文），才改善了生活条件。伯父去世后，父亲每月按期给自己的生父一家寄生活费，几十年从未间断，直到弟妹们长大自立。

父母亲对我们姐弟四人的家教很严，生活上从不娇惯。我们的衣服、裤子都是补了又补，大改小接着穿。冬天，家里烧煤炉取暖。他们买来酥油、炒面，用滚烫的开水，一碗一碗冲成糊糊，让我们吃。说是好男儿志在四方，将来长大了，什么东西都要能吃才行。浆水面是有西北特色的主食，母亲专门请人来做。我们吃了，觉得并不像当地人说得那么好吃，不

1948年2月，父亲在美国丹佛大学

如臊子面好吃。其实，父母亲是更喜欢吃大米饭的，家里经常做面食，是要求我们从小就适应当地的风土人情，他们自己也要尽快改变旧习惯、适应新生活。

父亲教我们读唐诗："青海长云暗雪山，孤城遥望玉门关。黄沙百战穿金甲，不破楼兰终不还。"还有一首："黄河远上白云间，一片孤城万仞山。羌笛何须怨杨柳，春风不度玉门关。"父亲告诉我们，诗里说的孤城，大概就包括兰州。弄得我们几个兄弟从小就摩拳擦掌，一心想着长大出去闯天下干大事。后来，弟弟刘人杰在兰大外语系毕业后，自愿报名到西藏工作，大概也有潜移默化的作用。"生当作人杰，死亦为鬼雄。至今思项羽，不肯过江东。"父亲说，人的一生，不能以成败论英雄。

父亲喜欢古诗词。1939年夏在重庆，遭遇日本飞机轰炸，父亲在防空洞有诗云："警报声中走避忙，敌人近逼太嚣张。何当仗剑驱倭寇，一江风雨望头塘。"父亲的这个爱好，伴其终生。每临大事必有诗词，其中佳作无数。

父亲写得一手好毛笔字，这与他从小练字有关。他自己的诗句，自己用毛笔写出，便是书法作品，朋友们争相收藏，装裱起来挂在家里。

父亲有一支古箫，闲暇之余，吹来自娱。其声委婉动听，常令我们如痴如醉。父亲在美国留学时曾在学校晚会上吹奏过一曲《满江红》，美国人哪里听到过如此曼妙的东方音乐，一曲过后，全场肃穆，静默许久，才欢呼四起，掌声不绝。有美女同学跑上前台，询问能不能摸一摸这个神奇而简单的中国乐器。蜀南多竹，人们普遍善吹箫笛。不想身在异域，竟能大出风头。文化交流之妙，留学生们多有切身体会。

父亲从美国带回来一架蔡司相机，虽是二手货，但性能很好。带有镀铬的可以伸缩的三角支架，还有自拍器。节假日里，父亲常常带我们一家人出去拍照。白塔山、五泉山、黄河边，处处留有我们的身影。静观园里的梨花、桃花、牡丹花，观成堂前的小石桥，老甘院里的菊花、向日葵，都是拍照的背景。甚至夏天买来的大西瓜，也用来做道具。邻里小孩子，也常被收入镜头之中。

父亲从美国带回来的西装和黑呢大衣，早已压在箱底，很少有场合能拿出来穿了。妈妈的旗袍和皮鞋，也很少穿出门去。父亲在华北革命大学研究院学习时，穿的、戴的都是统一配发的解放装。沈从文先生也是和父亲同期的学生，当时沈先生五十岁左右，落寞寡欢，跑步做操有点儿跟不上节奏。他穿的也是同样的服装，不大合身。父亲心想，在别人眼里，自己这个洋学生不知是个什么形象？该不会也是鲁迅笔下的假洋鬼子吧？

在萃英门生活的那段时间里，我们从没有从父亲的口里听到过任何对生活条件的抱怨。母亲倒时不时有一点儿小小的议论之词，都被父亲一笑遮过，说一切都会好起来的。

常常有人称赞父亲是爱国主义者。父亲内心不大以为然。他认为自己回国是因为家在这里，亲人在这里，事业在这里。他热爱生活、热爱家庭、热爱事业，愿意投身新中国的建设。只有采取科学的态度和科学的方法，找到问题的症结所在，才能从根本上解决问题。他做学问，就是这个态度、这个方法。

父亲有写日记的习惯，过去文人大多如此。还有保留往来书信的习惯。

九

父亲在政治上小心谨慎、追求进步，在学术上锲而不舍、勤奋努力，这两个方面都有了一些收获。他的新作《凯恩斯经济思想批判》一文，投稿到国内经济学权威期刊《经济研究》编辑部，几经修改，确定择期刊用，这令父亲大为振奋。这篇文章，是他经过几年潜心钻研马列主义毛泽东思想，并运用西方现代经典经济学理论分析批判方面的成功实践而完成，在国内处于领先地位。在他的心目中，这是他的新的博士论文。他因为回国较早，未能拿到美国的博士文凭，在职称待遇上打了折扣。现在，他终于可以证明自己的实力了。

过去，吃饭的时间就是讲故事的时候。一个小白兔的故事，可以讲一年。聪明勇敢的小白兔、狡猾阴险的狐狸、凶狠无耻的大灰狼，在我们的脑瓜里，活灵活现。常常是一桌子的人都吃完饭了，父亲才吃了一半。母亲担心这样会影响他的肠胃消化，父亲却毫不在意，乐此不疲。有一年过圣诞节，父亲告诉我们，晚上圣诞老人要来送礼物，小孩子临睡前要摆好自己的鞋子。邻家小妹很认真地做了，还检查了好几次。第二天，我们都在自己的鞋子里找到了圣诞老人的礼物，欢声不断。邻家小妹沮丧地来问父亲，为什么没有收到礼物？父亲告诉她，肯定是她哪里做得不好。小姑娘百思不得其解。

父亲告诉我们，古人有云"君子达则兼济天下，穷则独善其身"。前半句话好懂，修身齐家治国平天下，是儒家之道；后半句话，则不明其意，何为穷？何为独？父母亲都很少出去串门与人交往了，也很少在家里吃饭了。有了新校区，天不亮，他们就要赶到新校区去上班。

我们是最后搬出老甘院的人家。据父亲的日记记载，1959年9月6日，我们搬到了位于段家滩的甘肃省财经学院。那一天，是我的生日。在那里，我们用上了自来水。

20世纪50年代，甘肃一下子增加了三十多所大专院校。兰州大学的经济、中文、历史文科三系，分别与省上原有的财贸干校、艺术学校合并建立了新的大专院校。兰大医学院已于1954年从兰大分离出去，单独组成兰州医学院。兰大与中科院兰州分院合并，准备挂上甘肃省科技大学的牌子。但教育部和中科院始终没有批准，以后只得又各自挂回了老牌子。文科三系回归兰大，则是几年之后的事情了。经济系只回来了四个教授和副教授，元气大伤。

再见了，老甘院！再见了，萃英门！再见了，老兰大！

萃英门，是兰大的根。

父亲给我扎风筝

每年四月，当白塔山上呼呼吹过来的北风慢慢减弱，黄河冰桥崩坍的断裂声不再有响动，萃英门大操场边的老榆树被东风轻轻地撩起了枝叶，放风筝的日子便来到了。

下午放学以后，大院的孩子跑回家扔下书包，拿起自己心爱的风筝，一路放飞，奔向大操场。那里，早到的大孩子们已经站成一排，手中抖动着长长的棉线，引拽着风筝升上天空。西边的太阳迎面照在他们仰起的脸上，他们眼睛发亮，看着自己的风筝渐行渐远，高高飘扬。迟到的孩子，便从老甘院的墙根跑起，狂奔着横穿操场，好让自己的风筝能够达到一定的高度，凭借上升的气流自动升空，若一次不行，便再来一次。然后，进入人群队列，并保持相对安全的距离，以免风筝互相交叉干扰，两败俱伤。站定以后，才开始一、二、三、四地数着天空中的风筝，比较风筝的式样、大小和高低。清风徐来，各式各样的风筝在空中变成了一个个小黑点，有的拖着长长的尾巴，一动不动；有的摇头摆尾，似乎想要挣脱而去。最令人好笑的是那些放不高的小风筝，一不小心便翻一个筋斗云，直落下来，啃个满嘴泥。但小孩们仍然乐此不疲。

在所有的风筝中，我的风筝是最特别的。因为它的形状并非大家公认的用报纸糊的弓箭形，而是用麻纸糊的马褂形。它的骨架是用细细的竹篾扎成的，显得轻盈可爱。这是父亲的杰作。

父亲是四川人，1950年初从美国留学归来，在北京经过几个月的培训后，入冬时节带着我们一家来到兰大萃英门。我们姐弟二人刚离开四川不久，乡音未改，所以孩子们都叫我们"四川酒子"，我们听得莫名其妙。但没过多久，我们便说得一口兰州话，融入了孩子群之中。不过回到家里，仍然说四川话。我们住在老甘院，出门便是大操场。大操场上的一切活动，都有我们的身影。

爸爸给我扎风筝，是在他的小书房里。平日里，他的书房是不准我们随便进的，那里放着他的书桌、书架和各种书籍。墙边有一个小洞，隔壁是我们的房间。房间里生着火炉，烟筒从洞中穿进书房，以供取暖。父亲扎风筝的全过程，我都在旁边观看学习。

首先是选材。长短粗细不一的毛竹枝，是我找来的。父亲皱着眉头左挑右选，似乎不大满意。好不容易才从中找出两根稍显匀称一点的竹枝，用小刀剖开，刮磨成厚薄均匀的竹片。其间稍不注意，便会折断，一切又得重来。所以，父亲告诉我，万事开头难，选材最重要。毛竹不能太细，太细承受不了压力。后来，我发现家里有一个破旧的竹帘子，便从中抽取几根来扎风筝，解决了选材问题。这当然是后话了。

父亲把刮磨好的竹片，选一长三短，呈一个"王"字形摆在书桌上，最下面一根更短一些。父亲说，竹面是迎风面，不能摆反了。然后，分别在三根横枝上找出中间点，用刀刃测试两头的轻重，较重的一头，再用刀刮，直至两头平衡、一样轻重为止。如此再三，把三根横枝弄好。父亲告诉我，这是为了让风筝保持平衡，以免在天上栽跟头。

用线把竹枝扎起来，又是一个技术活儿。既要防止上下滑脱，又要防止左右移动，所以横缠竖绕，左右紧扣，交叉固定，一丝不苟。嘿嘿，这一手绝活儿，我至今秘不传人。当我看到有的孩子的风筝在风中缩成一团走了形，便知道问题出在哪里。

风筝的骨架扎好以后，糊纸便是最后一道工序。浆糊是在厨房里用铁勺盛上清水，撒一点白面粉调匀后搭在火上熬制而成。这是母亲的功劳。母亲是湖南人，虽不善面食，但摆弄一点浆糊，恐非难事。糊风筝纸，也有讲究。那就是，一定要注意迎风面，麻纸在前，竹架在后，从前往后卷糊在竹架上。糊好马褂的上半部，再糊下襟，下襟也必须糊在上襟的前面。这样，一个上大下小的马褂风筝便糊好了。最后，加两条长长的尾巴，就可以了。尾巴的作用，也不可忽视，太长太短都不行。

放过风筝的人都知道，拴斗线是一个关键环节。父亲并不贸然决定斗线的角度和长度。他是亲自带着我来到大操场上观察了风力大小，才最后拴好斗线的。父亲说，风大时斗线角度要小，这样风筝受力面就小；风小时斗线的角度要大，这样，风筝的受力面就大，风筝才可以飞得高。我哪里还顾得上听这许多唠叨？早已拖着风筝跑了。

看呀，我的风筝飞得多高啊！它高过了屋顶，高过了太阳！

作者简介

刘新陆（又名刘新路），1947年9月出生于四川宜宾。1968年，甘肃师大附中毕业后到甘肃省临夏康乐县草滩大队插队落户。1977年恢复高考后考入兰州大学经济系，毕业后先后在甘肃省临夏州委、甘肃省委政策研究室、甘肃省税务局等单位任职。退休后以读书作诗为乐。

故地、故事
——追忆父亲郑国锠、母亲全允栩

郑瑞澄　郑曙旸

　　父亲郑国锠（1914—2012），祖籍江苏省常熟市。1943年毕业于重庆国立中央大学博物系，1947年获中央大学生物学硕士学位，1950年获美国威斯康星大学博士学位。1951年回国，到兰州大学工作，历任兰州大学生物系教授，博士生导师，系主任，名誉系主任。1980年当选为中国科学院学部委员（现中国科学院院士、资深院士）。长期从事生物学教学和科研工作，致力于细胞生物学基础理论研究，在国内高校首创细胞生物学专业。所提出的体细胞同源染色体在前期分离、后期形成双纺锤体、最后形成四个单倍体核的论点，是国际细胞学界公认的

父母合影

体细胞内出现的染色体减数的机理之一。对细胞融合研究的主要成果是：肯定了花粉母细胞间染色质穿壁运动是自发的正常生理现象，发现核液的运动和收缩蛋白与染色质穿壁运动有密切关系，染色质穿壁运动后出现的染色体畸变又与核型的进化、多倍体的发生和B染色体的起源有关。1998年，解答了国

际上长期悬而未决的问题，即阐明了形成胞间连丝和胞质通道所需酶出现的时间和部位，提出了胞间连丝和胞质通道生物发生的模式图。发表论文150多篇，著有《细胞生物学》《生物显微技术》等著作。2003年，获香港何梁何利基金"科学与技术进步奖"。曾任国务院第一届学位委员会学科组成员，中国细胞生物学会副理事长、细胞生物学教学委员会主任委员，中国植物学会常务理事、植物细胞学专业委员会主任委员，《中国大百科全书》生物学卷委员、《细胞学》副主编，国家教委高等学校理科生物学教材编审委员会委员、细胞生物学编审组组长。曾当选为甘肃省科协副主席，第三、四、五届全国人民代表大会代表。

母亲仝允栩（1919—2010），祖籍河南省唐河县。1943年毕业于重庆国立中央大学博物系，1950年获美国威斯康星大学理学硕士学位。1951年回国，到兰州大学工作，历任兰州大学生物系副教授、教授，动物学教研室和实验动物学教研室主任。1957—1959年，公派到苏联莫斯科大学生物土壤系胚胎学研究室进修，参与角膜诱导因素分析等研究工作。承担多项国家重点研究项目及省部级研究课题。因发现视网膜感光细胞特异视蛋白的出现与角膜诱导之间存在的可能关系等成果，于1987和1990年两次获得甘肃省科技进步三等奖；参与主编的综合性大学生物系本科生教材《发育生物学》，于1992年获原国家科委"全国优秀教材奖"。在兰大开设本科胚胎学课程，并招收培养发育生物学研究方向的硕士研究生。1983年获全国"三八红旗手"称号。

求学之路

父母的求学经历反映了他们各自不同的家庭背景，又与当时的战乱大时代紧密关联，也是坚持个人信念的理想结果。1914年3月，父亲出生于江苏省常熟县（今常熟市）。祖父郑子民靠四亩田务农养家，生活虽窘迫，但因父亲是家里的长子长孙，所以祖父还是毅然送父亲上了小学读书；后来由于曾祖母和舅公的坚持，祖父又同意父亲去考太仓中学，读完了初中。当时上师范可免费，为能继续升学，初中毕业时父亲选择直升高中师范科，于1934年夏顺利毕业，并回乡在本镇东张小学做教员；而凑巧的是，当年8月江苏省新成立一所省立医政学院，其中的卫生教育科专招师范毕业生，父亲抓住机会考取了这所学校，毕业后被分配到常熟县教育局成为一名卫生教育指导员。自1935年8月至1937年8月，父亲在常熟县教育局工作了两年，为后来的人生道路奠定了基础。

1937年七七事变后，11月初，淞沪会战失利，上海失守，战火殃及邻近上海的常熟等周边地区，常熟城遭日军飞机轰炸。父亲随常熟教育局等机关单位外撤，与几位同事一起颠沛流离，先后经安徽、江西，最后到达湖南长沙。幸运的是，父亲的母校江苏医政学院也撤退到长沙，流亡到此的父亲被收留住进学院驻长沙的办事处，并经湖南省教育厅分配到救护训练班当了教员。1938年8月，国内高校统一招生，长沙是考区之一，且教育部将在几所著名大学新设师范学院，学杂费等一切费用全免。这对父亲来说真是天大的好消息。于是，父亲在长沙报考了中央大学（当时中央大学已从南京迁往重庆）师范学院博物系，并被录取；1938年12月，父亲到达位于重庆沙坪坝的中央大学，报到后开启了五年的大学生活。

1919年7月，母亲出生于河南省唐河县（现属河南省南阳地区）一个教育世家。外祖父全松亭被聘为河南开封北仓女子中学的教务长后，全家一起迁至当时的河南省省会开封市，母亲在北仓女中读完了中学。外祖父当时是北仓女中的教务长兼数学老师，外祖母在母亲十三岁时去世，之后母亲就和十一岁的妹妹一起住校并照顾妹妹。母亲在校时品学兼优，数理化成绩特别好，因为有外祖父的要求和期望，母亲不仅高中毕业，而且后来还与妹妹一起随大姐去了重庆，得到报考大学的机会，这在当时的社会背景下是极为难得的。我们的大舅母对此非常感慨，说母亲有一个如此明理的爹真是幸运，她自己只读了师范学校而没有上大学，唯一原因就是女孩不用读太多书的封建旧观念的桎梏。

北仓女中建立于1921年，原校名为河南第一女子中学校，1930年改名为河南私立北仓女子中学校，是当时一所颇具盛名的学校。外祖父全松亭从北仓女中建校至1937年底迁往南阳，在北仓女中任教务长达十七年。北仓女中重视学生的德、智、体全面发展，"五卅运动""一二·九抗日救亡运动"等，都有大批北仓女中的学生参加。1934年10月召开的华北运动会，北仓女中学生获得七项冠军，还创建了女子100米全国纪录，上海、南京、北平、天津的报纸竞相报道。这都和北仓女中当时的领导和教师的爱国情怀与教育理念密不可分，其中也包括了外祖父的贡献。

1938年，母亲和妹妹随大姐到了重庆，并报考了包括中央大学在内的三所大学（当时的高校是单独招生），除了中央政治学校因考点距离远、需坐木船过长江，迟到半小时差点儿进不了考场而成绩不理想外，另外两所大学均录取了母亲，由于更慕名中央大学，母亲最后选择了中央大学师范学院博物系，和父亲成为同班同学。

细胞生物学家、中科院院士薛社普伯伯和他的夫人周修勤阿姨是父母在中央大学的同班同学，我们两家包括子女之间的关系都非常好。薛伯伯曾开玩笑地对我们说：你们爸爸一直是我们班的老大，年龄最大、入学考试成绩最高、在班里学习最好，最早被评为中国科学院院士。

1943年，父母大学毕业，是国立中央大学博物系的第一届毕业生，并先后成为中央大学的助教；1944年，父亲又考取了本校段续川教授的硕士研究生。1945年8月15日，日本无条件投降，抗战胜利。1946年5月，父母与学校师生一起，离开重庆返回南京四牌楼的中央大学原址，继续开展教学研究工作。1947年6月，父亲完成了硕士毕业论文，顺利通过答辩；后又经老师推荐，获得美国田纳西大学一年八百美元的奖学金，实现了继续求学深造的愿望。

父亲于1948年元旦启程赴美，乘坐同一所轮船的还有中央大学的其他十一位同学，包括薛社普伯伯。田纳西州位于美国的南部，种族歧视非常严重。父亲在田纳西大学读了半年两个学期后，又重新申请到了地处美国北部威斯康星大学一年一千美金的研究助理奖学金，并于同年7月转到威斯康星大学植物系，师从细胞研究室主任赫斯金（C.L.Huskins）教授攻读博士学位。

1947年，父母和瑞澄于南京

　　父亲报到时正值暑期，为验证体细胞染色体分离，赫斯金教授将延龄草做的大量显微镜切片交给父亲，让他做观察、统计、分析，希望他在圣诞节前做完，这也是父亲在一个学期的研究工作；但父亲只用了两个多月就高质量地完成了任务，比预期时间少了一半，从而使赫斯金教授对这个中国学生另眼相看。这一研究过程由赫斯金教授早期的学生威尔逊研究员撰写了与父亲共同署名的论文，于1949年发表在美国《遗传》杂志上，这是父亲在细胞生物学方面发表的第一篇论文。

　　赫斯金教授不仅向父亲授业解惑，还十分关心父亲的家庭生活，在得知母亲也在从事生物专业教学时，就主动提出也给母亲一份奖学金，并慷慨解囊地为母亲办理了入境所需的全部手续。母亲赴美后因无住处，还曾短暂地在赫斯金教授家里居住。赫斯金教授是当时世界著名的细胞生物学家，他的人品和学问对父母影响至深，可惜的是他于20世纪50年代就英年早逝。我还记得在兰大静观园旧宅，父母得知赫斯金教授去世的消息时，心情无比沉痛，父亲曾说过："对于恩师赫斯金教授的一言一行，我将铭记一生。"

静观园

　　甘肃兰州地处西北黄土高原，但位于兰州老城萃英门内的兰州大学旧校址静观园，却有着一道独特的风景线。

1950年年底，父亲通过论文答辩获得博士学位，母亲也获得理学硕士学位，随即两人就开始准备启程回国。当时，留学生中夫妻二人同在美国的极少，母亲只读到了硕士，因此有许多人对他们要立即回国的决定不理解，觉得太可惜，但父母回国的决心却坚定不移。在向赫斯金教授辞行时，教授也非常惋惜，希望他们能留在美国工作，并让母亲继续攻读博士学位，但得知父母去意已决后，赫斯金教授送给父亲两大本包含他一生心血的著作，还签了一张五十美元的旅行支票给父母，深厚的师生情谊让父母感慨万千。

当时由于朝鲜战争爆发且志愿军入朝参战，回国已十分困难，需向美国国务院申请批准，而美国国务院做出的限制是只有广东、广西的留学生才能回去，申请书上必须填写在"两广"的住址、通信处等，且不许在香港上岸。1951年2月，父母从旧金山乘坐克利夫兰总统号轮船回国，事先请香港大学一位教授与国内联系，在轮船停泊后由一艘小船接他们，然后再登上由澳门开往广州的轮船。留美期间，我一直在常熟老家与祖父母同住，故回国后父母的第一要务就是去接我，于是在1951年3月回到常熟。

父母回国后接到多个大学的邀请信，包括南开大学、同济大学、兰州大学等，虽然祖父母和常熟的其他家人都希望父亲能在离家较近的上海工作，但父亲还是选择了兰州大学，并未顾忌兰州偏远、地处黄土高原和自然条件恶劣等问题。决定去兰州大学的主要原因，一是兰州大学执着热情的邀约——不断来信和电报催请，二是时任华东教育部部长吴有训教授（原中央大学在重庆沙坪坝时的校长）的劝说。吴教授希望父母能去兰大，因为那里非常需要人才，而这正契合了不怕困难、一切以事业为重的父亲的追求。

1951年4月，父母带我乘火车离开上海，因没有直达车，需在徐州、郑州各住一晚后才能到达西安，火车路过开封时，大姨、大舅、大舅母带着两个小表姐特意到月台和父母短暂见了一面。由于当时兰州尚未通火车，从西安到兰州只能坐汽车或飞机，兰大的要求是乘坐飞机，所以父母在西安等了一周，经西北教育部介绍才拿到了机票。飞机很小，沿左右机舱壁两侧各有一排座位，座位是连通的，之间没有隔断和扶手，两排乘客相对而坐，人数很少。怕我晕机，上飞机后母亲就立即帮我脱鞋，让我躺在座位上。飞机上只有一个乘务人员，是位白人空姐。按当时的情况判断，她应该是苏联人，可能飞机是从苏联租赁，或直接由当时的苏联航空客运公司运营。

那时的兰州机场好像在东岗镇，离兰大后来的盘旋路校址较近，机场到市内乘坐的交通工具只有客运马车。这种载客的马车由一匹马拉着呈立方体的车厢，车厢底离地较高，车厢边垂下一个铁杆，铁杆头有一个六七厘米见方的脚蹬，脚蹬距地面大约有一个台阶的高度，乘客需踏着脚蹬上车。我们一家人就坐着这样的马车，一路摇摇摆摆、晃晃悠悠，穿过整个兰州旧城，抵达了当时位于萃英门的兰州大学。

我们在兰州大学萃英门旧址的住房位于静观园。据说，静观园是清朝湘军名将左宗棠的花园。花园很大，由南北走向的假山分成两部分，园内种满了梨树，梨树下种了很多牡丹，还有迎春花、桃花等其他花卉。这个住宅是一个类似花廊的建筑，三间木质结构的老式平房，其位置高出周边花园地面近一米，孤零零地挨着假山，没有院墙，任何人从假山下来就直接到房门口，且厨房在另一排房子旁，离得很远，为安全起见，学校后来增盖了一间小厨房，与假山隔开，父亲又在房前扎起一排竹篱笆，在篱笆前培土种花，这才形成了一个独院。

兰州地处黄土高原，但我们儿时对周围环境的记忆却并不是土黄色的，那些屋前篱笆上爬满的喇叭花，篱笆前花畦内的百合花，篱笆外大花园中的梨花、桃花、迎春花、牡丹花，给我们留下了姹紫嫣红、五彩缤纷的印象。特别是百合花，它是父亲开展细胞遗传学研究的重要样本，1955年，父亲透过显微镜从百合花粉母细胞中发现了染色质穿壁转移现象，成为他进行细胞融合相关问题研究的开端。

2014年夏季，我到美国旅行，为探访父母曾经学习生活过的地方，特意去了位于麦迪逊的威斯康星大学，从芝加哥坐灰狗巴士约三个半小时到达麦迪逊，在那里住了三天。麦迪逊是座大学城，似乎就是为威斯康星大学而建，学校虽大但有定时免费巴士可坐。那些天，我几乎走遍了整个校园，其中最神奇的是在进入校内植物园时，居然看到了最能触发儿时记忆的东西——百合花。植物园内种满了品种多样、颜色各异的百合花，看着这些漂亮的花，我心里涌上来的感觉却是想哭，非常后悔没有早些来，父亲于两年前去世，和父亲交流的机会已经永远丧失了。

威斯康星大学的行政大楼位于一高坡上，与下面州府大街尽头的麦迪逊市政厅成一条直线，楼前是林肯总统的塑像。我们小时候对父母在美国所拍的照片印象最深的一张就是他们在林肯塑像前的合影，所以我也让别人帮忙拍了几张照片留作纪念。

老家常熟对祖父母的称呼是好公、好婆，好公因突发脑出血去世后，1956年父亲接好婆董宝瑜到兰州，希望她可以不再在农村劳作，能在我们这里安享晚年。可惜好婆不习惯兰州的气候，只在静观园的家里住了半年左右，就由叔叔接回去了。我留在常熟的两年间是由好婆照顾，和好婆的关系最亲，但自从这次好婆从兰州回去到后来去世，我再也没有见过她，现在回想起来还是觉得非常遗憾。

1953年4月12日静观园合影
（左起郑瑞澄、王家纯、王家絜）

父亲兴趣广泛，尤其爱好与细胞学专业技能有关联的摄影，他有上乘的拍照技术，所以我们都留有儿时拍的大量照片。静观园是兰大教职工子女玩耍的乐园，在假山上追跑，攀爬一米多高的光滑景观石，骑在石头上说笑，冬天在园内的冰场上滑冰，这些都记录了我们童年的快乐时光。父亲在静观园拍了一些我们和其他小朋友的合影，现在再来看这些旧照，真是太珍贵了。我和当时兰大地理系系主任王德基教授的二女儿王家絜是小学（兰大附小）和中学（兰州女中）同学，最为难得的是经历小升初和初升高的考学后，我们两人始终被分在一个班，成为从小学一年级直到高三毕业的同班同学，也是一生的好友。

母亲作为由兰大选派的教育部赴苏联进修的教师，于1957—1959年在莫斯科大学生物土壤系胚胎学教研室学习工作了两年。母亲曾为此到兰州的中苏友协夜校学习一年俄语，兰大还特派外语系的两位教授帮助母亲，刘阿丽教授辅导母亲口语会话，水天明教授辅导语法。那段时间水教授也住在静观园的宿舍，常来我们家，还邀请我们全家去了他父亲水梓的家——在兰州非常有名的水家花园。曙旸从小喜欢画画，静观园家中没有油漆的白木地板画满了他用粉笔画的画，水伯伯有绘画功底，还指导过曙旸。母亲到达苏联两个月后，1957年11月毛主席访苏，在莫斯科大学向留学生发表了那篇流传千古、针对青年的演讲："世界是你们的，也是我们的，但是归根结底是你们的！"母亲则十分幸运地成为在莫斯科大学礼堂聆听毛主席讲话的留学生中的一员。母亲在苏联期间，父亲会让我们定期写信给她，记得当时有一种带邮票的活页式信封，这种信封可以打开，内页写信，封闭后外页写寄信地址，通常是留一页给我们，我在上半页写信，曙旸在下半页画一幅画。母亲在1957年8月离兰赴苏时，我们还住在静观园，到1959年夏回到兰州时，我们已经搬到兰大盘旋路新校址教工宿舍的4号楼了。

1956年，好婆在兰州时拍的全家福

知识就是力量

教书育人，科学报国，是父母坚定的人生信念，也是留给我们子女最好的家风传承。

父亲留美时师承赫斯金教授学习的生物细胞遗传理论，就是现在早已被人们所熟知的DNA基因遗传学。1956年8月，中国科学院在青岛召开了遗传学座谈会，目的是在遗传学领域也要发扬"百家争鸣"的精神。毛主席还在这次会议后接见了我国著名遗传学家——复旦大学谈家桢教授，并问及青岛会议的具体情况。此后，父亲于1957年在兰大首开"摩尔根遗传学"课程。

1962年，父亲特意邀请谈家桢教授来兰大讲学两周，时任兰州大学校长江隆基都亲自去听课。江隆基校长是在1959年调到兰大任党委书记兼校长的，江校长始终坚定支持父亲的科研方向。他来兰大后不久，父亲的研究课题"花粉母细胞间染色质穿壁运动"就被列为当时兰大的五个重点研究课题之一；生物系筹建了细胞研究室，有专职科研人员和研究生，配置了我国生产的第一台电子显微镜等实验设备，为之后取得科研成果奠定了良好基础。生物系的聂秀菀老师曾和我们谈起过与电子显微镜有关的趣事，当时国内一些著名高校和科研机构装有进口电镜，其质量远高于国产电镜，所以在一次全国性学术会议上，当与会代表得知父亲论文中的片子是使用国产电镜拍得的，都佩服得不得了。父亲在七十多岁高龄时，仍然是生物系操作电镜的第一高手，聂阿姨说：当大家对电镜结论有争议、无法定夺时，就都会说"请郑先生来看一下吧"，父亲成为判断结果是否正确的最后裁判。

在兰州大学庆祝父亲执教六十周年暨九十华诞学术研讨会上，学生发来的贺电中有一段话："华发九旬桃李著，敢问神州几处？师严尊道、老红万点，换得千重新绿……"形象地道出了学生对父亲的崇敬之情。

1978年，中国迎来科学的春天。1980年，中国科学院重新建立学部委员制度，父亲当选为生物学部委员（即现在的中国科学院院士）。父亲编撰的高校教材《细胞生物学》（我国第一部细胞生物学专著）和教学参考书《生物显微技术》，分别获得国家教委优秀教材一等奖。中山大学生命科学学院院长徐安龙在兰州大学生命科学学院建院六十周年庆典大会的致辞中曾说："我们是学着兰大生命科学学院郑国锠院士编的教材（《细胞生物学》）成长的。"2003年，父亲荣获香港何梁何利基金"科学与技术进步奖"，他用全部奖金设立了"郑国锠生命科学奖学金"，奖励兰大生命科学学院品学兼优的本科生。

父母是兰大生物系师生们口中永远的"郑先生""仝先生"。母亲的讲课水平和质量更是有口皆碑，广受学生赞誉。1983年，母亲获得全国"三八红旗手"称号，中央电视台的《新闻联播》曾专门介绍了母亲获此称号的相关事迹。母亲参与主编的《发育生物学》是综合性大学生物系本科生教材，1992年该教材获国家教委全国优秀教材奖。

母亲和生物系师生的关系极好，她关心教师和学生的生活，且心胸开阔。她曾多次在经济上资助一位家庭困难的助教，这位教师要出国做访问学者时，母亲还为他写了推荐信，使他能够成功出国进修。2003年9月，七位由母亲指导毕业的已在美国工作的研究生，一起邀请母亲到美国观光旅游，为此他们还开了两次电话会议筹划，制订了"接力棒"计划。从美国西海岸洛杉矶进、东海岸纽约出，在美的一个月，母亲到这些学生位于美国的不同城市的家，按预定好的行程，一家家逐站接送，陪同观光当地景点。这样周到的安排和与学生相处的温馨氛围，让陪同母亲此次美国之旅的表姐仝昭巍（大舅的二女儿，我们叫她巍姐）惊诧万分，她感慨道："在美国那样一个生活节奏快、工作压力大的生存环境里，竟然还有这么多学生关心惦念着自己年迈的导师，真的令人非常感动！"

1966年，曙旸小学毕业，之后在三十三中上了初中。当时，全国正处于知识青年上山下乡的大背景下，可出乎意外的是他初中毕业那年，竟然有了能在兰州进工厂当工人的机会。或许因为兰州有许多国营大厂，而当时兰州的城市人口偏少，一些工厂需要补充青工，所以那年的初中毕业生有两个选择：进厂当工人或者升高中。父亲的选择是让他上高中，而这一选择却遭到家里所有亲戚的反对，连母亲都有些犹豫，因为在当时可以当工人而不用下乡真是太难得的机会。但父亲坚持自己的决定毫不动摇，我们家里是父亲一言九鼎，所以曙旸就升入三十三中高中部继续学业。多年后，父亲的这一决定被证明十分正确，否则曙旸根本不可能考上大学。每每谈起此事，父亲都非常得意，正是父亲当年所做的关键性决策，才有了曙旸后来的人生道路。

1977年恢复高考，曙旸被中央工艺美术学院工业美术系录取。1982年本科毕业后，他留在中央工艺美院的室内设计系做教师，一直执教至今，并于1986—1987年到美国纽约室内设计学院室内设计专业进修。2000年，中央工艺美术学院并入清华大学，更名为清华大学美术学院，曙旸任清华大学美术学院环境艺术设计系教授，博士生导师，学科带头人，并曾担任清华大学美术学院副院长。曙旸出版了近二十部著作，其中《室内设计资料集》《室内设计经典集》分别获得建设部全国优秀建筑科技图书一、二等奖；负责完成三十多项室内设计作品，获多个奖项，如《国务院接待楼室内环境设计》获中国室内装饰协会首届室内设计大展金奖、第九届全国美术作品展览金奖等。

父母对我们的教育始终恪守"身教重于言教"，并不在家里絮絮叨叨讲大道理。我高一第一学期正值1960—1961三年困难时期情况最差的一段。我当时在兰州女中住校，因为吃不饱，学校害怕学生营养不良得浮肿病，所以除了上午上课外，下午全体学生都留在宿舍，躺在床上休息，晚自习也取消了，因此那学期的考试我有两门课（物理、俄语）只得了三分（当时学苏联是五分制，三分相当于六十分刚及格）。成绩单拿回家给母亲看后，她只说了一句话："俄语都只考三分（因为外语一直是我的长项），以后考不上大学，看你怎么办？"就是这一句话，让我醍醐灌顶，自此开始真正努力学习。1977年"文革"结束，父亲得知要恢复招考研究生时，就要求我去报考，但我自己却没有信心，因为"文革"开始时我刚上大三，很多课程都没有学，觉得考研近乎天方夜谭。父亲出差到北京得知我的想法后，很不高兴地大声呵斥道："这点勇气都没有？去考！"父亲的生气让我倍感压力，经过再三考虑，最终我还是决定报名参考，并着手开始复习功课。或许是因为准备较早，加之原来在学校学过的高等数学、传热学等课程有较好的基础，这次考研成功了，我成为"文革"后招收的第一届硕士研究生之一。父母在关键时刻的两句重话，让我铭记至今，因为这成为我人生的重要转折点和事业起点。

1981年，我从中国建筑科学研究院硕士毕业后，留在该院工作至今，研究领域是太阳能建筑应用，曾任中国可再生能源学会热利用专业委员会主任。曾负责完成"太阳能供热制冷成套技术开发与示范"等十余项国家科技攻关和支撑计划课题，以及联合国开发计划署（UNDP）的"国家级太阳热水系统检测中心试验设备的研制开发和系统建设"、联合国基金会（UNF）的"太阳热水器建筑一体化试点工程改型设计、设计手册编写和相关培训"、世界银行/全球环境基金（GEF）/英国国际发展部的"中国被动式太阳能采暖卫生院建设"等国际合作科技项目；曾荣获国家"八五"科技攻关有突出贡献科技人员奖，建设部华夏建设科学技术奖二等、三等奖等。主编出版《太阳能利用技术》《太阳能热利用与建筑一体化》《太阳

2015年5月，意大利米兰世博会
（郑瑞澄、郑曙旸在清华大学美术学院设计的中国馆前合影）

能供热采暖工程应用技术手册》《民用建筑太阳能热水系统工程技术手册》等十部著作；主编《太阳能供热采暖工程技术标准》GB 50495 等多项国家标准；特别是作为项目负责人编写完成了国际标准"太阳能–集热器部件与材料——第五部分：保温材料耐久性和性能"（ISO 22975-5，Solar energy-Collector components and materials – Part 5：Insulation material durability and performance），于 2019 年 5 月发布实施。ISO 22975 是太阳能热利用技术领域由中国负责编制的第一部国际标准。父母若还在世，也一定会为之而兴奋吧！

　　父母是我们一生的榜样，与他们相比，我们差得很远；但可以告慰父

母的是，在他们的有生之年，他们知道并了解我们已经取得的成绩，对我们能够传承家风十分高兴，我们也得到过他们的表扬。没有父母的严格要求，就不可能有我们现在的事业和成就，所以我们一直在心底说的话就是：谢谢老爸、老妈！

作者简介

郑瑞澄，女，1945年9月生于重庆市。1968年7月本科毕业于重庆建筑工程学院（现重庆大学），1981年12月研究生毕业于中国建筑科学研究院，获硕士学位，留院工作至今，从事太阳能建筑领域方面的研究利用工作。中国建筑科学研究院研究员，国家建筑节能质量监督检验中心总工程师，曾任中国可再生能源学会热利用专业委员会主任。

郑曙旸，男，1953年2月生于甘肃省兰州市。1982年4月毕业于中央工艺美术学院，获文学学士学位。1986—1987年，在美国纽约室内设计学院室内设计专业进修。清华大学美术学院教授，博士生导师，曾任清华大学美术学院副院长。

我的父亲母亲

王　琼

父亲王庭芳（1914—1969），出生于江苏省兴化县（今兴化市）。1920年8月在家乡读私塾，1924年8月在兴化东营和兴化昭阳读小学，1928年8月在县中读初中，1931年8月在扬州读高中。1934年8月，考入中央大学化工系。1935年2月，任职于南京气象研究所。1936年2月，考入中央大学地理系；1939年6月，大学毕业获学士学位。1939年7月，就职于西康科学考察团任测候所主任和农业改进所技术员。1943年7月，在雅安测候所任主任。1944年10月，在武汉测候所任主任。1948年1月，在当时的中央气象局任技术员。1948年

1942年，父母在西康雅安

10月，在松江女中任教员。1953年1月，受聘为兰州大学地理系教授兼教研组组长，并在西北畜牧兽医学院和西北师范学院兼职。1954年6月，加入九三学社。从20世纪30年代开始在《气象杂志》《科学大众》和《兰州大学学报》（自然科学版）先后发表多篇论文。1969年元月23日去世，享年五十五岁。

母亲林霭霞（1915—1996），出生于浙江省温州市，在家乡

读小学和初中。1932 年 8 月，考入上海疗养卫生院高级护校。1935 年 9 月，在上海疗养卫生医院高级护校任教员兼医院手术室护士长。1937 年 9 月，在上海国际红十字会难民医院任护士长兼教员。1938 年 11 月，在长沙湘雅医院手术室任护士长兼教员。1939 年 7 月，在湖南省公共卫生训练所任教员。1940 年 8 月，在重庆武汉疗养院手术室任督导员兼护校教员。1943 年 1 月，在西康省卫生医院任护士长。1945 年 5 月，在重庆沙磁医院任护士长。1948 年 10 月，在第五军医大内科病房任护士长、护士主任兼教员。1953 年 3 月，在兰州大学护士班上课；1954 年 8 月，在兰州护士学校任护理科教员、科室主任。1963 年 3 月，调到甘肃省工人医院任总护士长；1969 年 7 月，调到医院供应室。20 世纪70 年代初加入九三学社。1984 年被评为副主任护士。1986 年退休。1996 年 12 月病故，享年八十二岁。

我的家庭

我的父亲王庭芳于 1914 年 9 月 8 日出生在江苏省兴化县（现兴化市）。祖父王趾祥的家中有农田百亩，还有一家布匹店，后因种种原因店铺倒闭，但生活还算殷实。父亲上面有两个哥哥王庭魁和王庭辅（早夭），他是家中最小的，加上他自小聪慧好学，自然受宠，所以祖父从父亲六岁起就供他在家乡读私塾。四年后，父亲离开家乡，走上了漫长的求学之路，先后在兴化东营和兴化昭阳读小学，在县中读初中，在扬州读高中。二十岁时，父亲考入中央大学化工系，但是没有去，他在南京气象研究所工作了一年，再次考入中央大学地理系。虽说是异地求学，但每逢寒暑假父亲总是要回老家的。有一年学费不够了，用稻米兑换又不行，祖父便让大媳妇将陪嫁的一对金手镯在典当行换成银圆让父亲去读书，总之全家上上下下对父亲的学业都是鼎力相助的。20 世纪 30 年代祖父去世，父亲赶回家送葬，丧事办得很隆重。1939 年 6 月，二十五岁的父亲大学毕业，原本打算出国深造，在进行身体检查时，查出患有灰指甲病，未能通过。父亲最终与出国无缘。三十七岁以后，父亲再也没有回过老家，先后在西康、雅安测候所兼任观测员、技术员、所长等职。抗战结束后，任武汉测候所主任、中央气象局技术员。新中国成立初期，在松江女子中学任教员；1953年1月，到兰州大学任地理系教授兼教研组组长。

我的母亲林霭霞，1915年12月2日出生于浙江省温州市。母亲是家中唯一的女孩，其哥林穆光原在中南科学院下属的广州哲学研究所任高级研究员，其弟林玉树原是中学教员。外祖父曾在一家药店做店员，后来药店倒闭，又在一家公司的传达室做门卫。家中不多的积蓄都让大舅国内、国外求学用光，轮到母亲上学时，家中已没有钱供给母亲读书。母亲只好和外祖母一起利用寒暑假的时间帮人绣桌布、绣床单挣钱交学费和零用。初中读完后，母亲想去外地读书，外祖父不答应，大舅说："跟我去上海，让父亲放心。"外祖父同意了。去上海是母亲人生的转折点。十七岁的母亲跟着大舅从温州来到了上海并考进上海疗养卫生医院高级护校，学费、伙食费和住宿费全部免费，大舅每个月还给母亲五块大洋作为零用。母亲十分感谢大哥，也十分珍惜学习机会，刚开始语言不通（听不懂上海话），经常是白天听课，晚上补笔记，熄灯后借着路灯的光亮学习。三年后，母亲以总分第二名的成绩留校，同时在上海疗养卫生医院高级护校任教员兼医院手术室护士长，一个人身兼双职，工作是两头跑。抗日战争爆发后，母亲的一位美国籍的老师让母亲随他一同去美国，母亲没同意，她说："自己国家在打仗，跑到别的国家算什么？"之后，母亲在上海国际红十字会难民医院、湖南长沙湘雅医院、重庆武汉疗养院、西康省卫生医院、重庆沙磁医院任护士长兼教员等工作。新中国成立初期，母亲在南京中国人民解放军第五军医大学内科病房任护士长、护士主任兼教员。1953年1月，随父亲调往兰州。

20世纪40年代初，父母经朋友介绍相识的。第一次见面时，母亲觉得父亲是一个不善于言辞的年轻人，介绍人讲父亲为人老实忠厚，脾气好；大舅见了父亲说他少年老成，有学识，靠得住。婚后的六年间便有了我们姐妹四人，名字都是大舅起的。大姐的名字王琳是父母姓氏的组合，象征着两个人爱情的结晶；二姐王瑜出生在重庆，"渝"是重庆的简称，"瑜"与"渝"同音；三姐王珍出生在南京，当时是抗日战争胜利的第二年，寓意盼望和平，珍惜当下；我也出生在南京，南京的简称是"宁"，跟大姐的"琳"的读音相近，大舅说就叫"琼"吧。我出生时父亲在松江女子中学任教，祖母从老家过来照顾母亲和我，直到1953年我们来兰州，祖母回老家，这次分离也成了祖母与父亲的诀别。

辛勤耕耘　白衣天使

1953年1月，父亲从南京出发坐火车到陕西宝鸡，然后坐长途汽车到甘肃天水，最后骑马到位于兰州西关什字萃英门的国立兰州大学，任教于兰州大学地理系。20世纪50年代，甘肃因师资紧缺，父亲除了在兰大教书外，还先后受聘于西北畜牧兽医学院（现甘肃农业大学）、西北师范学院（现西北师范大学），为甘肃早期气象人才的培养贡献过一份力量。1954年6月，父亲加入九三学社。20世纪30年代，父亲在《气象杂志》上发表论文《东台之气候》。1955年7月，在《科学大众》上发表了《地震》一文，介绍了我国的地震情况、世界上最早的地震仪、发生地震的原因等。1957年8月，在《兰州大学学报》（自然科学版）上发表了《疏勒河中下游的气候及其改造》，该文根据玉门、安西、敦煌三县1952年到1955年的气象资料分析研究出疏勒河中下游地区的气候特征，提出改造该地区气候的初步意见。1957年，在《兰州大学学报》（自然科学版）上发表了《石羊河气候的调查》，该文是父亲组织1958级同学在石羊河流域从金塔到武威进行气候调查的总结。1963年，在《兰州大学学报》（自然科学版）上发表了《兰州盆地小气候观测》，该文是暑假期间由父亲主持、王玉玺老师带队带领一个班的同学从皋兰山到白塔山进行历时一个月的气候调查总结。1964年，父亲组织一个班的同学在河西走廊的酒泉、张掖、武威等地对干热风进行了考察。

父亲在家里除了照顾我们的生活外，首要的就是写他的"气象气候学"讲义。当时没有教材，领导要求教授上课必须写讲义。父亲凭着他学生时代的记忆、多年在测候所工作的实践经验和不断地看书学习，在那张一百二十厘米长、六十厘米宽的写字台上伏案而作，一字字、一行行、一页页，日复一日、年复一年地写呀写、改呀改，直到最后在收拾他的遗物时，他写的讲义和论文手稿足足有半米之厚。其次就是做他的读书笔记。父亲买了很多大小不同的硬皮笔记本，只要有社论发表，他就会做社论摘要。你说他糊涂吗？他不糊涂。你说他不关心时事政治吗？他关心国家大事。1964年，父亲被评为兰州大学校级先进教师，曾应邀登上盘旋路校区的主席台，参加兰州地区庆祝"十一"国庆的观礼活动。

　　1958年以后，每逢暑假父亲都带领学生去野外实习。每次出发都是二姐帮他收拾行装，为适应风餐露宿的野外生活，行李都是用油布打包的。河西地区的许多地方都留有父亲、系里其他老师和学生们的足迹，继续向西便进入了新疆，最远到达天山脚下的伊犁河谷。父亲曾在伊犁河谷来信说那里地势低、光照强、早晚温差大，因而瓜果多而甜，父亲赞美新疆的伊犁赛江南。

1964年，河西走廊科考期间（后排右二为父亲）

　　20世纪50年代，国家建设急需气象人才。1958年，兰州大学决定在兰大地理系成立气象专业，父亲是兰大气象专业的第一位老师。1961年，地理系自然地理专业成立气候专门组，开设气象气候学原理、天气与动力气象、农业气象等课程，父亲主讲气象气候学原理。由于父亲讲课条理清晰、深入浅出、通俗易懂，深得学生的好评。1962年，为了加强教学实践，在物理楼前的假山旁，由父亲规划设计、王玉玺老师主持建立了兰州大学气象观测场。当时的气象仪器属于战备物质，经上级部门批准，全部从上海运来，经过大家的共同努力，观测场终于完工。学生通过一段时间的观测操作，既掌握了技能，又更好地理解了理论，达到了事半功倍的效果。后来观测场被拆除，改建了校史馆。

1953年，母亲到兰州后开始在位于萃英门的兰州大学护士班上课。1954年，护士班从兰大分离出来，搬迁到五里铺，成立了兰州护士学校（现甘肃省护士学校），母亲任护理科教员兼主任，她的工作也由临床兼教员转为单纯的教学工作。从教材编写到具体操作，她一丝不苟，严格把关。上理论课时，她讲得条理清晰，层次分明；上操作课时，她的动作干净利落，准确无误。她培养了大批护理专业人才，为甘肃省护理事业的发展贡献了一份力量。年轻时，学生们称呼她为林老师；年纪大了，学生们称呼她为林老太。正如人们常说的教师就像一根蜡烛，点燃了自己，照亮了别人。60年代初，国家正值三年困难时期，各单位精减下放职工，母亲被迫"因病退职"，在家闲待了半年之久。1963年3月，重新恢复工作，调到甘肃省工人医院（现兰州市第一人民医院）任总护士长。一开始母亲住在单位，每周回家一次，后来因为父亲患有高血压，她实在不放心，就天天跑通勤，仅单程花在路上的时间就需要九十分钟。母亲在甘肃省工人医院建立和完善了护理人员的各项规章制度；培训护理人员；加强护士的业务考核制度，规定值大夜班的护士不能睡觉，科室护士长和总护士长轮流担任每天的总值班工作。"文革"期间，母亲被下放到成县医疗队，在那里待了两年之久。1969年7月，被调回医院供应室，做医疗器材的清洁护理工作。

　　20世纪70年代初母亲加入九三学社，工作调到医院理疗科。理疗科始建于1955年，当时只有一间屋、三张床，十几年过去了，开展的项目不多，仅有一些简易的红外光照射、紫外线照射和牵引等，再加上跟临床联系欠佳，业务基本上开展不起来。母亲去了以后，一面翻阅资料，一面到各大医院参观学习，掌握新信息，回医院找领导打报告上项目，并与内科、外科、骨科、神经科、皮肤科等多科室联系，向他们介绍理疗科的情况，希望他们介绍病人到理疗科做治疗。经过几年的医疗实践，积累了丰富的临床治疗经验，增添了光疗、低中频等比较先进的治疗仪器，规模扩大为二人、二室、十张床、三把椅子，可供十三人同时治疗，形成了中西医结合、综合治疗、优质服务的特色。而良好的疗效也受到广大患者的好评，锦旗和感谢信源源不断。在1987年职称评定中，母亲被评为副高级职称——副主任护师。

传承家风　后人自强

　　由于母亲的工作单位离家很远，工作很忙，母亲每天都是早出晚归，家里的事情就由父亲在做，比如买菜做饭、辅导我们的学习、照顾我们的生活等。每到星期天，父亲都要去南关什字大菜市采购，然后亲自下厨为我们做一桌可口的饭菜。家里无论吃什么，都是父母优先，子女均等，教育我们心中要有尊老的思想。当时的家长会很少，但是学生手册，父亲总是要过目的，如果成绩不好，他是要说要管的。1961年夏天，我们姐妹四人全部参加升学考试，我考初中，三姐考高中，大姐、二姐考大学。记得我和三姐考试的第一天，父亲送我俩出门，在兰大家属院的大门口，破天荒地叫了一辆三轮车让我俩坐车去考场，并目送我俩远去。那年，我们姐妹四人全部金榜题名，我和三姐考上了女中（现兰州二十七中），二姐考上了兰大数学系，大姐考上了甘农大畜牧系。后来大姐想下一年重考，因为她太想学医了，父亲说："不行。如果不去明年再考，考得再好还是农大，因为档案已有记载。"母亲也说："医疗行业辛苦，还要值夜班，你的身体怕不行。"最后大姐听了父母的话，去甘农大畜牧系报到读书。一晃四年过去，临毕业的那年，父亲每封家书都提到在分配问题上一定要服从组织分配。大姐牢记父亲的教诲，没有找组织提要求，以全班第二名的好成绩，分配到甘肃省定西专区靖远县农业局，这一走大姐再也没有机会来兰州工作、生活了。

　　1957年以前，家中有时也有人来玩（打麻将）。父母认为这种娱乐活动对小孩不好，不让我们看，所以我们姐妹四人早早就被赶去卧室睡觉了。1958年，二姐被保送到兰州二中读高中，兰州二中的外语开设俄语和英语两种，二姐选择了英语。父亲说："现在中苏关系那么好，学俄语的前景看好。"由于父亲的坚持，二姐只好改换学俄语。考大学填报志愿时，团支部书记号召大家到祖国最艰苦的地方去，希望大家填报地质专业。父亲说："地质专业不太适合你，你不是很喜欢数学吗？就学数学吧。"结果二姐考到兰大数学系。

　　我们小时候，父亲最喜欢三姐。上大学后，每个学期开学前，父亲总是要带她去买学习和生活用品。有一次，三姐告诉父亲她把同学的镜子打碎了，父亲说损坏同学的东西是要赔偿的，便给三姐买了一个非常漂亮、非常精致的镜子让她还给同学。1968年，三姐大学毕业回家看望父母，她告诉父亲她已被分配到酒泉疏勒河军办农场。父亲告诉三姐：甘肃他几乎走遍了，酒泉这个地方很好，生产大米，去了好好干。没想到这是父亲对三姐的最后教导，这也是三姐和父亲见的最后一面。

全家福（拍摄于1962年）

我是家中最小的，也很爱玩。记得小时候，我冬天在兰大冰场滑冰，夏天在兰大游泳池游泳，父亲偶尔也会到冰场和游泳池来看我。有一次，我向父亲要一张上面印有"兰州大学"字样的稿纸，父亲给了我一张普通的稿纸，说公家的稿纸不能给我。父亲这种公私分明的态度深深影响了我，对我以后在农场和饭店从事财务工作有一定的警示作用。1964年，我作为甘肃省少年乒乓球队的队员到宁夏回族自治区的银川市参加西北五省的少年乒乓球比赛，出发的那天父亲和大姐到火车站来送我。比赛期间，兰州一中录取招生榜公示，我考取兰州一中的消息是父亲打电报告诉我的。同年10月，我因为发高烧在家养病，虽然母亲每天晚上都从医院拿药回来给我输液，但高烧就是不退；三天后，父亲带我到工人医院看病，经医生诊断，才知道我患上了急性黄疸型肝炎需要住院隔离治疗，由于治疗及时，后来痊愈了。

我们的母亲勤劳智慧，勤俭持家。记得小时候，我们身上的衣服总是老大、老二穿小了，老三、老四接着穿，内衣、内裤都是母亲自己做的，但是每逢过年母亲总是要想方设法让我们姐妹四人都有新衣服穿。大年三十的晚上，母亲会用红纸包上两元的压岁钱放在我们的枕头底下，祝福我们来年平平安安，还会用报纸给我们每人包一袋水果、糖、瓜子、大豆和油果子放在枕头边，茶几上果盘里的好吃的就不能动了，那都是留给前来拜年的客人的。这也许就是所谓的规矩吧，尽管如此，过年我们还是很开心。住在萃英门时，每顿饭前碗筷必须要用开水烫一烫消毒；每逢周末，每个人必须洗头、洗澡、换洗衣服；星期天早上，母亲会带领全家大搞卫生，被褥拿出去晾晒，而且每个人都有任务，我的任务是洗痰盂和给父母擦皮鞋。我把它们搬到院子里，先在痰盂里放入少量碱面再用开水烫，然后拿布用手洗。皮鞋先刷掉灰尘，再涂上鞋油，最后擦得明亮明亮。这培养了我们良好的卫生习惯和不怕苦、不怕脏的劳动习惯。母亲是学医的，所以不管我们谁有病，母亲总是在第一时间带着我们去看病。现在回想起来，我们姐妹四人小时候都生过一两次大病，多亏了母亲及时送我们看病住院才得以治愈，健健康康成长。1958年，我上小学四年级，我们家从萃英门搬到盘旋路兰大本部，母亲腾出家中的四个箱子给我们每人一个，冬装太大装不下，母亲帮我们统一收纳，其他的衣物自己收纳自己的，按不同季节把不穿的衣物放进去，把要穿的衣物拿出来，放在五斗柜的抽屉里。这也是母亲从点滴生活开始，教我们如何有序地管理自己的生活。随着年龄的增长，我们姐妹四人的上学开销也逐渐增加，家庭的经济需要计划开支，尤其是1964年三个姐姐上大学，我上高中，母亲对我们每个月的生活费也实行定额分配，让我们学会合理支配，这一点对我们来讲的确受益匪浅。

母亲心地善良，见别人有困难就全力去帮助。堂哥王义善曾一度失业，他的父亲让他回兴化老家，母亲让他插班读书。义善哥插班考上了南京大学附中初三，继续在该校读完了高中，最后考上了南京航空学院，五年本科毕业后开始了新的人生。为了帮助义善哥完成学业，母亲每个月都给他一定的生活费，直到考上大学有了助学金为止。"文革"中，母亲在供应室上班，认识了小张阿姨，母亲知道小张阿姨家的口粮特别紧张，只要我们家粮本有余粮，母亲都会让她拿去买。80年代，有一天晚上十一点多了，门诊值班护士来敲门，说一位老外来看病，值班大夫听不懂老外的话，又不能回绝，就想起了"林老太"，已经睡下的母亲马上起床去了门诊，解了燃眉之急。这些虽然都是一些不足挂齿的小事，但母亲热心助人的品德也深深影响了我们。

父母在教育子女方面没有高谈阔论，没有指手画脚，但是他们勤奋踏实的工作精神、忠厚诚实的做人态度却永远铭记在我们心里。1977年恢复高考，母亲劝我说，国家搞经济建设急需人才，这次放宽年龄要招你们老三届的中学生，政策也在变，如果你能考上，你父亲一心要供你们读书的愿望就得以实现了，他在九泉之下也会笑的。就这样，我考上了西北师范学院的地理系，也圆了我的大学之梦。母亲的同事都说："老太太教子有方，四个女儿四个大学生。"不过命运就是如此捉弄人，当年的誓言没有实现，我们姐妹四人全部都是中学教师。我们在不同的地方、不同的教学岗位上，闪烁着微弱的蜡烛之光，均被评为中教高级教师。三姐和我先后加入了中国共产党。三姐是省建三中（现兰州市八十三中）高中数学教师，担任过该校的校长。大姐在靖远县农业局工作的五年间，除了一个公社外，全县其他的公社都留有她的足迹；"文革"结束，她先后在靖远三滩中学和东湾中学教化学；1974年10月，她调到广西玉林玉柴工业区中学教数学；1977年恢复高考，大姐开始教高中生物，后来全校初中和高中的生物都由她一个人来教，最后因身体不行调回玉柴集团工会。二姐曾担任过三十三中（现兰大附中）数学组组长，因工作业绩突出两次荣获兰州市园丁奖。我曾是兰州一中地理组组长、省市地理学会理事、省地理教学研究会理事，1992—2004年被甘肃省教育委员会聘为甘肃省高中毕业会考地理学科命题人员，1997年被兰州市教育局兰州教育学院聘请为兰州市中学继续教育讲师团副教授，2000年被甘肃省教育厅确定为省级学科带头人（甘肃省中小学骨干教师），2001年被中国地理学会评为首届全国优秀中学地理教育工作者。值得庆幸的是，我参加了中英甘肃普及九年义务教育项目，公派去英国剑桥大学和中国香港大学学习，参与了教师培训用书《健康与环境教育》的编写和临夏州教师的培训工作。

回想起来，父亲离开我们已有半个世纪了，母亲离开我们也有二十多年了。他们都是普普通通的老百姓，沧海一粟，大浪淘沙，他们是一颗小小的金子，求学成才、回报社会，言传身教、后人自强，他们的音容笑貌我们永记心间。

最后，在文章的写作过程中，王礼善、王琳、王瑜、王珍、王家纯、林纪东、王玉玺、莫丕霞、卫毅给了我很大的帮助和支持，为此我表示衷心的感谢。

2020年7月于兰州

作者简介

　　王琼，女，江苏兴化人，1949年6月出生于南京。1969年4月高中毕业分配到兰州市红古区东方红农场劳动锻炼，1974年12月按政策回城，分配在兰州市饮食服务公司下属单位工作。1982年元月，毕业于西北师范学院地理系，分配到兰州一中。中教高级教师，2004年9月在兰州一中退休。

永世缅怀 深切怀念
——父亲刘让言

刘　琪

　　父亲刘让言（1914—2006），河南省济源市人。1938 年 8 月，就读于西北联合大学外语系。1943 年毕业留校，担任西北师范学院英语系助教，1946 年 9 月任讲师。1948 年 2 月任陕西师范专科学校副教授。1948 年 11 月调入兰州大学任英语系讲师，并作为兰州大学接管委员会委员参加了新中国成立初期兰州大学的接管工作。1950 年 1 月，调入兰州大学中文系，先后任副教授、教授，副系主任、系主任。1986 年退休。他在青年时期向往科学、民主，痛恨国民党反动统治，积极投身于青年学生运动，1946 年被国民党当局以"鼓动支持学生运动"的罪名迫害。新中国成立后，他全身心地投入中国共产党领导下的社会主义革命和建设的伟大事业中。他忠诚党的教育事业，执教一生，桃李满天下。曾荣获"甘肃省先进教育工作者"称号和全国总工会"忠诚党的教育事业"奖状。他关注党的文艺工作，积极参政议政。曾任兰州市人民代表、政协委员，甘肃省文学艺术家协会主任委员，创刊《甘肃文学》并任主编，曾任中国作家协会甘肃省分会副主席、全国高等学校文艺理论研究会理事等。20 世纪三四十年代，他在读学、教书之余，兼顾西方文学的翻译和文学创作，有

父亲

《惠特曼诗集》等多部译作和许多小说、诗歌作品面世。从50年代起，他致力于中外文史论研究，先后发表《拜伦及其〈曼佛雷德〉》《论文学艺术的社会本质》等论文70余篇；出版《薄暮》《鲍狄笳》等译著5部，《屈原楚辞注》《艺术中的现实主义》等学术专著7部。2006年1月27日15点25分，因病医治无效，父亲在兰州辞世，享年九十三岁。

当我回忆起父亲时，往往会想到他那如流水般的人生简历及日记般的工作记载，历年的鉴定又显示着他在工作中的表现……这一切都仅仅反映着共性的人生历程及平面的人生舞台。我们应该捕捉父亲在生活中的特殊事件，去反映父亲鲜为人知的生活经历，探求隐藏在表象生活下的心里秘密，从而去挖掘父亲人生中的美和他深沉内蕴、毫无娇揉造作的本性；要探究他在成为一个学者的漫长求索过程中，所体现出的哲学观念、美学思想、艺术境界以及一生的经历和遭遇。父亲的一生，走过了许多艰难困苦的道路，经历了许多曲折艰辛的生活磨难，也获得过成功胜利的喜悦，亦品尝过载誉而归、花团锦簇的幸福时刻。父亲虽然从小酷爱文学艺术，像所有的孩子一样具有爱美的天性，但他并不是天生就掌握了文学艺术的规律，他的美学思想、学术造诣都经历了在矛盾中不断探索、沉淀甚至痛苦地反思，才逐渐走向成熟的过程。父亲是一个孜孜不倦的勇敢的求索者，从他身上折射出这样一种理念：对人生的干扰，是过于在意；对人生的伤害，是想不开；对人生的迷惘，是缺乏坚定的信念。父亲对他一生中从事的所有领域都充满探求真理的宝贵精神，他经常讲："伟大的作家、艺术家哪一个不怀有大爱、拥有善良？哪一个不把自己的生命和深情寄予在民众之心上？物伤其类、大体同悲是一种悲悯。"

长太息以掩涕兮　历览前贤国与家

很少有人知道父亲曾创作及发表过众多的文艺作品，甚至包括业内的朋友亦如此。20世纪30年代"九一八"事变发生，中国处在外敌入侵的民族灾难之中，十七岁的父亲在激愤中用文学来呐喊，创作了一批揭露当时社会黑暗，表现民主进步思想，反抗日本侵略者的小说、散文和诗歌，并主编《挺进》周刊，宣传抗日。1931年，发表第一篇小说《恍惚》。之后，以罗冰、罗浮为笔名，发表小说《骚动》《那一场屠刑》《一夜的游击》《野蒺藜》《炮火中的一群》等，发表散文和诗作《水上劳动者》《冬夜》《想》《这里没有春天的》《山·声音·路》《想飞》《忆》等，翻译介绍了高尔基、泰戈尔等人向往自由、争取民主、渴望进步的诗作及小说，其中有《泰戈尔诗歌选》《鲍狄筛》《史鲁尔——从鲁巴图来的》等。从发表第一篇小说起，文艺创作就伴随他走过了人生的每一个阶段，也为他的文学理论积淀了深厚的基石。父亲反对那种躺在幻想上无所作为、泛泛空谈的理论家，力主文学的真谛是唤醒人们去斗争、去抗争，去激发和唤起爱与憎。父亲早期文学创作的最大特点就是饱含真实性与情感性，每一篇作品都反映了所处时代的现实生活和人情风貌。"读万卷书，行万里路"，他的足迹遍布鄂、豫、皖、晋，历时八年之久，踏遍崇山峻岭，深入田间地头，深刻揭露了日本帝国主义侵略所造成的民族苦难、生灵涂炭……他的所有作品包括所选的译著，都融进了对生活的理解和对艺术真实的美学追求，通过对现实生活哲学的、审美的认识，以独特的艺术形式，富有情感地透视出具有典型意义的生活现实，近而以艺术的真实揭示出生活中的本质方面。父亲早期的文艺创作，若要以文艺流派去框定，是以现实主义为主潮，以批判现实主义为主脉络，将笔触推进到对所在时代人的价值、命运和作用的探求中，深入对传统意识与民主进步意识之间的矛盾剖析。将个人的命运与国家的命运融为一体，加以批判性的思考，力求通过反映现实的本质方面，去实现自己的艺术构思。另一方面，是受西方古典主义文艺思潮的影响，注重文艺创作中结构的完整性。在他的作品中可以清晰地表现出一种"刻意"的美学追求，结构完整和谐，在近于诗的描述中，展示出强烈的艺术效果及美学追求。例如在《在前线》剧本中表现出了"三整一律"的戏剧创作法则，正是古典主义美学思想的展露。父亲在当时已经成为有一定影响的青年作家，而他创办的《挺进》周刊，也因被认为是进步刊物而遭严酷的封杀。

巴山蜀水系梦魂　潜心书海古路坝

1937年抗日战争爆发后，平津地区被日本侵略军占领，北平大学、国立北平师范大学（今北京师范大学）、国立北洋工学院（今天津大学）三所院校于9月10日迁至西安，组成西安临时大学。太原失陷后，西安临时大学又迁往陕南城固古路坝，不久改名为国立西北联合大学。因深感自己理论知识的不足，需要积累深造，父亲报考了国立西北联合大学外国语文学系，开始了勤勉的学业生活。国立西北联合大学成立后，黎锦熙、许寿裳、李达、许德珩、马师儒、徐褐夫等人先后到来，担负起战时教书育人的重任。西北联大虽然存在的时间较短，但其在西北留存下来的这几所高校，为战后及新中国成立后的西北教育事业的发展奠定了基础。

父亲在学校读书时用功是出了名的，被称为"书虫"。他倾慕祖逖与刘琨，以闻鸡起舞自律，并为1942年出生的长子起名为刘琨。由于他有深厚的文学功底和英语基础，又有办刊物的经验，且笔耕不辍、翻译不止，因此很快成为班上乃至年级瞩目的学生。父亲利用一切机会学习，为了提高英语口语水平，他一边跑教堂，一边利用假期到郑州铁路局去打工，跟外国司机交流。由于如痴、如狂、如醉地读、背、写、训、听，他能大段地背诵莎士比亚、拜伦等人的原作。父亲将莎士比亚的"自信是迈向成功的第一步"、大仲马的"自信和希望是青年的特权"等名句，分别用中、英文写在日记的扉页，作为座右铭，激励自己。功夫不负有心人，他最终以年级第一的成绩毕业留校任教。

漫路修远历沧桑　海到无边天作岸

1945年底到1946年春夏之交，西北大学爆发了空前规模的学生运动。国民党当局悍然解聘了不少支持或同情学生运动的知名教授和教师，并通令所有国立院校一律不得聘请这些人员。当时，父亲的恩师——于1928年加入中国共产党的徐褐夫教授也在被解聘之列。时为兰州大学校长的辛树帜聘请了徐褐夫和李萃麟教授。被解聘的父亲当时面临两个抉择：一是他的大学同学庞文瑞已在美国麻省大学任讲师，她推荐父亲去麻省大学（马萨诸塞大学）任教。麻省大学在审阅了父亲的创作和翻译作品以及在学校的成绩后，欣然聘任他去任教。另一个选择就是留下来，在自己的祖国发展。当时面对被解聘的困境，父亲反而变得成熟和沉静起来，他觉得终于有时间去实现他在大学读书和任教期间未能完成的事业了。他准备完成的两件事：一是做完《屈原全注》，将爱国诗人屈原全面展示给世人；另一件事是把"拜伦这位伟大的诗人、戏剧大师，民族主义的解放运动先驱者"翻译介绍给中国人民。他迅速完成了手里的几篇译作及文学创作，发表了诗剧《普罗米修斯》和作品《大巴山的囚徒》《野蒺藜》等；翻译国外民主主义诗人向往自由、争取民主、渴望进步的诗作及小说，其中有《薄雾》《泰戈尔诗选》等。

1940年7月，教育部令西北联大师范学院迁至兰州办学。抗战胜利后，部分师生留在兰州，现为西北师范大学，部分返回北平复校，现为北京师范大学。1946年，西北师范学院向爸爸发出了聘任函。父亲带着全家，告别千年古都西安，一路辗转来到兰州，到西北师范学院英语系任教。

徐褐夫教授等人向辛树帜校长推荐了父亲，辛树帜校长亲自修书将父亲聘回兰州大学，当时是1948年11月。父亲任教于兰州大学英语系。我们全家也跟随父亲搬进了位于萃英门的兰州大学静观园。正在此时，父亲翻译的拜伦戏剧诗剧本《曼弗雷德》出版了。作为诗剧译著，这在中国尚为首部，在学术界引起极大反响，也为兰州大学英语系争得了荣誉。

1949年8月26日，我们在隆隆的枪炮声中迎来了兰州的解放。

长风破浪会有时　长使英雄泪满襟

父亲为人耿直正派，心中忧国忧民，一生都在追求真理。1946年，他因追求民主，支持学生运动，受到西北大学校方的迫害，被逐出学校，他没有掉一滴眼泪。"文革"中，他被关进牛棚长达数年之久，受尽了委屈，他都没有掉一滴眼泪。即便是在病入膏肓，即将离开人世的弥留之际，他都没有落下一滴眼泪。但是，当新中国成立，毛主席在天安门宣布"中华人民共和国中央人民政府今天成立了"，他激动地流泪了。第二次流泪是他作为代表，考察"引洮工程"汇报工作时。第三次是他的恩师徐褐夫先生病逝时。徐褐夫教授年长父亲十一岁，是父亲一生最敬重、最亲近的良师益友，亦师亦父。父亲每年都会多次去看望徐老，并且让刘琳每个星期都去帮徐老打扫卫生……在徐老病重虚弱、卧床不起时，有一次父亲去看望徐老，徐老竟然对父亲说："纳夫，《海燕》还能背吗？"这是三十二年前父亲在西北大学被解聘时，徐老为鼓励父亲而让父亲用俄语背诵的，那时的徐老头戴棕灰色无沿皮帽，神采飞扬，自信乐观，此时的徐老已经是奄奄一息，父亲边背边哽咽，最后竟然号啕大哭起来……

父亲又是一个幽默风趣、善于言辞、直抒情怀、永不言败的人。他一生有三个爱好，备受捏拿，历经曲折，但终不悔。一是聊天和夜读。父亲最大的爱好就是每天吃完饭后，招呼一帮朋友来家里聊天，有曹觉民、魏晋贤、王秉钧、孙艺秋、顾正、李端暎等先生，他们互相以"老"加姓相呼，人还在门外，呼声已至，"老刘啊"……亲切备至，相知有加。他们聊古今中外文学、历史，谈当代时事热点、奇闻大事，争论文艺热点、作家作品，偶尔也谈及教材教学。夏天一把蒲扇一壶茶，冬季围炉一壶酒。烟雾缭绕，热气蒸腾，唇枪舌剑，口无遮拦，气氛热烈。记得有一次，争论曹觉民先生写的被列为全国民间文学教材的《中国人民的口头创作》，大家都劝其去除锋芒、避免过激言辞、勿涉及敏感论述……争得面红耳赤、口沫纷飞，曹伯伯拂袖而去。不想第二天又都来了，依旧面带笑容，相亲如故。他们是一批才华横溢、志向远大、心怀理想、精神独立的文人学者，被戏称为"萃英七贤"。夜读，即读书写文章。每晚十点多钟几个伯伯聊友都离开后，父亲就开始真正读书、写文章了。就是这样一夜夜，

1960年，拍摄于父亲在兰州艺术学院任教期间

他写出来一篇又一篇论文、一本又一本著作、一篇又一篇讲稿。父亲致力于文艺理论的教学和研究，先后发表了有建树的文艺理论研究论文百余篇。《论文学艺术的社会本质》发表后，被重庆出版社《新时期文艺论争辑要》一书辑入，并做了长文介绍，在国内有一定的影响。《古典文学研究中作家的世界观与创作方法问题》发表后，曾引起日本学术界的关注，京都大学学部曾对该文进行评论和介绍。

二是购书和写批注。每逢周末或节假日，只要有空闲时间，他都会去新华书店或古籍书店看书和购书。他往往是开门时第一个进去的，关门时最后一个离开的。每淘到一本称心的书他都会欣喜若狂。记得他淘到《六十种曲》《清史稿》及第一版《鲁迅全集》时，兴奋得夜不能寐，读完以后，他都会用朱笔加以批注、圈点，父亲的蝇头小楷堪称一绝。

三是太极拳和舞长剑。父亲自幼喜欢太极和武术，直到1964年到中央社会主义学院学习时，方取得"真经"。当时，他与全国武术协会主席王子平同居一室。王子平是中国有建树有影响的武术家，他的青龙剑法是汲取西欧击剑和日本剑道等诸家之所长创造的剑道奇迹。他为父亲纠正了太极的动作，贯之以太极真魂，教授父亲青龙剑的基本动作，晓之以真谛，还将一把青龙剑送给了父亲。父亲的谦虚好学也让王会长很欣赏，教者善其功，学者尽其力，一年时间父亲完全改掉"夜猫子"的习惯，闻鸡起舞。自此以后，每日黎明练太极拳、舞长剑，伴随了父亲终生。由于自幼练太极，加上名师点拨，每天又锲而不舍的习练，父亲竟成为兰大的太极拳"泰斗"，凡打太极拳的师生都随其练习，引起省、市电视台及体委的多次采访报道。

有舍就有得。父亲一生在人生的抉择中，有三次舍与得。他认为舍弃某种精神就有可能得到某种物质，舍弃某种物质就有可能得到某种精神。有所放弃，才能有所得；放得下，才能走得远；什么也不愿放弃的人，反而会失去最珍贵的东西。一是他舍弃了去美国麻省大学工作和生活的机会，而得到了成长为一名融汇中外、精通学术、桃李天下，获"文艺理论家、翻译家、作家"殊荣的知名教授、学者的机会，他是甘肃省唯一参加第一届暨"文革"后首届"文代会"的甘肃文艺代表。二是舍弃了离休干部的待遇。他认为自己是一个知识分子，虽然为党、为社会主义建设做了

1964年，父亲于北京颐和园留影

一些工作，但自己不像那些浴血奋斗的战士，所以他放弃了待遇。但正是放弃使他能够心安理得地去做一名真正的知识分子，从事教学科研、文艺创作及筹办"甘肃文联"，创刊《甘肃文艺》。三是舍弃"文革"后"官复原职"，这让他能用尽全力挽回失去的岁月，搞好自己的专业，发展自己的兴趣。

心静细嚼读书味　恢宏志气不妄菲

"文革"结束后，父亲重新回到教学和科研岗位上。他心中想的就是怎样挽回失去的岁月，在自己有限的生命中做出更大的成就，让自己的夙愿得以完成。他曾翻译过俄罗斯诗歌《短》："一生很短，短得来不及享用美好年华，就已经身处迟暮"，认为人生总是经过得太快，领悟得太晚，所以我们要学会珍惜，珍重生命，珍惜时间。父亲不喜欢"挟天子以令诸侯"的曹孟德，却将其"老骥伏枥，志在千里，烈士暮年，壮心不已"的诗句写在案头，以激励自己。他将自己的书房取名为"掩扉园"，意味关门读书、闭门谢客，是为了集中所有的余年精力和时间弥补失去的岁月；父亲认为不能再走弯路了，浪费时间就是最大的弯路，走弯路是要付出惨重沉痛的代价的。他扩大了理论研究视野，将文艺理论的研究拓展到中西合璧、洋为中用、古为今用，融百家为一体。父亲夜以继日，摒除一切干扰，出版了《屈原楚辞注》（新疆人民出版社1984年版），了却了年轻时的夙愿，还出版了《中国古典诗歌选注》（甘肃人民出版社1981年版），获甘肃省教育厅1987年"甘肃省高等学校优秀教材奖"。这两部书从现代文艺理论的角度审视和探讨了古典文学的创作规律。

1978年，兰大中文系恢复研究生招生工作，建议父亲招收文艺理论方向的研究生，但是父亲认为当时更需要西方文论方向的研究生，因为当时这是我们国家的空白。1980年，父亲招收了两名研究生。他倾其所有、尽其所能地教授他们专业，他们亦是孜孜不倦、克绍箕裘、勤奋进取，学习积累了深厚的功底，最终都学有所长。他们在后来所从事的工作中都取得了辉煌的成就，刘鸿麻成为贵州著名学者，后来走上领导岗位，为贵州的经济建设及教育事业的发展作出了卓越贡献。邱紫华成为著名的专家学者，任《华中师范大学学报》（人文社会科学版）主编，文学院院长。两人均为博士生导师。父亲又招收了第二批研究生，研究生谢电波聪慧好学，成绩优异，现居美国，也取得了可喜成就。

父亲关注西方文艺理论研究，培养的研究生方向及学术研究课题重心都放在西方文艺理论方面，翻译出版了《20世纪西方文学批评》（广州花城出版社1989年版），译作在尊重原著的基础上，融入了译者的文艺美学倾向及观点。他还翻译了大批西方文论，用于研究生教学和培养，并以文论译稿为基础，规划出一部巨著《西方文艺理论译丛》。《社会纵横》载文："刘让言先生的治学方法严谨，不尚空谈，力主博览古今……因此，他的研究工作总是植根于文学创作的泥土中"，"在国内外都是有影响的"。

诗似冰壶见底清 事定犹须待阖棺

父亲谢世以后，他的学术成就仍然散射余光，为人所怀念和记忆。兰州大学著名教授林家英夫妇赠联："堂堂正正做人明善恶留憎爱，认认真真治学贯中西通古今"，评价了父亲一生怀瑾握瑜，有高风亮节。甘肃省委宣传部、甘肃省社会科学院负责编辑出版的"陇上学人文存"，是甘肃省哲学社会科学大型学术文献丛书，其中包括《刘让言卷》（刘让言著，王尚寿编选，甘肃人民出版社2014年版）。兰州大学《兰州大学报》专版"萃英大先生"曾刊登《文艺评论家刘让言》（《兰州大学报》第936期，2019年5月15日）一文，介绍父亲。

父亲生前写了一首古体诗，既是对人生的自勉和鞭策，也是对自己一生的总结和评价：

诗言志·阖棺

巴山陇水系梦魂，竹园翰墨老来归。

心存五柳不折腰，才无谪仙岂摧眉。

意中非嫌襄阳雅，胸怀唯感步兵磊。

学海无涯桃李芳，不企车鱼写残碑。

父亲曾参与兰州解放初期政协筹备领导小组工作，任第一届甘肃省及兰州市筹委会委员；筹备甘肃省文联，为筹备领导小组主任委员；创办新中国成立后甘肃的第一份文艺刊物《甘肃文学》（后改刊为《甘肃文艺》《飞天》），并任第一任主编。历任中国作家协会甘肃分会副主席，甘肃写作学会会长，甘肃省美学研究会名誉会长等职，为中国作家协会会员、中国文艺理论研究会理事等。但是父亲有许多的遗憾，觉得耽误、浪费的时间太多了，难得一方净土去读书、写文章，有许多要做的事情，因置身尘嚣无法去做，没有做完。父亲以诗立志，以诗寓理，以理寓情，并自勉：做人、做事要有正义感，心中要存陶五柳，不可为"五斗米"折腰；要敬重李谪仙，虽无其才，亦不可摧眉折腰；警醒自己切不可为"日无鱼，出无车"的齐人冯谖，推崇"临难不顾生，身死魂飞扬"的阮籍，要效法屡屡遭挫尚能自重、不媚世俗的孟襄阳……父亲认为知识的海洋是没有止境的，能为知识的海洋掬上一捧水、添上一块砖，便是终生的愿望和理想，即便已九十岁了也要自勉自励，"写残碑"。

2020年5月28日

母亲的眷恋　绪肠终难断
——慈母张正范

母亲张正范，生于 1916 年 3 月 21 日，河南信阳人。先后在河南信阳、陕西城固上学。1946 年毕业于国立西北大学生物系。毕业后先后在西北师大附中、兰州一中、兰州师范学校任教。1955 年从兰大到兰大附中（兰州 33 中）工作，1975 年光荣退休。2008 年 5 月 20 日 17 时 50 分因病医治无效，永远离开了我们，享年九十四岁。

母亲（拍摄于 1949 年）

母亲已经离开我们十二年了，但每当想起她，仍会以泪洗面，难断绪肠。山，没有母亲的爱高；海，没有母亲的爱深；天，没有母亲的爱博大；地，没有母亲的爱广阔；太阳，没有母亲的爱温暖。母亲是诺亚方舟，日夜操劳只为送儿女到达幸福的彼岸；母亲是参天大树，酷暑严冬都在替儿女避风挡寒；母亲是彻夜煎熬的油灯，不论多晚都在等待着游子的归来；母亲又是光，不管儿女行程多么艰险都有最坚定的陪伴和引导……她引导儿女与共和国同呼吸共命运，同休戚共荣辱。

做女人难，做优秀的女高才生难，而当一个年轻的妈妈则更难，尤其是在一个半封建半殖民地的旧时代里。我的母亲正是处在这"三难"之中。1941 年，母亲在学业中生下第一个儿子，正是这个儿子改变了她一生的命运。长子起名刘冰，是按照父亲"罗冰"的笔名，取冰清玉洁、冰炭不容之寓意。没想到这个孩子不久就去世了，这对怀胎十月、含辛茹苦、遭遇多难的年轻母亲是多么沉重的打击。从此以后，她立志要多生孩子，要把一生的爱与情怀都献给孩子们。第二个孩子出生后，爸爸妈妈在给我们取名时均带"玉"字旁，以玉化冰，以求平安健康。

1946年，父亲在西北大学支持学生运动，被统治当局解聘。经同仁介绍，联系到兰州西北师范学院。母亲跟随父亲，经巴山蜀水，穿越陇上，历经一月有余，辗转来到兰州。从此以后，再也没有离开兰州，兰州成为他们真正的第二故乡。为了养育、拉扯儿女，相夫教子，母亲几次推却了几所中学的邀请。1947年，时任甘肃学院附中（后为兰州大学附中）的王秉钧校长曾邀请母亲担任生物老师。母亲真诚地说了自己愿为家庭付出的愿望，王秉钧校长说："人如其名——正范。"每天晚上我们都睡了以后，她会帮父亲校对拜伦的诗戏剧译作《曼弗雷德》，可见她深厚的文学和英文功底。我们家住在萃英门城墙西南的一座坐北朝南的古庙式的建筑院内，院落深深，古槐遮阴。在这里，我们见证了萃英门及古城墙的拆毁，见证了新柏油路的铺设。1958年后，我家搬到盘旋路兰大新校址。

1949年8月26日兰州解放，9月17日母亲生下了第四个儿子，取名"玮"，意为伟大新中国的诞生。1955年，妈妈经过申请和托关系，丢下了制作动物标本的专业，来到了她一直向往的能和孩子们接触的兰州第三中学。她爱孩子，喜欢孩子们的纯真无邪和童真善良，她深信自己的爱会滋润孩子们的心田。这是她重新走上讲坛的开始。自从踏上中学的讲坛，她把一辈子都奉献给了教育事业。她将自己所有的精力和经验都付诸教学，从初一到高三的生物课程她都教，并且在学校里办农场、养猪……再也闻不到制作动物标本的福尔马林味道了，取而代之的是备课。所有的课，几十年，无数遍，讲得那么熟了，但每天晚上她仍然在一丝不苟地备课。我们曾调侃妈妈："这些东西你翻都翻烂了，背都背熟了，为什么还要备课啊？"妈妈说：我备课有三个原因，第一个我认真地备课是要对得起学生，对得起教师这份职业；第二个我是怕有些地方新增了内容，或者是现在科学发展后有了新的变化，而我不知道；第三个当然我也是怕出一些事故，有些东西能讲，有些东西是不能讲的。

三年困难时期，学生饿得已经基本开不成课，当时倡导"小秋收"，一切能吃的树叶都成采撷、抢摘的对象……当时妈妈负责农场工作，农场

父母于1946年到兰州后留影

里的所有菜叶包括那些残缺不全的萝卜、土豆泥蛋蛋等妈妈都一颗一粒地收拾起来，全部拉到学校的食堂。有一次，母猪生小猪仔，生的八只小猪仔全都死了。我们听到以后非常高兴，欣喜若狂地跑回家，把小煤炉架起火来，准备好好地炖上一锅汤。等到天黑妈妈回来时，她只拿回一只，我们非常失望、沮丧，因为妈妈把另外七只都送给别的老师了。饥饿使很多人都浮肿起来。当时，爸爸也浮肿、消瘦得让人害怕。爸爸的优待证可以换购半斤清油、一斤白糖和一斤点心，妈妈说爸爸是家里的顶梁柱，身体决不能垮了，所以营养都先保证爸爸。家里几个孩子正处于生长发育时期，但因挨饿和营养不良，个个面黄肌瘦。妈妈终于将当年珍藏的彩礼和嫁妆——金条拿了出来，这是妈妈一生最大的秘密，用金条去换面粉。在一个黑夜，妈妈拿回几袋面粉，给著名画家平伯伯送了一袋。坚强而刚毅的平伯伯，拉着爸妈的手，什么也没说，却掉下来两行滚烫的热泪。也是一个漆黑的夜，平伯伯送来了一只他从甘南用画作换回的羊腿，妈妈连夜用大铁锅煮了一大锅羊汤。煮熟了以后，妈妈让我们给二楼的王秉钧伯伯、顾正伯伯送去，又把最得意的学生向舒典、季成家叫来一起喝，从没见过这么神秘的喝汤场面，我们再也没喝过这么好喝的羊汤。

后来，我们家三个孩子一起到会宁县插队。那年冬天，当东去的列车缓缓开动时，从车窗里传出"呜呜"的哭声，使"壮行"的豪迈场面变得哀婉悲凉，车下送别的人也都不由得掉下了眼泪。如今回顾这段历史，觉得广阔天地大有作为，插队是我们人生中的宝贵经历。但在当时，却是那样的迷茫，前途未卜。当东去的列车呼啸而去，消逝在视野之外的时候，我看妈妈，她是那么冷静，冷静得让我吃惊；她又是那样自信，自信得好像已经看到了前途和曙光。但是当我和妈妈回到家里的时候，家徒四壁，空空荡荡，走时把所有的面粉、食物都给孩子们吃掉了。儿行千里母担忧，坚强的妈妈再也忍不住掉下了热泪。

人都会有分离的时候。2006年腊月二十八，父亲谢世。父亲离开的时候，正在病中发着高烧的母亲却在冥冥之中感觉到父亲去世了，她醒来的第一句话就说："我好像看到你们爸爸躺在一个冰冻的棺材里，他的眉毛上都是霜和雪。"这种幻觉是他们一生共同生活、相濡以沫的感应，是他们朝夕相处、心灵相通的默契，是他们白头偕老、灵魂相守的神会。

世上最美丽的是妈妈，最善良的是妈妈，最亲切的是妈妈，最慈祥的是妈妈，最勤劳的是妈妈，最辛苦的是妈妈，最无私的是妈妈，最伟大的是妈妈。让我们发自内心地呼喊：妈妈，我们永远怀念您！妈妈，我们永远爱您！

全家福（拍摄于1950年）

作者简介

刘珙，1947年11月生，笔名洪荒、甘霖。曾任甘肃省社会科学研究院信息研究所所长、研究员，中国社会科学情报学会理事，甘肃省美学研究会副会长，作家协会会员。主要从事文艺美学专业研究。曾主持、完成《西北地区信息产业与人力资源》等两项国家社会科学基金项目，获省社会科学奖及国家级奖11项。主编出版《新时期文艺学概观》《中国当代美学家》等著作4部。在国家权威期刊及省级核心期刊发表《关于美的概念的几种流派》《中国当代文学未来的美学断想》《信息学研究的理论构架与探索路径》等论文80余篇。

允公允能 刚毅坚卓*
——回忆母亲刘䜣年教授

朱任之 朱行之 朱庆之

母亲刘䜣年（1915—2005），天津市人。1927年考入南开中学，1933年就读于南开大学数学系，1937年毕业并留校任教。抗日战争爆发后，随南开师生南迁，执教于西南联大、四川大学、西康技艺专科学校。1948年起，在兰州大学数学系任教（期间曾在兰州工专短期任教）。1958年起，在甘肃农业大学任副教授、教授。1983年，调回兰州大学数学力学系任教授。1985年退休，1953年加入中国民主同盟，1987年加入中国共产党。

南开的女儿

1915年12月2日母亲出生于天津狮子林。母亲的父亲——我们的外祖父刘嘉琛（1861—1936），字幼樵，1895年（光绪二十一年）进士，选庶吉士，翰林院编修，先后出任山西学政和四川提学使。母亲有两兄两弟，大哥刘晋年，南开大学数学系首届毕业生，1925年由清华选派留美，1927年获哈佛大学哲学博士，曾任南开大学数学系主任；弟弟刘昌年，清华大学毕业，物理学教授；另有一兄一弟华年与康年，因病于40年代早逝。其中，康年与母亲为双胞胎。

母亲七岁入私塾，十一岁插入天津望海楼贞淑小学六年级就读。1927年考入南开女中，1933年考取南开大学数学系，获数学奖学金。1937年毕业，因成绩优秀被中国斐陶斐荣誉学会南开大学分会吸收为会员，留校任数学系助教。母亲在南开女中和南开大学有幸接受了当时中国最好的教育。张伯苓校长提出"允公允能，日新月异"的校训，要求南开学生要具有"爱国爱群之公德，服务社会之能力"，做到与时俱进，每天每月都有

刘氏五兄妹（居中者大哥刘晋年，后排居右弟弟
刘昌年、居左二哥刘华年，前排居左弟弟刘康年）

新的变化和进步。这些话影响了母亲的一生。

1935年6月"何梅协定"之后，亲日派鼓噪"华北自治"。12月9日，北平学生爆发了反对华北自治的"一二·九"运动。12月20日，母亲参加南开大学学生赴南京请愿团，火车中途在沧州被阻不能南行，母亲就和同学们在车站附近演讲，宣传抗日。1937年7月7日，卢沟桥事变爆发；28日，天津沦陷，南开大学被日军炸毁。8月2日，二十二岁的母亲带着弟弟康年、昌年和堂妹森年告别我们的外祖母和大舅离开天津，经青岛、南京到汉口与在银行工作的二哥华年会合。10月，赴重庆南渝中学（1938年改称重庆南开中学）为流亡学生补课。

西南联大

天津沦陷后，南开大学被迫南迁，1937年8月与北京大学、清华大学在湖南长沙成立临时大学。12月13日，南京失守，武汉告急，日机对长沙的轰炸也日益加剧，三校继而再迁昆明。1938年4月，长沙临时大学改名为西南联合大学，确定了校训和校歌，校训为"刚毅坚卓"四个字。

1938年夏天，母亲只身一人赴昆明报到，应聘为西南联合大学数学系

1937年，母亲在重庆南渝中学

助教，系主任为江泽涵，同系的教授有姜立夫、华罗庚、陈省身、杨武之（杨振宁的父亲）及刘晋年等著名学者。在姜立夫教授的指导下，她翻译了Castelnouvo著《射影几何学》（意大利文）。

　　1940年春，西南联大在四川叙永县成立分校，母亲与七百多名老师、同学，翻山越岭，一路风尘仆仆到达叙永县城，在古庙里开展教学。1941年，母亲又被四川大学数学系聘为讲师，当时为了躲避日军轰炸，学校由成都迁至峨眉山下。1942年，她取道乐山、西昌、祥云重返西南联大，不料中途在西昌遇阻。当时，北洋工学院等院校为躲避战乱西迁至西昌，选择泸山光福寺诸庙宇为校址，成立了国立西康技艺专科学校，首任校长为李树田博士，母亲被聘为该校数学讲师。

　　在国立西康技艺专科学校，母亲邂逅了在兽医系任讲师的父亲。父亲家境贫寒，1934年在苏州中学毕业后，考入免收学费的北平师范大学，此时日军侵占东北觊觎华北，父亲遵母命放弃学业，又报考了南京中央大学农业化学系，入校后农学院院长邹书文亲自动员父亲转入畜牧兽医系学习。当时兽医职业受到社会风气鄙视，"生不能进祠堂，死不能进祖坟"，父亲内心经过激烈斗争后决定改学兽医专业。1937年，父亲随学校迁往成都完成学业并留校任罗清生教授的助教，后受聘于国立西康技艺专科学校任讲师。母亲作为大家闺秀，年轻时漂亮聪明高傲，追求她的人不在少数，无论是家庭条件还是所学专业都比父亲要优越，没想到母亲却挑战了世俗观念，与父亲一见钟情。1942年7月1日，他们以友人资助的五十元钱，邀请了几位同事、好友吃个茶点就算举行了婚礼。1943年4月，长子任之在西昌出生。

1943年，母亲和长子朱任之在一起

也许是爱情的力量，1944年父亲一举考取第八届中英庚款公费留英，与黄昆、曹日昌、陈舜礼、程镇球、杨诗兴、杨敬年等二十四位同学经印度孟买赴英国学习。

1946年，母亲由西昌抵昆明，与西南联大最后一批迁回的师生会合。7月15日，闻一多先生被国民党特务杀害，当天上午母亲赶到云南大学医院向闻先生的遗体致哀。8月，母亲携任之北上返回天津，任南开大学数学系讲师，途中去江苏宜兴拜见从未谋面的婆婆。

抗战和西南联大的经历，砥砺了母亲的意志和品格，形成了她新的人生价值观，在她身上再也看不到翰林家大小姐的影子，从此她成为一位追求理想和进步的新女性。

1945年，第八届中英庚款赴英留学生途经印度孟买合影

兰州大学

1948年9月，父亲在英国爱丁堡大学获得博士学位后回国。他从英格兰南汉普顿乘船抵达香港。同期赴英留学早一年到达香港的同学曹日昌将父亲接到达德学院，带他听了翦伯赞先生关于国内形势的介绍和分析，父亲如醍醐灌顶，顿开茅塞，才知道国民党政府的统治就要彻底垮台了。

回国之前，父亲数次接到我国著名兽医学家、国立兰州兽医学院院长盛彤笙博士的电报，邀请他到学院任教。这所学校当时是中国唯一培养兽医的高等学府，但是当时兰州环境艰苦，条件落后，各方面都无法和沿海大城市相比。但建设大西北的美好憧憬让父母亲无比兴奋，跃跃欲试。母亲辞去南开大学的工作，和父亲一起来到了兰州。1948年底，父亲受聘于国立兰州兽医学院任动物病理学教授兼教务主任，成为我国动物病理学讲席上的第一位博士和教授，母亲受聘于兰州大学数学系任副教授，是当时学校仅有的两位女教授之一。

1949年8月26日，母亲在萃英门迎接解放军入城。次年2月，母亲在小西湖兽医学院小白楼生下了次子行之，由于晚上来不及去医院，父亲只好去请兽医博士盛先生充当了"接生婆"。1951年5月，母亲当选为中国数学会甘肃省分会第一届理事会理事。1953年，母亲加入中国民主同盟，后当选常委兼任妇女委员会主任。1956年，母亲被定为高教6级副教授，并向兰州大学数学系党组织递交第一份入党申请书。同年11月，生下了三子庆之。1957年9月，去北京出席中国妇女第三次代表大会，并与毛泽东、周恩来等党和国家领导人以及妇女界领袖何香凝、邓颖超合影。此时的母亲在新时代的感召下，意气风发，追求进步，正处于人生的黄金时期。

1958年4月，父亲被划为右派分子，被撤销西北畜牧兽医学院副院长职务，降两级使用。母亲待遇稍好一些，只在系里小范围宣布，可以正常上课。1979年，父亲的右派问题被改正。

1956年，母亲在兰州大学

我们问过晚年的父亲，当年为什么从国外回来？他没有回答。直到他去世以后，我们在他的回忆录中看到这么一段话：当时对国民党的腐败统治失望至极，对共产党主张民主、自由，反对独裁的政治主张十分赞成，对即将成立的新中国充满了好感。

黄羊农大

黄羊镇地处甘肃河西走廊武威县境内，距兰州以西二百八十公里，是一小片戈壁绿洲，南临祁连山，北靠腾格里沙漠，干旱风沙大，因黄羊出没而得名。20世纪50年代初，甘肃省委、省政府决定在黄羊镇建设十万人城市，吸纳西北畜牧兽医学院、省农学院、省林学院、省农业科学院和水利、机械、畜牧等三所中专，实现"文化西流"的战略设想。当时各单位按照这一规划已经开始了设计和基建工作。1957年初，因水资源等问题宣布建市规划撤销，但原定农业教育、科研等单位的搬迁和建设方案不变。

1958年4月，乍暖还寒。在一片反对声中，西北畜牧兽医学院迁往黄羊镇，随后母亲辞去兰大教职带着行之和幼小的庆之乘火车跟随父亲一路西行来到新家，从此开始了别样的人生考验。

1964年，母亲在甘肃农业大学

到黄羊镇不久，母亲带着行之参加建校劳动，到离学校五里之外的砖窑搬砖，母亲用扁担挑，行之用书包背，一上午要走两个来回。父母亲每天晚上都要去教研组参加政治学习活动，加强社会主义思想改造。1958年开始，我们全家都在食堂吃大锅饭。记得农大那时运用微生物技术发明了一种"青储菜"，就是在很大的水泥池子里放入莲花白菜的老叶子（菜心用于食堂）压实撒入石灰，然后上面覆盖帆布，一两个月之后揭开，颜色碧绿，散发出酸酸的清香气味。这种"青储菜"分给每家作为"代食品"，可以切成丝拌点儿盐吃，口感有点儿像酸菜。

行之插队后的第二年，母亲带着庆之到武威新华公社缠山大队探望他，教他如何用莲花白和胡萝卜制作泡菜。当地农民祖祖辈辈腌制酸菜，都是将白菜晒蔫后不洗直接入缸，一层一层撒上盐再用石块压实。他们没有见过制作泡菜的方法，更没有见过大学教授，一下子挤满了行之住的小土房，母亲请他们品尝带去的泡菜，并亲切聊起了家常。2018年是行之插队五十周年，他和同学们回到乡下，乡亲们对母亲的记忆还非常深刻。其中一位还提到当年母亲从公社下车步行到村里，遇到马莲河发洪水，正在一筹莫展时，他把母亲背过了河。

母亲一生尽管遭遇许多挫折，但从没见她有过丝毫的消沉，她始终用隐忍和乐观的情绪影响三个孩子，培养了我们坚韧的个性，让我们平安度过了艰难的岁月，最终都成为对国家、对人民有用的人。

"文革"中在农场劳动

勤弥夙愿

1976年"文革"结束，这一年母亲六十一岁。幸运的是，母亲终于迎来改革开放的春天，老树绽发出新芽。

1979年，母亲晋升为教授，出任基础部副主任、部学术委员会主任、校学术委员会委员，当选为甘肃省数学会第三届和第四届理事会副理事长、甘肃省妇联第七届委员会执委。她为武威炮校做了"统筹方法在组织和指挥军事行动上的应用"的报告，共十五个小时，受到部队的欢迎，部队向农大赠送了一面锦旗。她还为高等农业院校"生物统计附试验设计"教材师资班讲课，主讲生物数学，参加讨论河北农业大学等七院校合编《微积分》教材的编写提纲，主审金子瑜主编的《概率论与数理统计》。1983年，在时隔二十六年后，母亲出席中国妇女第五次全国代表大会。

1979年，父亲出任甘肃农业大学校长。1981年12月，国务院批准农大迁回兰州。母亲于1983年重返兰大任数学系教授，担任数学系应用数学专业和经济系企业管理专业硕士生导师。1987年4月，母亲在七十二岁时被批准成为中共党员，从1956年9月她向当时的兰大数学系党组织递交的第一份入党申请书算起，中间跨度达三十余年。

1982年，母亲在甘肃农业大学

1985年母亲退休，却依旧保持好奇、保持疑问、保持自我、保持热情，身边总是围拢着一批年轻人。她把目光盯向了社会事业。据南开大学校友孙宁兰回忆：刘先生对南开有着特殊的感情。1984年，在刘先生的奔走呼吁下，成立了甘肃省南开大学校友会，刘先生出任会长。校友中有参与"两弹一星"研究的专家、有大学学科带头人、有在党政事业单位做出成绩的公职人员。刘先生以她的人格魅力，把校友们凝聚在一起，定期开展交流联谊活动，不时重温"允公允能，日新月异"的校训，勉励青年校友永做"南开人"，服务陇原大地，为母校增光添彩。

后来，母亲了解到智障儿童受不到良好的教育，生活不能自理，甚至到处流浪，给家庭和社会带来了沉重的负担，而智障儿童教育在甘肃还是个空白，便身体力行，倾注心血来为这些可怜的孩子做些事情。1986年，她在调查研究的基础上，协助兰州市教育局成立了全市最早的两个智障儿童辅读班，其中一个十年后发展成为兰州市城关区辅读学校（山字石），母亲受聘担任名誉校长。每年"六一"儿童节母亲都会自费购买学习用品等去看望孩子们。母亲去世后，学校全体师生在《兰州晚报》上发表文章，深情回忆母亲对智障儿童教育事业做出的宝贵贡献。

1990年，母亲当选为甘肃省退科协第四届理事会理事，任妇女联谊会主任、教育专业委员会顾问，并获得国家教委颁发的"从事高校科技工作四十年"荣誉证书。1992年，获得甘肃省科协、省老龄委和省退科协授予的优秀离退休科技工作者称号，获得甘肃省关心下一代工作委员会授予的全省先进个人称号。1995年，母亲八十岁，被兰州大学党委和机关党委分别授予1994—1995年度优秀共产党员称号。

2002年7月1日，母亲陪父亲在医院里静静地度过了金婚纪念日。她和父亲谢绝了学生和子孙的庆贺，并即兴赋诗两首：

风雨相携秋复春，与时俱进莫因循。

壮心未必属少年，何计金婚钻石婚。

南郎北女巧联姻，携手教坛六十春。

喜见今朝偿夙愿，修身立德育新人。

1997年，部分在甘肃的南开校友合影

甘苦与共（拍摄于1997年）

在孙辈的眼里，爷爷奶奶有许多故事。

大孙子朱一荣（1969年生）回忆："记得很小的时候陪着爷爷打扫农大教学楼的厕所，他打扫得很认真，一丝不苟，就像是做他的本职工作一样。而奶奶那段时间负责给系里养的猪喂食，我每天都要陪她去食堂要泔水。直到今天，奶奶穿着一身干净的灰蓝衣服，挺直着腰杆，和我抬着泔水桶哼着京戏去喂猪的样子，在脑海里依然是那样的清晰、亲切。""奶奶很节俭，甚至到了抠门的地步。记得参加工作后的第一个春节，我花了二百多元买了几斤河蟹孝敬爷爷奶奶。奶奶怕大家吃不干净，就将掰下的蟹腿全没收了，然后用擀面杖把蟹腿肉挤出来放在瓶里腌制，以后吃面条时挑一点可以吃很久。现在条件好了，能经常吃到螃蟹，每当这时我就会想起奶奶。"

小孙子朱一辰（1983年生）回忆："爷爷好静，他经常坐在书桌前不是读报纸就是写东西，或者抱着收音机听新闻。而奶奶则兴趣广泛且多才多艺，京剧、诗词、英语、麻将、园艺，好像样样精通。他们总是一静一动，相得益彰。记得小时候，我是不太愿意去爷爷奶奶家的，奶奶一定会仔细询问我的学习情况，而我不尽如人意的数学成绩总也入不了她的法眼。直到后来长大，当我听到旁人吃饭发出'吧唧'声时，我要感谢爷爷那上百句的 table manner；当我顺利拿到博士学位时，我要感谢奶奶一直以来对我的高标准严要求；当遇到有人夸奖我教养良好时，我要感谢爷爷奶奶对我的言传身教。虽然他们没有给我们留下万贯家财，但他们却培养

父母晚年和孙辈在一起（拍摄于2000年）

了我们自信、自重、自律、自省的性格和处世态度，这恐怕是任何财富都无法换来的。""我常常想，爷爷奶奶一直以来其实都是很纯粹的人，不以物喜不以己悲，他们这一生都有自己的做人原则。这个原则不会因为大西北的艰苦环境所改变，也不会因为后来相对殷实的生活所改变。这种坚持，既让他们遭遇了人生的苦难，也让他们经历了人生的辉煌。但无论如何，这才是我的爷爷奶奶，是我会怀念一生的爷爷奶奶。"

尾　声

2002年9月，八十七岁的母亲在二儿媳的陪同下，回到母校南开大学，前往宁园看望了九十二岁的国际数学大师陈省身先生。

1938年起，母亲和陈先生都前往昆明西南联大数学系任教，陈先生工作六年，母亲工作三年。抗战胜利后，母亲回到南开大学，陈先生出国，从此一别竟是半个多世纪。母亲赠陈先生诗一首："君言六载无穷事，记否三年共苦甘。忆旧空吟游子赋，还乡欲写故人篇。青丝不复红颜老，白发犹思逐弱冠。何必桑榆悲日暮，余晖喜驻树梢间。"陈先生回赠诗两首："三载相处未能忘，世纪过半福满堂。学问事业告知己，九五会聚莫彷徨。""筹算吸引离世远，垂老还乡亦自欢。回首当年旧游地，一生得失已茫然。"陈先生邀请母亲再来天津相聚。不幸的是，2004年秋天身体一向健康的陈先生突患肺炎离世。我们没敢告诉母亲，但她在收音机上得知了这一消息，久久沉默无语，从此身体每况愈下，拒绝接受任何治疗。2005

2004年，为母校南开八十五周年校庆准备礼物

年3月9日，她写下了"我的唯一遗嘱"："任、行、庆三个儿子：谅善解母意，遵照执行。一、我去世后只通知下列四处：1.兰州大学老干处；2.民盟甘肃省委；3.镇江刘昌年舅舅家；4.南京朱志明姑姑家。二、尸体随时送火葬场火化，骨灰不保留，由火葬场自行处理，不进行任何送别仪式。"

2005年3月27日，九十岁的母亲在清醒状态下告别了相濡以沫的丈夫和三个儿子，离开了这个世界。三子庆之将她的骨灰埋入了南开校园的一棵树下。

母亲生前留下《自述三首》，作为对自己一生的总结：

（一）

碌碌一生似梦游，荣华富贵未曾求。

今朝有酒须当醉，莫待来辰空怅惘。

（二）

畴算及门多弟子，学科卷内少文章。

得失本属平常事，何患他人论短长。

（三）

不言昔日多磨难，忘却沧桑几变迁。

伏案沉思缘底事，老来情趣向诗篇。

[注] * 文章标题"允公允能 刚毅坚卓"分别取自于南开大学校训和西南联大校训。

作者简介

朱任之，长子，生于1943年4月，病理学教授、主任法医师，原兰州医学院副院长。

朱行之，次子，生于1950年2月，甘肃省管道保护协会会长、《管道保护》主编，原甘肃省工信委副主任（执笔）。

朱庆之，三子，生于1956年11月，文学博士，北京大学中文系教授、博士生导师，香港教育大学中国语言讲座教授。

朱任之　　　　　　　朱行之　　　　　　朱庆之

家　风
——回忆我的父亲母亲

吕太平

父亲吕忠恕（1916—1991），1916年2月7日生于山东省临清县，植物生理学家，教授，博士研究生导师。1940年毕业并留校任教于原西北农学院（现西北农林科技大学）园艺系，1948年入美国威斯康星大学园艺系及植物系读研究生。1951年1月获哲学博士学位后回到国内，受聘于西北农学院，任教授，园艺系系主任。1952年，调任兰州大学生物系教授、植物生理教

父亲

研室及研究室主任，校学术委员会委员及校学位评定委员会委员。曾任中国植物生理学会理事、甘肃省植物生理学会理事长及《植物学报》《植物生理学报》等刊物编委。曾任第六届全国政协委员，第四、五届甘肃省政协常委，九三学社第七届中央委员和第八届中央参议委员，九三学社甘肃省第一届主任委员和第二届名誉主任委员等职；是省、市两级人大代表。在果实生理、植物激素和环境生理等领域取得了丰硕的研究成果，发表专业论文60余篇，出版专著《果树生理》；曾荣获甘肃省科研成果奖和全国科学大会奖。1956年开始招收副博士研究生，1981年成为国务院批准的中国第一批博士生导师之一，共培养硕士、博士研究生20余人，其中绝大多数已成为教学和科研领域的领军人物。他领导创建的兰大植物生理研究

室，1965年被评为教育部直属重点研究室，被誉为全国植物生理学的五大研究中心之一，他本人也被誉为西北植物生理学的奠基人。1991年12月12日，因病医治无效在兰州逝世。

母亲周凤威（1922—2009），周氏家族于明洪武十三年由山西洪洞县迁徙至山东省金乡县，母亲出生于金乡县的一个书香门第。日寇侵华，为躲避战乱，母亲全家搬至西安。1943年，母亲从咸阳财会学校辍学，参加工作补贴家用。1945年12月，与父亲结婚，婚后到陕西省武功西北农学院。1948年，支持父亲赴美留学，自己在西安一所小

母亲

学任教。1952年，跟随父亲来到兰州大学，被安排在兰大财务科任出纳。"文革"后落实政策，母亲成为正式退休职工。2009年9月21日因病去世。

父亲与母亲的结合

我的父亲吕忠恕1916年2月7日出生于山东省临清县（后因行政区划分，改归河北省临西县）下堡寺侯庄。我的爷爷吕助庆早年靠赶大车积攒了一点儿钱财，抗日战争爆发后许多富人将土地贱卖外逃，爷爷就用自己的积蓄置下了一些田地，也因此在后来的土改中被定为地主。抗战时期，爷爷经常把共产党的干部藏在家中，村中谁家有了难处，爷爷也会接济，故口碑很好，土改时并未受到严厉批斗。父亲是家中最小的孩子，上面还有一个哥哥和一个姐姐。父亲的大哥学习成绩非常好，但由于家境并不富余，种地缺劳力，所以爷爷让大伯读了小学就回家务农了，而让自小聪慧好学的父亲读了私塾，又于1928年让他改读洋学堂，并于1930年至1933年去临清县就读山东省省立第十一中学。听父亲讲，在县城读初中时，每

个星期天回家要背上一周吃的窝窝头和咸菜返回学校。冬天，窝窝头冻成冰疙瘩，要用开水泡了才能吃；夏天，窝窝头开始几天还能吃，后几天就发霉了，但因为没有其他东西可吃，所以只能把发霉的窝窝头的表皮撕掉继续吃。父亲初中毕业后，爷爷就不让他再继续上学了，让大伯赶上大车去县城接他回家务农。父亲求学心切，设法从家中偷跑出来到了邢台，靠一个在铁路上工作的亲戚的帮忙，爬上了一趟运煤火车去了北平。在北平，他同时考了三所高中，都被录取，其中就有清华附中。当时北平师范学校可以免学费，包吃住，成为父亲这样的农家子弟的唯一选择。1936

1936年，父亲高中毕业照（拍摄于北京）

年，父亲师范毕业，按政府规定应当去教小学，但因当时找工作比较困难，父亲想继续深造，便申请考大学。西北农学院地处陕西省武功县，是抗战时期的后方，学习环境较好，更重要的是不收学费，所以父亲选择报考了西农园艺系。1940年大学毕业后，因他学习成绩优秀被选拔留校作师资。

我的母亲周凤威，1922年6月5日出生在山东省金乡县周庙村的一个书香门第。祖上于明洪武十三年由山西洪洞县迁徙至山东省金乡县，祖辈中多出读书及做官之人。虽为官宦人家，却勤于耕读，家乡民风淳朴，

学生时期的母亲（拍摄于西安）

家风族规严格。我外祖父的祖父朗泉公，一生济贫扶困，乐善好施，如遇乡亲有难求助，常说"此事容易"，故人皆称其"容易大叔"。他曾变卖自己的家产在村中修祖祠作为祭祀及习礼读书之地，其仁孝义侠广受乡人称赞。

我外祖父的父亲虎臣公，带着自己的家人在外做生意。曾为一朋友作保向自己的另一耿姓朋友借钱经商，不幸后来朋友店铺倒闭，无力偿还债务，虎臣公认为自己作为担保人理应对此负责，便将自家的田地及房屋换作银票，连本带息加上不足的欠款余额借据，替朋友还债，然后携家人返回故里开办族祠家塾。谁知耿姓朋友也是侠义心肠，收了借据竟然烧了，将此债务一笔勾销。我外祖父曾在自传中写道："余一生不敢浪费锱铢，不置意商贾等事，不以困乏贷人一钱，予人者不作收回想，童年所受慈训未敢忘耳。"这种古道热肠、讲诚信、守诺言、勤俭持家的家风家训也影响了我母亲甚至我这一代。

抗日战争时期外祖父一家逃难来到西安，虽说外祖父曾先后在西安公路局、陕西田赋管理处工作，有稳定收入，无奈家中吃饭人多，除了自己家人，还有山东老家来的子侄亲友等，所以生活仍比较窘迫。听母亲讲，她后来选择读中专财会专业，是为了能早点参加工作，帮外祖父一起养家。为减轻外祖父负担，1943年母亲没有毕业就参加工作了。母亲一直到晚年都头脑清晰，反应敏捷，思维缜密，记忆力特别好。我觉得以母亲的聪慧，如果不是要养家，当年考个大学也不是什么难事。

当母亲到了谈婚论嫁的年龄，有朋友为母亲介绍了当时在西北农学院园艺系任讲师的父亲。听母亲说，她和父亲第一次见面时，就发现他是一个腼腆、木讷、不善言辞的年轻人。但介绍人说，父亲为人老实忠厚，脾气好，人善良，母亲便同意了这门亲事，并于抗战胜利之年——1945年圣诞节与父亲完婚。新房里有母亲亲手做的贴花桌布，直到2000年这桌布还一直铺在我家客厅的方桌上。

婚后他们住在西农，1946年11月生下了我。当时抗日战争已胜利，老百姓企盼过上平安祥和的日子，所以给我取名"太平"。1948年6月出生的弟弟也顺理成章叫"太和"了。

1945年12月，父母结婚照（拍摄于西安）

父亲在威斯康星大学麦迪逊分校实验室

留美苦读　报效祖国

抗战胜利后，国民政府选派了许多学人去西方（主要是英美）留学，所学专业以自然科学为主，父亲也考取了自费留美。虽然当时外祖父家经济比较拮据，但还是千方百计东拼西凑，加上父亲自己的积蓄，最终让他实现了留学的心愿。1947年冬，父亲怀揣1000美金去上海办理出国手续，并于1948年2月入美国威斯康星大学麦迪逊分校园艺和植物系攻读博士学位。留美初期，父亲一边读书学习，一边打工挣学费和生活费，曾一度在餐馆里洗盘子。一年后，他获得奖学金，并兼任系里的助教工作。父亲的博士导师 Ray H. Roberts，Folke K. Skoog 和 Robert H. Burris 教授都是当时美国生物学界赫赫有名的权威（关于这一点，低调的父亲从未提过，直到前几年父亲的研究生吕贵华在查找资料时才发现，Ray H. Roberts 教授是著名的果树专家，Folke K. Skoog 教授是植物生长调节物质研究的开拓者，也是至今在植物组织培养中仍广泛应用的 MS 培养基的发明人之一，Robert H. Burris 教授是著名的生物化学家和美国科学院院士）。在他们的悉心指导下，父亲于1951年初完成了他的博士论文《Factors Affecting Fruit Setting In Apples》（《影响苹果坐果的因素》）。毕业后，他响应国家的号召，怀着拳拳报国之心，于1951年2月乘威尔逊总统号邮轮启程回国，途经夏威夷，最后抵达香港。当时，朝鲜战争已爆发，中国留学生预感到美国政府将要限制他们回国，故纷纷提前启程回国，父亲同船的就有

留美期间外出郊游（左二为郑国锠，后排正中为父亲）

多位归国的留学生。归国途中，父亲受西北农学院辛树帜院长的邀请，回到西农园艺系任教授和系主任。

1948年，母亲在西安生下我的大弟弟太和。她在武功西农一个人带着我们两个孩子，生活很艰苦，曾一度在农村找了一个小男孩帮忙照看我和弟弟。后来，母亲在西安找了一份教小学的工作，带着我住在学校，将太和放在我的外祖父家，由外祖母照看。父亲回国后，我家的生活才好转起来。他从美国带回三个大木箱，除了装有大量的图书资料和一架135的照相机外，还有一些日用品和小厨具。令我记忆比较深的是，他还带回了一些非常漂亮的纱巾送给妈妈和亲戚们作礼物。135的照相机虽只能拍一寸大小的黑白照片，却也伴随家人几十年，记录下我们生活的点点滴滴。父亲回国时并未给自己买什么，他心中想的都是家人。

1952年下半年，父亲在美留学时的同学郑国锠教授在兰州大学主持生物系，力邀父亲去兰州共同创业、发展，提升兰大生物系。这样，父亲在西农参加了一期赴甘肃康乐的土改工作后被借调到兰大工作。由于当时兰大很缺师资，工作一段时间后，兰大要求父亲将工作关系正式转过去，父亲这才将母亲和我及弟弟接到了兰州。记得到兰州时是晚上，出了火车站，路灯很少，到处黑咕隆咚，盘旋路一带都是乱坟岗，我们乘马车到达位于萃英门的兰大校园。来兰之后，父亲被定为三级教授，工资较高，母亲被安排在兰大财务科任出纳。家里生活虽比较富裕，但家风没变。

慈父严母　传承家风

　　我家被安排在静观园西北角的一个四合院里，院子为南北长方形，院门开在东南角。小院住四户人家：我家住三间北房，厨房在院子的东北角，为里外套间，里面一间大，做饭用，外间小，有一个小土坑，保姆住这里；两间东厢房住着外语系李端严老师一家，李伯伯为人和善开朗，很有才华；西厢房住着一湖南籍的工会干部；南房住着徐姓一家，他家搬走后，1955年孙艺秋老师一家来兰大住此房。院子外面与孙艺秋家一墙之隔有三间小房呈东西纵向排列，1955年朱子清教授从复旦大学调来后，一家人被安置在这里。出小院门左边有一棵大桑树，每当桑葚熟了，落满一地，孩子们就会拾着吃，吃得满嘴黢黑。大桑树前方不远处有一小公厕，由于是露天旱厕，到处是苍蝇和蛆，下雨天更是无处下脚。静观园内有一座假山，从南到北在朱子清教授家门前拐一小弯，呈反"L"形。这一小段山坡的北麓是一条东西向的路，南麓即是郑国锠教授家的小独院，距离我们的四合院不到一百米。我家刚来兰州时，厨房没有做饭的家什，郑伯伯曾邀请我们一家在他家搭伙一周。打开我家厨房窗户就是兰大生物系的植物园，这里有父亲的试验田，我和太和常站在窗口观望父亲和他的同事陈邦瑜老师等人戴着草帽、顶着大太阳，在试验田里忙碌。多年后我才知道，他们专门在这里铺设了砂田，在国内首次对甘肃砂田进行研究和改良

1952年，父亲与太平、太和在静观园家门口

试验。那时窗户很低，我和弟弟特想翻进去玩，但父亲严禁我们进入植物园。父亲的实验室在昆仑堂一楼西端，离植物园和我家都很近，常常到了吃饭的时间父亲还没回来，妈妈就派我到实验室去找。实验室里的瓶瓶罐罐在我眼里非常新奇，我从内心感受到科学的神秘。那时父亲每天的基本活动轨迹就三个点：家—实验室—植物园。

那时父亲身体很好，一天到晚泡在实验室或试验田里，回到家除了吃饭睡觉，就是看书，没有什么其他嗜好，烟酒茶都不沾，也从不锻炼身体。每个周末兰大工会都会在至公堂组织舞会，父亲虽喝过洋墨水，却从不去舞场，我想他应当也不会跳舞。有一次兰大工会普及广播体操，父亲也被动员参加，岂料刚做两个动作就把腰闪了，从此母亲开始注意让父亲锻炼身体，休息调剂脑子。父亲从不过问家事，心中只有工作，脑子里整天考虑的是他的科研课题，家中大事小情，包括子女教育，全由母亲操持，但我们还是很崇拜父亲。50年代初，高校学苏联，兰大所有教师都要突击学俄语，清晨我们经常看到父亲拿着卡片在房前台阶上来回踱步，口中背着单词，这一场景迄今历历在目。不久他就能阅读俄文文献了。后来，我听到兰大校内广播上表扬"生物系吕忠恕教授俄语学习成绩优秀……"时，很为父亲感到骄傲。除了英语和俄语，父亲的书架上还有德语和日语的词典及语法书，他也经常查阅德语或日语文献。我们姐弟三人都爱学习，是因为有父亲这个无言的榜样。外祖母在世时常说起我的版本的"悬梁刺股"：当年我还是小学生，为了能早起读课文，晚上睡觉时我将自己的小辫子拴在木床头架上。现在想想，小学的功课何至于此。随着我们的成长，父母为我们订阅了不同年龄段的儿童杂志，从幼儿时期的《小朋友》到《儿童时代》《少年文艺》《中国少年报》等。我们家中还有许多儿童书籍，我从小学一年级起就抱着《卓娅与舒拉》《古丽雅的道路》《格林童话》等大厚书啃读，尽管有许多生字，父母还是鼓励我读下去，读完的书又和小朋友交换，还把书中的故事讲给太和听。

我与刘元露（经济系刘天怡教授长女）、刘安妮（兰医财务科刘进老师的独生女）三人是最要好的发小。看了苏联电影《忠实的朋友》后，我们三个小姑娘晚上常坐在昆仑堂前操场南端的双杠上，仰望着满天的繁星，叽叽喳喳地畅谈着我们的理想：我们要像电影中的三个忠实的朋友一样——长大后要当科学家，心中认定这是不二的选择。憧憬未来，元露是土壤学家，安妮是天文学家，我则要当生物学家。但在以后的人生旅途中我逐渐认识到，个人的命运并不完全掌握在自己的手中。

我们家是慈父严母，父亲从不打骂我们，当我们犯了错，母亲会让我们罚跪，用鸡毛掸子打屁股，这时父亲知道不能阻拦，往往气得摔门出去。但我明白这个家离不开母亲，父亲也离不开母亲。母亲事无巨细地操持着家中事务，操心家中每一个人。根据父亲的要求，每月工资一发下来母亲就要给父亲老家寄钱，有时她写信，有时让我写。碰上老家灾荒或盖房、打井等，还要额外多寄，这种情况一直持续到父亲去世。

1955年，母亲生了小弟弟太乙，家里请了两个保姆，一个专门带小弟弟，一个负责家务和做饭。但母亲对我们要求很严格，小孩子必须参加家务劳动。那时各家用水都是靠送水的把黄河水打上来再挨家挨户地送，一般厨房里放两个大水缸盛水，加点明矾澄清。后来静观园里安装了一个公用的自来水龙头，我与太和放学后常用桶去那里接水，平常还要扫院子、擦桌子等。母亲绝不让我们浪费粮食，顿顿都必须把碗里的饭粒吃干净。我的棉袄都是由外祖母手工制作的，按母亲的要求，至少是穿五年，棉袄长度都到了膝盖，穿三年以后长度才刚合适，再穿一两年又显得短了，母亲再将我的花棉袄染成深蓝色给太和继续穿，虽然还能看出带花图案，好在"傻小子"太和对穿什么并不在乎，真所谓"新三年，旧三年，缝缝补补又三年"。调皮捣蛋的太和将衣服穿得大洞小洞，基本上再无利用价值了，可外祖母还会用糨糊粘起来纳鞋底。静观园夏天是果园，冬天是溜冰场，母亲给我买了一双花样滑冰鞋，给太和买了一双速滑冰鞋，当然都很大很大，鞋里塞了好多棉花才能穿。几十年后，母亲将保存尚好的花样滑冰鞋给了我女儿，又让太和把他的冰鞋带到美国给他的儿子。母亲托人从上海给我买的漂亮的小裙子，后来都让我的女儿继承了。她民国时穿的缎面绣花鞋也给了儿媳妇。母亲这一生从不乱扔东西，很多东西可以压箱底半个多世纪。母亲持家有方，做事很有计划，每天都要记账，家庭每一笔开销都记录在案，多年来积累的账本有很高一摞。她说："账本相当于我的日记，可以查到哪天干了什么。"这一习惯从她年轻时一直保持到去世前。

20世纪50年代，父亲与他的第一届研究生
（拍摄于兰大盘旋路校区，左起梁厚果、父亲、陈瑞章）

疾风劲草　不忘初心

50年代初，我的姨父张国声任中共青海省委委员、副省长等职，常开车来兰州开会（那时尚不通火车），到兰州总要将我和太和接到青海驻兰办事处洗个澡吃顿饭。那时兰州人的家中都没有卫生间，经济条件好点的就去澡堂子洗。兰大倒是有个公共浴室，但是人非常多。当我和太和坐着姨父的小轿车驶出静观园时，我俩会吓得弯下腰，非常害羞，生怕被路人看见。写到这里，我的思绪又回到了当今，我在北京的小外孙在电视上观看国庆七十周年阅兵式时兴奋无比，他的妈妈故意问他：你想不想站到观礼台上去看？七岁的小外孙十分严肃地回了一句："我又没做啥贡献！"我不由得感叹，祖孙隔代居然理念相同。直到成年，我们从不在生活上与别人攀比，更无显摆之心，不该要的绝不伸手，像父母亲一样，低调做人，踏实做事。

1966年秋季，父亲被关入牛棚。当时我们子女都很悲观，我虽然于1965年从兰州一中考入四川医学院（后改名为华西医科大学）药学系，此时也感到前途渺茫。但母亲却坚信一切都会过去，父亲也不会有事的。只要条件允许，母亲每年还要带家人去南关十字的上海照相馆或东岗的革命照相馆照个全家福。"文革"十年，全家人心气没有散。

1957年拍摄于兰州 ［前排右起太平、外祖父、太和、外祖母(怀抱太乙)，后排右起母亲、父亲、姨父、姨姨(怀抱大山)］

60年代末，父亲从牛棚放出来后，又悄悄搞起了科研。据生命科学学院郑荣梁教授回忆，常看到父亲拿一把剪刀和一把尺子将麦穗量一量，又将麦粒搓下来数一数，不知他在干什么？父亲说他的科研需要"千粒重"的数据。1970年，父亲又主动下到榆中县冯家湾大队，连续六年搞大田试验，与农民同吃同住同试验，开展生长调节剂在农业上的应用研究，试验田扩大到五百多亩，其论文《矮壮素对小麦灌浆期 ^{14}C-同化产物的分配及对淀粉合成酶活性的影响》发表在《植物学报》1977年第3卷第1期。太乙那时上初中，常利用周末乘火车去给父亲住处的一个大水缸挑满水，看到父亲所从事的多为简单的技术工作，很是不解。后来才理解父亲在这里能安心从事科学试验，太乙深深地感受到父亲对科研的执着和对事业的热爱。

大约是在20世纪80年代初，兰大生物系请了一位外国专家来讲学，父亲全程陪同翻译、参观和介绍。事后，梁厚果老师来家告诉母亲："大家都说吕先生说英语比中文流利多了！"1983年，甘肃省农业代表团赴美考察，父亲担任副团长兼翻译。

父亲一生扎根大西北四十余年，创建和领导了兰州大学生物系的植物生理教研室和植物生理研究室，在果实生理、植物激素和环境生理等领域取得了丰硕的研究成果，也培养了许多教学科研的优秀人才。

1969年10月，全家福（拍摄于兰州，前排中为外祖母）

侠肝义胆　吃亏是福

母亲在工作上一丝不苟，所管账目一分不差，但爱提意见，脾气不好。国家困难时期，各单位精减下放职工，母亲"因病退职"，后来有段时间又在膳食科帮忙卖饭票。母亲说坏事变好事，虽然没有了正式工作，却让她躲过了那十年运动。母亲这一辈子都体弱多病，奇怪的是，她身体最好的时段却是那段运动期间。那几年家中也没有保姆，我在成都上大学，太和、太乙常常天不亮就去菜铺子排队买菜，去煤店拉煤球，其他家务事主要都靠母亲。她不仅将我们这个家料理好，还处处帮助邻里。在那特殊年代，她曾在晚上将邻居藏在我家，使其躲过一次批斗。母亲经常挂在嘴边的口头禅是"塞翁失马，焉知非福""吃亏是福""人要求缺"，这是她的座右铭，也深深地影响着我们。"文革"后落实政策，兰大有一些当年被"退职"的老人最终也按"退休"对待，母亲也因此成为正式退休职工，有了退休金。她非常高兴地说："这下我有公费医疗了，住院也能报销了，太好了！"确实，她每年看病住院是一笔不小的开支。后来，她的朋友又鼓动她去争取"离休"待遇。因西安于1949年5月20日解放时

121

母亲已是小学老师，享受供给制待遇，符合离休条件，但她说："我已经很满足了，看病能报销对我来说比什么都好！"她对我说，人不能太贪心，不该要的绝不能要。

1968年11月，根据最高指示，在兰州一中读高中的太和被学校确定为第一批下乡插队的知青。在太和走之前，同住4号楼的陈蔚娟阿姨（当时兰大党委副书记的爱人，母亲的好友）每天到我家帮母亲给太和缝补修改衣服，真是"慈母手中线，游子身上衣。临行密密缝，意恐迟迟归"。太和走时母亲并没有出门送他，但后来母亲拖着羸弱的身体，曾两度独自乘火车去高台县黑泉公社看望在那里插队的太和。虽然她没有像其他家长一样，去火车站依依不舍地送别孩子，但亲赴农村去看孩子在当时也确实不多。太和下乡时带着课本和英文版的《基督山恩仇记》，英语和数理化都没有荒废。

1970年，父亲在甘肃临泽治沙站

"文革"中，两个弟弟先后作为知青到农村插队，我所在的四川医学院也将部分教职工和所有在校生下放到四川凉山解放军农场锻炼。1971年7月，我被分配留校作师资，父母曾来成都看我。父亲来后就让我带他去学校图书馆查阅外文期刊，那些年许多高校都停订外文期刊，但为了科研，父亲一直设法关注着国外研究动态。

父亲告诉我，由于时代的原因，我们这批人学的东西太少了，一定要抓紧时间把专业补起来，尤其是英语绝不能放弃。他还告诉我《Nature》是世界顶级期刊之一，教我查资料、做卡片。他说得不多，但我都记在心里了。

1971年11月，太和作为他们大队的最后一个知青终于被抽调回兰，他被分配到甘肃省农业水泵厂当油漆工。1975年12月，太乙也被抽调回城，他被分配到东岗食品厂制醋车间。1973年，太和被工人师傅推荐上大学，他在文化课考试中取得七里河区第一名的好成绩，但由于众所周知的原因，太和没能进入大学，母亲说"塞翁失马，焉知非福"。

学海无涯　子孙自强

1976年10月"四人帮"垮台，和全国人民一样，我们全家也看到了希望。每当围坐在小饭桌前吃饭时，总要热议国家大事，这时父亲往往不说话只是旁听。当恢复高考的消息传来，全家人欣喜若狂。尽管离考试只有几个月的时间，但太和、太乙都抱着必胜的信心，为考上大学全力拼搏。家中保留的"文革"前我考大学时用的各种复习资料和习题集，此时派上了用场。1977年冬，他们兄弟俩双双以高分考上大学，太和考上兰大生物系，太乙由于语文分数高，总成绩还要高于太和，但他最终由北大地层古生物专业落到了成都地质学院（现成都理工大学）地质力学专业。1982年，他们俩大学毕业，太乙考取兰州地震研究所的研究生。太和本来准备报考父亲的研究生，但父亲为了避嫌，坚决不同意，考前太和只好由"植物生理"专业改报"细胞生物"专业，由于考试科目不同，没有足够的复习时间，太和落榜了。而母亲在原则问题上总是站在父亲的一边。太和留在兰大生物系植物生理教研室当助教后，中科院植物所汤佩松院士让父亲推荐一个学生去他在美国的一个朋友处做访问学者，当时国门刚打开不久，出国留学是可望而不可即的事，很多人都认为吕先生会推荐自己的儿子，因为学校里这种例子太多了。这一次父亲又让太和失望了，他出于公平和全面考虑，推荐了自己的研究生——曹仪植赴美做访问学者。

两年后，太和凭借自己的实力，考取了教育部公派留美研究生，于1985年赴美国威斯康星大学密尔沃基分校攻读研究生。从威斯康星大学分子生物学专业博士毕业后，太和又做了博士后，退休前在Memphis的St. Jude Children's Research Hospital做研究员，研究基因治疗。太乙硕士研

父亲在兰州家中（拍摄于20世纪80年代）

生毕业后留在兰州地震研究所工作。90年代，我通过国家英语水平考试后去北京外国语大学出国人员培训部学习德语，当时我四十七岁，是班里年龄最大的学员，废寝忘食地学习了一年并顺利通过出国考试，1995年被国家教委派往瑞士联邦理工大学ETH做访问学者。同年，太乙也通过参加中法合作研究项目到法国巴黎地球物理研究所做访问学者。当时母亲身体很不好，经常住医院，三个子女都在国外，但她非常支持我们出国学习，绝不拖后腿，唯希望我们上进。在她的心里，万般皆小事，唯有读书高，这也是家族基因里带来的。

2006年6月，甘肃文县发生5级地震。2008年，5·12汶川大地震波及甘肃陇南一带，太乙两次参加国家地震局工作组赴灾区考察评估灾情。他负责技术工作，坚持实事求是的原则，科学评估，守住了知识分子的底线，保障了国家救灾和重建资金的合理运用。

由于良好家风的影响，我的女儿小梅以及弟弟们的孩子岱瑛和岱峰在工作中也都十分严谨、负责，有很强的组织管理能力。而岱瑛的不善言辞、少言寡语则极像其爷爷。现在岱瑛已是美国新罕布什尔一家医院小有名气的外科"一把刀"，我那"90后"的小侄女岱安是纽约大学医学院神经科的助理医生。小梅博士毕业后留在北京，现任北京理工大学光电工程专业副教授。岱峰大学毕业后在北京一家文化公司任经理，事业干得风生水起。

20世纪90年代，母亲(中)参加学校离退休教职工棋牌比赛荣获亚军

鞠躬尽瘁　风范长存

　　"文革"后，国家迎来了科学的春天，各项事业欣欣向荣，父亲也进入了事业的最佳状态，关于白兰瓜呼吸代谢作用的研究成果荣获1978年"全国科学大会奖"和"甘肃省科学大会奖"。他也被赋予许多头衔，他是九三学社中央委员和甘肃省主任委员，曾任省、市人大代表，全国政协委员等。此时他第一次写了入党申请书。

　　自1986年起父亲的身体开始出问题，由于工作压力大，他患上了高血压、脑动脉硬化，以前极少进医院的他，开始频繁住院了，但即使在医院里他还坚持给研究生修改论文、讨论课题。父亲的病情每况愈下，后被诊断为帕金森病。在他生前最后一次住院时，记得那是1991年暑假的一天，我和妈妈在病房陪着爸爸，兰大党委书记刘众语带着几个人来病房探望父亲，刘书记弯下身子对父亲说："吕先生，中央组织部已批准您加入中国共产党。"此时的父亲已多日说不出话，这一刻我看到他眼中闪烁的泪花。1991年12月12日，父亲与世长辞。

　　出殡那天凌晨，生物系的学生抬着父亲的棺木在兰大校园里转了一圈，让他们敬爱的吕先生再看看他奋斗一生的地方——生物楼、图书馆、假山、池塘……兰大为父亲举行了隆重的遗体告别仪式。时任校长胡之德教授在悼词中给予父亲极高评价，生物系师生和校友赠送的挽联挂满22号楼及对面招待所外墙，许多院校和研究所也发来唁电。父亲一生淡泊名

1985年，父亲在西德出席第12届国际植物生长物质学术大会
（左起吕忠恕、崔澂、陆嘉琳）

利，与人为善，奉行"己所不欲，勿施于人"，从不对同事或学生发脾气，将研究生视作自己的家人。由于父亲待人和善，母亲好客，所以我家经常有客人，有同事来谈工作，有研究生来谈课题，有时就是来串门聊天。梁厚果老师读研时，胃不好，母亲有时会叫他来家里吃饭。工作中，父亲总是扶持年轻人，给年轻人提供上升的空间，晚年他主动提出将教研室主任位置让给年轻人。父亲爱才心切，改革开放后，为了加强兰大植物生理专业师资力量，父亲向学校提出将他以前的研究生张承烈从青海高原生物研究所调回兰大，为此大费周折。经学校的努力，张承烈调回兰大，后来成为系主任，博士生导师；梁厚果教授生前多次被四川大学推荐为院士候选人；70年代初，父亲以前的研究生秦鑫老师也从阿干镇煤矿中学调回兰大充实师资，他们都成为教学科研的骨干力量。80年代，兰大植物生理专业人才济济，兵强马壮。参加全国植物生理学学术会议时兰大往往有五六人之多，自兰大生物系毕业的各地代表也是会议上惹人注目的群体。父亲已去世多年，但这种师生情谊一直延续至今。

2008年，母亲的肺纤维化逐渐加重。母亲生病期间，她的很多朋友常来家中看望她，陪她聊天。父亲的同事王邦锡老师生前每年春节都要携夫人陈莲芳大夫来家中看望母亲，生物系的胡建成老师（父亲的博士生）更是经常上门嘘寒问暖，帮助家里修这弄那。父亲的博士生吕贵华和夫人李长江（曾任父亲的科研秘书）只要来兰州出差，无论多忙，必来家中探望母亲。

2009年，父亲的博士生吕贵华来兰出差，到家中看望母亲

2009年9月21日，母亲从省医院出院回家，到家后半个多小时，母亲在我的怀里去世了，享年八十八岁。当时生物系的胡建成老师碰巧又来看望她，父亲的学生吕贵华刚刚从兰州回到北京，得知消息后立即让汽车掉头又飞奔回兰州。按照母亲生前的安排，在兰大离退休处的帮助下，一切从简地办完了她的丧事。

为纪念父亲百年诞辰，2016年4月太和回国，我们家人一起给二老扫墓。太和带回了六十多年前父亲在美国完成的博士论文，在岱峰、贵华夫妇等众亲友的努力和帮助下，《吕忠恕论文集》正式出版。兰大生命科学学院专门举办了吕忠恕教授学术研讨会，兰大档案馆拍摄了《纪念吕忠恕教授专题片》，兰大学生还排演了介绍吕忠恕教授生平事迹的情景剧。

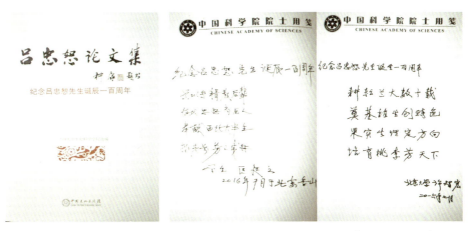

《吕忠恕论文集》封面　　　　中科院院士匡廷云和许智宏分别给《吕忠恕论文集》题词

父母亲离开我们很多年了，他们没有留给我们什么财产，唯一的一套住房，我们三个子女都表示放弃继承，并遵照母亲生前的意愿，将房子给了她的小孙子岱峰。我们珍惜的是父母亲留下的低调做人、踏实做事、崇尚科学、勤奋好学、与人为善、公正无私的精神财富和子孙相传的良好家风。

致谢：在本文写作过程中，亲人们提供了大量的帮助和支持，尤其是姚若花费了许多时间和精力查找翻拍老照片，在此一并表示衷心感谢！

2020 年 5 月

作者简介

吕太平，系吕忠恕长女。1946 年 11 月 19 日出生于西安。曾在兰大附小和兰州团结新村小学就读，1962 年初中毕业于兰州女子中学，1965 年高中毕业于兰州一中，同年考入原四川医学院药学系（后相继改为华西医科大学药学院、四川大学华西药学院）。1970 年毕业后在中国人民解放军凉山军分区农场锻炼一年，于 1971 年 8 月分配回到四川医学院药学系担任教师，历任助教、讲师、副教授、教授及硕士生导师。1981 年，被派往兰州大学化学系进修有机分析；1995 年被国家教委派往瑞士联邦高等理工学院 ETH 做访问学者一年。长期从事分析化学和药物分析的教学与科研工作，于 2006 年 12 月退休。

我的父亲魏晋贤

魏绪昌

　　父亲魏晋贤（1916—2002），1916年7月出生于甘肃省靖远县。1933年春季，从靖远县立第五高级小学考入甘肃省立兰州一中。1938年，以全省高中毕业会考第一名的成绩保送入国立西北联合大学地理系学习。1943年7月大学毕业，获理学学士学位。毕业后受聘于设在四川三台的国立东北大学地理系任助教。1945年抗战胜利，回到家乡兰州，受聘于省立兰州一中高中部和国立西北师范学院地理系。1949年4月，受聘于国立兰州大学地理系任教，先后任讲师、副教授、教授。1989年12月离休。曾任中国地理学会专业委员会委员，甘肃省地理学会理事、顾问，甘肃省地名委员会委员，甘肃省人民政府顾问。20世纪70年代末，参编综合大学《自然地理学》教材。后期着眼历史地理领域，出版了《甘肃省沿革地理论稿》，参与编写《中华人民共和国地名词典》，任《中国大百科全书》（地理卷）编委，参与《大英百科全书》"甘肃词条"的编写工作。

父亲

　　父亲1916年7月出生于甘肃靖远县一个小学教员家庭，祖父是清朝末年最后一期秀才，获得"俊士"匾牌。家乡地处黄河两岸，几万人口的大镇却无一所高级小学，据 2006 年 7 月第 1 版的《靖远县教育志》记载，祖父出面联合其他三人共同创办了靖远县立第五高级小学。从 1927 年创办至 1932 年，父亲在此受到了良好的高小教育，加上祖父亲自授课，父亲打下了坚实的基础。因周边地区也无高小，所以附近榆中县、皋兰县几个乡的学生也来这里读书。1932 年，父亲高小毕业，而靖远县也没有中学，于 1933 年春季考入甘肃省立兰州一中。父亲的六年中学学习使他成为一名品学兼优的学生，英语、语文、数学、物理、化学门门优秀，而且多次在《甘肃民国日报》发表文章，获得奖状和奖金。1937 年，爆发日寇大肆侵华的"七七事变"，全国掀起了抗日救亡运动的新高潮。当时，正在读高二的父亲和他的同窗好友罗伟（新中国成立后任教于北京石油学院）、万良才（新中国成立后任中共甘肃省委秘书长）在八路军驻兰办事处主任谢觉哉（新中国成立后任最高人民法院院长）的指导下发起组织建立甘肃青年抗战团，并由高三同学杨静仁（新中国成立后任中共中央统战部部长、国家民委主任、国务院副总理）将父亲所拟的《告社会公众书》转谢老修改后发表。《谢觉哉日记》于 1937 年 11 月 11 日对此事有记载。他们三人分别担任甘肃青年抗战团的领导工作，领导全省爱国青年开展抗日救亡运动，鼓励先进青年奔赴延安、进入抗日军政大学学习。1938 年，父亲高中毕业，以全省高中毕业会考第一名的成绩被保送到国立西北联合大学地理系。

国立西北联合大学的前身是平津国立三所院校，即国立北平大学、国立北平师范大学、国立北洋工学院。1937 年"七七事变"爆发，28 日平津皆陷于敌，国立各院校南移。9 月，平津国立三所院校合组为临时大学迁往西安。1938 年 4 月，改校名为国立西北联合大学，并于 4 月 3 日迁校址于汉中。1938 年 5 月 2 日，联大正式开学。7 月，国民政府教育部令撤销国立西北联合大学，成立国立西北大学、西北师范学院、西北工学院、西北医学院、西北农学院五个独立院校。

1939 年 7 月，国立西北大学成立，父亲由甘肃省保送入读国立西北大学地质地理系。当时从兰州到陕西城固要乘长途汽车，途经定西、通渭、秦安、天水、徽县、两当、凤县、留坝等地，好天气也得走三四天。父亲是第一次出省，能上大学，心里很激动。同行的有兰州同学李端严，他考入外国文学系。父亲进校时，地理系系主任是黄国璋教授，他当时还兼任中国地理研究所所长职务，还有殷祖英、郁士元、杨曾威、董绍良、至公睦诸教授。1940年，父亲在西北大学地理系第一次遇见兰州大学地理系的创始人王德基先生。王先生刚从德国学成归来，应邀来西大地理系作报告，重点讲述了他的《汉中盆地的地理调查》。后来，王先生一直在中国地理研究所工作（抗战爆发后地理所迁到重庆）。1946年，国民政府教育部成立国立兰州大学，理学院由数学、物理、化学、地理、生物五系组成。地理系成立时，教育家辛树帜盛邀王德基先生任地理系系主任，当时地理系只有王德基、冯绳武两人。抗战时期，父亲和李端严先生利用寒暑假不能回兰州的机会，给流亡的中学生无偿地上课、补课，也是对抗战的一种贡献，因此受到有关部门的表彰。1943年7月，父亲以优异的成绩大学毕业，获理学学士学位。由于当年地理系没有留助教的名额，父亲在他的大学老师杨曾威教授的引荐和介绍下，被聘为国立东北大学地理系助教。"九一八"事变后，国立东北大学从沈阳迁往北平，"七七事变"后又迁入西安。后因日寇轰炸西安，又迁到四川省绵阳市三台县办学。父亲到四川三台县后，王德基先生还在重庆，虽然三台和重庆都在当时的四川省境内，但由于当时的交通不畅，两人没有见面的机会。父亲在东北大学地理系任助教时认识了在化学系任助教的刘义德先生，刘先生是1942年东北大学化学系的留校生。他告诉父亲，东北大学化学系有两位教授——陈时伟与左宗杞，是夫妻二人，课讲得非常好，不久父亲即认识了陈、左两位教授。1948年4月，陈、左两位先生从美国留学回来，分别任国立兰州大学理学院院长和化学系主任。1949年4月，陈时伟院长介绍父亲与刘义德先生来兰大地理系和化学系任教。1945年，父亲回到了家乡兰州，受聘于省立兰州一中高中部和国立西北师范学院，此时李端严先生也在省立兰州一中任英语教师。1946年，国立兰州大学成立。兰大文学院院长水天同教授介绍李端严先生来兰大英文系任教。李先生的同学刘嘉增先生也因国立西北医学院兰州分院合并到兰大而来兰大化学系任教。1945年11月，父亲经甘肃民盟组织负责人朱镜堂（新中国成立后任兰州大学总务长）、许青琪（新中国成立后任甘肃省民盟组织部长、省政协常委）介绍加入了中国民主同盟。

1949年4月，父亲经国立兰州大学理学院院长陈时伟教授和文学院院长水天同教授的介绍来兰大地理系任教，辛树帜校长亲签聘书。当时的薪金是每月220元，1950年开始每月的工资是发小米660斤（按小米市价折后的人民币金额发放）。1949年8月26日兰州解放时，兰大地理系仅有王德基、冯绳武、刘焕轸、魏晋贤、徐五福、苏炳勋六位教师。

父亲

兰州解放后，以辛安亭、陆润林、孙达可为军管会代表全面接管兰州大学。父亲和刘让言先生是很好的朋友。刘先生全家来兰后，我们两家住在一个院子里，刘、张两位先生是双职工，有时很忙顾不上家务，就将小孩子放在我家，由我母亲代管（我母亲是家庭妇女，没有公职）。

兰大地理系也逐渐从新中国成立前的六人发展壮大起来。1950年，聘得王庭芳副教授，西北农专也合并到兰大，王宗魁、王景尊教授入系；1950年，何志超毕业留校；1951年，李承唐毕业留校，鲜肖威从四川大学分来；1953年，张维信、陈钧毕业留校，卓正大从中山大学分来，孙志文从西北大学分来，地理系师资力量空前加强。

1954年，由王德基主任带队、父亲作为副手率领地理系师生到黄河中上游地区进行考察，就水利部拟建的四十六座水库做地貌勘测，为国务院水利电力建设提出了可行性建议。此后，受中科院地理所委托，对黄河中游几个小流域的水土保持工作做勘测工作，包括甘肃省漳县小井沟、通渭下洼沟、静宁牛站沟，为以后的综合治理提供了科学依据。1955年，为了配合修建包兰铁路，父亲在王德基主任的带领下率领师生们在腾格里沙漠南部铁路经过地区进行自然地理综合考察。1957年，父亲在王德基主任的带领下和师生们在皋兰县庄子坪乡进行实习，这里的降水量只有二百毫米，虽然这里的丘陵、宽谷、川地种庄稼没问题，但要解决灌溉问题只能靠引进黄河水。1966年以后，皋兰县先后修建大砂沟工程、西电工程、引大入秦工程，使三十万亩耕地得到黄河水灌溉，粮食亩产量由八十八公斤提高到三百六十公斤以上。这翻天覆地的变化应有兰大地理系师生的功劳。1958年，父亲和王德基教授又带领地理系师生做了兰州市七里河区《西果园乡农业规划》，直至今日西果园乡的大发展也是在此规划的基础上形成的。

1956年，父亲当年西北大学的七位同学齐聚兰州大学，他们是数学系的马元鹏、王长仕，化学系的刘嘉增，中文系的刘让言、孙艺秋，外语系的李端严，地理系的魏晋贤，人称"萃英七贤"。

1959年，著名的教育家江隆基先生从北京大学来到兰州大学任党委书记兼校长。他大力整顿教学秩序，恢复文科三系，提高教学质量，修订教学计划，抓好师资培养和基础课教学，改进领导体制，抓好思想政治工作，健全各级行政组织，使兰州大学进入了一个飞速发展的时期。在这段时期里，各系的老先生们进入教学第一线，发挥他们的专业特长，积极授教，得到学生们的称赞。他们是数学系的赵继游、王培桐、马元鹏、王长仕，化学系的朱子清、刘有成、程溥、张淑民、刘嘉增、陈耀祖，地理系的王德基、王景尊、王庭芳、冯绳武、魏晋贤，生物系的郑国锠、吕忠恕、仝允栩、陈庆诚、路维多、张鹏云、王心娥，物理系的丁柏岳、郝璘，现物系的徐躬耦，中文系的曹觉民、刘让言、孙艺秋、顾正，历史系的李天祐、赵俪生，经济系的刘天怡、宋荣昌、赵从显，外语系的樊祖鼎等。

1966年"文革"爆发。1969年四五月份，父亲被"解放"回家。当时，我们一大批老三届学生都已上山下乡插队去了，我收到信后立即返回兰州，见到了近一年未见面的父亲。父亲给我说的第一句话就是："我没有问题。"1969年底，父亲随兰大师生迁到平凉县白水公社和泾川县王村公社。我和父亲保持经常通信，父亲给我指出许多插队应注意的事项，比如和当地农民如何和睦相处、天气预报、黄河水利、牲畜驾驭、安全问题等等。1971年我任中学教师后，父亲告诉我许多做中学教师应具备的条件和授课经验，这对我的教学工作起到了很好的指导作用。20世纪70年代，兰州大学在景泰县白墩子一带开荒办农场，崔乃夫同志任场长。为了做好规划，崔乃夫同志找到了来农场劳动的父亲，父亲用肉眼在荒地上看出一条线，两边摆上大土块，然后从一面的大土块开始，眼观对面的大土块，用脚擦出一条长印，再在印痕上堆上土，连起来就是长土埂。用此办法最终把大块荒地变成了块块田地，农场以后修水渠、种树等皆用此法。崔场长高兴地说，魏先生你真是"地里"专家，而且是土法实干的地理学家。两人也成了几十年的好朋友，后来崔乃夫同志任民政部部长，仍和父亲保持通信。2002年父亲病逝后，崔部长发来唁电，沉痛悼念。

1976年10月打倒"四人帮"，全国拨乱反正。1977年恢复高考，年过六十的父亲，精神饱满地给学生们上课，甚至全程用英语授课，得到学生的一片称赞。甘肃师大（今西北师范大学）地理系也请父亲去给他们1977级、1978级同学用英语全程授课。1980年，兰州大学"文革"后首次招收研究生，父亲成为第一批硕士研究生导师招收地理专业研究生，他带出的研究生有杜

1985年9月10日，父亲于第一个教师节
荣获优秀教师称号

芳兰、韩敏、梁菊芳、赵秀峰等。其中梁菊芳女士毕业后在美国和中国香港、海南等地创办了怡昌国际发展公司，事业有成。为了报答恩师，她出资十万元设立了魏晋贤—梁菊芳奖学金，兰大地理系将这十万元奖学金奖励给自然地理硕士点和基地班品学兼优的学生。由于父亲的辛勤工作，在

1988年5月，父亲与研究生
梁菊芳、赵秀峰在兰大物理楼前

1985年第一个教师节被兰州大学评为1985年度优秀教师。父亲热心于家乡的教育事业，曾先后为靖远师范学校、靖远县第一中学写了教泽碑文，在靖远一中为两千多名师生作了热情洋溢的报告，为家乡的文化建设做出了应有的贡献。曾任靖远一中校长的张克让同志，1959年从甘肃师范大学中文系毕业后到靖远一中任教，在靖远县工作了三十一年。他长期担任班主任，致力于学生的思想教育工作，坚持教学改革。他发表的文章《滋兰树蕙录——我和我的学生》，父亲看过后发表感言：一，我一向欣赏教师职业，认为教师应是严父与慈母的结合，张先生真做到了这一点；二，真生活基于真情感，师生亦然；三，情词并茂，亦庄亦谐；四，热情奔放，处世平和，融言教与身教为一，来之天赋，亦来之修养；五，民主精神贯彻于学校和家庭，唯斯人也。曾任白银市人民政府副市长的王保泰同志是靖远县人，和父亲是同乡，他写了一本书——《平凡人生》，回顾总结了自己从求学到工作的经历。他赠书给父亲，父亲读完后写下几句话："保泰同志是一位诚实君子，全书实事求是，无一点自我溢美之词，真是难能可贵的美德。我是他最近的同乡，有与他俱荣之感。"

80年代后期，父亲参加了《中华人民共和国地名词典》、《中国大百科全书》（地理卷）、《大英百科全书》"甘肃词条"的编写。为了纠正在地方志编写中出现的错误，父亲编写了《甘肃省沿革地理论稿》，由兰州大学出版社 1991 年出版发行。1993 年，父亲在《兰州大学学报》（社会科学版）上发表《关桥与炳灵寺桥为一桥说》的论文，中科院院士、兰州大学李吉均教授评价其为"击中要害，独具慧眼，有大家之风"。

父亲曾担任甘肃省人民政府顾问，对甘肃省的农业发展、砂荒地改造、水利灌溉诸方面提供了积极的建议。父亲还曾担任甘肃省地名委员会委员，对全省各地县的地名资料进行审核，又受聘担任地县人民政府的顾问工作。1990 年，甘肃省人民政府批准父亲享受离休干部待遇。父亲八十岁以后，行走越来越慢，大部分时间待在家中。此时他经常想念他的同学好友，特别是他的大学同届同学西北民族学院（今西北民族大学）语文系的孙艺秋教授。他们有六十年的交情。孙先生病中曾赋诗一首《病中梦老友晋贤君》：

促膝畅谈去年事，昨夜明明梦见君。

醒来不知缘何故，蓦地老泪满衣襟。

1998 年，孙先生病逝，父亲极度悲哀，提笔写怀念孙先生的诗文时，几度哽咽，写不下去。最终耗时多日，才完成这首怀念之作。

怀艺秋学长兄

死生契阔叹经年，夜雨孤灯一泫然。

心痛诗墨多冷梦，魂存尺幅似哀弦。

破形炼句鹃啼血，写物传神火出莲。

泉下幽兰香未断，流光皓月满山川。

父亲一生很少写诗，我曾问过他原因，他说兰大有孙艺秋先生这样的大诗人，我怎么能写诗呢？

母亲于 1994 年病逝，享年七十八岁。母亲和父亲一起生活了六十多年，伺候父亲与子女一辈子。她走了以后，父亲一下子孤单了。当时我们最担心的是父亲的吃饭问题。他告诉我他不愿意到子女家里住，他认识的人都在兰大家属院，最后找了一位通渭籍的保姆来照顾父亲的生活。有时我中午下班回到兰大家属院看望父亲，发现正是做饭的时间保姆却不在，直到快下午一时，保姆才急急忙忙回来，带回两个干饼子，打一个鸡蛋汤，就算是老人家的一顿中午饭了。我很生气，原来她还在另外一家打一份工，挣双份钱。父亲却说通渭县山区很困难，让她多挣些钱，让我不要说人家。这就是父亲的为人。对于来要饭的人，父亲首先让母亲给要饭的人吃的，然后问他们是哪里人、庄稼长得怎么样、是发生了旱灾还是水灾，有时还给他们出主意，帮助他们尽量战胜自然灾害。记得小时候父亲出门从来不带我，直到我上小学四五年级时才带我上街，就是去中央广场附近的新华书店和外文书店，直来直去，不像经济系刘天怡先生带他的大儿子刘新陆去临夏路上海迁兰理发店理发，去大众电影院看电影等。

父亲（左）与地理系李文书记在兰大校园

1959年，兰大搬入盘旋路新校区后，父亲最爱去的地方就是雁滩，在黄河边与船工和过河劳动的农民聊天。父亲喜欢与农民聊天，甚至在兰大家属院拾粪的农民都和他是好朋友。中文系的刘让言先生在兰大旧校区家属院和孩子们一起养了许多鸽子，和孩子们的关系非常融洽。我也经常和刘家弟兄们去三爱堂西门水站旁的鸽子市，知道了鸽子的名称和特点。养鸽子的还有外语系的樊祖鼎先生和他的孩子们。刘让言先生搬入新校区家属院后，我几次看见刘先生和儿子们自带板凳在饭厅北广场一起看露天电影，而我的父亲这方面一次都没有。但有些事他却抓得很紧，三年困难时期，家属院的卫生都由我们自己搞。记得一个星期天我正在睡懒觉，他喊我快起床，拿扫把扫院子去，原来江隆基校长的女儿（江亦曼）已经开始扫了。"文革"前，兰大工会有时会给老教师们发人民剧院的话剧票，去看话剧有校车接送。父亲让我去看时，叮嘱我不要坐座位，站到后面去；我上高中后，不让我坐车去，而是让我骑自行车去。何天祥教授曾告诉我，1937年他虚岁十二岁，上兰州一中初一，因年龄小他父亲不放心，此时他的舅舅龚得福上高二，刚好和我父亲同班，所以他父亲就让他住到高二的宿舍里，好让舅舅照顾，从此他认识了我父亲，成为长达六十五年的好朋友。他告诉我，父亲是兰州一中的学生领袖，因学习好，威望很高，曾是甘肃省青年抗战团的领导人；他于1949年西大毕业来兰大任英文系助教时，我父亲已是兰大地理系的讲师。他还说父亲的英文极好，国家下达给兰大的一些翻译任务，只有父亲能完成（主要是既要懂天文、地理，又要懂英文）。刘让言教授的四儿子在兰大汽车队，我经常找他，认识了许多司机，一位曾给江隆基校长开过车的师傅告诉我，江校长曾经说过，地理系的魏晋贤先生有真才实学。兰大资格最老的司机郭师傅曾给我说过，兰大地理系出外实习要车时，他最爱跟我父亲出门。他说魏先生协调能力强，和实习沿途的政府、学校、企业、乡镇等关系都非常好，既利用知识为当地解决了一些困难，又带领师生完成了教学实习任务，每次实习完成离开时都是众人相送、依依不舍。体育教研部的窦振民教授，在兰州一中上学时比父亲高两级，足球踢得好，曾一脚踢破了一个足球。窦先生后来考入国立西北联大（北平师大）体育系，和父亲从上中学开始，一直都是很好的朋友。数学系的马元鹏教授是父亲西大理学院的同级同学，父亲说马先生脑子灵，在城固上大学时象棋就下得好，在兰州和彭高棋一样有名气。化学系的刘嘉增教授也是父亲的大学同级同学，在60年代就病逝了，父亲对他一直念念不忘。

父亲不但和他的同事们关系很好，也特别爱学生。1961年正值困难时期，一天，家里来了一位叫王学仁的男同志。母亲不认识他，他却告诉母亲，50年代初他在兰大医学院上学，有一年他得了一场大病——伤寒，因为是靖远县人，父亲就让他来我家吃饭，母亲按"小灶"条件照顾他的饮食，长达一月有余，直至病愈。为了感恩，他在十年之后给我家送来了十斤粮票，这在当时是多么珍贵啊！甘肃省机械工业厅农机公司经理马应全，也是靖远县人，1960—1964年在甘肃农业大学农业机械系上学。因当时校址在武威黄羊镇，他每年开学时先坐汽车到兰州，然后在兰州等着买火车票去学校。我家就是他的"和平饭店"，吃住一条龙服务，为了报恩，多少年来他年年都来看望我父母，父母去世后帮助料理父母的丧事。父母亲在兰大帮助贫困学生的事虽然平凡，但在当时的条件下能做到这一点已经很不容易了。

父亲在离休后的很长一段时间里，我还没退休，特别是母亲去世后，他一个人生活了八年，尽管有保姆照顾，但是我对他的照顾很不够，现在想起来很是后悔。2002年4月16日，学校派我去深圳参加"全国重点中学教务系统计算机管理"培训班，5月1日回到兰州，2日父亲打电话说他身体不适。我和弟妹们赶紧将父亲送入省人民医院住院治疗，结果住院长达三个多月，大夫说是肺部感染，终因治疗无效，于8月22日病逝，享年八十七岁。

2020年6月20日

作 者 简 介

　　魏绪昌，1946年10月生于兰州。1953年兰大幼儿园毕业，1960年兰大附小毕业，1963年兰大附中初中毕业，1966年兰州一中高中毕业。1968年下乡插队，1971年任中学教师，先后任教研组长、教导主任、图书馆馆长。1994年、2005年两次被评为兰州市县级优秀教师，1996年、2004年两次被评为兰州市地级德育教育先进个人，2000年被评为兰州教育学院继续教育优秀教师。曾任中国民主同盟兰州市文教委员会委员、民盟兰州33中支部主任委员、兰州市第十一届人大代表，2006年从兰州大学附中（兰州33中）退休。

敢为天下先　兰大下海第一人
——我的父亲周志中

周　力

父亲周志中（1916—1985），出生于河北省武邑县，毕业于天津财会专科学校。"九一八"事变后，随祖父来到兰州，适逢兰州大学成立招聘教职员工，被录用后先后担任设备科、财会科主任。1957年辞去公职，开始了长达二十二年的下海经商历程，开店铺，办企业，自学成为工程师、高级技工。1979年恢复工职后在兰州大学退休。1985年元月逝世，享年六十九岁。

父亲

一、父亲的前半生

父亲出生于1916年，祖籍河北省武邑县，毕业于天津财会专科学校。父亲年轻时曾在北京、天津等地的商铺当伙计，练就了双手同时打算盘的本领。

"九一八"事变后，全国掀起了抗日浪潮，父亲也投身革命，参加了八路军。由于有文化、懂财会，很快晋升为副连长，并被选送延安抗大（四期）深造。父亲曾多次聆听毛泽东、刘少奇、周恩来等老一辈革命家的演讲，对马列主义和中国共产党有了深刻的认识。

抗大毕业前夕，新四军政委项英同志来抗大作演讲，宣传新四军抗日事迹，动员抗大学员投身新四军。热血青年群情高亢，积极报名参加新四军，父亲也率先报了名。当时是第二次国共合作时期，约三千人的队伍从延安出发赶赴安徽，在途经国统区西安时，国民党政府以迎送接待为名，将全部人员软禁。不久，震惊中外的"皖南事变"发生，蒋介石迫于国际和国内的政治压力，没敢对扣押的抗大学员实施大屠杀。党中央积极组织各方力量进行营救，同时为保存革命火种，允许各自想办法脱离国民党集中营，然后寻找党组织。父亲被关押数月后释放，身无分文，举目无亲，回延安的路被国民党严密封锁，无法与组织取得联系，只能自谋生路，从此就脱离了革命队伍。新中国成立后对此段经历政审结论：参加革命，脱离革命，但没有出卖革命，为一般历史问题。

母亲

天无绝人之路，后来父亲幸运地被河南省许昌县税务局录用，不久认识了正在许昌培德中学（英办教会学校）就读高中的母亲张磊，并于一年后结为伉俪。由于日寇进犯河南，父母随着难民潮徒步千余里来到定西，投靠我祖父（时任定西县粮食署署长），时逢兰州大学招聘教职员工，父亲被录用，先后担任设备科、财务科主任。在兰大建设初期，父亲吃苦耐劳，呕心沥血，获得众多好评。因下暴雨为抢救医疗设备，遭雨淋后患重感冒留下了后遗症肺结核病。

父亲性格豪爽，善交朋友，乐于助人，爱好广泛且多才多艺。父亲喜好多项体育运动，曾任兰大首支足球校队（兰大红队）守门员。最擅长的技能是摄影，当时兰大没有专职摄影师，学院内外各类政治和文体活动，都由父亲负责摄影。当时摄影、冲洗胶片、放大着色都是父亲一人完成，我们哥仨经常在暗室帮忙，也学会了不少摄影技术。兰大档案馆现保存的很多四五十年代的老照片，很多出自父亲之手。萃英门老一代教职员工的家里几乎都有父亲当年拍的生活照片，为兰大人留下美好的回忆做出一定的奉献！

1945年，我们家住进萃英门1号大院，同院邻居是王文义先生（王达经家）、唐家琛先生和曹国安先生家。我们兄弟三人都出生在萃英门，与许多老兰大子弟一起在至公堂、昆仑堂、老城墙下等地方度过了幸福的童年和少年时代，同时也经历了解放兰州，共同迈入了新中国。

1956年，兰大医疗系分出来成立兰州医学院，我们跟随母亲来到了医学院，父亲在兰大新校区工作。父亲经常领我们兄弟三人去滑冰、打乒乓球、踢足球，有时候还去郊外旅游。逢年过节还会带我们去北京包子馆、悦宾楼吃上一顿，全家人其乐融融，过着幸福美满的生活。

1957年，父亲去北京住院治疗肺结核，反右扩大化后，父亲做出了一生中最重大的决定：辞去公职，自谋生路。

兰大同意了父亲的辞呈。

全家合影

二、闯荡商海

父亲曾为知名高等学府行政 18 级干部，再升一级就是所谓的中干，在 50 年代后期敢于辞职需要多么大的勇气，搞个体户需要多么大的魄力啊！尤其在知识分子荟萃的兰大众教授们的眼中，这完全是不务正业，但父亲毅然决然选择了这条道路。

1. 开办照相馆

50 年代初期，父亲戴着右派分子的帽子，在办理盘旋路照相馆营业执照时，受尽了白眼，跑断了腿，其困难程度可想而知。当时的外景基地是雁滩公园，那里环境优美，父亲既可为游客照相创收，也可调养身体和平抚遭受重创的心灵，这段生活还算平静。

2. 办养鸡场

1959 年，父亲在桃树坪四马路租了两套院的民房，开办了养殖场。他从杭州买进了三千只来杭鸡鸡苗，晚上这些毛茸茸的小鸡挤靠在热炕上取暖的情景至今难忘。当小鸡即将长大要下蛋时，60 年代的困难时期到来，因饲料奇缺父亲只能忍痛割爱廉价处理全部蛋鸡，同时宣布破产。

3. 游走农村照相

三年困难时期，照相馆生意清淡，当时我们兄弟三人正值生长发育期，仅靠供应粮很难维持生活。父亲决定到定西农村去，专门给农民照全家福，每张一元钱，农民没钱就折算粮食和土豆等农产品。当时全是玻璃胶片，规格是六寸照片大小，父亲和四叔带着周醒东和周刚，大人背百十多斤、小孩背几十斤的照相器材，每天步行翻山越岭、走村串巷为农民照相。当时农村没有电没法冲洗照片，父亲想出了一种土办法，虽然很累，但能吃饱肚子。母亲和周力吃五个人的供应粮，另外还有父亲经常寄回来的钱和捎回来的农副产品，全家人总算度过了三年困难时期，也许比很多人幸运得多吧。

有一天，父亲去探望刚劳改释放回来的刘逢举教授（刘锦熙之父），看到他们全家都饿得严重浮肿，父亲心情很沉重，立刻回家扛了半麻袋土豆送了过去，刘教授千恩万谢，很多年都念念不忘此事。

父亲在天安门前

4.办企业

父亲社交面比较广，认识许多身怀各种技能的师傅，曾牵头组织大家共办街道小工厂，先后办起了绝缘胶布厂、架子车摩托车修理厂、电器材料厂，还制造过兰州最早的洗衣机，既解决了很多人的就业问题，也产生了一定的经济效益。父亲花费心血最大的是创建兰州市二轻局所辖属的二轻机械厂，有几百名员工，父亲当时担任总工程师一职，后又被排挤出厂，紧接着是"文革"爆发。

三、晚年生活

1979年，父亲恢复了公职，并办理了正式退休手续，工资没有补发，退休金八十多元。此时，父亲本应很好地享受人生，但人已过花甲之年，心有余而力不足。父亲是电气工程师，喜欢机械，中年时期爱骑摩托车，后来自己改造了一辆三轮摩托车。退休后，父亲又制造了一辆大篷车，相当于现在常见的电三轮货运车，是柴油发动机，车速很慢，承诺等母亲退休后他们两人开车去全国旅游。父亲拿着全国地图规划旅游线路，把地图画的全是点点圈圈，并不时改造大篷车，尽量做到舒适安全，并乐此不疲。其实这是父亲生命蜡烛熄灭前的最后几滴灯油，他是在用信念支撑着赢弱的身体，挣扎着实现美好的心愿。由于母亲六十五岁才退休，父亲的宏伟计划最终没有实现。

1984年，父亲病重住院诊断为肝硬化后期，1985年元月30日与世长辞，走完了他坎坷而传奇的一生。兰州大学在华林山烈士陵园为他举行了追悼会，当时有兰大校领导和亲朋好友等几百人参加悼念活动。

这就是我的父亲，生前任劳任怨，为兰大初建呕心沥血，全力拼搏，功不可没；离校后艰苦创业，解决了很多社会闲散劳动力的就业问题，为社会作出了一定的贡献。后来，父亲生前好友都异口同声地叹息道：如果老周健在的话，由他带领大家干，我们早就发家致富啦！我们兄弟三人受到父亲的教诲和影响，先后下海经商，并自驾带着母亲游览祖国的大好河山，完成了父亲的遗愿。

我们在此可以自豪地宣称：我的父亲，敢为天下先，兰大下海第一人。

父亲，我们为您骄傲！

2020年7月29日

作者简介

周力，1949年1月2日出生于兰州市萃英门。1962—1968年，就读于兰大附中初中和高中。1968—1971年，在甘肃省会宁县插队。1971—1989年，在兰州运输公司工作，从事驾驶员和企业管理工作。1984年，毕业于甘肃省电大中文专业。1990—2015年，在深圳打工，曾先后在汽车运输公司、酒店、房地产开发及投资管理公司任职。

周家三兄弟周醒东、周刚、周力

在苦难中磨砺

——写在父亲赵俪生先生的祭日里

赵　絪

　　父亲赵俪生（1917—2007），山东省安丘市景芝镇东庄子人，原名甡，字俪生，后以字行，曾用名赵中天，笔名冯夷、鹿其莘，幼年就读于本村私立育才小学、安丘县立第八模范小学，1928年起就读于青岛胶济铁路中学。1934年考入清华大学外语系，期间积极参加"一二·九"运动，加入左翼作家联盟。"七七事变"后参加中华民族解放先锋队，赴山西参加牺牲救国同盟会，在第二战区总动员委员会宣传部属下做抗日宣传工作。1938年，在山西离石前线与高昭一结为终生患难夫妻。后经延安辗转到晋南夏（县）支队政治部工作，曾为夏支队营教导员。1939年秋因病脱离部队，先后在陕西乾州中学、

父母合影

西安高中、蔡家坡扶轮中学、陕西雍兴高级职业学校任外语教师，同时接受中共西安城工部指示，从事秘密情报工作。1947年应聘为河南大学历史系副教授，1948年任华北大学第四部研究员。以后历任济南市政府秘书、中国科学院编译处副处长、东北师范大学、山东大学、兰州大学历史系教授。1991年离休。父亲平生先后出版专著19部，发表论文200余篇，《赵俪生文集》（六

卷本）2006年荣获第四届中国高校人文社会科学优秀成果历史学一等奖。

　　母亲高昭一（1914—2006），原名高肇义，曾用名董弼，河北省正定县人。1931—1937年，在河北省立第八师范学校学习期间参加中华民族解放先锋队，任小组长从事学运和抗日动员活动。1937年，赴山西第二战区参加牺牲救国同盟会，随"动委会"在晋北、离石做宣传组织动员工作，后任中条山抗日游击队夏（县）支队连指导员。1940年后，分别在陕西乾县中学、蔡家坡扶轮中学及雍兴高级职业学校任教，同时接受中共西安城工部指示，从事秘密情报工作。1948年入华北大学后，又调入山东济南《工人报》。1952年在山东大学历史系工作，1957年调来兰州大学工作，1984年离休。著有《回首忆当年》。

父亲的一生大致可以划分为三个阶段，时间分布也较为均匀，即十七八岁出头到四十岁，在抗日炮火中，他从一个热血青年，在求索和追补中，逐渐成长为一个史学家。四十岁到六十岁，这本应是人生的黄金期，一个学人最有价值、最出成果的时期，但这无疑是父亲一生中的最低谷。这段看似没有成就只有苦难的岁月，却锤炼了他的意志、磨砺了他的思想、锻炼了他的体魄，为六十岁以后的暮年阶段产生的飞跃奠定了精神和健康基础。此期，父亲的学术思想进一步深沉、稳健，加之长达九十一年的高寿，他完成了一个史学家丰富多彩的人生阅历。

父亲不具备长寿的基因，因为他出生在一个破落的家庭。祖父抽大烟把家抽得一贫如洗，而他又是祖父母晚年的最后一个"老生子"，可以说是先天不足、后天失调。父亲细长的身材给人一种弱不禁风的印象。母亲多次讲过："自嫁了你们的爸爸，我时时做好了当一个寡妇的准备。"当年在前线，只要炮火一响，他就先晕了过去；在后方，他也是让伤寒、疟疾等要命的病折磨得死去活来。最后，就是这样一个文弱书生竟创下了山东安丘赵氏家族男性公民寿命最长的纪录，岂不怪哉？其实一点也不奇怪，他那点子寿命硬生生地是给折腾出来的！厄运有时反而令苦难者得到了意

1947年在河南大学，第一次和父亲单独合影

想不到的"实惠"呢！母亲在父亲八十寿辰的纪念文集中，第一句话就说："按中国人的计龄习惯，俪生今年正满八十岁，看见他健康跨越这道生命里程线，我心里感到莫大的欣慰……"只有做子女的，才能体会到母亲从"时时准备做寡妇"到看他跨越八十寿辰时的"莫大的欣慰"。创造这个奇迹的，母亲无疑是头号功臣，再往下数就得算那段刻骨铭心的艰难岁月了……

俗话说："人只有享不了的福，没有受不了的苦。"这句话在父亲身上得到了非常贴切的印证。我曾有过这样的假设：父亲如一直安享大教授俸禄，且又拒绝任何方式的体育锻炼，还是个食不厌精的馋虫，习惯于一宿一宿地开夜车写文章，这样有失常规的生活习惯，他能活到九十一岁吗？

父亲是1958年被补划为右派的。戴帽不久就随兰州大学历史系合并到西北师大，随后父亲被下放到河西走廊农场去劳动。

父亲是个达观的书呆子，无论是夜卧地铺还是放马途中，枕边和手中总是拎着一本《国语》或《左传》，以此"疗饥"。别人耻笑他"太史公，牛马走"，岂不知这读书的两得，一是疗饥，二是补充精神食粮。父亲这一生在任何境况下都不忘读书，只要有书读，怎样都可以，即使是在山丹

148

农场那种困苦状态下也在读史书。这样，父亲自然对各种历史场景有着别样的体会和理解。对于一个史学家，也就是在这千载难逢的境地中，加深了对人生的领悟和学术上的反思。父亲晚年在学术上又有了一个飞跃，不能不说与这段刻骨铭心的际遇有关。这段阅历带给他的正面效应无疑是思想境界更进一步的深沉与稳健。

二姐赵纪的死，无疑也是挽救了处于垂危境地的父亲的一条命。父母在二姐的碑文中写下"因登山失慎，殒没于皋兰山下，得年一十八岁……"的字样。在父母六个子女中，二姐赵纪是唯一没有偏科的孩子，即数、理、化、文、体、美样样拿得起放得下。1958年，街头壁画有不少佳作出自她的手，而且她还是创造甘肃省纪录的长跑运动健将。那几年，国庆大游行的纪录片中，抬着体育大队队标的几员为甘肃体育立下汗马功劳的虎将中，就有二姐的身影，绰号"大洋马"。就是这样一个身心健康、全面发展的好学生，最后定格在"得年一十八岁"的如花年华。

1961年的寒假，二姐住校未归，她当时正值高三，要在学校准备即将来临的高考。她一直是班上的尖子生、多门功课的课代表，又吃苦耐劳，知道"夹着尾巴做人"，处事待人皆很低调，颇得师生们的好评。

兰州大学化学系可谓是名扬四海，这里出来的学子无论走到哪里都深受欢迎。之所以有如此佳誉，不外乎这里云集了一批大名鼎鼎的化学家，其中陈时伟、左宗杞夫妇就是蜚声国内外的兰大化学系的领军人物。陈、左二位先生在50年代就被定为二级教授，陈时伟还身兼兰大副校长之职。1957年，陈时伟夫妇皆被定为极右分子。其小女陈绪明当时在兰州一中就读，也是即将高考、品学皆佳的好子弟，但在后来的高考中名落孙山，而且其后几年也是屡考屡败。我大姐比陈绪明低两届，就在大姐都快大学毕业了，左宗杞先生找到了当时兰州大学校长江隆基，不无伤感地说："我们一生都在从事教育工作，培养了无数的工农子弟，可我们的孩子却得不到受教育的机会……"在江校长的过问下，陈绪明才在高中毕业五六年后才得以考入兰大物理系。"文革"中，陈绪明失踪了，时至今日，仍未找到。当年左宗杞先生多次找女未果，每逢此时，母亲都会潸然泪下，回来对我父亲说："我们的纪儿倒是没丢，也不过只剩下一副骸骨……"

当年2月2日，一场小雪后的中午，她鬼使神差地跟着两位室友上山去拾"地衣"（一种类似发菜、贴着地皮、遇水即涨的菌类野生植物），这一去连殒两命，二姐就再也没有回来。她们临上山时曾找食堂大师傅商量，让她们把晚餐券一并打出吃掉，晚上她们可以吃捡回来的野菜，但遭到大师傅的断然拒绝。当听到她们失足皋兰山再也回不来时，那位大师傅失声痛哭，再三重复着："我要早知道这两个娃回不来，说什么也得让她们吃饱了再走啊……"2月2日的晚餐券被父亲牢牢粘在了那一年的日记本中，成为全家痛彻心扉的一个纪念物。

父亲接到了母亲"速归"的电报，其实场部也接到学校"女儿亡故"的实情，只是没有告诉他真相，通知他收拾东西可以回家了，其他留场人员还牢骚满腹地说："赵俪生的老婆想他了，捏个词让他回家过年哩。"等父亲踏上归途，场部才当众宣布"赵俪生家中死了人"的消息，以此来稳住人心浮动、思家心切的留场人员的情绪。

其实这趟回家的路程仍潜伏着巨大的风险，求生和归家的意志战胜了死神，他终于从山丹火车站爬上了一列春运加开的拉人的闷罐子火车回到了家中。感谢那趟列车上的一位女列车员，她发现这个戴一副眼镜的人不似流民，交谈之中得知还是一位大学教师，仰慕之下，多卖了他一份客饭，这让老爹在归途中更有了一份物质上的保证。2月12日凌晨，他闯进家门，被刚起床的母亲当成闯入家中的流民推了出去，他愕然地对母亲说了句："昭一，我是赵生生呵！"母亲这才从声气中辨认出那是她相濡以沫几十载的夫君，顿然失声痛哭。丧女之痛加之这脱了形的丈夫，怎能不让这苦苦支撑的家庭主妇失态呢？

在这里我要提到一位有恩于我家的大夫，那就是师大医院的院长严华同志（笔名鞠强，我家子女均愿喊他为鞠伯伯）。他在最艰苦的时候奉命视察农场，见到了倒卧在床的父亲居然还点着盏小油灯在看书呢。此景此情打动了这位从朝鲜战场上下来的医生。他检查了父亲那条肿得像根大粗棒的腿，当即向场部提出必须住院，还对不想送父亲看病的场部领导大谈政策。正是因为严华院长，父亲才得以在山丹县医院住了十五天，保住了腿；十五天后回场，有医生证明，他就归到了老弱病残之列，于是就让他放马了。放马的活计让他可以在马吃草的时候读读书，也可以学着马在沟边找寻点可以塞进嘴的"野食"。

我在"文革"初期也被发配到河西，在张掖九公里园艺场当了四年农工，又被分配至张掖火车站农机供应公司工作八年，后又随爱人调至武威九条岭水文分站工作两年，最终回到父母身边。人生中，十四年的光景是在河西走廊度过的，后又多次陪外地学者、画家、亲友重走河西路。

父亲身体逐渐康复后，他终夜伏案翻译王尔德的《道廉·格雷的画像》，借此排遣内心的丧女之痛。每至深夜，妈妈都给他多加一小奶锅苞谷面糊糊，严华大夫也不时给他开出几粒"康复粉药丸"。不久，有了高价食品，妈妈毅然辞职，用几百元的退职费不时添点高价食品，给饥肠辘辘的家人补点营养。80年代落实政策，妈妈得以恢复公职，抛去了退职的几年，给予"抗战时期的离休干部"待遇，岂不知她比享受"老红军待遇"的老爹还早几个月参加革命呢！

1961年初，合并到师大的兰大文科又全部返回兰大。当时，师大给兰大开出的条件是："别人全部退还，只留一个赵俪生、一个王翼洲（兰大历史系总支书记）。"而江隆基校长的答复也很干脆："别人你留谁都行，只要退还我这两个人就可以了。"这说明两校组织都还知人，就是用不用的问题了。在江隆基校长的过问下，父亲摘掉了帽子，承担了1961级学生的基础课——中国通史。江校长指定校党委行政人员一律旁听赵俪生的中国通史课，而且他亲自率众去听。第一堂课下课时，学生们站起向门口拥去，后排的江校长发话了："不要乱挤，让先生先走！"父亲没有讲任何感恩的话，他只有用行动报答这位老教育家的知遇之恩。两年的通史课，他讲得酣畅淋漓。几次的大通史课也历练了父亲，为他赢得了"二十世纪上半叶，讲通史讲得最好的是钱穆，下半叶讲得最好的当属兰州大学的赵俪生"的盛誉。

当时，由于兰大住房紧张，父亲虽人已回兰大，但家还住在位于西郊十里店的师大。每到上课，父亲凌晨即起，用他的话讲就是"撒开大步向前行"，上完四节课再步行回家，省下两三角车费路边买个烤洋芋或煮苞米，边啃边走，从东郊到西郊近三十里的路程，来回一走就是六十里！有一次，父亲被一位郭姓的兰大司机看见，怜他路远，顺路拉了他一程，为此父亲不断感念着这位老师傅。时值壮年的父亲一生情有独钟的唯一运动恐怕就是走路了。年轻时在游击队，他走遍了晋、陕大地，从延安步行至西安，后由河南至华北，一多半时间是在走；山丹下放，牵着马在走，如今从师大到兰大纵跨整个兰州市，也是靠走。一生不做任何体育锻炼的父亲，唯独会"走"，一直走到了八十五岁才歇了脚，足不出户了。他那九十一岁的寿命，恐怕与"走"也多少有点关系吧。

父亲（1997年拍摄于家中）

在江校长的主张下，父亲摘掉了帽子，在难以恢复以往职称待遇时，江校长特批每月定期给父亲困难补助五十元。每逢年节、父亲生病住院等再额外给予不定期贴补，改善了父亲的生存状况，缓解了他的后顾之忧。江校长不仅厚待知识分子，也培养了一批懂得怎样善待和处理知识分子关系的中层领导，他们共同努力把默默无闻的兰州大学的排名逐渐推向综合大学前列。

2007年12月1日，父亲火化后，被安置在省级烈士陵园中。许是缘分，厅门一开，迎面安置的骨灰盒竟然是四十一年前去世的江隆基校长的灵位。江校长的遗容依然谦和而慈祥，我们众姐弟赶紧毕恭毕敬地先在江校长灵前深深鞠躬行礼，然后对着怀中父母的骨灰盒，很是欣慰地告诉他们："爸爸妈妈，这里有老朋友，你们不寂寞了。"

天赋、勤奋造就了父亲作为一个史学家的最基本的条件，而二十多年的苦难，铸就了他更加深沉、更加稳健的一代学人必备的素质。

作者简介

　　赵绹，1946年元月出生于陕西蔡家坡，兰州十六中肄业，1967年为张掖九公里园艺农场职工。后调张掖火车站农机二级站任出纳保管工作。后随夫君倪逸家先后在张掖莺落峡水文站、甘肃水文学校任会计管理工作。2001年退休，以书画、写作自娱，著有《孤灯下的记忆》（山西人民出版社出版）。

委别椿萱爱　常念怙恃恩
——缅怀我的父亲赵俪生、母亲高昭——

赵　缊

　　父母自1957年8月由山东大学调来兰州大学任教直至去世，在他们近半个世纪的光阴中都和兰大家属院几乎息息相关（中间除了约有三年的时间是在甘肃师范大学度过），因此大院也就成了我们幼年成长的摇篮，也成了我们成年后像候鸟一样年年必须探省朝谒的老巢。

　　光阴荏苒，母校兰大业已走过一百一十年华诞，当年筚路蓝缕的开拓者也已皆载入历史丰碑，我们这些当年的大院顽童子弟也纷纷步入暮年黄昏。蓦然回首往事，宛如昨日，历历在目，不胜唏嘘感慨。应当年发小同学相邀，趁大家于尚不昏聩之际把自己当年的一些记忆用文字记录下来，或可为大家玩味共赏，或可为史乘补遗拾阙，于公于私皆有裨益，呜呼！何乐而不为哉。

　　父母生前皆撰有各自的回忆录，对自己的生平践履、学术著述、社会交往都作了由衷的交代检讨，出版后亦颇得读者好评。后来也有许多学人、朋友、弟子的评骘文章刊行，世间自有公论。在二老的追悼会上更有校领导的悼词盖棺论定，老两口的骨灰盒也一起停厝在华林山烈士公墓西厅龛橱里，供子孙四时上香祭拜。人生虽勉力终未能"超以象外"，却孰料侥幸"得其环中"。因此，为人子者此时誉亦好毁亦好，皆属多余。也因此本文致力于从生活中一个儿子的视角来谈谈人生家庭的感受。

一、一路向西

　　1957年7月中下旬的近两个礼拜，青岛的天气虽还宜人，然而山东大学蓬莱路一号别墅楼内却忙得热火朝天。每天三四个木工师傅都在为各种家庭什物精心下料、装箱打包。工艺全是手工，那时还没有电动工具；材料

154

包括木板、胶合板、铅丝、填充物（刨花、锯末、纸屑），全是环保材料，那时塑料还是新鲜物。所包装的各色器物，按类型大致可分为如下几大类：

1.家具：书橱、书桌、餐桌、棕床、衣柜，中式、西式皆是古董级老器物。

2.各种书籍：中文、英文，线装书、册页，老期刊（杂志），总计约万余册。

3.字画：满满两大樟木箱子外，尚有其余。

4.瓷器：明、清时期各色瓷器近二百余件（套），这是包装时最为麻烦费时费力的活计。

5.唱片：民初高亭、百代公司录制的各色唱片近八九百张，以京剧为主。

6.细软：四季起居服装、被褥等。

作为儿童的我面对这么热闹的场景很是兴奋，跑来跑去给工匠师傅们端茶送水，递工具材料，尤博老师傅喜爱。工程结束结账告辞之际，老师傅送了我一份惊喜：他老亲手制作的一套儿童木器工具，锯、刨、锤、斧一应俱全。可惜后来辜负了他老的心愿，否则我也极有可能成为一个能工巧匠。

当时先期奉兰大之命，来青岛护迎的保卫科陈克敏先生也参加了此项工程的督导工作。

对此，现在细想起来颇为感慨：抗战初期父母自组建家庭以来，历经颠沛流离，期间也曾义无反顾地抛弃了好几个精心营造的巢穴，为何此时搬迁却不遗巨细，大动干戈，如此兴师动众铺张？分析起来当有如下原因：

一是时代造就的心理原因。新中国成立以来时局稳定，战乱消弭，生活无虞。

二是青岛港营造的文化氛围。当时港上长袍大褂、西装革履与革命军装不悖；中式、西式大餐与粗茶淡饭不悖；京剧、爵士乐与革命歌曲不悖；四书五经、西方名著与政治文件不悖。人人皆可择其喜恶好乐涵泳其间，父母于此也结识了许多文化艺术界专家同仁、江湖达人，提升了自己的文化生活情趣。

来兰州途中路过北京时合影
（中间青年男子为兰大保卫科陈克敏先生）

三是家庭"安乐窝""避风港"的营建心理。人到中年，子女众多，事业也逐渐有成，著述写作、课题研究、备课、起居作息皆需有自己舒心的环境氛围，是所谓"斯是陋室，惟吾德馨"。

四是经济与心血的交融灌注。父亲在青岛山大的六年多时间里，有高额的薪酬和丰厚的稿费，但也几无存蓄，除了买书、订期刊、吃喝、娱乐（听戏），绝大部分都消费在了"捡漏"上。应该说父亲的"捡漏"水平与"慧眼"绝不逊色于后来的马未都，且不说身边多有专家里手长眼参赞，更有几个古董商眼线通风报信，锱铢计较、讨价还价、一掷千金交相辉映。

装箱打包完毕，货物由卡车运往四方货场，再由火车编组，一路向西。此后半个世纪它们将陪伴主人的命运沧桑浮沉，也成为我们成长过程中的物质基础、精神粮仓，最终或灰飞烟灭，或另易他主，或依稀尚存留作对往事的念想。

后记：两年前，我和夫人携女儿、女婿去青岛寻访儿时故地，居然找到了当年的那栋小别墅，于今已是海洋大学外专楼，德式建筑与庭院依旧古色古香，然则其内部装修已面目全非矣。

二、萃英琐忆

当年从青岛初到兰州时，我尽管幼小，但心灵感触却是深刻的。我曾有诗云："碧波变黄土，方知天外天。"今天的兰州人也未必都知道何为"淌土"，虚浮的土一脚踩下去可没脚踝，下雨天却成了烂泥，刮起风来天黄黄、地黄黄。只有偶尔刮起的一缕小旋风，才能让人感受到一丝丝诗情画意。有意思的是，我这种儿时视野色彩反差的印象，后来竟也能在《河殇》里发挥成主旋律。

新家被分配在兰大图书馆（积石堂）北面的一处院落里，庭院宽敞。东头住着朱子清先生一家，我家住院门西头，中间卫生间两家合用。据说这个院子原来是准备接待苏联专家的，也称专家院，再后来就成了兰医二院的某科住院部了。朱子清先生是当时兰大少有的一级教授，学识、资历、阅历深厚。人生难得几回搏，作为重大历史事件的见证人，朱老先生人生可谓不朽矣。

记得某日晨起如厕（坐便器为当时萃英门所罕见之物），朱先生随之而入，见我已占位，便在镜前梳头，先生头发稀疏，竟细梳不已，也使我神驰纳罕不已，后见先生频频回顾，方知须赶快让位。现在我也老了，每于镜前刮脸梳洗总想起这一幕，亦不禁哑然失笑。

暑假后开学，我也从此进入萃英门小学一年级读书。唯一留下的印象是：冬季取暖，有同学将洋芋（山东人叫土豆）埋在炉灰里烤，散发出阵阵诱人的香气；邻桌同学所带的苦豆子馍的香味也使我禁不住诱惑，涎着脸讨要了一口，但感觉特难吃，竟悄悄吐了。后来，我对西北花馍、苦豆子馍竟也好上了瘾，这也算是我入乡随俗的起始点吧。其他的一点儿零星记忆就是至公堂追悼生物学家常麟定先生的肃穆哀乐，

1958年元月，父亲作于萃英门专家院书斋

以及贺兰堂因医学院独立而搬运解剖尸体的恐怖镜头。

在萃英门居住的半年多时光对父母而言，恐怕也是他们这辈子最为安详舒适的日子。除了整顿新家、适应环境、迎来送往、探亲访友，一时间也好不热闹。逢到假期、周末，全家也常去五泉山、白塔山、雁滩郊游，看水车，乘羊皮筏子，逛黄庙，遛地摊，品味悦宾楼，到金兰大剧院欣赏京戏。一切都好像那么沁人肺腑般的熨帖舒畅，口齿舌尖又都那么隽永留香。居安仿佛成为现实，思危日益甩在脑后。

最难忘的是1958年除夕，年夜饭后，母亲招呼大家齐聚院内，亲手点燃了好大一挂鞭炮，用杆子挑着在院子里撺着我们奔跑，并告诉我们这是驱邪赶穷，我们全家都沉浸在幸福的喜悦之中。

是年季春，兰州大学盘旋路新校区初具规模，我们告别了萃英门，举家复徙居四号楼303室，我也转学至团结新村二校读书。记得当时转校一应手续都是由周芹香女士带领我完成的，那时她还是人事处一位年轻的干事。

入秋后，父亲便去天水西和参加"大炼钢铁"的劳动。兰大附小也在此时初创，我遂即转入。

三、饥肠辘辘

1959年秋，兰大历史系并入甘肃师范大学。我们举家再迁师大东苑区三号平房院宿舍，从青岛运来的那些各色家什现在也灰头土脸、满满当当地堆积在两间房子里。我也再转学至师大附小读书。

从1959年到1962年在甘肃师大的三年，是我家最为艰涩、悲催的时期，祸事连绵不断，接踵而至，几临崩溃瓦解。

父亲在师大河西山丹农场接受"劳动改造"。家庭的重担一下子就全压在了母亲肩上。真可谓寄目千里，牵肠挂肚；俯身膝下，嗷嗷待哺。但母亲不愧是从抗战前线的枪林弹雨中摸爬滚打过来的女杰，她平静、坚毅地接过这副沉重的生活担子，省吃俭用、开源节流地操持起家务，也促使我们逐渐从懊丧沉沦中重新振作起来。

母亲祖籍河北正定，汉属常山郡，赵子龙即出于此。此地民风憨厚、耿直、任侠。母亲自幼失怙，遂大多时日寄养于外祖母家。外祖母王氏为正定大户，母亲的舅父即"北洋三杰"（王龙、段虎、冯狗）居首的王士珍。从外祖母和长工们那里，母亲学到了许多生活技能和农耕稼穑等知识，养成了自立自强的品质与信念。后来在北平"一二·九"学生运动的感召下，母亲加入了中华民族解放先锋队（简称"民先"），并组织参与了正定女子师范的学潮运动。此后，母亲便毅然离家奔赴山西抗日前线，开始了她的军旅生涯。

母亲肖像素描（朱乃正先生绘）

回到现实，当时唯一能够庆幸的是自然环境，师大地处十里店郊野，毗邻农村，这给我们打野食提供了绝好的机会。节假日或课余时间，我们三三两两便组团出发，摘野菜、采蘑菇、捋树叶、掘根茎，总能有所斩获而归，聊能解决一些肠胃饥苦，也增添了许多生物学知识。那时，即使田间青菜、萝卜尚还旺旺，树上果实依旧累累，尽管饥饿，却没人"敢动邪念"，只待"大风起兮云飞扬"，人们才纷纷齐聚树下，抢捡掉落在地的果实。

母亲极善烹调，她总能把这些有限的供应和打来的野食灵活多变地搭配组合在一起，花样翻新地做出可口的饭菜。狼吞虎咽之际谁也没注意到，盛着苞谷面糊糊的碗、装着野菜的盘子，底下都有弘治、成化、康熙、雍正、乾隆等年份制造的印记，或为粉彩，或为青花。母亲把省吃节用积攒下来的面烙成小饼或兑换成粮票，请托经常出车到农场的司机詹师傅捎带给父亲。

那时我们穿的四季服装都是母亲用布票扯来，亲自下料、剪裁，最后一针针细细缝制而成；穿的鞋子也是用旧衣剪拼，再用稀面糊粘平整，待干透后剪鞋样，最后纳鞋底、上鞋帮；毛衣也是拆洗完旧的，再一针针织出新的。也在那时，我跟着母亲学会了绣荷包的手艺，我制作的荷包之精秀，惹得妹妹大为嫉妒。总之在我的印象里，生活中好像没有母亲不会的活计。

休闲时或入睡前，母亲总会教我们唱歌，这也是她在抗战前线时的拿手本事之一，除了抗战歌曲，还有许多流行歌和民歌，诸如《渔光曲》《满江红》《苏武牧羊》《小放牛》等等。尤其使我后来纳罕不已的是，母亲居然全部熟悉黎锦晖先生的儿童歌舞剧，《可怜的秋香》《麻雀与小孩》《葡萄仙子》《小小画家》《吹泡泡》等，直到今天这些剧里的大多数歌我们都能吟唱。另外，母亲还培养了我们猜谜语的兴趣，这恐怕就是当时的智力游戏了吧。

每逢我们都去上学，家中寂静无人时，母亲就会从《汉魏丛书》中翻出汉桑弘羊的《盐铁论》来，仔细认真地作注释与读书札记，粗麻黑的稿纸上密密麻麻、规规整整的字体，仍可看出当年母亲所下的功夫。后来，父亲从农民战争史研究转轨土地制度史研究，不能不说母亲在其中也起了很重要的作用。凭借着曾经协助父亲绘制教学挂图的经验，母亲也教会我用比例尺放大图样，那时我已能绘出精美的地图，这对我后来也从事历史教学和研究起了非常重要的作用。

母亲的言传身教谁说不是一种潜移默化的熏陶呢？"谁言寸草心，报得三春晖"，信哉！

日子清贫、饥寒倒也忍得耐得，雪上加霜的是祸事再度降临。

1961年2月2日，二姐赵纪因登山失慎殒殁于皋兰山下，时在兰大附中就读高三，寒假住校复习备考。刚到任不久的江隆基校长闻讯后，即与师大联系，电令山丹农场召父亲速返，时父亲羸弱已岌岌待毙矣。12日凌晨，父亲终于从西站货场（乘闷罐火车）在冰天雪地中挣扎着摸爬回到并敲开了自己生命的家门，正是：

阿姊殁登山，阿爷生召还，阿母苦伤恸，悲喜两重天。

死者长已矣，存者且苟延，世风困麻木，慈悯埋心田。

四、魂兮归来

在母亲的精心呵护调理下，父亲渐渐恢复了生机，这应该是母亲第二次赋予他生命。

第一次是在1939年初夏。那时他们都在山西中条山夏（县）支队抗日，父亲突染恶性疟疾，并发痢疾，病情十分凶险，当时的医疗条件十分落后，无奈只有请假去西安就医。在母亲的扶持掩护下，一路自白浪渡黄河至渑池，复扒"闯关车"（风陵渡对岸日军炮火封锁）至西安，经过及时诊疗修养，父亲终于转危为安。

现在回想，父亲在人生"择妻"这个关节上是得满分的，按所谓"标准"，母亲其貌不扬、其态不娇，父亲在朋友圈里却是公认的潇洒、倜傥书生。依照父亲后来的说法，看上母亲是由于"服善"，也就是看到并肯定了优点，这优点就是母亲的坚韧、果毅、开朗、活泼、健康。这些缘分也都成为日后我们这个家庭稳固的基石。当年二老皆以"牺牲救国同盟会"和"决死队"身份赴山西抗日前线，在离石结为夫妻，人生一路迤逦走来确实不易。我在他们1997年钻石婚纪念之际曾赋诗赞曰：

国难当头决死报，牺牲何曾皱眉梢，

离石边城结盟誓，孟门滩头生死漂，

腥风血雨共煎熬，天灾人祸未苟逃，

同舟共济一花甲，相濡以沫二老髦。

话回原题，复苏过来，父亲做的第一件事就是翻箱倒柜找出他珍藏多年的英文版《王尔德全集》，伏案疾译王尔德的那部唯一的经典长篇小说《道廉·格雷的画像》。事后，父亲留下了一句偈语："译一部书能救下人一条命。"对此我初颇费解：没命哪能译得出一部书？此语似和父亲所擅长的逻辑相抵牾。后来随着自己逐渐成熟才慢慢体会了其中隐衷。

父母合影

　　父亲十六岁即入青岛胶济铁路中学读高中，依仗着国语和英语两门功课的优秀成绩，也把自己的未来期予在写作与翻译上。受新文化思潮"浸润"，遂与同学组创"浪花社"，并在《胶济日报》上连出二十余期《浪花》副刊，发表白话诗作、译作（后被胶济铁路局党部查封）。待到十八岁考入清华大学后更是加入"左翼作家联盟"，颇得时贤王统照、叶圣陶、郑振铎、矛盾及老师朱自清、闻一多等诸先生的青睐。

　　追溯父亲自由主义的源泉，那就得连并回归"浸润"期间的"唯美"，启蒙者便是拜伦、雪莱、济慈、普希金的诗歌，王尔德、爱罗先珂、托尔斯泰、格林兄弟的童话，尤其是王尔德的《快乐王子》《夜莺与玫瑰》更是茁根于年轻人心灵。

　　现在理解了父亲伏案疾译《道廉·雷格的画像》的意义，那是他在以血肉之躯为自己"招魂"，找回业已离窍的自由、唯美的灵魂，重新发现人生的意义并确证自己存在的价值，从而增添了再苦再难也要活下去的勇气。自由主义的唯美情操使父亲在观察事物与社会中独具慧眼，他以独到的视角热情地讴歌真善美、鞭挞假恶丑，并以之延伸到他所涉及的史学、哲学、美学诸领域，他的文章总是让读者有耳目一新之感。在生活中发现美、鉴别美、享受美，充分地展现个性才华，成为他毕生奋斗的理念。

重在过程，灵魂归窍的父亲对成绩却显得并不十分在乎，后来这部译作手稿被一个小青年借走后弄得下落不明，父亲也并未表现出痛心疾首的样子，而是淡然处之。

译作之外，父亲的另一项工作就是把自己手头所藏美术图片搜集出来，再分类剪辑、粘贴成册。计有欧洲文艺复兴经典画作，自然主义画派、印象画派、俄罗斯巡回画派画作等。父亲曾给我们如数家珍般讲述美术史及其流派、风格、特征、意义，让我们初步感受到了艺术的震撼力和感召力，并对之肃然起敬，也使我们初次感受到了类似于宗教信仰般的圣洁洗礼，那是一种让人心悦诚服的美！

当时给我印象最深的巡回画派作品是苏里科夫的历史画卷《近卫军临刑的早晨》《缅希科夫在贝列佐夫镇》《女贵族莫洛卓娃》，这些画面深深地烙印在我的脑海里，随时代发展而又时时泛起。我认为这些作为历史题材的画作，其水平和魅力，后来者尚无人能及。而对印象画派的光影认知，又对我后来的摄影爱好起了非常重要的作用。

因此父亲的两项工作，第一项是自救，第二项是教育子女，而其共同的核心主题都是唯美、自由。他憧憬着唯美、自由在人世间的薪火相续。

也是从那时起，我们形成了好读书的风气，最初的动力既不是"黄金屋"也不是"颜如玉"，而是为了安慰那个让人恼火的"辘辘饥肠"。家里古今中外的文学名著藏书丰富，那时我便看了除《红楼梦》外（男孩子看不进去）的另外三大小说，还有《封神演义》《说岳全传》《荡寇志》《青春之歌》《苦菜花》等等，慢慢也提升了自己的阅读欣赏能力。

是年秋，兰大恢复文科，历史系招进1966届生员，父亲担负起中国通史课程。除勠力备课教学外，

1963年7月，父亲为庆贺我考取兰大附中所作

时因燃料短缺，公交几近停运，尚须徒步奔波于东岗与十里店之间，迢迢四十余里路，倍极艰辛。

五、凉夜迢迢

1962年春，我们举家方始搬回兰大5号楼居住，我也再转学回兰大附小。又次年春，父亲摘去右派帽子，复由5号楼搬至2号楼。

社会经济在缓慢地复苏之中，自由市场上百货皆贱，唯食物价格居高不下，且时有看涨。为养家糊口、供子女读书，家中经济也已是捉襟见肘、寅吃卯粮，地毯、西服、皮大衣，当时能卖的都卖了。最后由中华书局、琉璃厂的采购商先后购去家中多年所藏珍本善本图书数十部，计有明版《百川学海》丛书、《四库珍本》丛书、《九省通志》、《海山仙馆丛书》、《铁华馆丛书》、王渔阳四十八种、《清代名人画像》等等。记得当时望着被拉走书的车，我哭了，母亲把我搂在怀里抚摸着我的头，一句话也没有说。

呜呼！时不利兮可奈何，书兮画兮奈若何！"商音更流涕，羽奏壮士惊"，耳畔但闻《夜深沉》。

7月，我以兰大附小001号报考兰大附中，发放准考证为第一考场001号，录取发榜以报名号为序，故得高登榜首，入读于初一三班。

这时父亲已全身心地投入教学之中，卖力地备课、上课、答疑、辅导、批阅作业。记得我经常半夜睡醒起夜，总看到父亲书房的灯依旧亮着，那伏案疾书的样子总让我想起丁聪先生的那张漫画。汗水也终究换来了他所期予的效果，上至校长江隆基、教务长崔乃夫，下至每一个学生都为之赞誉不绝。

卖了旧书还要不断再买进新书、更新资料，为的是跟上时代教学、科研的水平。就连我们孩子所需的教育资料，他也不吝花钱投资：三姐喜欢绘画，父亲买来《珂勒惠支版画集》《永乐宫壁画集》《徐悲鸿素描集》并为之讲授线条美、铁线描与素描的关系。我喜欢漫画，父亲又为我买来《丰子恺画选集》《杜米埃画传》比较中外画风差异。其他如《十万个为什么》、儒勒·凡尔纳的科幻小说、《福尔摩斯探案集》、高罗佩的《大唐狄公案》等等，随时买进，以增长我们的阅历和知识情趣。

丁聪先生漫画

　　紧张的脑力劳动让父亲总感到神经衰弱，而他唯一的休闲娱乐方式就是打开那部德国贺庭牌留声机，择选、播放他钟爱的戏曲选段，随之便全身心地投入艺术欣赏境界之中，微眯着眼睛，手指轻叩着合拍节奏，兴起时放开嗓门跟唱几段，这是他最为放松惬意的时刻。

　　父亲喜欢听旦角戏，每逢这时我总是躲得远远的，一旦有了我爱听的便跑过来凑热闹。如金少山的《锁五龙》，开场一句"大吼一声绑帐外"，声如洪钟，有一下子把我脑皮都能震得发麻的快感；杨小楼的《夜奔》词曲雅厚、悲怆；叶盛兰的《白门楼》《罗成叫关》，其刚劲也有让人美不胜收之感。须生马连良的"俗"、周信芳的"海"，我也都喜欢。

　　父亲对戏曲艺术的喜爱是全方位的，京剧之外，昆曲、梆子、秦腔、豫剧、粤剧、黄梅戏和地方上的一些小戏种，他都有兴趣欣赏。20世纪50年代，《青岛日报》的文艺副刊上经常有他评骘戏曲、美术的文章发表。他生前唯一的遗憾便是没有得到一次可以让他在公开场合一放歌喉、展现才艺的机会。

　　我在退休前某年的一次学生毕业聚会上，有学生误点了马连良的《空城计》，我信手抢过话筒，闭着眼引吭"合歌"，字句不差，韵味十足，惹得小伙伴们纷纷点赞："老师，您这也会！"我知道他们为了礼貌起见，在"这"后省去了"玩意儿""老古董"之类的词汇。于是我也很谦虚地回复了四个字的谢词："毛毛雨啦"，心里却在默念：老爷子，今晚我替您嗨了一嗓子！

六、骇浪滔滔

此后的"文革"岁月里，我的家人们也是时聚时散。期间，父亲于1969年4月至1972年4月退职去贵州，我家亦由2号楼搬迁至4号平房院，基本还是靠母亲拘守残局。后来父亲复职后又搬迁到3号平房院。也是在这里，画家朱乃正先生突然萌发了给父亲画肖像的念头，苦于没有画布材料，我便把放在厨房窗上挡风的一块旧三合板标语牌卸下来，用砂纸打磨涂上清漆后，终成大师佳作。

朱乃正先生为父亲所画肖像

即便在那艰苦的岁月里，仍有许多朋友（老的、少的、新的、旧的）造访，父母好客，总是竭诚相待，气氛也总是那么热烈、祥和。依然透视着人们对美好事物的向往与追求，正是：

依稀风尘诡，厄运频轮回，料峭虽瑟瑟，谈锋尚危危。
霸才尽可杀，豪气安能摧，椒山自有胆，何以蚺蛇为。

七、菁菁者莪

党的十一届三中全会后，在改革开放的主旋律下，社会稳健发展，欣欣向荣。已过花甲之年的父亲也精神焕发地迎来了他学术生涯的高峰期，教学、科研炉火纯青。我和小妹分别考入兰大1977级历史系和外语系，大妹也在1978年考入兰大外语系研究生，父母也为此得以欣慰，少了许多后顾之忧。

在这期间，我家也先后从3号平房院搬到4号楼，最后又搬迁到新落成的22号楼。

1981年底毕业前夕，在确定了和同学陈青荣的恋爱关系后，我领她拜见了父母。父亲从书桌抽屉里摸出一块黑褐色小石头，递给青荣道："这枚闲章和你名字匹配，聊作你的字号用吧。"我们接过一看，是阴文小篆"竹雨"二字，再看过边跋就噤声不敢言语了。

"竹雨"印章

毕业后，我们这些子女天南地北各自成家立业，经营起自家门户，才开始懂得油盐柴米锱铢盘算，开始懂得为人父母心血之艰，开始懂得珍惜曾经的友善。每逢寒暑假则备好最好的茶叶，归心似箭。

1991年，父亲七十五岁才从工作岗位上离退休下来。每天的作息大体仍是早晨四五点起床，烧水沏一壶酽酽的茶（通常是花茶）；看早、中、晚的电视新闻；看中央十一台预报的想看剧目；晚九点以后即入睡；中间则多为读书、看报与写作时间。虽然雇有保姆，但母亲依旧操持着家里大小一应琐事。

父亲生前曾经满怀激情地向人们提到自己一生所经遇的最好的四位大学校长：梅贻琦（清华大学学生时代）、吴玉章（华北大学戎马倥偬时代）、华岗（山东大学鼎新时代）、江隆基（兰州大学中兴时代）。他认为一所好的大学，必须要有一个具备高屋建瓴视角并以慈悲为怀的领导者。

2006、2007年母亲和父亲相继去世。我在他们出版的《回忆录》扉页上提诗赞曰：

布衣率情性，素业真善美，

耕耘七十载，遍植桃李归。

掬慈胡笳咽，壮行六骏催，

携手道山去，纵心天马飞。

秉承着他们的期愿，我和青荣历经八年辛苦努力，终于完成了《海岱古族古国吉金文集》的编纂工作，2010年皇皇六卷本巨著由齐鲁书社出版发行，并荣获华东优秀图书出版一等奖。形式与内容达到对"美"的追求的理想境界，于此我们无愧于父母的在天之灵。

如今，我们退休索居在家。

青荣钤着"竹雨"印的山水画作随兴而出，庄重的大青绿、典雅的小青绿、重墨皴擦、淡墨晕染，惹得我那位国画大师弘宇老哥哥嗔呼："成精了！"

我也努力提高自己的写作水平和质量，如果有一天有人对我的诗文能够惊呼"见鬼了"，那便是我功德圆满之日。

"自由"的意志，"唯美"的心态，人生在世就这么走下去。

2016年，夫人陈青荣所作《高原情》

作者简介

赵缊，1950年8月生于吉林长春。兰大附中1966届初中肄业，后分配到定西专区会宁县土高公社曹坪大队王川小队插队，返城后在兰州粉末冶金厂工作，由临时工到绘图三级。1977年参加高考，被兰州大学历史系录取，毕业后先后在青海民族学院、山东理工大学任教。现退休在家，著有《庚寅集》。

我的父亲母亲

满松铎

　　父亲满达人（1917—2002），满族，祖籍山东，1917年9月生于吉林省吉林市。1933年3月至1949年8月在长春学习、工作；自1949年9月起先后任兰州大学中文系、法律系副教授，图书馆研究馆员，教授，法学硕士研究生导师。曾担任全国外法史研究会理事、省法学会顾问、省图书馆学会理事和名誉理事、省老年科技工作者协会翻译工作委员会顾问等职。长期从事外法史、日本经济法、中亚文献等的教学与研究。发表论文、译文40余篇，出版《经济法概论》《文化教育法》《中亚史地文献综述》《简明俄语语法手册》和《现代日本经济法律制度》等译著、专著多部。曾分别荣获甘肃省和兰州大学先进工作者称号，获得优秀译文、论文及科研成果奖多次。获得

父亲

国家教委人文社会科学国际问题研究"八五"规划项目资助一项。1985年12月退休后一直在图书馆做义务工作，直到去世。1987年9月，省职称改革工作领导小组聘任满达人先生为省自然科学高级职务评审委员会图书情报专业组成员、省翻译专业高级职务评审委员会委员。1988年4月，获研究馆员的任职资格。

1992年5月，校论文答辩委员会聘任其为顾问。1993年7月，省法学会聘任其为顾问。同年12月，获教授任职资格。1994年6月，省老年科技工作者协会聘请其为翻译委员会顾问。2002年2月19日5时58分，因病医治无效在兰州不幸逝世，享年八十六岁。

母亲宋兆桂（1915—1994），吉林市人，满族。母亲姐妹四人，排行老二。姐妹几个容颜都很俊美，又各具特色，只有宋兆芳念到了长春市女子高等学校，后来任过兰州女师和兰州女中的校长。

母亲

不久前，兰大离退处的原处长后调任到档案馆工作现已退休的王秋林先生向我约稿，让我写一篇有关我父亲满达人先生的文章。王秋林先生说父亲在兰大工作时间长逾半个世纪，德高望重，著作颇丰，影响大、口碑好，是难得的好同志，应该写出来。他回忆说：当年离退处要办一个月刊小报，父亲在医院的病床上给他们传授办好小报的经验，并为小报起名《常青树》，得到大家的认同。父亲还以《千里之行　始于足下》为题，专门为《常青树》撰稿，祝贺《常青树》的创刊。遗憾的是，父亲于第一期《常青树》印发前夕去世，没能看到由他自己命名的小报。可喜的是，《常青树》至今仍然在按期印发，截至2020年10月已经196期了。王秋林先生说，目前档案馆正筹备出版一部由子女撰写的回忆父母亲的书，叫《萃英门——我的父亲母亲》。这样，写父亲的文章自然就落在我的身上了。我虽已欣然领命，但囿于自己的水平与能力，恐难以胜任这件光荣而艰难的任务，可父亲的精神所在，鼓舞着我应量力而行、尽力而为，而且是非去完成不可的了。

初来兰州

1950年冬，我们八口之家随父亲响应国家支援大西北的号召来到兰州。那时兰州尚未通火车，我们从西安转车乘长途大轿车一路风尘仆仆来到兰州，在兰州公路局（今自由路口旁）院内下车后，父亲叫了一辆当时兰州唯一的交通车——火柴盒似的木棚马拉车，把我们拉进了位于萃英门内的兰州大学。

兰大领导还责怪父亲为啥不打个电话，学校好派车去接我们，父亲却说："给公家省点汽油吧！"这个"省点汽油吧"叫我想起了另一件事，多年以后我们在盘旋路本部6号楼301室居住时，一天夜里父亲上厕所未开灯，因厕所一进门有个高台阶，父亲没踩准就跌倒了，响声挺大，惊醒了全家。母亲出来问父亲为啥不开灯，父亲却说："省点电吧！"节省、俭朴是父亲一贯的作风，这才仅是开始。

那时我才上小学五年级，记忆大多是我上扶轮小学的事情，对父亲的记忆很少，萃英门里的生活就平平常常过去了。这期间，大姐参加了军事干部学校去了新疆，我家成了军属，二姐上了大学去了西安，家里又添了个小弟弟。没过几年，兰大迁址到盘旋路校区，我家住进了兰大本部家属院1号楼三楼，我和三个弟弟、一个妹妹就和父母挤在六十多平方米的两间相对的房间里。

父母合照

父亲生活中的点点滴滴

父亲非常注意与邻里的相处，经常告诫我们走路说话都要轻声轻语，勿要影响他人。我们晚上写作业时，把椅子往前挪一下就"吱"的一声响，父亲听到了赶快过来小声地喊道："轻点，轻点，楼里住的又不是我们一家，小心点！"有时我们忘了不免又发出"吱"的声响，父亲不知从哪儿弄来胶皮剪成小方块，钉在椅子的四条腿上，从此就不再发生"吱"的声响了。

有时我们把洗好的衣裤等搭在小阳台的杆子上，马上就惹来二楼的呼喊声："满先生，你们楼上往下滴水了！"父亲听到了便急匆匆地对我们喊："快把衣服拿进来，快！这栋楼里住的又不是我们一家，赶快拿进来。"

逢年过节，我们会买些好吃的带给父母，父亲总说："你们买这些干啥？市里的商店都有卖的。"我们回敬说："市上有卖的又不是咱家的，你不去买来，它们能自己跑到咱们家里来吗？"有时家里有了好东西或者是什么好吃的，父亲常说："这么好的东西给客人留着吧，自己用了怪可惜的。"家里常有这样的事情，我们很不满："好东西自己用了可惜，送给客人就不可惜了，这是什么逻辑？"

有一次，家里买来一个大西瓜，爸爸说："先不要吃了，留着等你们大哥回来一起吃。"于是就把西瓜放在床下，等着大哥回来。这个大哥就是我，我是一名开空压机，长年累月奔波在山沟、野外工地上施工作业的机械工人。那一次我从工地回到家中，父亲叫弟弟妹妹们赶紧把那个大西瓜从床下拿出来大家一起吃，哈哈！这个西瓜都坏得流水了，那么大的西瓜，真可惜，真是又可气又好笑。

有时家里又买了什么好东西或者好吃的，我们就学着父亲的口吻说："给客人留着吧！自己用不是太可惜了吗！"全家都笑了。

父亲对待同事、朋友及客人都非常客气、和蔼，可是对待像我这样淘气又不太听话的男孩子，总是一本正经、一脸的严肃。我生性活泼、开朗、乐观，特别爱唱歌。有一次，我刚看完赵丹主演的影片《马路天使》，回到家里便一边上楼一边学着赵丹唱道："春天里来百花香，朗里格朗里格朗里格朗……"父亲听了非常生气:"太不严肃了!太不严肃了!"

我在长春上小学时,学生们普遍戴的是那种硬壳有帽檐的黑色学生帽。我很喜欢这种帽子,兰州没卖的,我就自己做了一顶。戴上的第一天就被父亲看见了,他说:这是什么帽子?若是叫全兰大看见了都会说,怎么满达人的儿子戴了这么一顶帽子,并勒令我"马上取下来"。无奈,我只好取下来,再不敢在家里戴,只好拿到学校里偷偷地戴。

我与父亲的观点总是相左,很多事情谈不拢。有一次,忘了因为什么事我与父亲争执顶撞起来,把父亲惹怒了,他举起手来就要打我,我当时不知哪来的勇气,马上抓住了父亲打过来的手,大声喊道:"新社会不许打人!"父亲一下子愣住了,片刻,他笑着收回了手,说:"你翅膀硬了,长大了,过了挨打的年龄了,算你能。"母亲常对我说:"你不要与你爸爸顶嘴,惹你爸爸生气会影响他的健康的。"多少年以后我有些成熟了,才懂得母亲的话,回想起来很后悔,特别是在我写这篇文章的时候,想起父亲写文章日夜操劳,我还要惹他老人家生气,影响他的健康,真是太对不起父亲了。

1963年,我和几个同学高考完就一同去西北民族学院(现为西北民族大学)转转,正好碰上西安音乐学院来兰州招生,我就给他们唱了一首王洛宾的《在那遥远的地方》,便被录取了。在我回家取高中毕业证书和户口本时,保守而正统的父亲只说了一句"不务正业",去西安音乐学院就此泡汤了。后来在我填写志愿报电影学院和美术学院时,也被父亲的"不务正业"所否决了。

父亲在走路时,总是低头注视着地面,很小心,唯恐踩死个蚂蚁什么的。我们觉得父亲太善良又太小心了,有些可笑,可如今我也是八十好几的人了,走路时也像当年父亲一样,看见小动物什么的也尽量避开走,也明白了蚂蚁、小虫子等生灵虽小也同样是生命,在这个地球上也都有生存的权利和位置,不应当伤害他们。以前我们把父亲称作"东郭先生",实在是大不敬的。

父亲勤于著书、写作,可是生活的必需技能可以说是个空白。有一次母亲患病住院了,家里再无他人可以做饭,不会做饭的父亲就用白面打糊糊吃,这听起来挺好笑,可事实上的确如此。还有一次,高压锅里的汽还未放完，父亲就要打开锅盖，事后，母亲就跟我们学父亲强行打锅盖的情景：父亲两手一边强开锅盖，嘴里一边大声说"我就不信，一个大活人连个锅盖都打不开"，结果是"砰"的一声，锅盖是打开了，却崩到了父亲的脸上，父亲的脸马上就变成了豆腐渣了。那个时期的高级知识分子，不会做饭以及生活常识贫乏的人不少，父亲仅是个例，但是否有它的普遍性呢？

谁都有做错事的时候，在兰大父亲只做错了一件事就让他耿耿于怀，悔恨终生。一天，父亲骑自行车外出办事，不巧在校园里碰见一位同事要借父亲的自行车急着去医院，由于父亲的事也很紧急就没把自行车借给他。事后，父亲非常后悔，嘴里就像鲁迅笔下的祥林嫂一样："我真应该把车子借给人家，他的事比我的事更重要，我太不应该、太不应该了！"只要一想起此事，父亲就谴责自己的过错，永远不肯原谅自己。

有一次，父亲卧病在床，看见我们的同学来了，就马上坐了起来。我们叫父亲躺下，不必起来："我们都是晚辈呀！"父亲却说："有客人来家，我却躺在床上，多不礼貌！"

还有一次，我的一位同学来家里向父亲请教问题，父亲像往常接待客人一样很礼貌地接待了她。后来她对我讲："你父亲满达人先生是我在高级知识分子中见过的最和蔼、最文雅、最礼貌、最有学问的学者。他老人家与我交谈没有半点架子，亲切、温和而友好，叫人无拘无束。"

有一天，我们全家在一起闲谈，不知怎的扯到了打老婆的话题。我就问父亲："爸爸，您打过妈没有？"父亲很自豪地说："你问你妈，我可以问心无愧地说，我和你妈这一辈子，我连你妈的一根毫毛都没碰过！"接着父亲又说："男人的拳头，只能伸向比自己强大的敌人，而不应当伸向老弱病残、妇女和儿童。"父亲的这句话给我印象很深，让我懂得了不能欺负弱小的道理。

我一向主张平等待人。结婚以来也从未向妻子动过武，只有一次我与妻子争吵起来，妻的蛮不讲理惹怒了我，我便举起了手掌欲扇妻子一个饼子（耳光），我的手掌在空中停住了，正是父亲那句"男人的拳头……不应当伸向老弱病残、妇女和儿童"阻止了我。我放下了手臂对妻子说："算你运气，是父亲救了你免遭一巴掌的疼痛，你应该感谢父亲吧！"

我与妻子是在"文革"期间结的婚。妻子是小我十三岁的农村姑娘，婚前我们没有交谈过一句话，从认识到结婚才十六天，跟影片《牧马人》中男女主角有些相仿。我们互不了解，没有感情基础，多方面和不来，只有勤俭持家这个共同点才维持着这个家庭没有破裂。有三次我欲提出离婚，遭到父亲的劝阻："银花（妻的小名）是在我们家最低谷、最困难时来到我们家的，不怕我们家穷，还给我们满家生了三个这么可爱又听话的孙子，是满家的恩人、有功之臣啊！不能离！看一个人要看优点多还是缺点多，优点多不能舍弃，缺点多不能合作。银花的优点还是很多的，不能离呀！还是好好过吧！"

　　父亲还教导我们不要与人争斗，别人骂你不要还口，别人打你不要还手；借你钱不还不要要；骑坏你车子自己花钱修；给别人多些，要别人少些；宁可自己吃点亏也不要占人家便宜，更不能去伤害他人。在我们家，正直而健康的父亲，从来没有让家里的任何一个成员去做任何一件不合理的事情，这就是我们的父亲啊！

　　"文革"时，父亲与许多老师一样被下放到靖远县北湾农场进行劳动改造。一次，父亲和一位老师一同拉水上山，快到山顶时因体力不支，车子开始下滑，父亲赶快伸出左腿欲挡住下滑的车轮，其结果可想而知：腿断车翻。送到附近的医院，不巧又碰到了一名刚毕业没有经验的实习大夫，他没有经过牵引就给父亲打上了石膏夹板，使断腿的两端并排长在一起了。

　　后来，一切恢复正常之后，有朋友建议父亲去医院打开并排长在一起的腿骨，重新经牵引对齐再打上石膏夹板。可是大夫说，伤口离膝盖太近，强行手术容易伤到膝盖，腿就弯曲不了了。父亲只好放弃了这个方案，继续两腿一长一短地走路了。

　　有一年，一个日本访华代表团到兰州大学访问，由父亲当翻译。父亲的日语相当流利，使中日双方非常满意，而且父亲与日方代表团团长高畠穰先生结交了朋友。以后，他们二位便经常书信往来，并相互邮寄自己国家的法律书籍给对方。父亲后来所翻译的日本法律书籍，大都是高畠穰先生寄来的。

　　有一段时间，有几个兰大的学生来家里向父亲求学日文，父亲在百忙中挤出时间教出了几个学生。后来，父亲对我们说，他的日语财富，自家的孩子没一个继承，却教会外人了，很是感到遗憾。其实，我家的孩子没有一个是对日文感兴趣的，而我只学了点皮毛，也没有坚持到底，很是可惜的。

父亲的业绩

1.孜孜不倦——致力于二次文献的编撰工作

父亲自20世纪中期到图书馆工作到2000年以来，半个多世纪从事兰大图书馆的二次文献编辑工作，经过多年的积累，成果显著。据不完全统计，先后共编出索引、目录及资料汇编等20余种次，8万多篇目，600多万字，其中连续出版的11种，总册数达4万余册，内容涵盖人文、社会科学、自然科学等方面，形成了具有一定特色的文献检索体系。这些成绩的取得都有父亲的辛苦付出和贡献。

由他主编的《文艺资料索引》在当时全国是寥寥无几的，他在科技情报的收集、加工和选编上做了大量的工作。特别是80年代以来，由他主持编辑出版的有关"社会主义精神文明""文学""法学""人口""外语""高等教育""图书情报档案""自然科学报""敦煌文献""领导艺术""西部开发""西北地区开发""国外远地区开发""中文自然科学"引文索引目录，在国内外产生了一定的影响。

为了向兰大九十周年校庆献上一份厚礼，在父亲的主持带领下，完成了近七十万字的《兰州大学校友著作目录》和《中国西部开发文献资料索引》（1985—1998年）的两部著作。

2.笔耕不辍——业余时间专注科学研究论著

1985年，父亲翻译了日本著名经济法学家金泽良雄的《经济法概论》，期间因旧版改新版两易其稿，他完全是在工作之余完成的，历时三年，他经常是废寝忘食、通宵达旦。

该书出版后，被东京日中文化学院作为中国研究日本学者的研究成果，编入了《中国研究日本学者要览》一书，在日本法学界特别是经济法学界产生了广泛而深刻的影响。该书作者金泽良雄亲笔致函父亲，对父亲翻译该书表示感谢。

父亲在法学领域研究成果获得表彰

3.无私奉献——创办馆报《信息窗》

1991年1月1日，父亲时年七十五岁，怀着一位学者对图书馆的深情厚爱，不辞劳苦地创办了兰大图书馆馆报《信息窗》。从创办到他去世的十年内，编辑发行了二十七期，载文一千余篇，全面、准确、及时地报道了国内外图书情报事业的发展，多次荣获兰州大学校内优秀报刊荣誉称号。父亲常年不计报酬地主持《信息窗》的编辑工作，对《信息窗》倾注了大量的心血，即使在患病期间，仍关心《信息窗》的编印工作，亲自组稿完成了2002年新年的编辑工作。这种为事业不图名利、无私奉献的精神，贯穿他的生活与工作中。他不像一般老人退休后享受清闲的时光，而仍接受返聘工作，在自己喜欢的岗位上乐此不疲、兢兢业业。

苏联教育家苏霍姆林斯基说："对人来说，最大的幸福是把自己的精神力量奉献给他人。"这是对父亲最贴切的写照。在兰大图书馆发展史上，父亲可谓是呕心沥血，贡献良多，为兰大图书馆写下了光辉的一页。

通宵达旦，废寝忘食

父亲在兰大图书馆半个多世纪的生涯中，可以说完全是"写"的生涯。无论是他职责之内的业务，还是计划之内的翻译业务，完全是在动笔写作。八小时的工作时间显然是不够的，于是他便自然地动用了二十四小时之内的休息和睡眠时间，甚至是礼拜天休息的日子。于是，我们想在礼拜天让父亲领我们出去逛逛百货商店、公园、看个电影什么的就成了奢望。于是，通宵达旦、废寝忘食，就成了父亲的家常便饭。

一日，父亲写书写到半夜一两点，又写到三四点，又写到五六点，还是在写。这时，母亲一觉醒来天已大亮了，发现父亲还在埋头疾书，母亲说："老头子你还没睡呀！天都亮了！"父亲这才抬起头来："哎呀！天真的亮了，我该上班去了！"于是他忙把书本子夹在腋下，去厨房取个馍馍便上班去了。母亲无奈地叹道："这个老家伙真的不要命了，真拿他没办法！"

这个场面刚好被起夜的我看到了，我已不足为怪了，其实这样的事已不止一次了。这才是名副其实的废寝忘食、通宵达旦啊！

父亲的作为，给我们全家以良好、积极向上的影响；父亲的拼搏、奋斗，深深地感染了我们全家每一个成员。父亲的音容笑貌永远浮现在我们面前，父亲的教诲一直激励着我们一往无前、永不止步。父亲为人诚实、善良、豁达，又不计较个人得失，总是想着他人、集体和国家，即使是在"文革"期间，也从无半点怨言。

父亲一生清贫、勤俭、朴实，他和1994年仙逝的母亲一道在培育我们兄妹六人的成长中，付出了太多的心血。他教导我们工作要认真，做人要踏实，要关心帮助他人，乐善好施。父亲有着极好的修养和道德风范，对我们子女和儿孙辈，都起着潜移默化的影响。他老人家的高尚品质和为人处世的态度，是我们在工作和做人上永远学习的楷模。

父亲平反之后

父亲后来平反时，有关校领导问他有什么要求，他说："组织给我落实政策平了反已是大恩大德了，我都感激不尽，还敢提什么要求，没有什么要求！没要求！"其实，那时我家还有三个弟弟妹妹都急待解决工作问题，可父亲却一字不提，怕给组织添麻烦。父亲永远怕给他人添麻烦，却每天沉浸在恢复自由后能够全身心投入工作的快乐中去了。

可在给父亲补发工资的事情上却出现了问题，上头说目前国家经济发生了困难，这次补发的工资就算是给国家作贡献吧！这样我父亲这一拨平反的老师们的补发工资就等于零了。可在父亲前后平反的老师们都补发了工资，我们知道后都十分不悦，父亲却说："国家有困难，我们理当分担，不必在意这几个钱，没有它，日子也照常过，给我早平反了才是大问题。"父亲一向是宽宏大量的，对任何人或任何事都是宽宏大量的。

在同龄人中，父亲的收入并不高，他还把自己数千元的稿费捐献给图书馆。他以七十八岁的高龄继续为图书馆工作的精神，感动了许许多多的兰大人。他在八十五岁荣获了"全国健康老人"的称号，健康的体魄加健康的心灵，为这所大西北有名的高等学府——兰州大学，散发了五十余年的光和热。这是他老人家一生的快慰和自豪。

天降大不幸

父亲身体的健壮，在兰大的老龄人群中是很少见的。一些兰大的熟人见了我常说："你的脸色比不上你父亲的脸色，他老人家的脸色总是红润的，活到一百岁是不成问题的。"是的，父亲能长寿是显而易见的，他的劳作、他的无忧无虑、他的性格以及他的心态都预示着他能长寿。

可是，不幸的事却发生了。2002年2月初的一个天还未亮的早上，父亲下楼上班时踩空了一个台阶，摔倒撞在二楼拐角的暖气上，被家人送到省人民医院抢救，经检查发现断了三根肋骨并刺破了肺。可是父亲并不安心养伤，认为没啥大不了的，急着要出院去完成他那本还未写完的书。大夫拗不过父亲固执的要求，就让他出院了，不想他回到家没几天，病情却加重了又送回了医院。这一出一进，不但加重了病情，也耽误了治疗时间，伤势日益严重，最后发展到了不可挽回的地步。

父亲翻译写书已达到痴迷的程度，并不亚于古希腊阿基米德绘画几何图的程度。此时的父亲视他所写的书超过了自己的生命。

2002年2月19日清晨5时58分，父亲因伤病医治无效，永远地离开了我们。那几天前来吊唁父亲的亲友、同事、领导络绎不绝，悼念的花圈层层摆满了楼外。很多人都为他们心中那受人尊敬、受人爱戴的人民的"孺子牛"满达人先生走得如此突然匆忙、如此出乎意料而感到痛惜和悲伤。

我们怀着无比巨大的悲痛，送走了操劳一世、没享几天福的父亲。安息吧，父亲！安息吧，我们生命的导师，最敬爱的父亲！安息吧！在人们的心目中，永远存在美好形象的亲爱的爸爸——满达人先生。

父亲是怀着特定的使命来到兰州大学的。在他老人家有限的生命里，只完成了他计划中的一部分，与那个时代的其他知识分子一样，对社会作出了一定的贡献。

让我们怀着最崇敬的心情，向我们最敬爱的父亲——满达人先生致敬，给您鞠躬了！

忆我的母亲宋兆桂女士

母亲在十七岁时与小她两岁的父亲结了婚，从此便困在了伺候丈夫、抚养孩子的"牢笼"之中，成了典型的中国式的家庭妇女。据老姨讲，母亲只念了初中，但歌儿唱得很好，我爱唱歌想必是随了母亲，我小儿子歌儿唱得好，大概是随了我了。

母亲与儿子们的合照

母亲共生了十个孩子，在我底下夭折了三个女孩，活下来的三男三女，便成了母亲一生的重担。默默无闻、任劳任怨、兢兢业业、不遗余力、无休止地付出是母亲最大的特点，母亲是典型的贤妻良母。母亲总是和颜悦色地同我们讲话，从未大声呵斥过我们，而且从不喜形于色、怒形于色。

最令人难忘的是，在困难的年代，粮食的供应是定量的，每家每户是按人头分等份吃饭的。我家每次吃饭时，母亲先不吃，看着我们吃，如果哪个孩子不够了，特别是我这个饭量较大的男孩子吃得多，母亲就把他的一份分出来些给我们吃。那时我还小，对母亲这种行为没啥太大的感觉，可是后来我长大了，想起这件事就不太平静，不由地就想到鲁迅的《一件小事》中，鲁迅对那人力车夫突然有一种异样的感觉，觉得那满身灰尘的背影霎时高大了，须仰视才见，此时我对那时给我们拨饭的母亲的形象便是这种感觉。

母亲在人格上的高尚，在情感上的伟大，每每想起，每每愧疚，终生难忘。我们对母亲非常敬重，尤其是我，敢同父亲辩论、争执，而对母亲一直是毕恭毕敬的，从不敢有丝毫的造次。

母亲走的前一天晚上，平静地躺在病床上，我抚摸着她尚有点温热的枯瘦的手，望着她那满头的白发和安详的面庞，我们对视良久，没说一句话。在一旁的父亲说母亲该休息了，就叫我回了。走出了病房，我心情很沉重，又为没能说上一句话而伤感。

次日晨，为我们家耗尽了所有能量的母亲，心肺衰竭，于1994年12月5日上午9时，默默地离开了这个无牵无挂的世界，享年七十九岁，可谓是寿终正寝了。

母亲这一生，也该有自己的特长、爱好、理想和愿望，可是全都被埋没了。

母亲是家庭的孺子牛，父亲是图书馆的孺子牛，他们两位都没享受到人生其他方面的乐趣，这是否也是人间的一种悲哀呢？

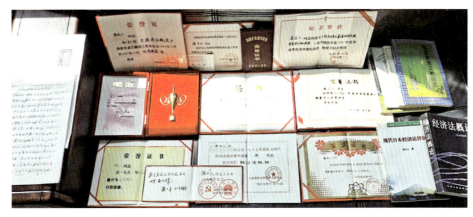

满松铎捐赠父亲满达人先生的资料

我们永远怀念我们可爱可敬只知道贡献而不知索取的平凡而伟大的父母，愿二老在天之灵得到永远的安息和永远的祝福！

后　记

为父亲写一篇文章，几年前兰大离退处王秋林先生就交代给我了，可是多种原因未能及时动笔，此事就延宕下来。

这次已退休的王秋林先生又把写我父亲的任务正式交给了我，但我对于兰大图书馆和父亲有关写作的资料知之甚少，只好求助于兰大图书馆的有关人员了。

图书馆已退休的杨丽梅老师和在职的满路老师为我提供了大量的有关资料，在此特向二位致谢！由于水平有限，文章里谬误之处难免，请知情者多加批评指正！

2020年10月1日于兰大

作者简介

满松铎，满族，祖籍山东，1937年腊月二十八生于吉林省永吉县（现归入吉林市）。满达人先生的长子，退休工人。1963年在兰大夜大中文系学习。

喜爱文学、唱歌、朗诵。1990年退休后参加了西固老年合唱团、兰铁火车头合唱团和兰大老年合唱团等。2008年至2009年，在"兰大读书文化节"征文活动、"百年兰大原创诗歌征集大赛"和"百年兰大原创诗歌朗诵大赛"中，投稿《校园外的兰大情怀》《我在兰大长大》，并参加朗诵大赛，先后荣获了二、三、二等奖。

2013年7月，在全国"夏青杯"朗诵大赛甘肃分区赛中，《这只是个小故事》荣获了最佳感动奖。同年12月，在北京参加"王洛宾歌曲大赛"中，演唱《在那银色的月光下》《半个月亮爬上来》《阿拉木罕》等歌曲，荣获"王洛宾音乐奖"。

我的父亲

赵志农

　　父亲赵从显（1917—2003），1917年九月初四出生于天津，字之诚，中国民主同盟会盟员，山东蓬莱县大赵家村人。自幼读私塾，小学就读于天津市第一小学，1930年考入河北省一中，1933年毕业于天津中学商科。1936年考入中央政治学校大学部财经系，1940年毕业后参加山西太岳区九十三军。1941年春至1943年末，先后在甘肃田赋管理处、甘肃省财政厅工作。1944年初在甘肃省银行工作。1944年3月被调任徽县县长，三个月后推病请辞。1944年至1949年初，先后就职于宝天铁路征工处、甘肃省合作事业管理处、甘肃设计考核委员会。

　　1943年至1948年，几度受聘于省立甘肃学院（兰州大学）政经系兼任职讲师。1950年4月，受聘为兰州大学经济系副教授，是兰大经济系的创建人之一。1953年，任《兰州大学校刊》

父母结婚照

副主任编辑。1962年，担任经济系学务委员会委员。1986年，被兰州大学聘为经济系教授。1979年，担任研究生导师。曾任甘肃国际金融学会常务理事兼副会长（1994）、华北西北国际金融学会理事（1984）、世界经济学会理事、美国经济学会理事、西欧经济学会理事、国际经济关系学会理事、国际贸易学会理事、国际金融学会理事。

母亲崔冰如（1923—1990），1923年七月十七出生于北京黄寺，河北饶阳人。1929年至1932年读私塾，1933年至1935年在琉璃河小学、保定第二女师附小就读，1935年随外祖父到陕西，在潼关上学。1941年初至1944年春在甘肃银行工作，1944年春夏在徽县办事处工作。1945年至1949年在甘肃合作金库工作。1949年夏冬在岷县。1950年至1968年，先后在甘肃省合作局省供销社、省供销社土特产管理处、省商业厅农副土产站、省商业厅进出口公司、省商业厅副食局、省食品公司工作。1970年秋至1971年秋在省农宣队武威分队工作。1971年9月至1978年8月，在武威糖业烟酒二级站。1978年9月，落实政策回到甘肃省食品公司。1979年9月退休。

新中国成立后，父亲被聘为兰州大学经济系副教授。我曾经看到过当时的聘书。聘书上盖着刘澜涛的大印，方方的、红红的，大约四五厘米。聘书被我奶奶收藏在一个一尺高的空心弥勒佛的肚子里。当时新中国刚刚成立，薪金是按照粮食计算的，我记得是十六担粮食。

作为一个留用的旧知识分子，历史问题的甄别是不可避免的。我父亲也参加了华北革命大学的学习。最后的结论是按人民内部矛盾处理，仍然可以从事大学教学工作。返校后，父亲总是小心翼翼、认认真真地做学问，编写讲义和上课。

从我们几个兄弟进入小学起，父亲就开始管教我们。方法很简单，他制作了一张表格，横格是几个兄弟的名字，纵格是星期一到星期六。我们要做的是每天按照各自的表现填入相应的符号："☆"代表这一天有好的表现，"△"代表表现一般，犯了明显错误则是"×"，每天晚饭后由父亲主持评论，表现好的和不好的也没有明显的奖惩，只是自己心里受到鼓励或丢面子。父母亲很少有机会带我们去游玩，都在忙自己的事情。

1958年，父亲去酒泉农场参加劳动锻炼，父亲是那一批的副队长和领队。我当时只知道父亲去酒泉农场劳动，去体会劳动之辛苦，并不知道他是领队。后来，我和兰大物理系毕业的同学去看望物理系讲X射线的吴宝善教授（当时他刚分配来兰大当助教），吴教授告诉我，他是那次劳动的队员之一，还和我说"你父亲能吃苦，起带头作用"。这对我激励很大。

1959年，兰大经济系统一搬到了段家滩的甘肃财经学院，我们全家也搬到段家滩。那时正赶上反右倾，父亲成了右倾分子，受到了批判。除了代课外，父亲有一段时间还去雁滩的一个豆制品厂劳动。当时已经是困难时期，有时也能带点可食用的豆腐渣回家让我们充饥。

那时我在五中上初二，刘新陆在兰大附中上学。从段家滩到学校，我俩每天早上早走半小时，到路边的大鱼塘打鱼。每天少则三条，多则五条，装在书包里，晚上带回家洗干净让老父亲做。由于腥味很大，书包只好放在教室的最后一排，我也特别要求调到最后一排。冬天，我们上学放学都从冰冻的河面上过，为了给鱼塘里的鱼通气，河面上会开出一道一米宽的沟槽。一天晚上，我放学回来因天太黑没有看清，直接掉进了水槽里。幸亏当年夏天和定关凯学会了游泳，才爬了上来。当时浑身湿透了，待转回大桥上走回家，衣服已经冻硬了，像铠甲一样。不过那时也扛造，休息了一天就继续上学了，真是幸运。

父亲在酒泉农场和同事休息时交谈

大约是1962年秋天，经济系回到兰大。此时我在五中上学住校。后来，父亲花了近两个月的薪金买了一台七灯的收音机，听新闻报道和文学评论广播。"文革"中，这台收音机一度被没收搬走了，"文革"后才还回来。直到80年代，父亲才告诉我们，当时是为了巩固英语才买了这台收音机。除了会英语，父亲在50年代和60年代初又先后自学了俄语和日语，也都达到了查阅资料的水平。

　　1962年由甘肃财经学院回到兰大后，父亲的教学课程有了变化，开始接手世界经济课程的教学工作。这是一个全新的课程，除了和国内的专家教授交流外，还需要大量地查阅书籍和收集资料。为此，父亲除借书外，还订阅了《人民日报》《大公报》《世界知识》等报纸期刊。除此之外，父亲每月还去一趟新华书店买书。给我印象最深的是他的剪报，每当发现有用的资料他就剪下来，注明报纸名称和年月日，按照分类收入相应的资料袋或粘贴成册。在编写教材时，用到相关内容都注明出处，一是便于查找，二是对所讲内容负责。

　　"文革"开始后，父亲成为重点批斗的对象，母亲也被送到外地农场管制。1970年下半年，父亲被从牛棚放出，到庆阳的一个农村劳动了一段时间。回校后，他就把当年扣发返还的工资，大部分捐给了曾劳动过的农村。从70年代开始，父亲的学术研究也从世界经济领域逐步扩展到国际金融货币等领域。由于较早进入这些领域，父亲的研究逐步得到国内同行的认可，父亲先后代表学校加入了国内七个相关的学会，并成为理事会成员。直到90年代中晚期，父亲除了坚持上课外，还先后带了七个硕士研究生，并经常在家里接待研究生，和他们交流、讨论问题。

　　父亲对我们的教育和影响是很大的。他在工作和学习上的一丝不苟、不知疲倦，在关键问题上的直言不讳，潜移默化地感染着我们。记得1985年底，父亲突然对我说，希望我们兄弟四人在他有生之年都能加入中国共产党。我有点震惊，我知道这正是父亲有感于自己在事业上得到社会的认可，坚信党对国家的领导，一心想把自己的毕生奉献给祖国的教育事业，发自内心地对我们的希望。1987年，我加入了中国共产党。

　　80年代以后，随着父亲在学术研究上取得的成绩，父亲的心情更加开朗。特别是七十多岁退休后，每次回家都能看到他满足的笑脸。有时候也会陪他打打麻将，看到他和牌后高兴地计算得分的样子，我们也情不自禁地笑起来。

父母亲在不同的单位工作，各自忙碌。尤其在"文革"期间，父亲关牛棚，母亲去干校，很长时间不得见面，令人叹息。父母退休后才得以安定下来，两人一起去了山东老家，登泰山、上蓬莱，兴致勃勃。母亲本来就喜欢书法，回兰州后有感而发，写了许多小楷抒发情感。

1993年，父亲编写"政九忆怀"时留影

1990年6月3日，我敬爱的母亲去世了。母亲的去世对父亲是一次沉重的打击。为此，父亲每日在家中怀着极其悲痛的心情，为我们的母亲写了很多纪念悼文。

哭送冰如

1990年6月3日

四十六载共悲欢，动乱隔离心紧连。
方享儿孙团聚乐，宿疾却促早归天。

1990年6月3日夜泪下草，6月5日午后置遗体上装衣襟内，6日上午一同火化。

悼亡中应自勉

1990年6月14日

修养锻炼，

宽舒胸怀，

岂可依恋儿孙孝敬，

年年陪侍左右。

潜心治学，

扩展视野，

理当珍惜自身余热，

日日举步向前。

蓬莱诗抄之一

父母同贺老友作品发表

2003年，父亲渐感体力下降，他早早就委托我们为他办好了遗体捐赠的手续，并且自己做了遗嘱和公正。

2003年12月26日，父亲走了。红十字会接受了父亲的遗体，在兰大第一附属医院的实验室进行人体观摩教学。十几年了，父亲默默地待在那里为国家做着最后的贡献。

附：

回忆我的父亲

我的父亲赵从显于2003年12月26日下午4时40分去世了，享年八十八岁。父亲走了，但他的音容一直留在我的脑海里，那样的深刻，那样的清晰。父亲患的是肝硬化腹水，发展成为肝脑、肝肾综合征。一向坚忍的父亲在病痛的折磨下，临终前不停地呻吟了三天多。我们的心在他痛苦的呼喊声中碎了。我不能替代他，也不能减轻他的痛苦。最后一天，他不再呼喊了，他已经没有力气了。脉搏渐渐地弱了，血压一点点地下降，输液的右脚慢慢地肿起来，逐渐发展到小腿。我用手轻轻地抚摩着父亲的脸，看到他缓缓地合上眼睛，闭住嘴，点点头……医护人员在抢救，我忙去打电话通知接受遗体捐赠的有关人员和家人。

从我懂事的时候起，五十多年，我的父亲总是在抓紧时间学习。资本主义的经济理论、社会主义的经济理论、世界经济、国际金融……他在专业知识的海洋里遨游。他的英语基础很好，但为了便于了解当时苏联的社会主义经济理论，他在50年代开始学习俄语，为了更好地研究日本经济快速发展的原因，他又在刻苦地学习日语。他学习外语的天赋，我深深感到不如。休息日，他总是要去书店，当买到有用的书时，往往喜形于色。他订了几份报纸，每天的报纸都被他勾勾画画，圈圈点点，然后裁剪得像窟窿天窗。他把那些裁剪下来的文章注明报刊的名称和时间，小心地分类保存。这些极普通的事，现在回想，真真切切，历历在目。这就是他给我留下的学习精神。

我的父亲非常热爱他的教学事业。当他有课的那一天，他总是很早起来，把他的讲稿默默地读一遍，临走前，从容地刮刮胡子。他说这是尊重学生。他的研究生来到家里，他总是热情相待，恨不得把他知道的东西全掏出来。病重期间，他常常念叨他的学生，赞许他们取得的成绩。每年接到学生寄来的贺年卡，他都要收集起来拿给我们看，脸上露出得意的微笑，有时甚至像天真的小孩一样。

我的父亲教育我们是比较严格的。小时候，因为我们学习好，他在为我们制作的考评的表格里画过五角星，也因为我们和其他的小孩打架或在校园里淘气要打我们的屁股。忘不了在我插队的时候，父亲从千里之外让人带来了鱼干，忘不了在我上大学时父亲给我的补贴，忘不了在我和他交谈工作时他那默许和鼓励的目光，更忘不了80年代某一天他说"希望在我有生之年看到你们兄弟四人加入中国共产党"，这是他给我们定下的人生目标。从他严肃而深情的眼神里，我看到一个旧社会过来的老知识分子，把对祖国繁荣兴旺与中国共产党的领导结合在一起，把对中国共产党的信任和热爱充分地表达出来。我们都入党了，但我们觉得，离父亲的要求可能还差得很远。

就像我们自己有许多缺点和不足，经常会办错事一样，我的父亲也有缺点和不足，也会办错事，有时也会让人觉得不合情理，但我认为人无完人。逝者如斯夫。

父亲走了，身后的事安排得很周详。留给我们的是他那孜孜求学的精神、勤勤恳恳热爱教学事业的精神和捐躯于祖国医学事业的无私精神，更是那热爱祖国热爱党的无限深情。

赵志农

2003 年 12 月 30 日凌晨

作者简介

赵志农（亚龙），1948 年 7 月生于兰州，中共党员，正高级工程师，化工部材料腐蚀防护资深专家。小学就读于一只船小学和兰大附小，初中毕业于兰州五中，高中毕业于兰州一中。1968 年 11 月 28 日响应国家号召，到甘肃省临泽县倪家营公社下营三队插队。1972 年 2 月，抽调到酒泉电机厂当工人。1972 年 7 月至 1982 年，随酒泉电机厂转到兰州综合电机厂。1977 年恢复高考后，考入兰州大学物理系金属物理学专业，1982 年 1 月毕业，分配到兰州化工部化工机械研究院工作。2003 年退休。中国机械技术学会失效分析资深专家，甘肃省科学技术委员会专家库成员，兰州市科学技术委员会专家库成员。曾获两个部级科技进步奖。

我的父亲母亲

——忆父亲赵从显、母亲崔冰如

赵 健

我的父亲

父亲出生于天津，字之诚，山东省蓬莱县季家乡大赵家村人。祖父赵学濂系天津鲁系饭庄松竹楼名厨、全聚德店员，定居天津。

父亲自幼先是读私塾，后来在天津市立第一小学读书。1930年考入天津河北省省立一中，一年级下半期插班；1933年考入该校商科（免学杂费）班。1936年，考入中央政治学校大学部（免学费）。1940年春，有幸作为学生代表旁听参政会，采访了中共代表团董必武参议员。

1940年，毕业于中央政治学院第九期大学部，经校友介绍到山西沁水太岳区刘戡九十三军的地方机构设计委员会工作，后来转任司令部秘书，辗转太岳区九十三军各地方政权机构督导财政兼军部秘书。1941年春，辞去九十三军工作到甘肃省财政厅田赋管理处。1941年春至1943年末，先后在田赋管理处任督导，甘肃省府财政厅代理秘书、秘书、主任秘书。1944年初在甘肃省银行担任专员。

1944年3月，在不知情下被调任徽县县长，三个月后推病请辞。因辞职，惹怒时任省主席，无法回兰州。1944年8月，天水"宝天铁路征工处"成立，天水专员胡奎谦兼处长约请父亲去"宝天铁路征工处"做秘书。父亲为"宝天铁路征工处"的征工动员、计划落实、人员到位、安置管理、后勤保障、督导检查等做了大量的工作。1945年5月，受邀回到甘肃省合作事业管理处任秘书、处长，之后在甘肃设计考核委员会任专员、主任秘书。后期曾在省林木公司担任过协理。

自1948年起再次辞去一切工作，一心从事教育事业。

1948年4月，在国立兰州大学兼职讲师。8月，被国立兰州大学聘为法学院银行会计系讲师，讲授国际汇兑。1950年4月，被兰州大学聘为法学院经济系副教授。同年8月，被兰州大学校务委员会聘为银会系副教授。1951年8月至1986年，被兰州大学聘为（法学院）经济系副教授。1986年，被兰州大学聘为经济系教授。

父亲

父亲在兰州大学经济系从事教学和研究工作三十八年，为兰州大学经济系的创建和国家财政经济人才、金融贸易人才的培养作出了重要贡献。作为新中国教育事业的一代创业者、一位学者，他一生热爱教育事业，刻苦勤奋，治学严谨。在数十年的经济学教学和开拓新课过程中，他不畏艰辛，勇于承担，认真严谨，一丝不苟，深受学生的爱戴和学校的肯定，为经济系的发展打下了良好的基础。1951年2月至12月，父亲在华北革命大学学习。1953年2月至3月，父亲参加了北京师范大学速成俄语教学突击班（担任辅导员），回校后主动承担起经济系教师俄语语法、经济专业俄语语法及读译的教学任务，同时致力于教材教程的编写和俄语教学示教的工作。1956年8月至1957年6月，父亲在人民大学贸易经济系学习后，全力承担起经济系经济学专业国际汇兑、财政信贷、贸易经济、商业经济、银行制度课的教学工作。

1959年8月至1961年7月，父亲在甘肃财经学院工作，1961年由财经学院转回兰大。1962年4月被兰大授任兰州大学经济系学务委员，承担起经济系世界经济全新课的教学任务，不辞辛劳地投入编制世界经济学教学教程、整理编写教材的工作中，同时发表了《论纯粹流通费用的补偿和商业资本对商业雇员的剥削》《通货膨胀过程中不断贬值的美元》以及《论社会主义制度下群众消费与生产的增长》等文章，为经济系开启世界经济的新课程，为新中国成立初期社会主义经济理论的研究工作和兰州大学步入教育部综合大学行列作出了一定贡献，为我国经济学教育及世界经济研究作出了杰出的贡献。

1958年6月，在酒泉边湾农场

父亲不仅对教学工作满腔热情，勤恳敬业，同时也非常注重自身的学习和提高。1964年，父亲参加了兰大的日语培训班，每天晚饭后他都会按时去参加学习，每晚都会伏案读写，从不间断，最后顺利完成学业。从此他在除英、俄、法、德语之后，又攻克了一门日语。按他的话讲"只要多学一点，门槛就会低一点，错读的事就会少一点"。到我上大学时，父亲夜晚自学的身影，一直是伴我夜夜苦学做题的动力。父亲刻苦学习求知的精神，始终鞭策着我以优异的成绩完成学业。

因常年辛勤的学习、工作和写作，1965年，父亲因一次感冒发烧后输液过敏诱发了癫痫，病情持续多年直到八十岁前后治愈。父亲在兰大二院住院时，医生曾建议一定要注意少用脑、多休息，再不可用脑过度。然而出院后，父亲经常是讲课回来休息不多时，又去看书、读报，不停地圈画剪贴，桌案上父亲专用的"兰州大学文稿笺"，不断地增加添页。就是靠着每日早晚"苯妥英纳"和"谷氨酸"药粒，支撑着他上课和正常的读写、备课、书写。在病情较重时期，为了弥补记忆上的亏损，父亲更是加倍伏案动笔勤记、多抄、做记号，每日照写备课笔记、填制卡片。为了不耽误授课，父亲总是病后还没有休养好，就拖着病体坚持去上课了，常有课后学生送他回家的情况，其中有位叫刘鼎焕的同学就经常送父亲回家，有时还来家里接父亲去课堂。当时我在读小学，时常见到父亲犯病痛苦的样子，内心充满担心、恐惧和心疼。

1998年2月，父亲与张永安、杨逢珉两位研究生在家中合影

那时，不便单独出门的父亲，只好常居在家，每个周日由我陪他去位于和平饭店的新华书店。一路上伴着父亲，见他碰翻了擦鞋人的小凳后急忙捡回并道歉，人们看到父亲呆滞的眼神，都很同情友好。直到"文革"父亲被关入"牛棚"，我还是常赶在饭点到文科楼与礼堂之间通往大食堂的路上，希望见到他健康而没有病痛的身影……

"文革"后，父亲重新登上讲台，更是以万分的激情加倍工作，研究中国社会主义经济理论，一心想着追回失去的时光。

自1979年父亲指导研究生后，更是为研究生的授课和课题的研究投入大量精力。父亲经常在家和他们讨论，还天天在家伏案翻阅、抄写，孜孜不倦地收集整理资料。在生活上，父亲无微不至地关心他们；在学业上，父亲严格要求每个学生。记得有一天傍晚，父亲的一位研究生匆忙来家，将一封学术交流的英文格式的信封及译文摘要交到父亲手里。父亲刚看了几眼，可能是因为出现多处译文格式和语法错误，当面训斥了他，随后便一一指出让其修改，并严厉告诫他说"操心学业、力戒马虎、少务杂事"，使这位学生既惭愧又感动。当时，父亲的举动令我这个在场的家人都感到很难堪，但之后该学生经常来我家，我们有时也不免聊起此事，才知道他非常感激父亲的教诲和关爱，由衷地敬佩父亲的严谨。他对我说："你父亲对我就像父亲一般，生活上无比关心，学习上严谨严厉，就像慈父，更是恩师。"

父亲的学习、工作和生活是很规律的。早年除了上课，周一至周六只要是在家，父亲在早、午餐和午休后都在伏案阅读教材、报纸或刊物，或是写讲义、抄写卡片、剪裁粘贴报纸。书桌的几个抽屉里几乎都装满了卡片，两个书架上里外双层码满了书，另一个书架被拽出来了一点，装满了讲义手稿和剪裁粘贴的报刊资料。父亲用的兰州大学专用稿纸几乎所有大块空白处都被写满了批注文字，一摞摞地摆在书桌或茶叶柜上。

1991年8月，父亲与研究生杨继东于张掖大佛寺留影

父亲退休后，还要经常参加各类学术活动，需要准备材料、写文章，有时还需要出差，时常还要为省内外一些规划部门看一些材料，很辛苦。父亲曾结合有关地区实际经济发展情况和对外经贸状况先后撰写了《"入关"与市场经济条件下海西自治州的发展问题》（1993年）、《对关贸总协定原则和例外条款的认识及对"入关"过程中对外经贸政策措施的思考》（1993年）等专题文章，后文经修改整理为《对关贸总协定例外条款及"入关"过程中外贸政策措施的思考》（1994年）。

父亲常被市政府或有关部门邀请去参加一些有关金融、审计、经济建设的工作会议或研讨会。他还撰写了《借鉴日本财政投融资制 加强金融财政调控作用》（1995年）、《中国特色社会主义理论的刍议》（1995年）等论文及意见文稿。

父亲谈起能被请去参会，总会说："参加这类会议，听听领导和政府经济部门谈些建设情况，能了解到一些经济建设规划、计划实施过程中出现或急需解决的问题。通过座谈摆问题、想办法，共同分析研究，既能帮助政府出谋划策，也是自己贴近实际的机会。"这些社会工作和活动如同教书育人一样，获得社会认可，也给父亲带来喜悦。

我们的家园

记得小时候出了家属院小院门就是至公堂，向东一点应该是观成堂，两所堂馆之间是一块小操场，两头稍稍高起，每天晚饭前后我们都会聚集到这里，骑三轮小车或追逐玩耍。日落时分就有大人来招唤自家小孩回屋了，随着孩子们陆续离去，至公堂开始恢复了宁静。到了周末，至公堂便成为大人散心、小孩玩闹的大广场。清早，凡有相邀出行的都会在此集合，午饭前、午睡后一直都有小孩在这儿玩闹，到了冬季时常有孩子支起筛子撒上几粒米，躲在树后扣麻雀。

我小时候就读于商业厅幼儿园，园里有学习娱乐室、大寝室、餐厅和游乐场。我还记得曾在"中苏友好馆"（省政府礼堂）登台表演节目。母亲每周一送我、周六接，偶尔是我大哥去接送。每周回到幼儿园，孩子们首先要做的就是要讲讲在家这一天两夜的趣事，每次我都会给大家津津乐道地讲述萃英门大院里的游戏和乐事，时不时会引得班里孩童的羡慕和遐想。记得有一年，母亲给我做了一件紫红色条绒小外套，我很喜欢穿，三个哥哥时不时就要给我扎起短短的小辫子，又给我抹上红脸蛋，逗得院里的大人乐，小孩们喊我"赵家的小姑娘"。我还记得奶奶、大姑给我喂汤药时我哭天抹泪的事，搞得院子里的大娘们都来安慰我。有一次，我二哥他们用弹弓打回的麻雀足足炖了一砂锅，家中四兄弟、邻里小朋友个个欢天喜地，不一会儿砂锅边就会聚来很多的哥哥姐姐、弟弟妹妹。那年头，我们大院里充满了暖意，四季都是春。

后来，我们家由萃英门搬到了位于盘旋路的兰大家属院。1958年秋又搬到了段家滩的财经学院。1962年秋，随着财经学院转入兰大，我们几个小孩也都转到了兰大附小。

关爱、呵护、家教

三年困难时期，父亲特供的一份牛奶，一直是奶奶和我分着吃的。那一时期，父亲和母亲都浮肿得厉害，1961年母亲和三哥又得了黄疸型肝炎。这可急坏了父亲，他自己省吃俭用，特供的黄油、砂糖都留给了母亲和三哥，买回点吃的东西，都是先紧着老小和病人。我记忆深刻的是，无论多困难，父亲都会去广场的新华书店看看，回来时带回几个奶奶爱吃的天津包子。

1964年，我自己有病的那段时间，住了几十天院，也总是说没关系，不让家人陪伴照料。1971年春，我插队时回来得了直肠息肉，在省人民医院门诊做了小手术，父亲每天跑前跑后好几趟，几天不让我下床，给我打饭吃。

1971年，母亲在武威农宣队时，因多年的劳疾和精神压力，突发胆囊炎病倒了。父亲听到后非常着急，从省城连夜赶到武威地区医院，看到卧床不起的黄瘦的母亲，急迫之下处处寻问打听、找大医院来的大夫，终于寻到了来自北医的吴大祯大夫家，求她设法施救。当时这位刚由京城来到边陲小城的大学生见到如此焦急的老学者不由隐痛："见其师者，此般境遇，如此无奈，令人悲伤。"之后多年，吴大祯大夫经常讲起与我父母相遇的这段情景，她由衷地敬佩父亲在逆境中的真情、人格和品质。

为了让我们的子女得到良好的教育，我家的孙女们都是在爷爷奶奶家读的小学，户口也都上在爷爷奶奶家，只因她们是孙女，受到"重女轻男"的老人的特别偏爱，当然孙子也会得到爷爷奶奶的关心和喜爱。见到我女儿拍着爷爷新剃的头说着"新剃头拍三拍……"那个狂样，真是上天了！可爷爷就是不让呵斥，只是说"这娃考得可好呢，该奖"。实际上，在我们家，教育孩子的事，大部分都由老人在操心。如今三个孙女都是高学历，也都自愿参加一些社会公益活动。是父母没有女儿，才如此甘心情愿吗？不全是啊！是老人看得远，替我们承担了很多很多。到现在，我女儿还记着爷爷只会炒胡萝卜丝，而且特别好吃。

父亲在指导我（赵健）的论文

父亲最关心的就是儿子们的学习、学业。我因1975年被选送上了甘肃交通学校的桥梁短训班，1977年恢复高考时单位不同意我继续报考，后经数次做工作，好多年后领导才同意。当父亲得知我被武汉理工大学第一志愿录取的消息后，兴奋不已，一反常态，又是忙着通知各方亲戚，又是破天荒地在饭店请全家吃酒席，恭贺这迟到的喜讯。到了学校，我才想起为考学曾经托靠过的兰大经济系许宗望老师，急电请母亲告知许老师我已被第一志愿的武汉理工大录取了。在学校上课一个多月后，一天系主任黄琛老师课后走到我跟前说："你就是赵健？周末我的老师叫我去他家，我才得知兰大赵从显先生的儿子在咱们这上学的，以后学习、生活上有什么困难尽管找我好了。"事后我才知道是父亲把我上学的消息告诉了在武汉大学经济系的吴老先生，特意请他老人家关照我的。也真是巧，十二年后我女儿考上北方大学，我送她去学校时意外地在简介板上看到了"校长黄琛"，在办公室里我们师生见面高兴不已，这段师生缘也成为佳话。父亲为此也很欢欣，"孙女中在外地上学的就她一个，这就好，在学校就有人操心和管教了"。

有时看报纸时，父亲就会对刊载的又有什么人失职了、造成了多少损失等不良社会现象当我们的面讲上一两句批评感慨的话，父亲这是在潜移默化地告诫我们几个兄弟别学这些。我们小时候，父亲就告诫我们："小朋友们之间不可以相互揭短、相互攻击，更不能背后说人坏话，应该相互团结。"上小学、初中时，父亲一般不管我们的功课，对我们所犯的错误则总是过问的，但是从来没有打骂过我们。我们见到的是，父亲进出校门时总会跟门卫几位师傅点头打招呼的，在院子里碰到我的老师则会微微举手致谢。我们兄弟四人没有谁打过架，遵守时间，自觉学习，也不乱花钱，家里充满了温馨，这都是父亲给我们做的榜样。

早年父母刚结婚时，父亲有这样一段话评价母亲，他写道："她在省银行由练习生做到办事员非常努力，旧家庭不让她受完中等教育的机会，她自修结业，在文字上和社会科学上都能达到大学程度；她的求进步心理和经济收入上对家庭生活的帮助，使我在服务中不为待遇不足养家所苦，也鼓舞我不断求知的心情。我能始终不贪污、不迎合，能够稍有进步，在某种程度上是应感激她的。"这段文字是父亲刚由财政厅调任省银行专员后不久写的，从中不难看出父亲一生把"不贪"、持家过日子看得很重，这也是给我们留下的财富。

尊敬长辈，关爱晚辈，和蔼友善，宽厚待人，是父亲毕生的写照。

多年来恪守尊重父母长辈。奶奶跟随父亲大半生，无论是困难时期还是生活无忧时，家中吃穿用度总是先紧着长辈来，老人衣食无忧、可尽享天伦之乐。自60年代起，我外婆独居一处，其生活用度全部是由我父母承担的，几十年如一日，"文革"中也无一例外。父亲常抽空去看望老人，还督促我们也常去看外婆、帮外婆干点活儿，每年入冬前都赶早送炭，直到老人安然辞世。

在家人面前，父亲很少谈论他人，更不会谈及个人恩怨。有什么不舒心、不畅快的事绝不会在晚辈面前表露。我们工作中有了什么挫折，父亲知道后也总会劝导我们凡事往前看："是自己的问题就应该改；是别人的问题要大度，不要揪住不放；不清楚的事不要瞎说或猜疑，需要冷静，让时间去说清楚。"为此，自小时候起，只要犯了错，我们愿意给父亲坦白；有什么心事，也愿意听听父亲的意见。几十年后，就更乐意与老人谈谈家庭和子女，谈谈个人工作和学习，聆听老人的教诲，父子间畅快舒心地交流。

在周围人的眼中，父亲是一位受人尊重，慈祥、厚道的长者。"文革"中一户中年老师搬进3号楼3013阳面房，父亲从来没有抱怨过人家，反倒是两家互敬和睦相处。"文革"结束后，父母亲不仅没有要求他们搬家，反而是自己搬去了1号楼3005一套较小的住房。父亲说："毕竟两位老师在'文革'中待咱家人很好，是应该感谢人家的，我们搬走合适。"自从我懂事起，从没见父亲和谁红过脸。"文革"前，家里请的保姆子女多，生活较困难，父母亲给她很多的关照和帮助。

2003年12月26日，父亲因病辞世，享年八十八岁。去世前有继母大人相伴照料近八年之久，最后几年，每日还可以坐轮椅去校园转转、看看，住院看病期间也都是继母陪伴照料，同是年迈的老人很是辛苦不易。

父亲一生热爱教育事业，热爱兰州大学。早早留下遗嘱，去世后将自己留存的书籍全部捐给兰大图书馆（捐赠清点之后共有660册）。

父亲的遗体捐献证书

父亲在世时立下遗嘱，去世后将遗体捐献给医学科学事业。父亲走了，走得很安详。没有追悼会，没有告别仪式，他化成一片晚霞、一颗夜空中的星星，永远伴着我们同行。

我的母亲

母亲一生踏实工作，任劳任怨，有很深的文墨积淀。她在商业厅系统待过很多单位和岗位。记得小时候，母亲曾经在省博物馆一住就是一个多月，我也跟着住过几次。1961年前后，母亲有一次住进了兰州饭店西楼，这一次一住就达半年之久，暑假我也跟着住了近一个月，开学后还去过好几次。商业厅系统多数单位领导都熟悉她，厅里或其他单位、公司有需要的时候总会想到她。就是在60年代，她也非常忙，经常天黑后才骑车回到家。

母亲

父亲不会做家务，更不会做饭。家中一切家务均由母亲料理操持，父亲和几个哥哥则是负责去水房打开水，去食堂打饭菜、择菜之类的杂事。幸好奶奶身体一直很好，可以帮着做饭、洗碗等。

1964年初，母亲请了马妈来家中帮忙做家务。马妈住在兰大对门的镇东新村，有六个孩子，大女儿小学刚毕业去了街道小厂，小女儿刚过周岁，家中生活用度全靠在修表行的马叔支撑。马妈原本是汉民，随了回民，但愿意来我们家，只为方便中午能赶回家去给孩子们做口热饭。后来父亲生病了，想起当时的家境，多亏请来了马妈。

父亲注重身教，母亲更注重言传身教。

60年代，家里就有一套十二件装的高档圆规，不知是父母买给谁用的，只听父亲说是他买给单位的，买重了。直到母亲退休后才告诉我：当时办公室用的一套圆规找不到了，怀疑可能是母亲搞丢的，母亲就买了这套圆规补上了。后来有一天，李进阿姨突然说："呀，怎么圆规在我这儿?"原来是她收起来了，给忘了。

1987年暑假，去武汉上学前
和母亲拍摄于兰州

母亲并没有责怪李阿姨，只说是"我确实以为是我搞丢了的，不要紧，我孩子也用得着"。这时我才明白李进阿姨和我母亲为什么关系好，以前只认为是她女儿和我是同一幼儿园的原因。我女儿上大学时，学工科的我送给了她这套圆规，给她讲了这段故事。这个圆规的故事反映了一代文化女性的诚实和人品。

母亲对我们几个儿子提出了近乎苛刻的忠告和诫训："严谨做人，精通技术，搞好专业，不要做官"。我们兄弟四人都以"不当官，严律己，精专业，宽容人"为诫。大哥做了诗人，其他三人都当了各自所在行业的专家。母亲的告诫，足以使我们受益终生。舍了人间世俗，做人敞亮轻松。

小事敲打，以免后患。80年代，我还在基层做领导时，给家里买过几次鸡蛋，每次母亲都会问了价钱给我。母亲的心意我很明白，就是告诫我从小事做起，不要利用工作之便行私利。当然，要是在市场或是商店买的东西，则不然了。

还有一件事，也是母亲的点拨、提醒使我勇敢面对挫折。1984年，我们中川公路段在全省首推了公路养护"管养站"（大道班）。此事当时遇到很大的阻力，厅里恰好赶上新老领导交替，厅里直接插手调查。为此，我很委屈，就将事情的经过和事态的发展诉说给母亲听。当母亲了解到此事的出发点是为公，而且也是将来的发展方向时，郑重地说："这就好！那你应该做到：一是不要推卸责任；二是不一定再牵扯别人；三是不可以抵触埋怨，更不可以灰心；四是若挂起来就好好学习文化课。"对此，我全照做，最终厅里处理结果是"全省通报，扣发年度奖金"。正是在此事的调查过程中，我结识了诸多前辈，也在行业内有了点小名气。

母亲教会我很多做人、做事的道理，她用言传身教潜移默化地影响我们，我们铭刻在心。由衷地感激母亲留给我们的美好记忆和精神遗产，这让我们的下一辈子女也会终生受用。

母亲一生酷爱散文、古诗词和楷书。在此摘几首母亲早年的诗作编录如下：

莫忘坎坷路 常存进取心
虚怀师翠竹 然诺重千金
送赵健赴武汉学习
母示 一九八六年九月五日

《送赵健赴武汉学习》（1987年秋崔冰如）

父亲①

只鹤尚知舞，乌鸭宜学飞。
宦游亲将老，王孙何日归。

游五泉山^②

雨霁游南廓，归来乘晚风。

山林呈绣色，斜日映长虹。

黄河母亲^③

长河滚滚向东来，跌荡萦回路自开。

疏浚灌浇成沃土，激流倾斜息洪灾。

清风明月遥相伴，玉树琼花次第栽。

更爱陇原春色好，慈颜静远赞宏才。

注释：① 1941年，母亲写给外公的诗。

　　　② 40年代，母亲和父亲游五泉山作。

　　　③ 80年代，母亲游黄河母亲雕像作。

1990年6月3日，我们敬爱的母亲在经受一年的病痛折磨后，撒手人寰，离开了她温馨的家庭。母亲的离世彻底击垮了老父亲，父亲整日翻看母亲的遗物，默读着母亲的文稿札记，悲痛不已，不能自拔。我们日日守护陪伴着他，看着他天天挥墨书写着一幅幅祭文。母亲虽然已离开我们三十年了，但她的音容笑貌却依然宛在眼前，往事常在我们脑海中浮现。

为此，摘出母亲执笔、父亲复抄的《情思》，母亲悼念大娘的《放翁〈沈园〉》，父亲悼念大娘和母亲的《悼亡》（《双悼》）。

放翁《沈园》
1987年5月12日

梦断香泃四十年，沈园柳老不飞棉。

此身行做稽山土，犹吊遗踪一怅然。

《情思》中，母亲吊念王明玉大妈书（注）有："自己写不出好诗文，谨以放翁诗寄（一九八七年五月十二日）。"

父亲书有："《情思》一文，冰如未署名，我在她逝世（1990年6月3日）后整理她的遗作——诗文墨迹时，才发现和泪啼下读了的。冰如去世后六天，我写了《悼亡》，是悲悼冰如也追悼明玉的双悼。"

悼亡（《双悼》）
父亲作于1990年6月9日

冰如明玉，冰清玉珍。

冰消玉殒，音容恒在。

哀思追悔，击绕我心。

仰望长空，碧天白云。

祖孙三代合影（1981年夏拍摄于兰州，后排左起：四子赵健、长子赵幼诚、次子赵志农、三子赵岷阳）

我们的父亲、母亲一生崇尚诚实，好学敬业，与人为善，低调做人，这是留给我们的最大的财富，更是我们作为子女的骄傲。

作者简介

赵健（赵小健），1954年5月出生于兰州大学萃英门。曾在甘肃财经学院小学、兰大附小读小学，在兰大附中上初中。1968年12月在兰大附中初中待毕业时，随二哥赵志农（亚龙）到甘肃省临泽县倪家营公社下营三队插队。1971年9月抽回到兰州公路总段兰州公路段。1975年曾到甘肃交通学校学习一年，1986年考入武汉理工大学工程管理系，毕业后回到兰州公路总段工作。1997年调任交通厅省公路工程定额管理站。历年来曾参加或主持"中川公路改建工程""兰郎二级公路改建工程""兰宝二级公路改建工程"等数条二级路改建工程，"永山高速公路一期永昌至山丹段"施工（定额测定）。2000年评聘为高级统计师。历任甘肃省公路、水运工程专家库成员，交通部公路工程定额总站甘肃省联络员，曾为甘肃省统计局高级职称评审委员会特邀评委。获公路局"七五"期间推进科技进步奖，1991年、1992年省公路局公路GBM改建工程技术进步奖，交通厅中川公路改建工程技术进步奖，荣获交通厅机关2011年度优秀共产党员。

栉风沐雨　似水流年

——父母的坎坷岁月

程克展

父亲程溥（1918—2002），1940年毕业于国立中央大学化学系。抗日战争时期在航空委员会为抗战效力。1946年，先后任西北师范学院副教授、教授。1948年，任兰州工业实验所研究员。1949年，任中国人民解放军西北军政委员会重工业部顾问和兰州军事管制委员会顾问。1953年，任兰州大学化学系教授。20世纪40年代加入九三学社，60年代任甘肃分社副主任委员，1983年任九三学社甘肃工委顾问。1984年加入中国共产党。2002年去世。

父母合影

母亲路维多（1922—2009），1946年毕业于国立西北大学生物系，当年进入国立兰州大学，任校长秘书，后转入生物系从事微生物教学与研究工作，先后任讲师、副教授、教授。2009年去世。

我的父亲程溥，曾用名程昌年，生于旧历戊午年二月十八（公历1918年3月30日），江苏宜兴人。年幼时因眼疾而几近失明，行为受限，一生除去读书，无他嗜好。我的祖父因痨病早逝，祖母年轻守寡，一双小脚，但生性要强，女红内务俱佳，将小家治理得井井有条，且有文化，聪慧开

父亲

明，胆大心细，不时还有搭台攀高拉线自接电灯的惊险之举。我幼年时，这些电学的基本技能都是得益于祖母的亲自示范。家中电器需要修理，如果我稍有懈怠，祖母就会威胁我她自己来做，吓得我只好"一马当先"。1937年，日寇入侵，天下大难。日军还未进城，宜兴县城里已经大乱。匪盗横行，火光一片，加上日寇烧杀掳掠，生灵涂炭，良民纷纷走避，躲藏于丘陵之上。程家三进大院付之一炬于瞬间，祖业尽毁，只剩前门照壁、祠堂和过厅，及一间存储祭品的小屋，共计一排三间。可叹民族危亡与家族兴衰息息相关。当时天气渐凉，山上不可久留。程姓族中三支，除去在外学习工作的成员外，男女几十口人，无人敢冒险进城一探究竟。祖母豁出性命，以寡妇之身带一女佣下山，将小屋收拾出来与女佣同住，由此为程家守住了残存的祖业。祖母女中豪杰，不让须眉之风，由此可见一斑。我家上溯数代单传，一向在族中式微，但经此一举，祖母在三支族中的地位，无人敢小觑。1984年，我代父亲回乡处理因城建征购祖宅基地事宜，族人依然津津乐道于此事，不乏敬佩之情。2018年，我重访旧地，祖宅几经变迁，已无迹可寻。询问路边商家，才知华地商厦和路边停车场即是祖宅旧址的一部分。

囿于出生旧式儒生家庭，父亲黄口时代，白日里进洋学堂读书，晚间在家跟随我的曾祖父习诵四书五经，熟读经史子集，有不错的国学功底。日常生活中也遵循"站如松，坐如钟，行如风，卧如弓"之教诲。父亲一生尤嗜读《红楼梦》，"文革"后《红楼梦》再版，父亲购得一套，虽说抱怨删节太多，失去原著底蕴，但少说也读过二十遍。父亲平日里不苟言笑，正襟危坐，无论吃饭、备课、开会，还是其他工作皆是如此，有时还训斥我坐相不佳。唯有捧起《红楼梦》来，一切都变了，或坐在书桌旁，或斜倚在沙发上，或在床上辗转侧卧，可谓坐相、卧相全无可夸之处，有时连吃喝都会忘了，读到开心处，还会发出"咔咔"的笑声，置"大家长"之形象于不顾。你若提及书中箴言佳句，他会告诉你出自何处及其语境，并延展开来讲出那段故事以及隐喻。父亲学童时代，当时的学校也不甚严格，但因眼疾之故，体育课父亲是不能上的，因此他一生与体育无缘。

　　父亲中学始读于宜兴精一中学，系自家族人与他人合办。高中考入著名的常州中学，常州中学当时已颇负盛名，并且辉煌至今。当时读书救国风气日盛，但科学落后，数理化教学均采用国外英文原版教材，还没有国文编纂的数理化类课本，父亲因此也早早打下了良好的英文基础。

母亲

母亲路维多，生于旧历壬戌年三月二十四（公历 1922 年 4 月 20 日），祖籍山西阳曲县下兰村（今太原北郊）。祖上是耕读世家，家中有四亩薄田，曾外祖父是一所书院的学监（相当于小学校长）。20 世纪 20 年代，外祖父路景考取山西省政府官费留学生留学日本，先在东京庆应大学读预科，后进入早稻田大学学习经济，1926 年回国。外祖父是早期的国民党党员，认同国家统一，反对地方军阀割据，因此不为阎锡山的地方政府所待见。抗战以前，外祖父也曾出任山西《民国日报》编辑。当时，汾河历年遭水患之灾，灾民流离失所。外祖父回国后，在《民国日报》刊登广告，牵头组织山西籍留日学生和各地晋商票号、实业公司共同筹措资金，并争取到民国中央政府资助，修成汾河阳曲段左岸大堤，取名"斗金堰"。从此，杜绝了水患，保得一方平安。"斗金堰"也曾一度更名为"景堤"，以纪念外祖父修堤之功德。1986 年，外祖父得到彻底平反，推倒了一切不实结论。2018 年夏，我去太原寻根，看到"斗金堰"以及其护佑的祖坟还在。汾河河床几乎退化为湿地，难现往日之旖旎风光；下兰村也即将面临全面拆迁，为城市建设让路。

母亲于 1936 年进入太原平民中学。抗日战争爆发后，母亲随学校先期从太原撤退，为安全起见，一路女扮男装，费尽周折，到达陕南汉中。1938 年，国立七中在洋县昆仑堂成立，国民政府单列开支，招收晋、陕、豫籍流亡学生，减免学费，母亲转入七中读书。外祖父带领全家和难民一起流亡，在河津渡河时，遭遇日军轰炸，盗匪乘机抢劫，全部家当尽失。为防日军进攻，渡口关闭，一家人只好退入中条山。因为外祖父有留日背景，早在日军的搜寻名单之上。一旦被捉，日军就会以一家老小的性命胁迫外祖父为其效命，这是万万不能走的路。因此，外祖父假托骆姓，躲在中条山里，与日军"捉迷藏"。1938 年四五月间，风陵渡码头开启，一家人才渡过黄河，经渭南到西安。在西安滞留数月以筹措盘缠，后来全家坐木炭汽车翻越秦岭到达汉中与母亲会合时，已是 1938 年夏秋之间。逃难过程历时一年有余，克尽磨难，总算安定下来。

父亲于 1936 年考入南京中央大学化学系。当时的大学教育走的是精英教育路线，化学系各年级合起来也就一二十个学生，且宽进严出，父亲同期毕业的只有两人。宽进乃相对于严出而言，当时进入中央大学并不比

1937年母亲女扮男装逃难时留影   祖母

西南联大容易，甚至更难。中央大学理学院总共不足百名学生，仅有一份奖学金。因父亲成绩优异，除第一年不可考之外，其余几年奖学金悉数被父亲收入囊中。当时正值抗战时期，家中难以接济，父亲大学期间的生活与读书费用均靠奖学金维持。1937年发生"七七事变"，后南京陷落，中央大学内迁至重庆沙坪坝。抗日军兴，民族危亡，父亲积极参与抗日救亡运动，并与一帮志同道合的救国青年结为金兰，改号以明志。父亲改名为程溥，"溥"字源于《诗经》"溥天之下，莫非王土"，取其博大之义。父亲的好友高鸿（南京大学分析化学教授，学部委员，原考入中央大学航空系，后转入化学系），其名"鸿"字取自《吕氏春秋》"五帝以昭，神农以鸿"，取其宏远之义。2019年秋，我应同学邀请去重庆一游，住在重庆大学校内。当我谈起父亲与中央大学的渊源，同学兴奋之余，带我游览重大校园，参观了原中央大学礼堂、理学院、工学院、文学院旧址。漫步于林木葱郁的校园内，似乎看到了父亲当年在学校的身影；行走在坡地石阶之间，似乎感受到当年抗日救亡的气息。

那时，中央大学化学系聚集了一批从国外留学归来的名师大家。这些名师大家均毕业于英美名校，带回了当时最先进的知识，并且治学严谨。学过化学的人都知道，物理化学是化学的哲学和认识论，也是化学学科中最难修习的一门课，涵盖物质结构、数理方法、化学热力学、分子物理学、化学物理和化学反应动力学等等。化学本身又是实验科学，必须紧密联系化学反应过程。父亲师从中国物理化学鼻祖张江树先生，张先生素以严苛著称。中央大学理学院以麻省理工学院为追赶目标，授课讲义都脱胎于麻省理工学院教科书，尤其是实验课的设计均模仿麻省理工学院的实验内容，接近当时科学前沿的实际水平，因此父亲十分珍视当年的实验记录。该实验记录本曾借给兰大化学系一位成绩杰出的学生，父亲回忆道：那个实验记录本稍加整理就可以编成一本优秀的实用物理化学习题集。但后来记录本却不知所踪，只能冀望于日后对背运之人有所助力，这是后话。中央大学的物理化学课平时考试，父亲得分总是九十上下，其他同学则是六十左右仅能及格。同学们抱怨先生出题太难，先生当指父亲为楷模。仅有一次出了纰漏，那年春天的一个周末，一辆军车从陪都重庆去成都，当差的是一个同学的亲戚。大家合计，正好可以趁此机会去游历一下都江堰的旷世奇观，专车来去，还省了车钱，何乐而不为？于是一帮年轻人，成行于风尘仆仆，四天时间一个来回，玩得不亦乐乎。隔日早晨上课，张先生突然宣布考试，父亲只得三十八分，其他同学更惨，无一超过三十分。张先生自我揣测，这次是否真是难了？先生对考试分数做出调整，开平方，再乘十，父亲惨得六十二分过关，他人则与及格无缘。张江树先生时任中央大学理学院院长，身兼化学系主任。父亲深得先生赏识，化学课外又同时修完物理系的所有课程。这应该是父亲连拿理学院奖学金的因素之一。抗战期间，陪都重庆人口密度陡增数倍，加之当地气候潮湿，夏季闷热，冬季多雾，难见阳光，卫生条件极差，常有时疫流行。肺结核俗称肺痨，是当时的流行病。父亲不幸也染上此疾，虽然当时已经有盘尼西林作为特效药，可是寻常中国老百姓无力可得，只能依赖中草药保守维持。大学最后一年，父亲跟随另一恩师高济宇先生完成了有关高分子方向的毕业论文。1962年，父亲去南京开会，我跟随而行。记得父亲拜访并宴请了高济宇等几位老先生，告别时已是掌灯时分，父亲在食府外人行道上脱帽给众老先生鞠九十度大躬谢恩，我也随行大礼。一老一少当街恭敬之举，引来路人驻足侧目。1940年，父亲于中央大学毕业，经张江树先生保荐，由国民政府资助去麻省理工学院留学。无奈肺病日渐苛沉，大口吐血，不能成行，遗憾失去留学机会。随即北上成都就职于国民政府航空委员会，根据当时政府部门规定加入国民党。航空委员会服务于中美各航空公司以及空军和飞虎队，享有空军补给，其中包括医疗物资。当时父亲为治肺疾奔走于医院和郎中间，几近病入膏肓，幸得工作之便青链霉素充足，才捡得一条小命。但也正因药物的毒副作用，父亲晚年耳朵早早失聪。

1945年抗战胜利，举国欢庆。抗战结束，军队和政府大幅裁员。父亲这样的"病秧子"，当然在必裁之列。失去工作，分文无有，只得搭乘顺船沿长江而下回到老家宜兴。当年（1936年）以热血青年之身怀抱理想赴京读书，立志报国，历经十年战乱，颠沛流离，到如今（1946年）拖着病体艰难回乡，只身孤影，形容枯槁，感叹命运多舛。幸有恩师张江树先生来信关照，告知西北师范学院开学在即，苦于无人教授物理化学，急聘一副教授之职位，张先生力荐父亲赴任。来信强调两点：其一，他已推荐应给予教授职位，若不应允，可即刻返回，他会引荐其他职位；其二，西北气候干燥，有利于肺结核病灶钙化，恢复健康，还有赴美留学机会。父亲当即前往兰州应聘，接受副教授职位。翌年，因工作出色，晋升为教授，时年二十九岁，一时传为佳话。兰州气候干燥，阳光充足，的确有利于肺结核病的康复，父亲的肺病也慢慢地好了起来。

与父辈相比，我们这一代大为逊色。以我个人为例，"文革"之后时时在追赶社会前进的步伐，二十五岁上大学，三十八岁留学。一切都幸运

儿子SEAN是美国霍普金斯大学赛艇队队员，曾参加2004年全球大学比赛，图为剑桥大学学院队与牛津大学学院队比赛

地赶上了，也是搭乘末班车。庸庸碌碌，勤勉奋斗，一生没有大的建树。还好犬子资质不差，各方面发展均衡，考入约翰·霍普金斯大学生物医学工程专业（名列全球第一），而后进入英国剑桥大学研习人工心脏，获得生物医学工程硕士和工程设计博士学位。后受聘于苏州大学教授职位，时年也是二十九岁，和爷爷相比，可算不辱门风。大姐的孩子兰大硕士毕业后，在复旦大学完成（遗传学）博士学位，并以访问学者的身份在英国曼彻斯特大学短期工作，现在也是兰大的骨干教师。我们常以后辈在学业上的建树告慰父母在天之灵，感谢祖上余荫福及后人。言归正传，父亲以教授职位，在师大和兰大教授物理化学和有机化学，声名鹊起，从此与萃英门结缘。

母亲于1942年进入西北大学生物系学习。因家中人口多，课余时间还要在中学兼课挣钱贴补家用，分担父母之忧，寒暑假期间更是如此。母亲在西北大学期间积极参与抗日救亡运动。1946年，母亲大学毕业，其时国立兰州大学奠基，辛树帜任校长。因外祖父留学日本时与辛树帜先生有所交集，故介绍母亲去找辛先生，正好母亲也是学生物的，得到辛先生的爱护和提携。母亲跟随辛树帜来到兰州大学，开始时任辛校长的教学秘书，后来到生物系从事教学工作。因为辛树帜校长的感召力和凝聚力，一大批西北大学的同学都来到了兰州大学，校园里多了很多熟悉的面孔。魏

母亲在实验室工作照（拍摄于20世纪60年代）

晋贤先生见到母亲时就说，想不到你这个小姑娘也来兰大了。1947年，母亲经人撮合与父亲相识，一年后结为秦晋之好。从此，母亲扎根兰州大学，在生物系教授微生物学，终身未变。母亲一生与辛树帜先生保持着良好的联系，1977年拨乱反正之后，母亲惊闻辛老去世的噩耗，随即前往西北农学院参加为辛老举行的追悼活动。因为母亲一直在兰州大学任教，80年代初，一封海外来信试投兰大生物系，找到了我的母亲，父亲和母亲的两个被海峡割裂的家庭，得以重新恢复联系。

1948年，父亲进入中央工业实验所兰州实验所工作（原名中央工业实验所兰州工作站，后改名为兰州工业实验所），戈福祥先生时任所长。戈福祥先生是甘肃化学界的老前辈，在戈先生的倡导下，甘肃化学化工学会成立，父亲属年轻后生，荣膺第一任秘书长。兰州工业实验所是当时兰州唯一正规的科学研究机构，颇具规模，计有各类科技人员一百七十多人，主要从事与民生密切相关的日用化学品的工业化实验。那时正是解放战争时期，国民党节节败退，解放军排山倒海。父亲一拨人常聚集在一起收听战时新闻。父亲曾对我绘声绘色地模仿解放军作战的新闻广播："这里是新华社，人民解放军淮海前线广播站……""这里是平津前线广播站，我们正在前线进行实况报道……""看这里，人民解放军迈着雄壮有力的步伐正在开赴战斗前线"，如此等等，兴奋溢于言表，显露出对解放的期盼与渴望。1949年初春，祖母自老家宜兴出发，经上海乘飞机到兰州投奔已略有建树的儿子。飞机飞过刚刚停歇战事的中原大地，原定经停西安，但因战事改道成都，最终抵达兰州五里铺机场。父亲借用汽车去接祖母，却不见祖母踪影。乘务人员回头去找，发现祖母在飞机上经一日颠簸，劳累备至，熟睡未醒。真是战事惊吓何足挂齿，路途辛苦不敢言轻。就据说这是最后一次民航航班，至此航线停飞，直至新中国成立。

兰州解放，中国人民解放军西北军政委员会在兰州成立。父亲被委任为西北军政委员会重工业部顾问。委任状由彭德怀司令员亲笔签发，加盖中国人民解放军西北军政委员会大印，大红印章十厘米见方，次年改为聘任制，又续聘一次。后来西北军政委员会迁往西安，具体工作归并兰州市军管会。在军管会工作的近两年中，父亲有不少有趣的回忆。那时，陇海线西段尚未贯通，西兰公路是兰州连接内地的主要通道，兰州到西安要两三天时间。军管会出差人员通过兵站接驳，白天赶路，夜宿兵站。兵站宿营一般是大通铺，当然也有小房间供特别用途。一日，父亲出差，夜宿静宁兵站，睡到半夜，来了一帮人，其中一人拍拍父亲说："伙计，腾个地儿，我就睡这儿了。"父亲挪动身子，来人和衣睡下，接着就是鼾声雷动，第二天一早匆匆离去。吃早饭时，有人告诉父亲那人就是玉门油矿军代表康世恩。父亲素来眼神不济，只知来人脚蹬长筒皮靴，浑身泥水。父亲参加军管会工作，每天都很忙碌，对一切都感到新鲜，并积极参加政治学习，学习中央指示，精神上也非常充实，在别人帮助下也写过入党申请书。

1951年，结束近两年的军管会工作，父亲参与了全国大协作攻关橡胶轮胎的项目。由于帝国主义的封锁，橡胶作为战略物资被列入巴黎统筹清单，对社会主义国家禁运。中国必须独立自主地解决橡胶来源，才能满足国民经济之需。由父亲领衔攻关，历时两年，成功地从橡胶草中提取到橡胶，与合作单位青岛橡胶研究所制成轮胎，并且路试超过2万公里。以当时的技术条件，树胶轮胎的行驶距离也就2.5万公里。由此获得国家轻工业部嘉奖。当年在河西走廊飞机播种橡胶草20万亩，准备以草胶作为树胶的替代品，只是草胶的成本远高于树胶。1953年，橡胶原料供应危机解除，橡胶草项目随即取消。轻工业部为了使这支科研队伍不致散落，拟调父亲去北京橡胶研究院工作。父亲考虑当时在兰州的工作已有一些根基，母亲在兰大发展也不错，而且自己虽业务能力上乘，实干有余，但不善人际。再加上肺病在兰州奇迹般痊愈，留恋兰州气候，最终决定放弃调京安排，继续在兰州发展。

当时，兰州大学正值院系调整时期，招贤若渴。陈时伟、左宗杞二位先生分别任兰大副校长和化学系主任，父亲兼课兰大，口碑甚佳，颇受二位先生青睐。得知父亲工作调动之事，极力劝慰挽留，力邀父亲加入兰大化学系。父亲原工作单位兰州工业实验所已划归地质部，更名为地质部兰州中心实验室。父亲工作关系归地质部，北京橡胶研究院属轻工业部，兰州大学上级是教育部，三家单位隶属不同系统，调动工作也不是一蹴而就的事情。兰大随即派母亲去北京办理具体商调事宜。恰逢陆润林教务长当时也在北京，顺便从旁协助，上下通达，左右斡旋。轻工业部一直不愿放

20世纪60年代，父母与两个儿子（克展、克先）在五泉山公园

人，母亲泪满沾襟，终于感动轻工业部领导，父亲才得以调入兰州大学。日后陆教务长戏称：程溥是路维多的眼泪冲到兰大的。母亲自忖大哭轻工部一事，可遮人耳目，不知陆教务长如何得此情节。且陆教务长这一调侃，弄得满城风雨，尽人皆知。

父亲调入兰大后，除教学之外的第一件大事就是参与新校址化学楼的建设。父亲曾对我讲过化学楼的总体设计、建筑质量标准与投资规模。他建议实验室通风系统应该分层独立建设，比重大的废气不可能从底层抽到楼顶，该建议的提出基于其在旧政府航空委员会和兰州工业实验所的工作经验。父亲还建议化学楼基址整体向南移动十米，避免墙外交通道路对实验仪器设备的振动干扰。遗憾的是，设计方案遵从苏联专家的意见，父亲的意见没有被采纳，以致实验室通风效率低下；大型车辆通过时，分析天平难以平衡，这是新校址化学楼的重大缺陷。化学楼通风系统的更改建设工作时断时续，一直持续到新世纪。根据当时的需要，父亲熟练掌握的英语和德语已不堪大用，必须掌握俄语。父亲经过三周二十一天的封闭式强化训练，每日沉浸在全俄语氛围之中，学习俄语发音、语法，日均记忆百十个基本词汇，很快就可以用俄语进行会话和阅读文献了。这当然与父亲深厚的英语、德语基础不无关系，毕竟欧洲各国语言相近，更别说技术词汇基本是相通的。1975年，我还在当工人，自觉年纪不小了，没有一技之长，就开始自学英语。父亲给我讲了他二十一天学习俄语的经历，用以鼓励我学习英语。回叙20世纪50年代，在兰大工作期间，父亲颇受陈、左二位先生的提携，且屡屡被委以重任，二位先生对父亲有知遇之恩。左宗杞先生领衔翻译苏联教科书《物理化学分析法》，父亲的俄语派上了大的用场，承担了主要翻译工作。《物理化学分析法》出版后，稿费分配方案主要分为两个部分：翻译字数和校对字数。稿费总计八百余元，父亲分得三百四十余元。在20世纪50年代，对公职人员来说，这是一笔不小的进项。

父亲对待工作极其认真，每次上课之前，总是要通宵备课。记得但凡父亲有课那天，我们早晨起来，书房里总是烟雾缭绕，烟灰缸里满满的都是一夜之间抽剩的烟蒂。父亲匆匆地吃过早餐就去上课了，下课之后会补一补欠缺的睡眠。我日后和一些学长们在一起工作，不少人给我描述过父亲当年在课堂上的风采：条理清晰，逻辑完整，反复强调重点，语言叙述精准，讲授富有激情，有时可谓忘乎所以。这些学长不时提到，他们某概念或某方法是在父亲的课堂上学到的，并且受益终生。父亲有一高足高光斗，毕业后分配到北京市公安局从事技术工作，一直与父亲保持书信来往，讨论一些技术问题。高光斗利用化学理论和爆炸力学知识，突破关键疑点，多次在爆炸刑事案件侦破中做出重大贡献，立功受奖，是公安部八大刑侦专家之一，享誉"身怀绝技，功勋卓著"的称号。

我们姊妹兄弟陆续出生后，祖母操持大部分家务劳动，解除父母的后顾之忧。母亲将人生的重点放到自身的专业提升方面。母亲是辛树帜校长亲自招到兰州大学的，辛校长也时时关心着母亲在专业方面的成长。20世纪50年代，母亲两次去武汉大学进修，都是辛老帮忙联系与推荐成行的。母亲出差路过西北农学院时，总会顺道看望辛老先生。母亲所从事的土壤微生物学原本在兰大是比较生僻的冷门学科，经几十年循序渐进地发展，现在成了生物系最大的生化微生物专业，教师队伍也由两人成长为二三十人的教研组。当年，母亲作为教研组主任身体力行，备课翔实认真，授课别开生面，尤以漂亮的板书见长，学生众口皆碑。

母亲生性豁达，酒桌上更是如此，白酒二斤不醉，又是山西省籍，故称"杏花村酒仙"。兰州大学1946年建立时，母亲就在本校，堪称老大姐，人们皆以先生敬之。母亲平时待人谦和通透，同事间嫌隙、邻里间纠纷、夫妻间猜忌，都愿与母亲唠一唠。母亲也善解人意，往往能晓之以

全家福

理，化解矛盾于无形。这些长处被大家认可，因此被选为学校工会妇女工作委员和家属工作委员，并长期承担这种大多数人认为是吃力不讨好的工作。母亲为此辛辛苦苦，却乐此不疲。1983年，母亲还当选妇女代表，参加省妇联代表大会，这也算是对母亲多年在群众工作方面成绩的肯定。当年胡耀邦总书记来甘肃视察，母亲曾亲耳聆听了胡总书记的讲话。不少来自农村的学生生活拮据，母亲也会拿出钱来帮助学生渡过难关。母亲的人格魅力，始终像光环一样伴随着她。来我家找母亲谈心的工农兵学员总是络绎不绝，或谈学习，或谈生活。有一位工农兵学员，名叫彭阿梅，算是当时学校名声响亮之辈，正在入党考验期，也不避嫌和母亲相处亲密无间。母亲还有一个学生王渊，甘肃敦煌人，为人厚道，十分敬重母亲。毕业后在敦煌农技站工作，后来升任站长。在母亲受难时期，也不绝探望，还曾邀请父母去敦煌参观旅游，延续师生之情。

　　1956年，新化学楼落成，实验室告别萃英门的小作坊时代。新的实验大楼需要添置与其相匹配的仪器设备，当时兰大作为高等学府还没有标准的汞柱式气压计。父亲申报后，学校批准由父亲经办，并且同意由父亲随身携带自上海乘飞机返回兰州。汞柱气压计高约一米半，运输过程中不能横放或倒置。父亲旅途中全程怀抱气压计；下了飞机，学校派车去接，从五里铺机场到天水路校址，父亲一路不敢松手。以当年气压计的质量及技术水平以及交通运输条件，这是唯一可行之道，且不提长时间怀抱汞池汞柱对人体健康的危害程度。汞柱式气压计安全抵达，即刻调置，投入使用。事后很快有人质疑，"陇海铁路已经通车，为什么一定要坐飞机？"解释也是有口莫辩，只能检讨浪费了国家经费，三番五次总算过关。70年代后期，我进入兰大学习，在化学楼一楼分析天平间，看到这台汞柱气压计历经二十余年，仍完好如初，还在使用。

大约是1962年，九三学社甘肃分社换届选举。兽医研究所的蒋次昇先生当选甘肃分社主任委员，郑国锠先生和我父亲为副主任委员，王雅儒老师任秘书长，直到"文革"，九三学社停止活动。1964年，父亲因亲力亲为、手把手地教学生做实验被冠以"将军当兵"带实验。他也因此被评为学习毛主席著作积极分子，身佩红绶带，胸戴大红花，并被奖励《毛选》四卷一套。在我的记忆里，这是父亲一生中最受抬举的时刻，那年夏天父亲被送到青岛避暑疗养。

从翻译《物理化学分析法》开始，父亲逐渐走进仪器分析领域，从事极谱分析和光谱分析方面的研究，并十分注意知识的更新。1966年，我即将小学毕业，在父亲的鼓励下订阅了七八种杂志，为即将进入中学的学习做准备。父亲和我一起去新华书店帮我选购图书，父亲也买了一本《集成电路入门》，是由日文原著翻译过来的。在我的记忆里，这是他买的最后一本科技类专著。事后看来，那时分析光谱仪已经实现光电倍增管直读，父亲那时就有了利用数字电路处理光谱仪直读电信号的想法。这是非常有前瞻性的科研思路，只是"文革"阻断了可延续的工作。从此不到五十岁的父亲再没有回到科研领域工作的机会，后半生再无科研建树。父母亲对教育事业的执着和严谨，同样潜移默化地影响着我们的一生。我的两个姐姐，当年都是以初中入学考试兰州市第一名的成绩升学，所谓无人可出其右。大姐高中升学考试也名列兰州市第四。只是可惜"文革"影响，没有合适的机会再续辉煌。2019年兰州大学一百一十周年校庆盛典，建立校友墙。程家薪火相传，幼孙也从草地学院硕士毕业，三代七人榜上有名，接续兰大情缘。

拨乱反正之后，一切都慢慢地恢复正常，我们这些子女也陆续进入大学学习。九三学社恢复活动是在1982年，当时蒋次昇先生已经调离甘肃，郑国锠先生忙于人大代表的工作，因此省委统战部找到我父亲协助九三学

父亲

社的重建工作。当时，父亲找到原秘书长王雅儒老师一起商量，王雅儒老师人如其名，是一个随遇而安、任劳任怨、儒雅至极的好人。

1983年，甘肃省退休科技工作者协会成立，父亲当选为常务理事，为甘肃经济发展出谋献策。当时甘肃以电力过剩为由，提出提前实现家用电气化的目标。父亲以退休科技协会理事名义，给省人代会写了一封长信。信中利用翔实的经济数据指出：北方十五省区中，甘肃总体经济发展落后，电力过剩是表面现象，实则是工业产业发展落后，以长期发展观点看来，未来缺电是大趋势，应当利用能源充足的优势，尽快发展地方产业，赶上全国经济发展水平，所谓率先实现家庭电气化，只能干扰经济发展的主旋律。这封信引起省领导的高度重视，一万户电气化的规模没有继续扩大，而且在发展中也很快显现出电力短缺的现实。父亲还为甘肃外贸出口做了大量无偿的翻译工作。

1984年，根据党中央发出的要积极发展一批有理想、有信念、有追求，业务能力强、群众威信高、社会影响大的知识分子入党，加强党的基层组织建设的要求，父亲被列为重点发展对象，并且找到1951年父亲在军管会工作期间写的入党申请书。这样，父亲完全符合党中央新时期组织发展工作的要求。根据上级要求，父亲重新写一份入党申请书（必须是十一届三中全会之后的申请书），履行一切相关手续，加入了中国共产党。回顾历史，几十年的磨难，父亲终于成为一名共产主义战士，犹如苍茫暮色之中一抹晚霞的余晖。因为父亲视力减退行动不便，承蒙党支部关怀，每周的组织生活，都搬到父亲家里进行。

1987年，父母赴美探亲旅游，与亲友度过一段美好时光

　　1987年，父母在各方亲友的帮助下，赴美探亲，父亲那时已经完全丧失了视力。赴美之前，我姑母联系到一位日本眼科医生，询问为父亲治疗眼疾的可能。这位日本医生先通过北京同仁医院张棣华医生为父亲做了眼底激光照相，基本否定了治愈的可能。在美期间，对父亲的眼疾做了进一步检查，美国医生的结论是三十年之内技术上看不到治愈的可能。我的姑母和我的舅父两个家庭对父母的造访竭尽全力。20世纪80年代，国内的经济发展水平远逊于欧美发达国家，亲友们无微不至的照顾安排和极其丰富的物质条件，使父亲的探亲旅程多样而且轻松。父母也有机会享受了一下物质富足的生活，实现了同胞兄弟姐妹欢聚一堂的梦想。他们一起回味幼时和父母生活的温馨、抗战逃难的坎坷、离别四十多年的悲欢，他们都希望海峡两岸和平统一，都期望祖国的未来繁荣昌盛。

　　我姑母居住在与左宗杞先生毗邻的社区。在旧金山停留期间，父母带去了老友杨浪明先生致左先生的信件和礼物。由于距离相近，步行可达，因此他们常有聚会。左先生告诉父亲，她刚刚拿到永久居民身份（绿卡），国内停发的退休金也已恢复，她老人家称这是"锦上添花"的事。

　　父母赴美探亲回国之后，竭力推动我的留学事宜，父亲没能成功留学是他的一个心结。看看家中几个子女，似乎只有我还有可能替他完成这个夙愿。经过不懈的努力，我在三十八岁那年踏上了留学之路，与二十三四岁的年轻学子同堂竞争。我进入美国犹他州摩门教会学校杨百翰大学研习分析化学，毕业后去制药公司从事新药研发工作。父亲常常告诫我，处世

美国前国务卿克里视察Ancora公司，询问实验室有关事项

要遵循"预则立不预则废"的原则，从最坏处着想，往最好处努力，积极面对生活和困难，切不可"寅食卯粮"，浑浑噩噩度日。在美长辈亲属也力促我在子女教育方面多下功夫，培养有用之材，在这自由世界里，不能让孩子沾染恶习。改革开放后，经济社会发展日新月异，父亲由于眼疾和听力减退与外界交流产生障碍，常常不为外人理解，心中也有愤愤不平之感。那时通信业尚不甚发达，国内外交流以信函为主。我忙于工作、生活和孩子教育，写信不够及时，父亲心里就会焦躁不安，批评我是"惜墨如金""洛阳纸贵""千金一笔"之类，我也理解这是父亲的舐犊之情。1998年，我带孩子回来看望老人，被父亲责罚斥训良久。作为儿子，我当然洗耳恭听，不能反驳。我的儿子看在眼里，私下用英语说，这下你会明白什么是窘迫（Embarrassed）了吧！你收拾我的时候，我也像你一样啊。嘻！也真是，一物降一物，这小子也会"哪壶不开提哪壶"了！那年，他十四岁。但有一点始终受到父亲的认同，那就是有关下一代的教育问题。父亲时常在见面训斥之外，总要补上一句，孩子培养得不错，他非常认同和满意，这也让我倍感欣慰。

　　独自在外奋斗，世事难料，必须沉着应对。打个比方，有十件事排着

队等着你去处理，轻重缓急，立竿见影。做完一件，跟着一串，再分轻重缓急，永无止境。你坐的是板凳，永远没有靠背椅，再累也得忍着，别人也和你一样。你可以央求他人帮忙，可别指望有求必应。我曾面临极端困难状况，报喜不报忧，避免父母担心。母亲写信给我，说我从小个人能力强，从未为我操心。现在远隔重洋，连帮把手的机会都没有，现在后悔为我做得太少。我回信母亲，自娱是扶墙长大，感谢父母给了我培养自己能力的机会，也是因为如此，我才有今天面对困难、从容应对的能力。在国外脚踏实地，亦步亦趋，工作学习，步步为营，生活也是从拮据勤俭到温饱小康。1996年，我第一次回国，分别五年后，也是情不自禁地拥抱母亲感谢养育之恩。

2004年，母亲与我们姐弟在兰大校园合影

自古忠孝难两全。我长期滞留国外，身为长子连家庭孝道都疏于尽责，是我难以消弭的憾事。现代社会竞争激烈，"父母在，不远游"难以实现。我远渡重洋为解父亲未能实现的留学心结，培养下一代为祖上门楣添彩，希望父母理解我的难处，也感谢姐弟留守代我尽孝。父母的晚年伴随着改革开放度过，物资匮乏逐渐成为过去。父亲耳目失聪失明，母亲意识不清，是他们晚年生活的最大障碍，也是留守姐弟的最大负担。两个姐姐退休之前，家中始终雇佣两个保姆服侍老人；两个姐姐退休之后，倾尽全力，轮流值守在侧。2002年2月18日，春节刚过，我接到消息，父亲驾鹤西归。我没能立刻回来送父亲最后一程，因为当时正是孩子在美国高校录取的关键时刻。尽管如此，我也会时常谴责自己。春末夏初，我们回到兰州，在父亲坟头叩首报告了他孙子高中金榜的好消息。母亲自1998年

罹患阿尔兹海默病之后，记忆力每况愈下，没四五年就认不出所有人了。没有认知，也就没有了痛苦，然而冥冥之中总是有奇迹发生，当她看到长孙的时候，就会说英语交谈，每每如此。你问她"这是谁"，她说"不知道"，但只要和孙儿说话一定是英语，而且有问有答、亲密无间。这一定是上天的安排，让她和孙儿之间保持着说不清、道不明的某种联系通道，表达和维系着祖孙之间的亲情。

父母安度晚年

留守姐弟床前尽孝，家属院内有口皆碑。母亲卧床八年，未曾有褥疮之疾，实为令人感叹。2009年隆冬1月7日，正是我的生日，或许是提醒我什么，或许是托付我什么，母亲离开我们，离开了这个世界。

我们亲爱的父亲母亲，安息吧！在那美丽的天国。

2020年6月26日于美国波士顿城郊

作者简介

程克展，1953年1月生于兰州。1982年2月毕业于兰州大学化学系，1994年4月毕业于美国杨百翰大学化学系。2019年退休，寓居波士顿。

逝去的岁月
——忆父亲孙艺秋、母亲菅玉芬

孙绿江

　　父亲孙艺秋（1918—1998），河南安阳人，1918年3月9日出生于河南安阳县大碾屯村。自幼爱好诗歌，十六岁还在安阳上初中时即开始在报刊上发表诗歌。"七七事变"爆发后随全家从北京流亡至西安。1939年考入西北联合大学中国语言文学系，参加中华全国文艺界抗敌协会，担任城固通讯站负责人。1942年出版诗集《泥泞集》。1943年大学毕业后在西安任过中学教员、编辑与记者，出版诗集《待宵草》，成为一个有较大影响的诗人。1946年赴台湾，任台湾大学中文系讲师。1947年返回大陆，先后任中原工学院、嵩华文法学院副教授。1949年参加中国人民解放军，曾任华东军区空政文工团编导股长等职，立过三次三等功。1955年转业后到兰州大学中文系任教。1981年调西北民族大学汉语系任教授，后离休。

父母合影

母亲菅玉芬（1925—1994），河南漯河人，1925年出生于漯河。1948年毕业于开封师范学校音乐专业，与父亲结婚，并随父亲一起参加中国人民解放军。1956年转业来到兰州大学地理系工作，任绘图员。曾获甘肃省"三八红旗手"称号。1985年离休。

我的父亲

我的父亲孙艺秋，1918年3月9出生于河南安阳县的大碾屯村。父亲是长门长孙，他的出生当然是家里的一件大事。这一天恰好又是父亲的祖母——我的曾祖母的生日，而且两人的属相竟然也相同。曾祖父为纪念父亲的出生，亲手在院里栽下了一株海棠，其时正值细雨微风，燕子归巢，这些巧合都为父亲的出生融入了格外的欢欣。曾祖父为父亲取乳名燕子，大名三同（与曾祖母属相、出生月份和日期相同）。

海棠年年盛开，燕子岁岁回归，海棠与燕子不仅陪伴着父亲度过了快乐的童年，也成为父亲无法割舍的故乡情结，成为父亲诗文里的典型意象。父亲晚年有《海棠诗七首并序》，序曰："余生之日，先大父于庭前手植海棠一株，且为余取乳名燕子。今余六十有八，离乡近六十年矣。往事萦回，怅然久之。"其七曰：

《泥泞集》发行广告

海棠为我降生栽，细雨微风燕子来。
青苔满地无人觅，六十余年几度开。

我家是中医世家，曾祖父古文功底深厚，在他的督导下父亲从小就开始背诵古代诗文。父亲也不负曾祖父的期望，十六岁还在读初中时就开始在报刊上发表诗歌，后来还先后兼任过《安阳日报》文艺副刊《雨花》和《新乡日报》文艺周刊《青烟》的编辑。抗战开始后，父亲使用积萱、楚篱等笔名，写了很多抗战的诗歌。20世纪30年代后期，父亲开始使用孙艺秋这个名字。

1939—1943年，父亲在陕西城固西北联合大学（后更名为西北大学）文学院上学期间参加了中华全国文艺界抗敌协会，并担任城固通讯站负责人。1942年，由当时的大型诗刊《诗创作》编辑部出版了父亲的第一部诗集《泥泞集》，当年美国的《读者文摘》在介绍中国青年诗人时也对父亲作了介绍。

1943年，父亲毕业于西北大学中文系。毕业后曾在西安东南中学、力行中学等学校任过国文教员，还先后在《西京平报》《西京日报》担任过编辑与记者，同时主编过《时代文艺》月刊。在此期间，出版了他的另一部诗集《待宵草》。1946年，父亲远赴台湾，任台湾大学中文系讲师。1947年返回大陆，任中原工学院、嵩华文法学院副教授。1949年6月，参加中国人民解放军第三野战军三十四军。

1943—1949年是父亲诗歌创作的高峰期，也是他人生最为动荡的时期。父亲一生最大的遗憾就是这一时期的作品因动荡奔波而丧失殆尽。"文革"结束后，父亲去过很多地方，查阅了一些过去的报刊，也找到了一些作品，不仅非常少而且不能带回，只能拍照，但总算是找到了一部分。诗集《泥泞集》只查到了销售广告，《夜的歌谣》也只查到了出版广告。父亲收集到的部分作品后来被收入《河南新文学大系·诗歌卷》《中国四十年代诗选》《黎明的呼唤》《中国新诗鉴赏辞典》等书籍中。

父亲的部分作品及被收录的文集

细读父亲早期的作品，可以感到父亲年轻时是一个心灵敏锐、多愁善感又单纯透明的诗人。他的作品有现代派的味道，却很少传统文化的影子

（曾祖父对他的培养似乎在他四十岁之后才开始显现）。父亲早期的诗歌虽然很有灵气，但还不够成熟，随着年龄的增长与阅历的丰富，他的诗风不再飘忽，渐渐沉稳起来，内容也越来越深刻，越来越广泛，而其灵秀却依然存在。这里选几首：

乡　思
（节选）

花有信来，
说她不愿意开。
春天不是个安分的季节，
风在四处徘徊。
人呢？没有个音讯，
……也不算奇怪。

离　别

在一条小溪边，
最好在深山里，
在落叶上写上两个名字，
给流水，或者给风雨带去。
从此，天南海北
不知要漂流到哪里。

在梦的尽头，
披上一件单衣，上山去，
亦许那片落叶回来了，
亦许你也在那里。

画　鱼

我画鱼，
鱼在纸上看我。

把画贴在墙上，
沏一杯茶，
让时光在茶烟里穿过。

夕阳把我的影子照在墙上，
影子在墙上看我。
"何必多事呢"……
我对夕阳说：
"我本来不会画鱼，
我只会画我。"

窗　外

窗外有静静的寒冷，
寒冷凝结成冰。
思想的相思树
挂一片黄叶——
　　它只记得一阵风。

静静的寒冷像海，
落叶在海底徘徊。
孤独的冰化石
像一块石碑——
　　它只记载几缕苍白。

故　乡

我不认识你，
却来到你的故乡。
我想告诉你：
　　他乡和故乡，
　　对于我总是一样。

只要你的心还在四处飘荡，

世界上就从来不存在故乡。

夕阳以外还是夕阳，

他乡以外还是他乡。

他的散文小品也透露着相同的情调与特点。

杜　鹃

必然有两只杜鹃，在远处一递一声地叫。这时候，哪儿来的杜鹃，哪儿来的杜鹃呢？

若说那就是昨夜的梦，在夜深人静时，化作夜合的幽独，则我必将穿上芒鞋，走向那片从未有人去过的土地，殉情于这一阵歌声。

啊，不要继续说梦吧，这时候的杜鹃，真有点怪，不是吗？许是太早，亦或许太晚了。

山下人家

在一个漆黑的夜晚，在一盏摇摆着的小红灯笼旁边，重来寻觅那山下的小径，小径上的莓苔。

明天，当山上浮起白云的时候，到山麓下的人家去借一杯茶，顺便去问问那插野花的女孩子，记不记得那一夜的雨声，那黄昏的碎语。

1949年6月，父亲参加了中国人民解放军，曾任华东军区空政文工团编导股长等职，立过三次三等功。父亲很少说起自己的往事，我们也见过军功章与立功证书，但因何立功并不清楚，父亲没说过。只知道父亲参加过解放舟山群岛的战斗，好像是以战地记者的身份参加的。这也不是专门说起的，而是因为说到晕船的事而引发的——父亲去舟山群岛时晕船晕得很厉害，由此而说起了舟山群岛的战斗。后来搬家时，我们见过一张华东军区空政文工团的话剧广告，父亲是导演，父亲讲了一个当时演出时的细节：舞台上放一张桌子，在桌面下预先安置一个注满了红墨水的棉球。表演者走到桌边，用手扶住桌角，趁机取下棉球，此时突然被敌人开枪击中，表演者便用捏着棉球的手捂住胸口，于是鲜血直流……

父亲从军照

　　1955年1月，父亲转业后受到西北联合大学的同学刘让言先生以及校方的邀请来到兰州大学中文系任教。能来兰大任教父亲非常高兴，工作努力，精神高昂，是有名的"萃英七贤"之一。后来由于受到"反右扩大化"影响，父亲有段时间有些消沉，但仍将精力完全投入了教学。需要特别提出来说一说的是，为了教学他进行过一些不但有趣而且也很有特点的探索与尝试，其性质不好归类，姑且称之为是关于诗歌创作思维与方式的探索吧。父亲在他的《野史外记后序》中有过一些解释："偶尔想用同一意境写成古今两体，想从中探索用古汉语所进行的思维活动与用现代汉语所进行的思维活动在同一意境中产生的不同效果。"

　　他有意识地以古体诗与新体诗两种形式来分写同一个内容，在比较中寻找二者之间的差异与各自的表现特点，这确实是一种很有意思也很有价值的尝试，读起来也很有趣。这种创作始于何时我不大清楚，应该是1961

年吧，因为那一年他对古体诗特别入迷。他的新体诗大都是年轻时候写的，古体诗则是后来写的。因为要深入比较两者之间的差异，不断地修改也是必然的，所以这些诗歌的创作年代也无法确定。这里选两组：

四 季
（并原意古体）

为什么偏爱冬天的雪花？
多半是曾被春天贻误。
有一串日月曾到我心上来过，
敲不开紧闭的门，在落花中
寂寞地走过这漫长的路。
荷叶上残留着一滴别时的清露，
问第一片红叶：
秋风要吹向何处？

四 季
（古体）

不是爱冬花，似被春花误。
南浦采红莲，风吹乌桕树。

冬 云
（并原意古体）

亦许你就是那一段云，
消失在我沉思的黄昏。
亦许你曾迷失过方向，
询问过一些不懂得语言的人。

忽然又飘到我的窗前，
却又在门外逡巡。

向我舒展开

一片苍茫渺远的往日的心。

见一面竟胜过万语千言，

分别亦许就在明天。

……不等我把话说完，

纷纷大雪已落满南山。

冬　云
（古体）

偶尔一段云，来我小窗前。

相对话未已，飞雪满皋兰。

父亲主讲的是唐代、宋代和元代文学，这正是中国古代诗歌最为辉煌的时期，这些课程也是父亲最喜欢的课程。因为父亲具有独特的经历与思考，所以他对诗词的解说便与众不同。他从不拘泥于某一特定的时代或某种特定的背景，甚至很反感这种以特定的时代背景或社会背景来评价诗歌的做法。他更关注诗歌中的人生与艺术、情感与技巧，可以说他是一个为艺术而艺术的人。在他所属的那个时代，这种学术视野与研究成果自然落落寡合，但他并不改变自己的初衷。也正因为如此，他的课程始终有一种独特的风格，有一种灵气与通达，很受学生的欢迎。因为我和父亲是同行，所以我在工作与学术交流中接触过父亲的一些学生，他们对父亲的课程都有很深的印象，其中最明显的就是父亲对不同作家、不同诗体在表现相同的主题、风格、情感时的比较与分析。甘肃文化出版社出版的《甘肃当代文艺五十年》中对父亲的评价是："其特点能从哲理与人生两个角度同时开掘，既不同于纯理性的分析，也不同于纯感性的鉴赏，可以说是一个饱经沧桑的诗人与学者对人生与艺术的总结。"这很符合父亲的学术特点。

父亲的读书也极有特色，除了正襟危坐、朱笔圈点、午梦抛书之外，也还有些有趣的做法。父亲去世后，我在收拾父亲的遗稿时见到一个小纸条，纸条上抄录了一首明代女诗人郑妥娘的小诗《留秋诗》。诗后有一段文字，先是记述了自己对诗人郑妥娘的评价以及此诗的出处，然后写出了自己读诗的一些做法，很有意思。全文抄录如下：

我欲留秋住，寒衣不忍裁。

归期何用速，尚有海棠开。

右郑妥娘《留秋诗》，不在薛涛、鱼玄机、朱淑贞之下，而姓名不为人知，埋没久矣。妥娘名如英，无美，妥娘小字也。著有《红豆词》，见《众香集》。余每夜读，见佳句辄录之，贴壁上以便讽咏，亦读书一法也。纸不必佳，字不必恭，短短数句使人神往久之。裁纸作四方小条，足志感慨而已。亦古人大事书策，小事书简之意耳。六二年十月八日夜，谢甲。

纸条细长不整，乃信手所得之物，蝇头小字随意而流畅，堪为行书之佳作，可以想见父亲书写此条时的愉悦之情。但对《留秋诗》本身并无评价，实乃性之所至，借题发挥，与妥娘诗并无多大关系。"纸不必佳，字不必恭"，自家读书，自可随意而为之；"大事书策，小事书简"，既然是读书，终需有个章法。读书至此，不亦乐乎？谢甲，父亲笔名，取解甲归田之意，父亲60年代写文章皆用此名。

"书读百遍，其义自见。"读诗更是如此，在反复讽咏中诗之妙境便会渐渐清晰起来，于是自有心得，乃至"使人神往久之"。父亲讲诗，往往一句击中要害，除诗人法眼外，反复讽咏亦一秘法。此条我甚为珍爱，每每读之，每每开怀。父亲是真爱诗啊。

后来，父亲调到西北民族大学任汉语系教授，离休后与友人一起发起成立了兰州诗词学会，任副会长，写诗（主要是古体诗）也就多了起来。父亲的三弟、我的三叔是天津的画家，三叔晚年专门挑出父亲的三十首诗并依据诗意配画，诗画互证，极好。兄弟

父亲手迹

之情让人动容。

父亲去世后，作为纪念，我把父亲创作的诗文收集编次集合为《梦与真》，1999年由敦煌文艺出版社出版，其中就收录了部分三叔的绘画作品。另外还专门收录了父亲的三篇碑铭：《嘉峪关记》《兰山石坊记》《皋兰山钟铭》。《嘉峪关记》由著名书法家何裕先生书丹，镌刻于嘉峪关城内的嘉峪关石碑上。《兰山石坊记》由著名书法家甄载明先生书丹，镌刻于皋兰山上的兰山石碑上。《皋兰山钟铭》则铸于皋兰山顶的铜钟之上。其他的研究类的文章没有专门成集，而是以《唐宋诗散议》的形式收入父亲编著的《唐宋诗精选》中。

父亲平生最大的爱好就是养花，说他是花痴绝不过分。刚到兰大时，我们住在萃英门静观园的一个小院里，小院在假山的西北方，西边的院墙就靠在南北走向的城墙上。院门向东，开在小院的东南角，小院共住了四户人家，各住一边，我家住南房。小院很干净，也很安静，青砖小道在院里隔出几块花坛，父亲就成了真正的园丁。除了海棠，父亲最喜欢的就是菊花了，不仅花坛里种满了各种菊花，屋檐下的台阶上也摆满了各种盆栽的菊花。花开的时候，黄的、白的像清晨的雾一样朦胧而明亮。在我的记忆中，这是最美的花园了，即使现在想起来，也是如此。我爱菊花也是源于此时。

作者于《兰山石坊记》前

其实小院里的人都很爱花。北屋住的是吕忠恕先生，东屋住的是李端严先生，他们经常与父亲一起浇花除草，就连平时极少能见到一面的西屋的主人，有一次也来到家中，说他种的昙花开了，请父亲去欣赏。

这个小院给我留下了太多太多美好的回忆。

后来我们又搬了几次家，不管搬到哪里，父亲都会千方百计地种一些花，我们也一直生活在父亲营造的花的氛围里。父亲为花写了不少诗，但对花之容貌并不看重，更多的还是在写花的精神与自己对花的喜爱。例如《自题幽兰小帧》：

水际山阿耐寂寥，长天风露可怜娇。
人间是处群芳绿，开到孤寒格自高。

再如《长相思》：

卷帘栊，对春风，春风春雨海棠红，胭脂带雨浓。　梦影红，映帘栊，落花流水去匆匆，梦回月似弓。

拍摄于静观园小院外的假山

237

我的发小张万明曾对我说："你爸就是一个典型的文人，写诗、养花。"我深以为然。

父亲的身体一直不大好，晚年更甚。有一次病重住院，医生已经通知我们准备后事了，我的发小靖明农来看父亲，带来一盆盛开的月季，鹅黄淡雅，幽香沁人。父亲极为高兴，让我把花摆在案头，细细欣赏。第二天，我再去医院的时候父亲的精神明显地好了起来，不久竟然病愈出院了。父亲开心地说："理解我的人还是靖明农啊！"

父亲一生经历了很多，见识了很多，但他一直都生活在诗歌中，直到晚年仍然是一个不谙世故的"愚人"。有些事情他看得非常清楚，有些事情却怎么也看不明白，而且越是简单的事情越看不明白。他的朋友不多，但都很知心，父亲为这些朋友写过很多诗，这在他的《梦与真》中可以看到一部分，尤其是悼念诗，催人泪下。如《再悼曹教授觉民先生》：

> 岁月欺人又十年，依然冷雨夜潇潇。
> 当时泪共此时泪，并作哀思代纸钱。

曹伯伯去世十年之后父亲依然如此感伤，真让人感慨万千。朋友纪念父亲的诗也极为感人，父亲去世一年后，他的老友魏晋贤魏伯伯写下了怀念父亲的《怀艺秋学长兄》：

魏晋贤伯伯的手稿

死生契阔叹经年，夜雨孤灯一泫然。
心痛诗星多冷梦，魂存尺幅似哀弦。
破形炼句鹃啼血，写物传神火出莲。
泉下幽兰香未断，流光皓月满山川。

据魏伯伯的女儿魏芸说，魏伯伯写此诗时非常伤感，多次提笔，多次慨叹，以至于到去世也没能最后定稿。为纪念父辈之情义，魏芸特将诗稿拍照发来。我极为感慨，对家人说，有朋友如此，父亲不枉此生。

父亲对子女的态度基本上是放养的，从来没有训斥更没有打骂过我们。大概是在1962年的时候，父亲每周都会给我和哥哥讲一首古诗，并用毛笔把诗写在纸条上，粘在书架的侧面，要我们一周内背会。父亲讲得很简单，也很准确，很适合我们的年龄，是个真正懂诗的人。这段时间并不很长，大约讲了四五十首，但对我的影响很大，我喜欢上了读诗，也学会了读诗。用时髦的话来说，我挖到了第一桶金。从此我便与古代诗词结下了不解之缘，并最终走上了从教之路。

全家照（拍摄于20世纪70年代中期）

父亲因自身的遭遇总觉得对不起家人，尤其是对不起母亲。父亲晚年曾多次对我们说："你妈如果不嫁给我，一定会有大成绩，生活也会好得多。"每想到这句话我都禁不住要落泪。母亲去世得很突然，父亲极为悲痛，曾说："我活不过三年。"父亲前前后后写了很多诗来纪念母亲，但大都没写完，大概是提起笔来便难以自已，真正完成的不多。现录《长相思》二首：

星朦胧，月朦胧，星月朦胧忆旧容。今夜照我两行泪，皋兰山下读书灯。　人已去，陋室空，凄凄风雨湿窗棂。夜夜照君回家路，皋兰山下读书灯。

说坎坷，记前踪，儿啼女哭阮囊空。君自掩泣愁米面，我也愧对读书灯。　前半生，后半生，一家生计费经营。冬衣未裁先我去，误君误我读书灯。

　　母亲去世后再也无人能擦亮那盏孤独寂寞的读书灯了。果然，三年后父亲去世了，走得很平静，一脸安详，似乎等待这个时刻已经很久了。我突然发现人是有灵魂的，父亲去陪伴母亲了。

我的母亲

　　我的母亲菅玉芬1925年出生在河南漯河。母亲很少谈起自己的家世，但从零星的话语中可以听出母亲出生在一个中等家庭。大概是因为继母的缘故，母亲独自从家里跑出来，考入开封的一所师范学校上学去了。毕业后，经人介绍与父亲结了婚，并与父亲一起参加了中国人民解放军，同在华东军区工作。我就是在当时华东军区的总医院出生的。

　　来兰州之前的事儿我一点儿也不记得了，最早的记忆就是在萃英门静观园的小院里和母亲一起唱《五月的鲜花》。哥哥要做功课，弟弟妹妹们还小，只有上幼儿园的我每天晚上能和母亲一起唱歌。母亲搂着我轻轻地

母亲从军照（拍摄于1954年建军节）

唱着："五月的鲜花，开遍了原野，鲜花掩盖了志士的鲜血。为了挽救这垂危的民族，他们曾顽强地抗争不歇。"小院里开满了鲜花，我望着鲜花，跟着母亲轻轻地唱，反复地唱。当时母亲很年轻，三十出头，歌声极为甜美。虽然我不大懂歌词的意思，但那哀婉而又激越的旋律总是让我莫名地激动。可以说这是对我进行的最早的爱国主义教育了。时至今日，《五月的鲜花》依然是我最喜欢的歌曲之一。搬到盘旋路校区以后，有一次母亲带我来到大礼堂舞台后边的小仓库里，那里有两台钢琴。母亲告诉我学校要演节目，她得练习练习，我才知道母亲原来是学音乐的。在晚会上地理系演出的是大合唱，母亲钢琴伴奏，我静静地坐在座位上观看，母亲真是光彩照人。

我在上幼儿园大班的时候知道了母亲是地理系的绘图员，母亲永远是上班最早、回家最晚的那个人。尤其是在困难时期，等母亲回家吃饭是那么地难熬，路上都没人了，还看不到母亲的影子，每天都是如此。我还知道只要与工作有关的事母亲都极为重视，最简单的例子就是练字。母亲的钢笔字本来就很好，很秀气，但听说图纸上最好使用楷书，她便开始练习楷书，后来真练就了一手好楷书。没人要求这样做，她是自愿的，就是要把工作做到最好。她绘的图很细致，我就经常听到地理系的老先生们对她的称赞。

那时候母亲经常加班，如果要晒图的话还会带上我。晒图的原理与洗照片相似，天气要好，动作要快，否则图纸感光就会出现问题，所以加班是要看天气的。我的任务就是在工作转换的时候递个东西、扶个晒图架什么的，能帮母亲干活我真的非常自豪。

父亲对我们是放养，母亲则是引导。我十岁的时候家里有一个非常漂亮的小闹钟，是给我们几个孩子用的。因为放假，没人使用闹钟了，我就悄悄地用小螺丝刀打开了闹钟的后盖，一心要研究研究。第一天研究后多出来几个小螺丝，装不回去了。第二天再研究，又掉下来几个齿轮，赶紧安装时哗啦啦整个发条弹开来，再也收拾不住了。原以为要挨打了，没想到母亲问明缘由后竟大笑起来，到处给人说，还专门带着我去百货大楼又买了一个闹钟，还是让我挑的。后来，母亲和我有了一个约定：每当一次四好生（后来叫"三好生"）就给我买一样工具，买什么随我，但是再不能随意拆卸东西了。小学毕业的时候，母亲一共给我买了三样工具（其中一件是小学毕业的奖励）：一把老虎钳、一把钢锯、一组螺丝刀。我自己还用零花钱买了一把榔头。正因如此，我的动手能力很强。后来我在煤矿当电工，技术好是出了名的，这几件工具功不可没。

我们兄妹四人，母亲待我们很公平，从不偏向谁，而且也要求我们能够公平公正地对待社会与他人。在困难时期及以后的一段时间里，尤其是在吃的东西上母亲分配得非常公平，当然这里说的都是稀罕物。不管是糖果、糕点、水果，还是巧克力什么的，一般情况下母亲都会分为四份，并规定第一次老大先挑，然后按老二、老三、老四顺序挑；第二次则是由老二先挑，然后老三、老四、老大挑，以后依次往下顺延，以此循环，谁也没意见。刚开始别人挑的时候，我总觉得四份的数量不一样，可轮到我挑时才发现真的很公平，怎么挑也挑不出个多的来，真是气得不行。没挑几次，大家都不计较了，拿一份就走。长大以后就懂了，母亲爱我们每个人，在母亲心中我们没有区别，亏了谁母亲都受不了。我们兄妹之间的感情一直非常好，这与母亲对我们的养育观念分不开。

在很长的时间里，我都不知道母亲有多么优秀，只知道母亲在地理系被称为铁人，从不生病，从不休息，还是甘肃省的"三八红旗手"。后来，地理系的杨永芳阿姨告诉我：母亲在兰大工作的几十年中，除了不评选先进的年份之外，年年都是先进。我觉得匪夷所思，一个绘图员怎么可能年年是先进呢？母亲去世后，兰大的校报曾有专文报道，对母亲的评价很高，并配有照片。这篇报道把我拉回到了那个曾经陪伴母亲加班的年代，那个曾经等待母亲下班回家吃饭的年代，那个母亲不管多么疲乏也要坚持去上班的年代，母亲真的是永远在不停地工作啊。她没有惊天动地的壮举，只有兢兢业业的努力，离休的时候也只是工程师的职称，但她确实值得人们尊敬！我也非常感谢、非常敬重母亲的那些善良正直的同事们，感谢他们对母亲的认可与尊重。

母亲工作照

母亲的善举很多，举几个例子：

"文革"结束后开始涨工资，刚开始只能给30%的人涨。十几年没涨过工资，竞争之激烈可以想见。母亲毫无悬念地榜上有名，但见到同事之间有人因竞争而反目，心中不忍，便主动放弃了机会。母亲说有人比我们更困难。

80年代初，有个小伙子用自行车推着母亲回来了——母亲受伤了。母亲说自己被人撞了，并催着小伙子快走。到了医院在回答医生的询问时母亲才说是那个送她的小伙子撞的。经检查，大腿骨折。母亲说那个小伙子是个农民工，别为难人家。

我年轻时曾用单位的信封寄过几次稿子。母亲知道后很不高兴，说了我好几次。此后我再也没有干过类似的事，不为别的，只为了让母亲高兴。

母亲离休后在兰大假山的水池边散步。有个小孩不慎落水，母亲毫不犹豫地跳入水中，救出了孩子。池水并不很深，但对母亲而言还是很危险的。

母亲就是这样以自己的言行引导教育我们要认真做人、认真做事，我们兄妹在母亲的影响下也都成为母亲要求的对社会、对人生负责的人。妹妹同母亲一样，也是甘肃省的"三八红旗手"。

作者简介

孙绿江，1951年12月出生于南京市，1956年来兰。1968年11月赴甘肃省会宁县土高公社插队。1971年招工至甘肃省靖远矿务局建筑工程处当电工。1977年参加高考，1982年1月西北师范大学中文系毕业，
分配至甘肃教育学院（现名兰州文理学院）任教，二级教授。2015年12月退休。

我的母亲郭进贤

张效鹏

母亲郭进贤（1918—2001），河南省信阳人，早年丧父，艰难求学。1934年，考入美国人在武汉创办的医学院学习。1936年底，该医学院和湖南湘雅医学院合并，母亲到长沙学习。1938年毕业，被当时的中央政府组织抗日医疗小分队派往西北，来到兰州。1942年，考上张治中将军领导的西北长官公署，任医官。1948年，张治中将军离开兰州，妈妈自开诊所。1950年，任兰州第一届妇女代表大会代表。1951年到兰大任职，受命创办兰大医务室。1976年5月光荣退休，任科技工作者退休协会委员。2001年2月3日，安详去世。

母亲

我的母亲郭进贤，生于1918年9月，河南信阳人。1951年到兰大任职，受命创办兰大医务室。创办后独立工作三年，而后才陆续有人加入。校医院现在已有一定规模，但说母亲是医院奠基者，也不为过，我是当时的旁观者，也是小小的参与者，是当时校医室建设的小见证者。吃水不忘挖井人，今日我们缅怀做出贡献的父母前辈是有意义的，他们是兰大兴盛的奠基者。

母亲的曾祖父是清朝官员，退休后在名胜鸡公山下置了不少家产。到我外祖父时，仍有十多处茶园，还有果树林、多处池塘和田地。但不幸的是，外祖父患急病早亡，时年才二十四岁，其财产成了族人欲夺之物。外祖母是当地美女，被卖到几十里外一个丧妻的地主家中。母亲当时六岁，被卖做童养媳，遭受非人待遇，八岁时妈妈在好心的长工的掩护下，一天晚上夜行四十里逃出了魔窟，艰难曲折到了继父家。在陪继父女儿读书中，母亲脱颖而出，从陪读生成为学校的优秀生，连跳几级，读完了小学、中学。十一岁时，母亲在亲人的帮助下打赢了官司，从族长手里拿到了赔偿的白银，这成了母亲以后上大学的学资。作为财产唯一继承人，先委托他人管理。新中国成立后，全部献给了国家。

1938年，同学抗日小分队

当时，妇女远远没有解放，母亲决心做个自强自立的妇女。她十六岁考上了美国人在武汉创办的医学院，当时教师全是外国人，教材也是英文的，学习了细胞生物学、组织学、解剖学等课程。后来，学校和长沙湘雅医学院合并，学校和学生齐迁长沙。

1938年，母亲自湘雅医学院毕业。当时的中央政府把这些毕业生分成几个医疗队，派到全国各地的抗日战场。妈妈这队向西，经西安向甘肃。母亲说，和南方相比，当时的甘肃落后很多，小分队西行到了高台，当地很封闭，年轻妇女会看病成为奇观。后来，队员齐聚兰州，当时的卫生局将队员和其他人员组成一个医院，就是现在七里河某医院的前身。

1942年，父母成婚。当时张治中将军坐镇兰州，成立了西北长官公署，需要医官，母亲因考而进，服务于抗战事宜。1948年，张治中将军离开兰州，母亲自开诊所，声誉颇佳。

兰州解放后，母亲作为妇女知识分子被举荐为第一届兰州市妇女代表大会代表，并在大会上发言，反响很好。当时，兰大初建，需要建立医务室，医学院院长杨英福推荐母亲来兰大工作，创建医务室。

母亲当时三十出头，为国家、为兰大服务的热情高昂。兰大给母亲分了两间相邻的房子，一间是给我家住，一间就是医务室。万事开头难，当时的条件不及现在的万分之一，医务室只有一间房子、一张床，其他无一

1942年，父母结婚照

物，家中不少医疗器械都被母亲拿到医务室了。现在的人可能难以理解当时的人们，一切都无私为公，不计较个人得失，就像母亲那样。也正是众多像母亲一样的教职工，做着普通的工作，成就了斐然盛名的今日兰大。

母亲敬业到忘家的程度，我们几乎是见不到她的。睁开眼睛，她已经上班了；晚上做完作业睡觉了，她还没下班。当时爸爸在师大，也很少回家。我们姐妹的饭票挂在墙上，自己管自己，食堂吃饭，操场活动。我们姐妹的各类球技都不错，都是操场玩出来的。兰大人文精神培育了兰大子弟的成长，很多教职工子弟后来都卓有成就。

母亲一个人建立起医务室，头三年也是她一个人操持全部工作，搞卫生、清洗，而且妇科、内科、外科一起上，需要什么干什么，没有上下班

的概念，只要需要就上班。兰大是全国招生，经常有学生水土不服、拉肚子、头疼、胃疼等等，母亲都要看的。当时兰大的学生宿舍是四栋四层高的楼房，母亲在兰大更像是个卫生员、护士、保姆、大姐，看病、开药、护理、安慰、劝解都干。

　　还有就是接生。兰大的教师有不少人把家眷接到城市，她们习惯在家里生产，但又不放心，所以本单位的人，母亲可能都要到场，亲自帮着接生。母亲说经她手接生的孩子有二十多个。

母亲年轻时的照片

　　职工有危难，母亲也是第一时间到场。我五六岁时，经常在经济系常老师家和他儿子一起学习。记得有一次常老师抬手取东西时，突然在我们面前依墙慢慢倒下去，家人一时手足无措，哭声一片。母亲闻讯赶来，麻利地协助他们家人处理后事，经历过腥风血雨的战场历练的母亲面对生死时一向沉稳干练。母亲这种急人之难、挺身而出的行为不就是无声的身教吗？

　　母亲有一个皮制的卫生箱，比一般木制的箱子稍大点，质量非常好。这个卫生箱有两层，上面一层装红药水、碘酒、消炎粉、纱布等，下面一层多装盒装药。每当职工有活动，比如上兴隆山游玩等，妈妈都要背着这个卫生箱，中暑了、头晕了、胃不好了、感冒了，她就第一时间过去诊治、发药。我记得，人丹是给的最多的一种药。

20世纪50年代，兰大职工的关系非常融洽和睦，相处得都很好。我家和曹觉民、杨英福、朱宣人、樊祖鼎等诸位先生家都有很好的交往。有一张照片是妈妈和我们兄妹几人在兰大校园里拍的，记得我当时觉得自己丑而不想让人看到这张照片，那时老职工们的关系都特别好，这张照片就是周爸爸再三好心坚持给我们拍的，留下宝贵的回忆。

1961年底的一天，我去食堂打饭，当年的先进工作者的名单正好贴在食堂外墙上，上面赫然有妈妈的名字。我真正替妈妈高兴，她取得荣誉比别人难得多啊！

困难时期，物资匮乏，校领导优待知识分子，有一定级别可以发优待证，能买到少量的稀缺物品。兰大女职工享受优待的不多，妈妈名列其中，这是妈妈的善良和努力在领导和群众那里得到了认可。

妈妈这辈子没有说过别人一句不好的话。我佩服妈妈的修为，一辈子不说别人一句不好的话是不容易的。

1976年，妈妈退休了，加入了科技工作人员老年协会。做公益活动是她的最爱，我家困难时不来往的朋友又来找她，她一样友善对待。妈妈是一位平凡而普通的兰大职工，一个尽心尽力的医务工作者，一个善良之极的人，没什么高大上的成就，就是平常服务大家的琐事和小事。正是这些琐事和小事展现了妈妈善良正直的赤子之心，见证了妈妈的人品。2001年2月3日，妈妈在睡梦中离世，享年八十三岁，安详之至。祭奠时，兰大老职工来者众多，都说"好人啊，郭大夫"！足矣！妈妈走好，天国又添一颗亮晶晶的星星，那是我亲爱的妈妈。

作者简介

张效鹂，郭进贤三女儿，1949年10月生于兰州，高级教师。先后在兰大附小、附中，师大附中读书长大。1977年考上兰州师专中文系。1980年分配到兰州七中任教。任教期间，曾担任年级组长、教研组长，所教学生曾获全国中学生作文比赛一等奖。1987年获得兰州市包括三县六区老师讲课质量比赛第二名。在《兰州晚报》等报刊上发表《爸爸的书》《饮茶之道》等文章多篇，在学校多次荣获先进工作者称号。2003年退休。曾任兰州市城关区第四、五、六届政协委员。

永远的思念

——纪念我的父亲母亲

顾兴九

　　父亲顾正（1918—2001），1918年出生于甘肃靖远县。1947年毕业于北平师范大学中文系，并于同年回到老家，任教于靖远二中，讲授国文。1949年初经人介绍来到兰州大学任教。1950—1951年赴北京师范大学进修，回校后主讲语言学、文字学、训诂学等课程。为人正直坦荡，教书兢兢业业，著述精益求精，尤其在文字学上造诣很深。著有《文字学》。1985年退休。

父亲　　　　　　　　　　　　　　　　母亲

　　母亲展孑民（1918—1990），1918年出生于甘肃靖远县。1952年随夫迁到兰州，相夫教子，宽厚待人。1990年去世。

我的父亲

　　我的父亲顾正，1918年出生于甘肃靖远县东湾乡。因为家中条件较好，爷爷又很重视教育，靖远县的教育也较为发达，所以父亲与他的堂兄弟们都受到了良好的中小学教育，十个堂兄弟中先后有六人考入了大学。父亲年龄最大，于1943年考入位于陕西城固的西北联合大学北平师范大学中文系学习。在此之前父亲还上过生物系，因为生性温和，无法适应生物系的解剖课程，所以又转考了中文系。1944年，北平师范大学迁往兰州，父亲随迁兰州。抗战胜利后，北平师范大学又回到北平，父亲亦随校回北平继续学习。1947年毕业回到老家，在靖远二中任教，讲授国文。

1947年，父亲大学毕业时合影（前排右二为父亲）

　　大概是1949年初经人介绍（应该是何裕先生介绍的）父亲来到兰州大学任教。新中国成立后，父亲有幸于1950—1951年赴母校北京师范大学中文系进修，回来后便正式登台讲课。在几十年的教学生涯中，父亲主要讲授过语言学、文字学、训诂学等课程。

　　语言学是一门很复杂的课程，牵扯的问题和学科非常多，比如哲学、逻辑学、社会学、文化学等等，还要进行不同语言之间的比较，所以至少要懂一门外语。不知道父亲在北师大学习时是否系统地学过英语，反正我从懂事起就见父亲在学习英语。他学英语主要是自学，而且是有空了就学一学，忙了就放下了。即使如此，也架不住积少成多，时间久了父亲也能阅读英文书报，也能和外语系的教师互相探讨一些语言学的问题。在他存留下来的一些笔记中也还能看到他关于汉语与英语比较的文字与感想，而且在讲课中这些都是有体现的。这一点我是非常佩服的。

在多年的教学中，父亲最喜欢、最擅长的还是文字学，尤其是对古文字的研究。从文字的源流出发，他曾对西安半坡陶器符号、甘肃马家窑陶器符号、金文、甲骨文、大篆、小篆、隶书的发展变化进行过细致的归类与认真的分析，一个字一个字地描摹、注释，爱不释手，百看不厌。我觉得这早已超出了教学与研究的需要而成为对文字本身的热爱了。也正是因为有这种热爱，他才能够成为学生们喜爱并尊重的教师。

父亲学习英语的笔记

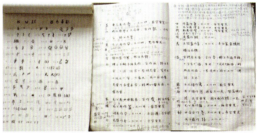
父亲编写的讲义

20世纪70年代，父亲基本上是在兰大图书馆上班的。离开了教学岗位当然会有很大的失落感，但好在父亲多年从事古代汉语的教学与研究工作，对古代文化典籍还是非常熟悉的，在兰大图书馆也还有一些学术性的工作可以做。70年代后期，兰大图书馆根据全国古籍善本总目编辑领导小组的要求对馆藏善本图书进行全面整理，此项工件便是由父亲与贾丽英老师二人主持完成的，并于1979年编辑印刷了《兰州大学善本书书目提要》，1995年又再次印刷。

1980年父亲重新回到中文系任教，1981年又开始招收研究生。重回讲坛是件令人非常高兴的事，父亲是一个对自己要求很严格的人，因为离开讲坛十五年，他便以加倍的努力来备课、讲课。后来，他在专著《文字学》的后记中写道："1980年回系，重理旧业。手披残卷，似曾相识。乃惊岁月飘忽，十五春秋已成过去……顾旧稿已不堪用，乃更章重编讲义。

倩人刻写，以应急需。"

重编讲义是从许慎的《说文解字》开始的，许慎关于"六书"的说法被大多数学者赞同，但历代学者对六书中"转注"的理解却各有不同。父亲认为："从结构上看，形声转注相同，都是形声字。从造字的过程看，形声字是给形注上音旁，转注字是给假借字注上义旁。因此转注字的条件是：1.转注字的音义跟所从来的假借字相同。2.转注字的形体是给所从来的假借字加上表义类的偏旁构成。"为了进一步证明这个观点，父亲"由《金文编》中选录三百余字，以证实转注为造字之条例，以冲击常期聚讼之论"。（见父亲手稿《转注试证》）

对于《转注试证》父亲是下了功夫的，初稿完成后即用于教学，在以后的生涯中内容又多有增加。曾有出版社愿意出版，后因上古文字过多无法印刷而作罢。在授课的过程中，父亲积少成多，终于在1992年汇积成册，由甘肃教育出版社正式出版了学术专著《文字学》。

父亲的教学极为认真，教学效果自然不差，但课程结束一切也都过去了，除了讲义也没有什么东西留下来。现在要对父亲的教学进行描述是不可能了。好在父亲在带研究生的时候做过很多笔记，我见过父亲给一位研究生的论文写的评语，真是不厌其烦，极为详细，由此也可以看出父亲对教学、对学生的责任心。

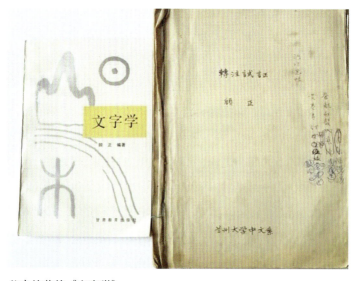

父亲编著的《文字学》

父亲性格较为内向，话语不多，能不出门便不出门，最喜欢的事就是待在家里读书、做学问。父亲似乎没有什么业余爱好，要说有也还是爱书。父亲的爱书有点特别，具体说可以分为惜书、抄书、买书三种。说他惜书是因为他珍爱每一本书。父亲读书从来不在书中做批注、画红线、打记号，而是准备了很多纸条，在纸条上写心得、做批注，然后把纸条夹在书页里；也从不在读到半截的时候折页，而是读到哪儿就在哪儿用书签夹上。于是，父亲的书不管读了多久都是平平展展，像新的一样，只是自己喜爱的书因为纸条多，书会厚一点。买的旧书也是一样爱惜，不会再旧，买的时候什么样多年以后还是什么样。抄书则是他见到喜爱而又买不到的书，便会把自己喜欢的部分抄写下来。一般都是用毛笔抄写的，一笔一画，工工整整，不急不慌，没有什么压力，就是一种乐趣。再说买书，因为父亲最喜欢的是文字学，是古汉语，所以最常去的地方就是古旧书店，最早这样的书店是在西关外雷坛河的河边上，后来又搬到通渭路了，还有就是张掖路的新华书店，那是当时兰州最大的书店。父亲通常和住在同一幢楼的搞古代文学的孙艺秋先生一起去，有一次，他们二人去逛书店，回来的时候二人同坐一辆人力三轮车先到，后边紧跟着又来了一辆人力三轮车，车上装了满满一车书，用绳子捆着，不知花了多少钱，也不知两人各买了多少书。

父亲（前排中）与他的第一批研究生合影

父亲非常关心家人，关心母亲，关心我们姐弟。退休后更是含饴弄孙，乐享天伦。

2001年2月10日下午父亲去世，享年八十五岁。

父亲与孙子下棋

我的母亲

我的母亲展孑民，1918年出生于甘肃靖远县红柳乡。我们老家有个很独特的习俗，女子出嫁后自己原有的名字就不能再用了，要由丈夫的父亲为自己重新取名。母亲的这个名字就是我爷爷给取的。为什么会取"孑民"这么一个名字我一直想不明白。小时候并没有感觉这个名字有什么特殊的地方，后来突然发现著名的北大校长蔡元培给自己取的号也是"孑民"。忙查字典，得到的结果是："孑，单独，孤单。"我很奇怪，因为我感觉母亲并不孤单，为什么会有这个名字？爷爷给母亲取名时是怎么想的？我从来没有问过母亲，也没问过父亲，到现在也还是不明白。但是从母亲的名字上就可以看出来爷爷是很心疼这个媳妇的。

母亲从小就受到严格的传统教育，恪守妇道，结婚以后更是把全部心血都献给了我们这个家庭。

1951年，母亲带着我的两个姐姐跟随父亲来到兰州大学，住在萃英门的11宿舍。1952年，我在萃英门出生。母亲和父亲在性格上很相似，都很内向，不同的是父亲骨子里还是很幽默的，母亲则只是内向。母亲永远都是起床最早的，起床后就开始忙活，静悄悄的，一直忙到晚上。不管在什么时候、住什么地方，我们家都是最干净、最整齐的。母亲的饭也做得非常好吃，凡是在我家吃过饭的发小都记得。

萃英门时期的全家照

母亲的最大特点是什么？用一个字回答就是"静"。母亲说话做事都很安静，就是和别人聊天也是非常安静的。我从来没见过母亲发脾气，更没有听过她骂人。不管遇到多大的事，母亲都是一脸的平静，临危不乱，处变不惊，只要母亲在，我们都不会慌神。只有一次例外。记得那还是在萃英门11宿舍时候，有一年冬天下了一场大雪，两个姐姐不知从哪儿弄来一个小雪橇，把我抱上雪橇，然后拉着雪橇高高兴兴出了大院。院子外边是一个大坡，坡下就是大操场，两人兴冲冲地冲下大坡玩去了。直到天快黑的时候才拉着雪橇回了家。一进家门，母亲就喊起来："弟弟呢？"两人这才发现弟弟早就不知道丢哪儿了。一家人慌慌张张地往外跑，姐姐们也说不清自己都去过哪些地方，四处乱找，最后发现我在一个树窝窝里睡着了。

母亲非常善良，见不得别人受苦，见了有困难的人总想帮一帮。在三年困难时期，大家都吃不饱，要饭的人很多。有一次，来了一个要饭的老人，母亲于心不忍，不知给了他一些什么吃的。第二天早上就有人敲门，母亲打开门一看，门口有好几个要饭的人。他们说，听那个老人说母亲是个极善良的人，所以他们来了。母亲关上门哭了起来，不知在哭谁。

父母与孙子合影

母亲去世的时候很平静，就像一片耗尽了生命的树叶，静静地落了下来。她从来不麻烦任何人，走的时候也一样，没有打扰任何人，但越是如此越是让我们心痛。

作者简介

顾兴九，1952年5月9日出生，甘肃靖远县人。1968年11月兰大附中初中毕业，赴甘肃省会宁县刘寨公社插队。1971年招工到兰州市运输公司工作。2012年退休。

我的父亲母亲

靖明农

父亲靖钦恕（1919—1995），河南省南阳市唐河县人。1946年毕业于西北农学院（现西北农林科技大学）农业经济系，留校任助教，后升任讲师。1949年初应兰州大学辛树帜校长邀请，来兰大任教。在兰大数十年工作中，对图书馆学进行深入的研究和探索，在国内图书情报期刊上发表过数十篇论文。兰大图书馆学系成立后，被聘为副教授，后升任教授。除教学任务外，还承担图书馆学方面的科研项目，编辑出版中文自然科学核心期刊103种。这是我国首次用引文法编排

父母合影

核心期刊，荣获甘肃省科技情报成果二等奖。所著《中国自然科学核心期刊分类法》获得1994年中国图书馆学科技论文一等奖，被称为中国信息计量学的开拓者。曾担任全国高等院校期刊工作研究会理事，甘肃省高级职称评审委员，兰大、西北民大等院校图书馆系列学科组评审成员。

母亲贾松云（1917—1998），河南省南阳市唐河县人。母亲

出身书香门第，知书达礼，受过良好的教育。母亲是贤妻良母，操持全家的生活用度，勤劳节俭，教育子女以德为先。在兰大幼儿园工作期间，对孩子们百般呵护，受到孩子和家长的喜爱，被大家尊称为"靖妈妈"。几十年如一日，在平凡的岗位上做出自己的贡献。

我的老家在河南南阳，这里地处豫鄂陕三省交界处，是一个三面环山、南部开口的盆地。因地处伏牛山以南、汉水以北而得名。古人曾描述：南阳，光武之所兴，有高山峻岭可以控扼，有宽城平野可以屯兵。西邻关陕，可以召将士；东达江淮，可以运谷粟；南通荆湖、巴蜀，可以取财货；北拒三都，可以遣救援。南阳，福地也。

一、求学之路

父亲生于1919年10月15日，家里老人因敬仰孔夫子的忠恕之道，故给他取名靖钦恕，希望他知书达礼、宽厚待人，成为光耀门庭的有用人才。因太祖父是私塾先生，以耕读传家，故父亲幼年即入私塾，习读四书五经和经史子集，这为他深厚的文化素养打下基础。因时值乱世，家里为安全考虑，一直未让他入校就读，所以他语文书写能力日渐增长，而数学演算却从未学过。至九岁，经人提醒，爷爷靖希周才同意他到岗柳小学上学。入学测试，算术极差，一片空白。这对父亲刺激很大，他决心奋发努力，迎头赶上。学校放假期间，他不顾患有眼疾，仍刻苦学习，对算术更是加倍用功，至下学期，他的成绩跃居班上第一名。自此，他的学习兴趣更加浓厚，读书成为他人生的最大爱好，而他的学习成绩在求学路上从未落后，最终以优异成绩完成各项学业。

父亲在动乱的时代，几经断续学业，但他对知识的渴望、对读书的热爱，初心不变，虽然坎坷仍坚持不懈，直到1942年高中毕业，以优异的成绩考上国立西北农学院农业经济系。

二、在西农的日子

西北农学院是西北联大分出的四个院校之一，是教育部的重点院校。

校园风景特别漂亮，宛如一个大型公园。父亲在西农的读书生活，是他最快乐的时光。他的学习成绩很好，每年都在班上名列前茅。他热爱体育运动，田径成绩突出，篮球打得更好，是学校篮球队的主力球员。从入校起，他就是班长。当时学校食堂都是由学生自己管理的，各班选出伙管会轮流自办伙食。父亲管的那期吃得最好，他们每周排出菜单，争取做到每日饭菜不重样，同时兼顾美味可口，甚至还吃了几次火锅。菜肉副食都是从农民那里采购，因此物美价廉，受到同学们的欢迎。多年以后，我还听到人们对他的称赞。

在西农的日子（拍摄于1949年）

后来，父亲曾担任学生会主席。他公平处事，善待同学，谁有困难他都愿意帮助，同学之间有矛盾他都能协调解决，他的组织能力、办事能力得到大家的公认，在同学中树立了威信。

1946年，父亲毕业后因学习成绩优秀留校任教，讲授农业经营学的课程。当时的课本是英文原版教材，他要先翻译再自编讲义给学生授课，为此付出很大精力，他上课认真负责，受到学生的好评。

后来，学校有了去美国威斯康星大学留学的名额，准备派父亲前去。他一面教学一面做出国深造的准备，并顺利通过外语考试。但因后来选派赴美留学生计划暂停，他出国留学未能成行。

1947年底，学校聘任他为讲师。1949年，兰州大学的辛树帜校长广招英才，辛校长曾任西农的校长，非常欣赏父亲的才干，写信盛情邀请父亲来兰大任教。父亲考虑之后，接受了辛校长的邀请，放弃了西农优越的教学和生活环境，我们全家于1949年初奔赴兰大。

父亲与刘潇然先生（1946年任西农农经系系主任）合影

三、萃英门纪事

1949年，应兰大校长辛树帜先生的邀请，父亲携妻儿跋山涉水从陕西武功西北农学院来到兰大。先住在兰大静观园，与段子美教授为邻，后搬入兰大第四宿舍与赵从显教授、李业乾教授同院。父亲参加了图书馆新馆的组建工作。他全身心地投入工作中，对馆藏的各类书籍分编分类。他编撰了全部图书的索引目录，那时没有计算机网络系统，全部工作均由手工完成，所有的卡片均用钢笔书写而成。

父亲受西农老院长于右任先生的影响，写得一手于体标准行书，写得既有章法又好看，可作为字帖来用，在兰大很有名气。父亲与图书馆同仁共同创建了两个新书库，一个是善本书库，一个是外文书库。善本书库所藏即线装书，多为明清以来的珍贵图书，父亲将它们从大量且繁杂的书籍中选出来珍藏保护，其中《皇明经世文编》等二百种为国内善本书保存最完好的孤本，可作为镇馆之宝。

父亲有较好的英文水平，但新中国成立后俄语期刊和书籍大量引入，为适应新的形势，父亲开始废寝忘食地学习俄语。我记得父亲的口袋里永

1980年9月，父母与家人在兰大校园

远有一叠单词条，父亲把它们捆成捆，记住的单词即去掉。父亲有极好的记忆力和计算能力，单词在课堂上学一遍，第二天再复习一次，基本就记住了。父亲在七十多岁时，记性依旧很好，一个新单词反复记忆几遍就能熟记于心。父亲曾和水天明老师一起去北京接受俄语培训，回来后即加入了培训老师俄语的行列。兰大许多校级领导出国都请父亲来培训，外语系还曾计划请父亲去教授英语和俄语。

因父亲有较好的英、俄语基础，在创建外文书库时得心应手，顺利地完成了建库任务。此举助力了兰大的教学科研工作。图书馆建设是一所高校基础建设的组成部分，因为有父亲这样一批老同志，兰大图书馆进入了快速发展时期。

兰大图书馆馆藏图书逐年增加，父亲负责中外文书刊分类，数次改变

分类法，分编图书，同时还负责图书的采购工作。兰州大学积石堂的馆藏图书从1949年的98530册到1952年的23万册，1965年增至65万册，1980年增至100万册，1984年增为136万册，以后逐年增加，到2004年藏书已达260万册。

父亲把全部心血用在了图书馆的建设上，这些图书就像他的孩子一样，每册图书放在哪里他了如指掌。兰大赵俪生教授是父亲的好友，他曾评价过父亲，只要是馆藏图书，靖先生都能找到。兰州大学从教师到学生，均尊称父亲为"靖先生"，只有德高望重的老师，在兰大才能获此殊荣。

1982年，甘肃省教育厅表彰了在高校图书馆工作三十年以上的老同志，全省高校总共十五人，其中兰大图书馆就占七人，他们是满达人、靖钦恕、张新吾、李显朝、谭文煌、杨素宜等。在兰大图书馆的建设发展过程中，父亲付出了极大心血，数度改变分类法、分编图书、对中外文书刊分类管理、起草图书馆各项工作条例、编撰索引及书目，方便了全校师生的借阅使用，为教学科研提供了支撑。

1984年，兰大设立图书馆学系，聘请父亲为副教授，后升任教授，讲授期刊情报学和图书分类学课程，甘肃省聘请父亲担任甘肃省图书馆高级职称评审委员。

父亲晚年除承担教学任务、培养图书情报专业人才之外，更多的是写专业论文。经过多年的思考研究，他提出用引文法评定核心期刊，制定了用引文法分类的方法，并在《世界图书》上发表《中国自然科学核心期刊分类法》一文，被称为中国图书信息计量学的开拓者。该论文获得1994年图书馆学科技论文一等奖，为兰州大学争了光，这也是他一生的华彩乐章。

父亲曾对一百多种中外期刊进行过研究分类，他发现中国缺少文摘类综合性期刊，提出创办这类期刊的设想。1980年12月，胡亚权、郑元绪开始筹备《读者文摘》，父亲给出诸多建议，后经多方努力，《读者文摘》终于在兰州诞生了。1995年，父亲去世，《读者》主编胡亚权，同彭长城、王炜、任伟、李一郎等人前来祭奠父亲，他们把刚刚出版的《读者》1995年第七期呈在家父灵堂前，以表悼念。

2005年，甘肃省图书馆拟建数字化图书馆，馆长潘寅生把我叫去，希望我来承担设计任务。潘馆长是父亲的挚友。我当时任甘肃省政府科技进步奖评审电子信息组组长，深受父亲影响的我，对图书馆的发展甚为关注，为了这份信任，我接受了这个任务。当耗资五千万的系统建成后，甘肃省图书馆信息化水平得到大幅度提升，在当时全国数字化图书馆系统排名居国家图书馆、上海图书馆之后，位列第三，也使甘肃省图书馆成为五个国家级一级馆之一。此项工作用时两年，为了方便工作，当时的甘肃省文化厅特发文任命我为甘肃省图书馆数字化建设的总工程师负责该项目，期间我倾注了大量心血，曾九易其稿，我感觉总有父亲的身影督促我努力工作。之后，我又参加了文溯阁四库全书馆的奠基与建设工作，将省图与九州台上的四库馆数据联网，在四库馆加了三个移动基站，便利了大数据的传输，提高了省图的信息化水平。

父亲是一盏明灯，在我们成长的道路上，为我们指引方向。父亲是一个能力很强、追求很高的人，对工作兢兢业业、一丝不苟，对我们也很严厉，但在这威严的背后蕴藏着对我们的莫大关心和深深的爱。

二姐璞玉说，她初中时数学总是学不好，父亲知道后想尽办法来帮助她，那时父亲因心脏病身体很差，上班劳累一天后，还要去给夜校上课，但他还是坚持晚上给她辅导。后来，二姐的成绩慢慢地提上来，父亲这种耐心细致而独特的教学方法对二姐其他学科的学习也有很大帮助。在父亲的教导下，二姐于1962年如愿考上大学，实现了梦想。父亲常对我们说笨鸟要先飞，努力争取总会有结果。

"文革"中，三姐明玉和我到会宁农村插队落户多年，后来又一同抽调到靖远煤矿。离开学校十年后，1977年父亲从收音机里听到即将恢复高考的消息，马上把三姐和我叫回家，兴奋地告诉我们这件大事。在父亲的鼓励下，我和三姐都考上了大学，通过知识改变了命运。

父亲爱看书，懂诗词，全家在一起时，父亲常出题让大家写诗，再评价谁写得好。我们家还有一个传统，全家人在一起写毛笔字，各自画圈，最终总是母亲的红圈多。父亲很会猜灯谜，每年春节兰大食堂都会举办灯谜晚会，由蔡寅、柯杨教授等出谜语，父亲总能射中几个。

父亲一辈子谨言慎行，工作认真负责，生活俭朴无求，对人客气谦恭、笃礼崇义。晚年上课更加严谨，如第二天有课，当晚一定要重新备课，家中不许发出一点声音。有一年冬天下大雪，兰大校园路滑，母亲想

1988年5月，父亲母亲在兰大校园

让他请假，但被他拒绝，下课时他不小心滑到，被四个学生抬回家。父亲曾在讲课中突发心肌梗死晕倒在讲台上，被紧急送往医院抢救，但病刚好就又回到课堂。由于长期辛劳工作，积劳成疾，于1995年不幸辞世，这不仅使我们子女深感悲痛，兰大也失去了一位好教授。如今，父亲的身躯已和西北兰州的高山融为一体，他安息在兰州市华林山烈士陵园53号。

四、要知松高洁，待到雪化时

母亲贾松云是位贤妻良母。母亲出身于书香门第，自小受到良好教育，小学就上洋学堂，读英语，学音律和书法。母亲在中学阶段考上了开封女中，因父亲考上的是南阳中学，开明的外公希望母亲能去开封上学，于是到父亲家与爷爷商量此事，不想封建顽固的爷爷坚决反对，最后外公生气地拂袖而去。回家后，外公与母亲谈及此事，母亲舍不得父亲，选择不去开封女中，最终失去了上大学的机会，一辈子与父亲相伴。

母亲人如其名，聪慧开朗，吃苦耐劳，人又热情。在萃英门旧校，她是兰大家属委员会主任，大家都称她"贾主任"；来到新校后，她一直在兰大幼儿园工作，直至退休。母亲工作上任劳任怨，不辞辛苦，而且认真负责，年龄那么大还要学习舞蹈动作和关于幼儿教育的知识。她对同事和家长总是那么和蔼可亲，在兰大，从家长到老师均称母亲为"靖妈妈"，

全家福（1980年8月拍摄于兰大校园）

孩子们称她为"靖奶奶"。小孩入园只要见母亲在门口，就像小鸟一样飞进园中。孩子们长大了不论何时何地，只要见到母亲，都会亲切地招呼一声"靖妈妈好"，表达对母亲的尊敬。

母亲在家中操持全部家务，一方面照顾父亲的生活起居，使他保持良好的工作状态，另一方面管好我们兄弟姐妹的学习和生活。我们全家都深受母亲的影响，学习上进，互爱互助。母亲虽是万千平凡女性中的一员，但她也是伟大女性的代表，是我们的榜样，其中有两件事使我至今难忘。

20世纪60年代，父亲被派往甘肃岷县火烧沟种地改造，当时正值全国困难时期，粮食定量严重不足，整日挨饿。在这种情况下，母亲要求全家每个人尽量节约，每日在全家的伙食中节约五两细粮饭票，让三姐换成粮票，然后用粮票到东岗的店里买成烤馍，再用一个布袋装上送到学校后勤，等兰大汽车到农场送东西时带给父亲。父亲当时得了严重的风湿性心脏病，在母亲尽心尽力的支持与照顾下完成了改造。最终父亲艰难地从岷县回到了兰州大学。

父亲后来被下放到永登马家坪"五七干校"劳动锻炼，母亲不放心病重的父亲，便主动去工宣队要求同去干校劳动，她说："我不但能干农活，还可以照看干校的孩子们。孩子们需要老师的教育，我会管好他们。"就这样，母亲跟随父亲同去了"五七干校"。当年，我从会宁回到兰州后便去"五七干校"看望父母，为了省钱扒火车到永登。母亲见到我很开心，从床底下拿出两个西瓜说："这是我和你爸压沙种的西瓜，舍不得吃，留着等你来。"吃着瓜，我心里感到无比幸福。

我从小到大从未跟母亲顶过嘴，最怕惹她生气，因为母亲太不容易了。母亲在，家就在。我家的皮箱里保存着我从小学一年级起获得的三好学生奖状，我曾在兰大附中获得书法比赛第三名，奖励了一本《灵飞经小楷字帖》，母亲一直给我保存着，看见字帖就想起了母亲。母亲是家里的主心骨，是我心中的明灯，她的音容总是浮现在我脑海中。

作者简介

靖明农，1949年11月生，河南南阳唐河县人。1968级兰大附中高中毕业生，曾先后在会宁山区、靖远煤矿、兰州邮局当过知青、木匠和乡邮员，共十年时间。1977年恢复高考后，考入兰州理工大学电信系，后又考入兰州大学电信系图象与视觉专业研究生，师从吕振肃教授。甘肃省政府和兰州市政府电子信息专家，高级工程师，资深通信专家，曾参加数百项省部级重大项目。任兰州大学、兰州理工大学、兰州交通大学兼职教授，硕士研究生导师。热爱生活，在甘肃省图书馆和敦煌文化研究院举办个人书画展，参加黄河冬泳三十多年。

情怀决定命运
——记我们的父亲樊祖鼎

樊大跃

　　父亲樊祖鼎（1920—2003），浙江温州人，1942年高中毕业于国立浙江省温州中学并考入国立中正大学文法学院，攻读政治学专业。大学毕业后先在位于杭州的浙江省立建国中学任教。1948年远赴法国，进入巴黎大学法学院博士班攻读国际公法。1949年新中国成立，果断中断学业回国，投身祖国建设。回国后，先在华北人民革命大学政治研究院接受培训，后接受兰州大学的聘请来兰大任教，历任副教授（1951）、教授（1983），硕士生导师（1980），博士生导师（1986）。同时，历任外国语言文学教研室英德法语组组长、公共英语教研室主任、外国语言文学系副主任等职，曾任兰州大学教学科研科科长、兰州大学工会主席。在社会服务方面，他兼任甘肃省语言学会常务理事、会长，中国大学外语教学研究会理事，甘肃省外语教学研究会会长，中国语言

父母合影

学会永久会员，并担任温州大学董事会董事等。

母亲吕真华（1920—2013），浙江温州市人，初中学历，与父亲樊祖鼎为小学及中学同学，1947年结为伉俪。1941年毕业后在浙江省温州市税务分局会计室工作。1946调转至杭州税务局（省局）。1948年再回温州税务分局。1951年后在兰州大学医学院附属医院财务科工作，直至退休。

说起父亲樊祖鼎，我们在他生前对他的了解是模糊的，因为他是一个不太管家务，对孩子很严肃甚至严厉，不怎么同孩子交流，让孩子敬而远之的父亲。在家里，他常常沉浸在他的书籍、工作和自己的事务之中，从不和孩子谈论他个人的事情，也不和孩子谈他的成长经历和家庭背景等。我们只是在成长的过程中断断续续地从母亲那里了解到他们过去的一些事情。直到父亲去世之后，我们才在他的遗物中看到一本他的父亲（我们都没有见过的爷爷）给他的家书集，共计家书二十八封，记录了他们父子俩在1937年5月3日至1941年7月3日间（父亲在温州中学就读高中时）的文字对话。之后，再从多方汇集的资料和其他信息中，联想我们与他之间的一些生活琐事，才逐渐对父亲有了比较完整的认识。

1920年，父亲出生于温州一余姓多子且贫寒的家庭，排行第五。一岁光景，由于家庭困窘，他被送给温州麻行僧街大爷殿一位名叫樊梦生（1886—1943）的中产先生为子，更名樊祖鼎。之后，在这位养父的悉心照料下，父亲顺风顺水，进学堂，上大学，留学法国，应新中国的召唤回国，投身祖国建设，进入兰州大学执教，直至退休。

我们这一辈子女，起初对这个樊姓的爷爷是未知的，只在照片中知其相貌。父亲去世后，我们才知道，这个樊姓爷爷出自温州八字桥一带一个大户人家。受樊家重视教育的家庭传统影响，爷爷自己也是一位儒生，文史、书法和篆刻功夫很深，自己做文化生意，自立门户，拥有门店三处、水田若干，家境良好。他知书达理，谦逊谨慎，宁可人求我，不可我求人。他自有一女，然而受重男轻女思想的影响，他待领养的父亲如同己出，为其日后的成长及成才倾注了大量的心血，盼其光宗耀祖，年老相依。

爷爷很重视父亲的教育。父亲十岁时，爷爷安排他入温州第一高等小学（今温州广场路小学）就读初小。在爷爷看来，"世界文通非英文殊为盲目"，因此，为了让父亲能尽早开始学习英文，爷爷在父亲完成四年初小学业后，安排他到四五里地外的温州浙南三育学社就读高小（1933—1935），因为那是一间美国传教士创办的学校，开设英文课程。父亲非常喜欢这所学校，对英文课也有浓厚的兴趣，他每天高高兴兴地步行去那里读书，且成绩也一直不错。英籍牧师方适（Fossey）的夫人很喜欢父亲的聪颖活泼，有时还叫父亲协助英文课的教学。由此，父亲对英文的兴趣更加浓厚，水平不断提高，打下了扎实的基础。之后，父亲进入温州瓯海中学（今温州四中）读完了初中，再到浙江省立温州中学读完了高中。在温州中学，英文教师是一名外籍老师，爷爷千叮咛万嘱咐，要父亲主动接近外籍教师，多问勤问，说练结合。父亲自己也将英文视为自己未来需要依靠的一种工具及技术，爷爷更是不断鼓励父亲要"工具务望其良，技术务求其精"。

通过家书，我们看到，在父亲于温州中学读高中的几年里，爷爷为父亲的学习和未来发展操碎了心。他帮助父亲解决口粮和生活费用问题，商

父亲

量假期的安排，了解他的学习和生活，字里行间嘘寒问暖，特别是时常对父亲的思想动态和发展方向进行谆谆教导，提出殷切期望。在家书中，爷爷明确告诉父亲："我所希望汝者愿成为博士不愿成为力士也；期望汝为文人，而不期望汝为武人；最望汝熟谙英文英语，日后向上海香港始好立足，或公司银行号家，或邮务盐务海关图进身，不必在政界学界沉浮，更不可有军界报界思想。"他还说："我观汝作为，对于月报小说甚喜，浏览墙报刊物极费心思，见人任务书局报馆又甚企慕。汝之才之志，即到大学毕业亦将入新闻系，仅欲与×××争雄矣。此决非我所许，亦非我所喜所望也；为己图事业，即为父息仔肩，争荣宠。"

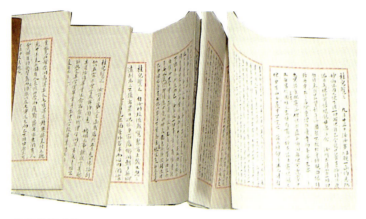

父亲的家书集

对于爷爷的谆谆教导，父亲在语言上一般都会顺着，但在行动上就未必，加上他当时是住校读书，许多时候更是我行我素，自我放飞。

在温州中学读书期间，父亲除了对英文的兴趣不减，对数学和理化课程则依旧不太在乎，而且对学习的分数也很不在意。他一直倾向进步，政治观点明确，把许多精力放在了政治、文艺和积极参加各种课外活动中。这分明与爷爷的教导相左，并为此还留过一级。这让爷爷对父亲高中毕业之年（1941）的学业格外担心。爷爷在信函中苦口婆心，重语告知父亲自己担忧父亲学业成败的五条理由，即"（一）堡垒（注：温州中学学生自己组建的一个文艺研究社，出版期刊）耗去功夫不浅，且又非诸教员所乐观，（二）训练时期甚长，功课难能赶上，（三）算化二课汝素不究心，（四）汝视埋头读书计较分数者往往嗤之以鼻，（五）曾经留级全无怒心，亦无悔意。有此数端，均为留级之源"。

当时，温州中学的学生在政治上接近中国共产党，抗日热情浓厚。应时局变化，1939年，温中"五月读书会"——一个由地下党领导的进步学生组织由半公开转入秘密，部分成员对外沿用"温中学生自治会"的名义继续开展活动。父亲就担任这个组织的主席。他积极组织和参加各种社团活动，包括温州中学木刻研究社和具有光荣革命传统的温州中学校园剧团。1941年，他与王里仁、洪焕椿合作，创作出版了木刻作品《前哨木刻集》；同年，参与排演了阳翰笙同名电影改编的四幕话剧《塞上风云》。这是一个反映民族团结、共同抗日的爱情故事，父亲与黄冠秋分别扮演剧中的男女主角。该剧于当年4月在中央大戏院连演六天，一是为了宣传抗日，二是为救济贫民并筹募剧团的经费。演出大获成功，场场爆满，受到好评。

爷爷当时因为躲避战火移居乡下，对此并不了解。可就在《塞上风云》上演的前后，爷爷在温州中学的学生刊物上见到载有父亲撰写的一篇论革命的白话文，当晚在灯下"掳大道理侃侃而言"过千，告知父亲"革命二字其问题高深广阔，比之河岳日星"，并列举古今案例，细数谨言慎行、"文字勿妄作"的重要性，谆谆教导父亲"汝今仅中学生耳，以我劝告，用功学问是其职责，敬师信友是其道德，节俭谨慎是其生活，能具以上三者，当然能爱国爱家，汝之人格可谓完全。而我之教汝望汝，均不虚矣"。

在担心的同时，爷爷的经济状况在当时兵荒马乱、社会动荡的岁月中也出现了问题，门店收不到钱，水田缴不够粮，家庭现金流断裂。可就在这个时刻，父亲还是希望继续学业，提出了毕业后要继续上大学的想法。爷爷为此陷入两难。樊家自有鼓励后辈学习进阶的理念，但此时时局动荡，爷爷自己的经济又陷入窘境，力不从心。即便如此，儒家书中自有黄金屋的理念和樊家重视读书的传统还是支撑着爷爷无论如何都要大力支持。他在家书中告诉父亲："汝自考虑精细，我决不因己身之望救济，而误汝毕生；为儿曹造福，此我之志也；与其有庸子长依膝下，不如有令子远隔天涯；汝祇努力谨慎，勿有童心，天必令我二人完聚，重整门庭也。"同时，爷爷还对父亲如何选学校、学习的方向以及如何实现上大学的各种情况和求学之后的出路做了多方面的分析和讨论。最后还不忘告诫父亲：

"时局扰攘不已，将来不知实现何种政体，汝最管读书、勤俭、谨慎，艺术多学不妨，学说一点勿笔。"

我行我素的父亲在1942年经家中亲戚多方的帮助和支持，通过自己的努力，顺利考入了设在江西泰和县的国立中正大学。这是1940年由当时中华民国教育部拨款给江西省政府，在泰和杏岭村成立的一所国立综合性全日制大学（现南昌大学）。父亲根据自己的意愿选择了文法学院的政治学专业。爷爷也拿他没有办法，只得任由其愿。然而，就在父亲在中正大学读书的过程中，爷爷在1943年因日军空投的炸弹在近旁爆炸而受到惊吓，一病不起，不久便与世长辞。

1943年，因战争硝烟，浙江省政府机构临时由杭州迁至云和县，省教育厅在当地瓦窑村山边设立一所省立中学。起初是为了解决浙江省省级机关员工子弟的就学问题，后来也接纳少部分流离失所的难民子女和云和当地的青少年。随着抗日战争的结束，学校于1945年10月迁回杭州。1946年，父亲从中正大学政治学系毕业返乡，在这所中学谋得职位，任英语教员，在这里教书三年。

在这三年中，父亲与他一生的帮手和伴侣、我们的母亲喜结连理。母亲吕真华也出自温州一个大户人家。她的父亲吕访溪曾任清封奉政大夫、福建候补知县、石码关大使等职。母亲五岁时因父亲去世等家庭变故被过继到大伯吕谓英家。吕谓英是温州著名人士，在清朝官至道台，卸任后在家乡投身实业，任温州商会总理，为温州的发展做了许多好事实事。父亲和母亲是小学和初中同学，青梅竹马。1947年元旦步入婚姻殿堂后，母亲就在父亲的事业发展中扮演着不可或缺的幕后支柱的角色。她帮助父亲打理家务、养育儿女、梳理财务，有时还做他的助教、帮他抄抄写写等。

这里还必须要提到我们的姑妈樊翩翩。姑妈是爷爷的唯一亲生孩子。她成年后嫁给一个名叫汤孟熊的温州人。两人持家有道，生活富足，为人敦厚。之所以要提起姑妈，是因为她和姑父一道继承祖父遗愿，鼎力支持父亲，帮助父亲成才立业，实现了爷爷的遗愿。

爷爷去世后，姑妈接过了爷爷的角色，继续帮助父亲筹集学业的口粮和生活费。父亲大学毕业到杭州工作后，她依然提供着"大后方"的保障。当父亲提出了想要出国留学的想法，她义无反顾地卖掉了爷爷留下来的三个门店，换成金条，由姑父做了清清楚楚的账目，并放弃了自己的份额，全部交给了父亲和母亲，供父亲出国留学之用。

在母亲和姑妈的全力支持及帮助下，父亲于1948年如愿以偿踏上了远赴法国留学的道路，他也成了温州历史上自费出国留学的第一人。

在巴黎大学，父亲一如既往地坚持了他偏重政治的发展方向，在法学院博士班攻读国际公法。1949年10月，中华人民共和国成立的喜讯传到巴黎，父亲激动不已，骨子里积极向上、报效祖国的激情再次澎湃，仿佛看到了理想的实现。考虑到延缓行动有可能回不了国，他当机立断，中断学业，于1950年4月登上邮轮，取道香港，经天津回到了北京，在教育部的安排下先到北京的华北人民革命大学政治研究院接受培训。

1950年，父亲（右）和刘家骥在华北人民革命大学大门口

此时，兰州大学师资严重不足，影响到教学工作和课程改革的进程，学校在对内做好既有教师稳定工作的同时，由时任副校长陈时伟前往教育部要人，大力引进海外留学归国的优秀人才。父亲获悉消息，欣然响应，主动请缨，接受聘请，决定前往兰州，支援大西北建设。

父亲写信给在温州工作的母亲，让她带着女儿到北京汇合。之后于1950年12月9日，他带着家眷与其他受聘前往兰大的新任教师一道踏上了西行的路途。那时兰州还很落后，火车也尚未开通。他们先乘坐火车到西安，再换乘汽车继续前行。当时，即便是公路，从西安到兰州也很不通畅。他们一行人，乘坐篷布遮蔽的大卡车，摇摇晃晃历时半个月，方才抵达兰州的萃英门。

初来乍到，新来的教师都被安排居住在教工宿舍，尽管条件有限，但大家都无怨无悔，在这里开始了他们的新生活。母亲也在兰大医学院附属医院财务科做了会计，直至退休。

在兰大，父亲开始是受聘为马列主义教研室政治系副教授，随着时局的变化，于1953年转入外语系，先后教授俄语、法语、英语等。父亲从不计较个人得失，服从组织分配，积极向党组织靠拢，于1956年2月在萃英门兰大昆仑堂宣誓加入了中国共产党。

父亲对工作兢兢业业，全身心投入，时刻不忘充实自己。在兰州的四十年中，他每周都要去新华书店、外文书店和古旧书店，每次都要购买一些图书回家。1958年，兰大迁入盘旋路新校区，我们家被分配在家属院2号楼3009室，父亲把一个储藏间从地板到屋顶都装上了木架和隔板，专门用于安放他的藏书。家中的书籍积少成多，最后储藏间的书架上放满了书，地上也堆满了书，不得不开辟更多的地方放置这些书。他那近万册藏书门类繁多，有语言类的（涉及英语、法语、德语、俄语、日语、西班牙语、阿拉伯语、拉丁语、梵文等）、政治类的、文学类的、工具书类的、科学理工类的、日常生活类的、书法和篆刻类的、百科类的，等等。说它是一个小图书馆一点也不为过。这些图书，父亲自己在生前挑选了两千多册捐献给了故乡的温州大学。他去世之后，家人除自己留存一部分外，把其余两千多册都捐献给了河西学院，让它们继续发挥作用。

作为教育工作者，父亲治学严谨。为了一个学术或教学中的问题，他首先会在自己的小图书馆中找答案，如果解决不了，就不辞劳苦地奔波于学校图书馆和省图书馆之间。为了备课或写一篇文稿，他常常会挑灯夜战。父亲当年留下的英文教案和工作日记字迹清秀，排布工整，从中就能够窥见他工作的认真细致。我们已经将他书写的教案和日记各一本捐献给了兰大档案馆。

在我们的记忆中，家中的任何事情都大不过他教学的事。事关教学，父亲都亲力亲为，比如他常常自己刻制蜡纸，拿到学校印刷，再抱回家里自己装订，分门别类码放于家中书架供上课使用。粗略计算，在英语教材十分匮乏的年代，父亲亲手编写了《英语文选》《英语泛读》和《化学英语文选》等十四种教材，准备的教学资料更是无数，为兰州大学的外语教学做出了贡献。

作为教师，父亲始终把学生放在第一位。他记忆力过人，注意收集整理学生的基本信息，两三次课后，每个学生的名字就会印刻在他的脑海之中，长时丁卯不乱。他注重因材施教，对学生也不会区别对待，而是一视同仁，始终如一。在课堂上，他循循善诱，因势利导，幽默洒脱；注重教学方法，寓教于乐，尤其重视言传身教，教给学生做人的方法，既教书又育人。学生无论什么时候来家探访，都被视作稀客临门。此种情形，我们一般都得躲闪一旁，腾出空间，由他耐心教诲，孜孜不倦。

父亲爱学生胜过爱子女。记得兰大办夜大时他任英语教师，几天下来教室很脏，他叫我们去打扫，我们不肯，说："打扫教室是学生的事，你为什么不让学生打扫？"结果他什么也没说，自己跑去把教室打扫了。那时候，我们都不理解他的做法。后来才明白，那些学生大都是在职的工人、干部，白天要上班，晚上还要来上课，他不想再留下他们去打扫卫生。在他眼中，学生是第一位的，所以，在他的学生中没有哪位不喜欢他，用德高望重来形容他在学生中的形象一点也不为过。

父亲知识渊博，兴趣广泛，业务精湛，熟练掌握英语、法语、德语，通晓俄语等，对古典文学、法律、政治、哲学等均有深入独到的见解。他先后进行过英语科技词汇与文学语言逻辑、语法与修辞的比较研究，撰写了《论词汇网络》《逻辑、语法、修辞》《英文散文选》等讲义，后期还潜心钻研外国语的教学与研究，翻译了在巴黎大学时的同学雷威安教授的《〈金瓶梅〉法译本导言》以及艾金布勒教授的《〈金瓶梅〉法译全译本前言》《卡列布·威廉斯》《敦煌水部式》以及《中国寓言故事》等，著有《美国英语与英国英语的分歧》《论简练》《论文学语言与非文学语言》及《英语教学随想录》等文章。

父亲在兰州大学一待就是四十年。他历任副教授（1951年起）、教授（1983年起），硕士生导师（1980）、博士生导师（1986年起）；在行政方面，他历任外国语言文学教研室英德法语组组长、公共英语教研室主任、外国语言文学系副主任等职，还曾任兰州大学教学科研科科长、兰州大学工会主席；在社会服务方面，他兼任甘肃省语言学会常务理事、会长，中国大学外语教学研究会理事，甘肃省外语教学研究会会长，中国语言学会永久会员，并担任温州大学董事会董事等。

父亲在1982年自己写的一份简历中总结了自己的学术观点："学不可以已；有一分热发一分光；人的一生是服务和贡献的一生；所有的天才、人才要使之充分发挥出来；学术要有坚实的语言基础；语言、思想、哲学三位一体；艰苦奋斗，知难而进，不舍昼夜；真正的学者不可能有星期日。"

父亲的名声不仅在兰州在国内语言学界也小有名气。1983年暑假，他亲自领导组织了一次以应用语言学为主题的西北地区大学英语教师暑期培训班，为期四十天。他请来了全国知名的广州外国语学院桂诗春教授、复旦大学程雨民教授、上海交通大学葛允怡教授和湖北大学金立贤老师等，他们分别讲授心理语言学和测试学、文体分析、精读示范、英语语音学等课程。这是一次较高层次的教师培训，西北地区二百多名大学教师从中受益，影响面很大。

整体来看，父亲是一个随遇而安的人。刚从南方到西北时，对大西北的饮食很不习惯，但他不声不响，努力克服。后来渐渐适应，再后来还喜欢上了西北的风味，特别是喜欢上了兰州的羊杂汤和牛肉面，不时跑出去来一碗。

父亲讲究生活情趣，注重生活质量，注意自我调节。初来兰州，尽管条件艰苦，但他和妈妈一道在萃英门不大的院子中种了不少花草，还养了鸽子等，给生活增添了一些乐趣。他们还时常利用星期天，带着我们到黄河铁桥、白塔山及雁滩公园游玩，放松心情。搬迁到天水路家属院后，更多的是带着我们去五泉山，让我们在大自然中奔跑嬉戏，他们自己则喝喝兰州特有的三炮台、看看书、欣赏风景、呼吸山风、放松心情。家里基本上每年都会重新粉刷一次墙壁，家具重新摆放位置，从而营造一种变化新鲜的氛围。对于餐饮，他也很讲究。江浙人本来擅长烹饪和饮食。家中如果要请客，对碗筷的摆放、上菜的顺序和菜肴的调制方法都有许多的要求。

"文革"期间，他被安排到外语系食堂当管理员，即便如此，他也淡然处之。食堂里的菜牌每天都是他用粉笔手书出来的，字迹工整，板式清新。下工厂劳动，他也很快就和工人师傅打成一片。他在自己看书之余购置了二胡、柳琴来拨弄，买来了围棋和棋书学习布局，重新抄起笔墨习练书法，抄起金刀遨游于方寸之间，买来工具修理钟表，买来裁剪纸样和书籍自己学着做衣衫，并在各个方面都小有成就。

父亲还是一个有情怀、讲原则、求平等、不畏权贵的人。

他总是丁是丁、卯是卯，不说假话，不说违心的话。在校园里，他平等待人，对学校的门卫、清洁工、维修工人等，他都彬彬有礼，主动与他们打招呼、接触。无论在学校、工厂还是农村，他都与人平等相处，不崇拜权贵，不蔑视平民百姓。

对于所遭受的种种不公正待遇，父亲从未在我们面前提及或表现出不满，始终保持着一个爱国知识分子的优秀品质和高尚情操。

父亲在中学时有一位好友，名叫何伟钦，因为年龄比父亲大，我们称他为何伯伯。新中国成立前，他是国民党军队的一名飞行员，后随国民党退守台湾。1955年5月18日，他驾机起义返回祖国，之后又加入了中国共产党，曾是全国第五、六届政协委员。他在《沙上春秋》刊物上发表了一篇题为《祖国啊母亲，我回来了》的文史回忆文章，记述了他的成长历程和驾机起义回国及之后的经历。他在文中写道："1945年8月14日，日军宣布无条件投降。我想抗战胜利了，可以安心学习飞行技术了。谁知1946年初，又被调到汉口机场待命，走上了蒋介石打内战的前哨阵地。当时，我有一位老朋友樊祖鼎，自费去法国留学，临别时特地找我辞行。他语重心长地说：'何伟钦，希望你不要用自己的炸弹去炸自己的老百姓。'这句话对我的思想触动很大。"

1983年暑期，受邀前来为西北地区大学英语老师暑期培训班授课的湖北大学的金立贤老师（目前是宁波诺丁汉大学英语语言学与文学系主任和应用语言学首席教授）是晚辈，她在2017年4月5日为桂诗春教授纪念专题（四）所撰写的一篇题为《回忆过去点滴，缅怀桂诗春老师和其他仙逝的中国应用语言学家们》的文章中，回顾了父亲对她的教导："樊老师常常督促我备好课，如果讲课效果不好，他会很严肃地与我谈话。我那时好想从兰州坐火车去一趟敦煌，可樊老师说工作学问一定要放在首位，要用兰州夏天的好气候安心做学问。因此，我的敦煌梦是2007年才实现的。"

改革开放后，许多个人和单位在国际交往中常遇到外语问题，有些问题无法解决就上门来向父亲求教，所提出的问题有语言本身的，更有专业的，包括产业设计、化工、新能源、精密仪器等，而且语言多种多样。每次父亲都热情接待人家，从不回绝，即便是他不太熟悉的语言，他也会借助各种工具书和自己的语言及知识功底，帮助人家解决问题。记得有一次，有个单位拿来西班牙文的技术文件向他求助，他毫不犹豫地应承下来。之后自己加班加点，到多个图书馆查询工具书，愣是逐词逐句地搞清楚了文件所云，无偿解答了人家的难题。

父亲退休后回到温州，在温州师范学院工作的瞿光辉老师（业余翻译出版了不少文学作品）久闻父亲大名，他们之前素未谋面，为了翻译当中几个难以权衡的字眼，瞿老师专程拜访了当时借住在温州亲戚家的父亲。父亲对于瞿老师的请求十分上心，一一认真考虑后给出了详细的答案，告别时还从七楼一直将他送到楼下。此事给瞿光辉老师留下了深刻印象，两人因此而成为好友。2008年，瞿老师在自己撰写的《美丽的旧书》一书中，专门用《记樊祖鼎教授》为标题，记述了这件事以及通过交流他对父亲的认识。他在文章最后写道："他（父亲）从年轻时代开始就只有一个心志：为祖国服务。"

我们的父亲正是心存服务祖国的情怀走完了自己的一生。2003年2月15日，父亲因病不治离开了我们，享年八十三岁。按照他生前的遗愿，我们将他的骨灰随同黄菊花花瓣缓缓撒进了黄河铁桥旁。愿父亲与伟大的黄河同在，与黄土高原的兰州大学同在。

作者简介

樊大跃，男，1958年7月生于兰州。1982年本科毕业于西北师范大学外语系，1987年硕士研究生毕业于兰州大学外语系。2018年7月在深圳职业技术学院退休，副研究员。

点点滴滴在心头
——再忆我们的爸爸樊祖鼎

樊梵西

弟弟执笔写了《情怀决定命运》一文，文中体现了我们子女对爸爸的回忆，重点写了他青少年时期的追求、来兰州大学的过程、在兰大的工作岁月和取得的成就。

循着那些陈年旧事，再回忆过去我们生活中的点滴，我不禁想起爸爸热爱生活的另一面，以及他自己独特的爱护和关心我们的方式。

爸爸多才多艺。在做工会主席期间，他除了做好必要的工会工作之外，还把学校每年的元宵灯谜游艺晚会组织得有声有色。我还清晰地记得饭厅二楼的晚会上有猜谜、套圈、油中捡玻璃球、指鼻子等各种有趣的游艺活动，这些活动吸引着教职员工和孩子们积极参与，大家欢声笑语，尽享节日快乐。

记得我上幼儿园的时候，正值抗美援朝。有一天，我跟着爸爸去他办公室，爸爸给我布置了一个任务：让我给志愿军叔叔写封慰问信。我不会写，爸爸说："你画张画也可以呀。"我想了好半天，就用彩笔画了一张

我们姐弟和父母在萃英门静观园留影

281

画，上面画了一个小女孩两手拎着盛满水果和鲜花的篮子送给志愿军。这幅画现在在我的脑海中依然很清晰。我还在一边写了一句慰问的话，写得什么话我现在不记得了，但记得那是爸爸握着我的手写的，写得还很漂亮。之后，爸爸帮我写了信封，连同那张图画一起寄给了志愿军叔叔。信发出去了，我就天天盼着他们回信，老去问通讯员叔叔有没有我的信。等啊等啊，一个多星期过去了。一天，我们正在大操场上玩，通讯员叔叔老远就喊我："你的信来了！"我们一帮小孩子一下子全都拥了过去。叔叔帮我拆开信给我念道："亲爱的樊梵西小朋友，你的慰问信我们收到了。看了你画的画我们笑了三天三夜，只要有空我们就拿出来看看，天天看天天笑。有你们这些小朋友的关心，我们一定天天打胜仗……"这封信写了满满一篇，可惜我珍藏了多年后不知去哪儿了，只清楚地记得信上说他们看了信很高兴，连着笑了三天三夜和要打胜仗。

爸爸热爱大自然。初来兰州时，每次单位组织教工去兴隆山、安宁桃花园等处游玩，他都积极参加，如果可以带家属他就会带上我们一起去。那时兰州城市建设很差，一切设施都很落后，出门要走远一点的路都得先到小西湖去搭乘马车前往目的地。单说乘马车这件事也很不容易。到马车的停车场要蹚过一段没到脚脖的虚土才能到达马车前，要是遇到下雨，那可就惨了，地上泥泞一片。还有，那时的兴隆山还没有开发，去那里游玩，喝的是沟里流淌着的山泉水，吃的是自带的干粮和从老乡那里买来的野果；由于交通落后，一天无法往返，周边又没有旅馆，去那里游玩得自带行

1951年，文学院组织去兴隆山留影

李。我们当年夜宿太白泉附近没有门的庙里，女性睡在庙堂内佛像下，男性睡在靠门处，每个人身边还放着根木棍预防野兽来侵袭。如此游玩虽说条件是艰苦了一些，但爸爸每次都兴致很高地参加活动，去接近自然。

在萃英门，爸爸几乎每天黄昏都和我们一起去黄河边和铁桥上散步，有时还去白塔山走一走。那时，兰大经常在星期天组织大家义务劳动，比如冬天往白塔山上背冰块、开春上白塔山种树。这些活动爸爸都是带着我积极参加。可以说，白塔山公园的建成也包含着我们的一份贡献。

爸爸喜欢运动。我上小学前，他不知从哪里借来一只气枪去野外打过几次麻雀（那时麻雀是除"四害"的对象之一），偶尔还会打到野斑鸠，他会带回家做熟了和邻居、朋友一起喝个小酒。他每次去都带着我，一来让我开心，二来我也可以给他帮忙。他枪法很准，几乎枪枪不落空。我拿着根细绳子跟在他后面，他打下来一只，我就捡来拴在绳上，返家时战果还真不错，收获了不小的一串呢。

我小时候常看到他在网球场上挥拍来回奔跑的身影。他还时不时地骑着他那辆专门从法国带回来的比赛用变速自行车往来于书店和图书馆之间，有时还到崎岖不平的道路上去过把瘾。爸爸在南方长大，之前从来没有滑过冰。一到兰州，他就到旧货店淘来了一双儿童花样冰鞋，又到商店给自己买了一双，带着我一起去学滑冰。这两双冰鞋不仅让他和我在冰场上跌倒爬起享受着快乐，还陪伴了我们姐弟们的冰上童年。

他热爱生活。全家外出游玩时，或是饭后发零食的时候，他常常拿出藏着掖着的零食，引逗地喊道："谁要吃呀？""这个东西真好吃，要的人快来，来晚了就没有了。"招得我和弟弟们一窝蜂地举着小手跑到他身边，围着他欢呼雀跃，争着去掰他的手指头，想办法从他手中抠出好吃的来。夏秋季节瓜果下来的时候，爸爸会买来西瓜和白兰瓜，吃完午饭，他故意装作没什么事的样子，弟弟们看着爸爸没有让大家吃瓜的意思，就一起站在屋门口有节奏地跳着脚，嘴里齐声喊着："爸爸，杀瓜！爸爸，杀瓜！"听话音好像他们是在喊着"爸爸，傻瓜"，我和妈妈忍俊不禁，他自己也开心得意。

我们曾住在老甘院西前院，那个院子很大，中间空荡荡的，爸妈就带领我们和院子里的其他大人、孩子一道在院子中间开辟了一个椭圆形的花坛，种上各色花草，中间还挖了一个近一米深的坑，在里面养兔子。妈妈还在自家窗下开了一个小花圃，深秋时节开着白白黄黄的大菊花，好多老甘院的邻居们都来我家院子里赏花。记得那时西前院里住着我们一家、胜利娃和他哥嫂、传达室刘大爷、电工吴师傅、生物系毛叔叔几家人。中秋月圆时，各家都在自家门口摆上一张小桌，桌上放上瓜果、月饼、糖块，点着蜡烛，孩子们在院中跑来跑去，东抓一把，西吃一嘴，欢蹦乱跳，大人们喜笑颜开，一起共度中秋佳节。

1952年，父母带着我和张雅韶伯伯及孩子在安宁桃花园

　　为了丰富生活，爸爸自己动手用从肥皂包装箱上拆下来的木板做了一个漂亮的小木屋，把它钉在一根长木杆上立在花园的北边，里面养了两对好品种的鸽子；又在院子的南墙上钉了一个用木板做的大柜子，安装了隔板和两扇门，这里是几对普通鸽子的家。爸爸还在鸽子尾巴上绑了鸽哨，时不时带着我们一起去东边的大操场放飞鸽子。看着群鸽在大操场上空盘旋飞舞，听着鸽哨发出的悦耳声响，我们和众多小朋友欢呼跳跃，开心极了。他还在靠西面的墙边立了一把梯子，方便我们爬上房顶喂鸽子，或摇着旧床单做的旗子驱赶来吃鸽子的鸽鹞子。我们还可以在房顶上观看西边球场上的球赛和大学生的体育课呢。

　　爸爸喜欢吟诗，他常常在备课、看书的空档，用一种特定的腔调，似唱非唱地咏诵着。我们也听不懂。那可能是一种古调，或者是以前温州人传承下来的一种背诗吟词的腔调吧。记得我刚上小学一年级时，同学们也用一种兰州的诵读腔调背课文。

他喜欢音乐和美术。他买来电唱机和各种唱片，有歌曲的、器乐的、戏曲曲艺的、歌剧的等等，常在闲暇时放来欣赏；又买来二胡、柳琴，自己摸索着拉呀弹呀，虽然都不怎么像样，但乐在其中。在我小学毕业之际，他听说兰州艺术学院附中要招生，便马上跑到我的班主任龚老师那里替我报了名。他对我说：如果考上的话，学音乐或美术都行。我后来学了音乐，做了音乐教师，老爸也很是满意。

他还喜欢拍照，在校园里或工会组织去郊外春游时，只要有机会他就用自己的相机给大家拍照，把看起来还不错的照片洗出来免费送给被拍的同事。这种爱好伴随了他一辈子。从1951年开始，他每年都安排全家人拍一张全家福，一直持续了三十多年，直到大家各奔东西。

他喜欢DIY。记得他带我回老家时，家乡就有亲戚说起他读中学时就爱把钟表拆来拆去。来到兰州，他从旧货店淘来两个发条驱动式的壁挂钟，还买了一些维修钟表用的工具。每当挂钟有点小毛病，他就拆开来修一修。有时维修需要更换零件，他就到市场上左找右找，花去几个月的时间也乐此不疲。他那辆变速自行车的维护修理从来都是他自己搞，直到内胎无法再修补，国内又配不到才遗憾地让它退休了。另外，他还从买零部件开始，硬是把不同品牌的自行车零件组合到一起组装出一辆新车。那辆自行车好重，我们经常需要两个人连推带抬才能搬上楼，可它骑起来还挺轻巧！

"文革"后期，他赋闲在家没有太多的工作，便自己提笔练字、把弄金石、学习围棋，买来了衣服的裁剪书籍，还从上海买来了裁剪纸样，自己琢磨着在缝纫机上缝制衣衫。他给自己做的一件羊皮大衣，几经修改之后还真不错，自己得意扬扬地穿了许多年。他也成功地给妈妈和我做了皮大衣和衬衣，引得学校几位同事也拿来衣料让他缝制。他来者不拒，细心给人家裁剪制作。有一次，同住家属院的一位老师还买来毛料请他做，结果他做砸了，就自己掏钱又买了一块同样的毛料还给人家，惹得我们笑了他好久。

他还喜欢在家通过看书学习自制特色小吃。有一次，他自己试做豆腐乳，买来豆腐和菌种在家里的竹制笼屉中让豆腐发酵，不知道是温度还是什么没有控制好，豆腐发酵之后长出来的不是白霉而是黑灰色的，他也不管，依旧按照流程装入瓶中继续酿制，做好了之后我们觉得颜色不对，都不肯吃，他自己就不管三七二十一，把它一点一点地吃掉了。不过他制作的新鲜辣椒酱大家还是蛮喜欢的。他把大蒜和小辣椒切碎，按一定的比例混合，加入调料之后腌制一段时间就可以食用了，很美味。

他偶尔也会提出来要给我们做饭。妈妈把做饭的机会交给他后，他就把自己反锁在厨房里，不准我们进去，好像我们要学了他的秘诀一样。结果仅仅是炒了个面条或米饭。好吃是好吃，可他那是把要用一个月的油用去了三分之一呀，而且厨房上下左右到处都会摆上他用过的碗碟。妈妈说，让他做饭，大家到月末就不要吃饭了，收拾他用过的厨房比做一顿饭还麻烦。

在我们家里妈妈是最辛苦的，孩子多，家务忙，还要上班忙工作。当时一位在别人家做保姆的小脚阿姨因原来的雇主不用她了，她没地方去就来找妈妈想来我们家帮忙，爸爸妈妈就留下了她。爸妈与她平等相处，对她在农村的家人也热情相助，关心有加，还教育我们也要像对家人一样对待她。我们都叫她姨姨，也很尊重她、听她的话。在家里有两个女人忙活着，爸爸就当了甩手掌柜，不再插手家务，跟孩子的交流也就少了许多。逐渐地，他变成旁事不顾，常常独坐在自己屋中，桌边一杯茶，手中一本书，或读报看书或备课书写教案或刻蜡版，到后来他是用打字机编制教学资料，硬是把打字机的"嗒嗒、嗒嗒嗒、嗒"（打字）、"咔咔咔"（卷纸）、"吱"（推回左边）的声音变成了家里的背景音。偶尔闲暇，他还是自己在屋中鼓捣自己的事。

他总是在忙自己的事，老是一脸严肃，遇到孩子们犯错，有时处理方式有些急躁，所以孩子们也都渐渐地与他疏远了。

虽然我们觉得爸爸在家过于严肃，但他也有仁心的一面。大弟弟小时候生病，爸妈白天上班晚上开会，对大弟弟的照顾无法周到而使他留下了后遗症。爸爸从不嫌弃，对他关爱有加，到哪里玩都带着他，有好吃的先给他。在家里，也就大弟弟敢跟爸爸发脾气，爸爸也都默不作声。为了给大弟弟治病，爸爸每周都带着他到一位中医大夫家里去做针灸治疗，并让我跟着帮忙照顾，使大弟弟的状况有了很大的改观。记得在大夫家的院子里我见过大夫的儿子，他也患有和大弟弟相似的病，情况还更严重，脑袋不停地晃动，脸上、嘴边常常挂着鼻涕和口水，说话都不清楚。在爸爸和大夫的交谈中，我听到大夫感慨地对爸爸说："你真行啊，一直坚持带孩子来治疗，而我虽有针灸技术，却没有给我儿子下功夫治疗啊！"

至于爸爸对孩子们的学习辅导，妈妈说他总是胳膊肘朝外拐，因为只要别人请他帮孩子辅导英语，他就会很爽快地答应并给予悉心的辅导，可对自己的孩子却不管不顾。既然妈妈这样批评他了，他就在给别人家上中学的孩子辅导时，把我和二弟叫去，让我们坐在一边旁听。那时我们从未学过英语，一点儿基础都没有，坐在那里什么都听不懂，就坐不住表现得不耐烦了，结果被他给轰了出去，以后再也不提辅导之事了。三弟在中学当体育老师，当时学校缺少英语老师，教导处的领导竟然认为父亲是英语教授，儿子就应该可以教英语，让三弟放假回兰州时跟爸爸学学，开学了就带英语课。三弟回来向老爸讲了此事，老爸答应说："好吧，等你快走时我一个星期把你教好。"三弟满心欢喜，可到头来老爸只字不提，一场空欢喜，让三弟伤心地哭着走了。还有小弟弟，有一次他从插队的地方回来在家休息，那时爸爸也正好在家没有太多的工作。他心血来潮，提出要给小弟教英语，可是他没有一点儿教其他学生那样的耐心，方法也截然不同。他到自己的藏书库找出一本北大西语系编写的大学英语第二册，翻到第一课朗读了一遍课文，然后就把书交给小弟弟让他自己去学习。第二天，如法炮制，朗读了第二课的课文后要小弟去自学。第三天继续这个套路，小弟就说不学了，他便来了一句："那就不要学了。"等到恢复高考，小弟想报考英语专业，拿着课本去问他学习中的问题时，他什么也不说，拿起扫把到屋外楼道扫楼梯去了。虽然小弟最后还是考取了大学，也是修读英语专业，但他俩从此再没就英语的问题相互问答过。

也许这就是他只知身教，要让我们从小就学会自立吧。反正我们在他的这种教育方式下个个都比较独立，凡事靠自己；我们也都喜欢运动，喜欢自己动手，而且能力也还不错。特别要提一下小弟，他可以说是心灵手巧，动手的活儿他样样都能做得很好。在兰大，他打网球的水平有目共睹，在校内、在兰州、在甘肃省乃至在全国的比赛中都获得过好成绩。

对于爸爸教育我们的这种方式，我向他进行过一次"猛烈的声讨"。

当时，我读了《傅雷家书》，心里对自己爸爸教育我们子女的方式愤愤不平，就壮着胆子给他写了封"声讨"信，拿傅雷先生对子女的关爱及培养方式和他对我们不合情理的教育做法作对比，表达了我心中的诸多不满。没想到他并没有生气，也没接茬，只是避重就轻地对我说："我也有家书，是你爷爷写给我的。我把它交给你保管吧。"我当时也不知道家书中都写了什么，气也就泄完了。等我后来回兰州时，他把用三合板刷油漆后做了封面、封底，认认真真装裱成册的这本家书交给了我。这才成了我们日后深入了解他成长经历的重要资料。

爸爸的最后几年是在嘉峪关和我一起度过的。2003年，他因病医治无效离世，享年八十三岁。

爸爸妈妈在兰大工作期间养育了我们，虽然他们现在都已去世，但我们一起在兰大校园生活的点点滴滴依旧印刻在我们子女的心头，它们还是那么的有味道，那么的温馨，让人怀念。

作者简介

樊梵西，1947年11月生于浙江杭州。1968年7月毕业于西北师大音乐系专修科（因"文革"后音乐系停办而提前毕业）。2012年退休前在酒泉钢铁公司第三中学任教，中学高级教师。

母亲的情怀

刘元露

母亲白朝莼（1921—1992），湖南华容县人，从小离开生母，生活困顿，求学艰难。1941年毕业于重庆师范学校。1945年5月，与父亲结婚后，生育子女，在家带孩子。1950年12月至1956年2月，随父亲来到兰州大学。1956年3月至1959年9月，在兰大图书馆工作。1959年10月至1977年10月，在物理系资料室工作。1977年11月开始，在物理系仪器室当会计。1986年退休，1992年1月去世。

母亲

母亲教我干家务

母亲是湖南人，虽出身书香门第，但因从小家庭变故，离开生母，加上战乱，生活颠沛流离，异常困苦。1927年至1936年，九年时间，母亲辗转湖南、上海、南京、镇江四处，才受完小学教育。1937年至1938年，母亲只上了两年中学就因四处逃难而停学。后随继母绕贵阳于1938年底到了重庆，直接上了重庆两江女体专，两江女体专后合并至重庆师范学校体育师范科，母亲于1941年底毕业。母亲毕业后当过小学教师、办事员、会计等。因从小缺失母爱，又历经过很多生活磨难，磨炼了她的身体和意志，使她从小就能吃苦耐劳，承担家务劳动，养成了勤俭节约和勤劳持家的好

父母结婚照（1945年5月拍摄于重庆）

习惯。直到1945年抗战胜利，母亲与父亲在重庆结婚，她的生活状况才有了一定的改变。

1950年冬，母亲二十九岁，携儿带女跟随留美归来的父亲来到荒凉落后的大西北，支援大西北建设。母亲是典型的贤妻良母，她服侍了父亲一辈子，拉扯大了四个儿女。特别是1956年在解放妇女运动中母亲参加工作，她的肩上等于压了两副重担，从此辛劳一生。她同父亲结婚四十五年，真正的好日子实际还不到一半时间。但是，父母相扶相携、相濡以沫，终于坚强地从困境中走出来了。从他们平时的言谈举止中可以看出，始终支撑着他们的信念就是"相信人民相信党"，还有一个很重要的精神支柱，那就是他们之间比山高比海深的爱情。他们那种豁达大度、乐观宽容的胸襟和处变不惊的从容正是我们后辈人身上所缺乏的。

记得1953年我七岁起，母亲就教我打毛线了。传统思想，女孩子嘛，大抵从小都要学些女红之类的活儿。她给我一小团毛线、两根竹针，我就从起头打平针开始学，逐步发展到用四根竹针，可以打袜筒了。可我从来没有打出过一只袜子来，都是打着打着针和线就不知丢到哪里去了。这样丢了三四副针线后，母亲终于停止了继续给我提供针线，我打毛线的水平也就停留在起针、打正反针的初始阶段。但这也奠定了我打毛线的基础，后来到了需要的时候，我也在此基础上，担起了给一家四口打毛衣毛裤的任务。但相比之下，我比母亲差远了，我手慢，好不容易织出一件，总是把握不好尺寸，不是那么合身。而母亲打毛线的时候看起来并不费劲，一家大小六口人，身上穿的毛衣、毛裤、毛袜，甚至头上戴的毛线帽，一应俱全，全是母亲一针一线织出来的。这是一种才能，母亲确实太有才了！我自愧不如。

　　大约1956年我十岁时，母亲就开始教我补袜子了，这已经有点迫于生计的味道了。1956年，在妇女解放运动的风潮中，母亲参加了工作，天天早出晚归，去兰大图书馆上班，生活就愈显忙乱了。单拿袜子这事来说，我就经常找不到袜子穿。家里有个装针线和破袜子的筐箩，找来找去，全是大窟窿小眼的，找不到一双好的，只好挑双窟窿小点的穿上。那时的袜子都是棉线的，不结实，穿两三天就破了，破了就得补，补补还能穿。依那时的经济状况，也不可能一破就扔的，所谓"新三年，旧三年，缝缝补补又三年"说的就是这个道理。全家六口人的破袜子，得花多少时间来补啊，而且，补袜子的速度赶不上袜子破的速度，因为补袜子的材料也是棉布。因为旧布不结实，母亲都是用买来的新白布，按袜子后跟、前掌的大小裁剪好，为了结实些每个部位起码两层，母亲教我干的活儿，就是先把这两层布缝在一起，然后她再贴着袜楦子，把这两层布缝到袜子上。这就算给她帮忙了，节省了一道工序的时间。谢天谢地，60年代初，尼龙袜子崭露头角，虽然很贵，但很结实，穿的时间长一些，这就减小了补袜子的压力，仅仅是减小而已。自从跟母亲学会了补袜子，我发现它成了困扰我一辈子的一项家务劳动，活到老，补到老，不光给自己补，还得给全家补，由此更加体会到母亲的艰辛和不易。

1956年底，兰大图书馆工作人员合影（前排左一为母亲）

20世纪50年代，衣裤都是棉布的，而且都要自己一针一线缝制。母亲心灵手巧，自己裁剪，自己缝纫，全家六口人一年的穿戴，六一儿童节的新衬衣、新裙子，每年过年四个孩子的新衣裤，全是她一个人张罗。她自己的衣服，通常一块普通的蓝布，经她的手一加工，一件中式大襟或对襟盘扣褂子就做成了，穿在她身上，是那样的熨帖、合身。幸好母亲有台缝纫机，这台缝纫机帮了大忙，为了赶出一件衣服，母亲经常在缝纫机上干活干到深夜。这中间，母亲教我订纽扣、锁衣边，做一些力所能及的事。我上中学以后，母亲开始教我踏缝纫机。别小看这活儿，要想让它只正转不倒转（一倒转，线就断），也是需要练功夫的。除了脚上的功夫，还要配合练手上的功夫，要把住布，让针在布上走直线，而不能偏了。偏了返工，得一点一点地拆，是很麻烦的。我学会踏缝纫机后，也可以帮母亲做点简单的活儿了。

　　1959年，我上中学后，我家随兰大经济系搬到段家滩，此时兰大经济系已合并到新成立的甘肃省财经学院，我家在这里度过了三年困难时期。

　　母亲当时已从图书馆调到兰大物理系资料室，每天都要骑自行车在兰大和财经学院之间往返奔波。那时工作很忙，经常要加班加点，母亲在书架后面的空隙里支了张小床，中午来不及回家，就可以在小床上休息。而只要下班回到家，母亲立马就要进到厨房，张罗一家人的饭食。我家在财

1954年5月，父母亲于萃英门兰大静观园

20世纪70年代末，母亲和物理系的同事在兰大校园里（后排左一为母亲）

经学院住的是北三楼（原学生宿舍楼），一阴一阳两间房子，盥洗室和厕所都是公用的。厨房在楼下，一排新盖的小平房，一家一间。厨房很小，饭做好了，还得连锅端到二楼的房间去吃。财院还给每家分了一小块地，由各家自由支配。1959年至1962年三年困难时期，母亲开始学习做面食。本是南方人的她不会做面食，一切都得从头学起：发面蒸馒头、擀面条、包饺子等，学会了假期里她又教给我和大弟做。她的观点是不会就学，大家动手。两个小弟太小，就做些倒垃圾之类的杂活。她在分给我家的地里种了小白菜和甜菜，还喂了四只鸡，孩子们都要分担给菜地浇水、找野菜和抓小蛤蟆、喂鸡的任务。

1962年，财经学院下马，我家又随着经济系回到兰大，住在刚盖好的7号楼里，仍然是筒子楼，一层楼住十家，公用的厕所。我结束了住校的生活，改为走读。晚上，我和大弟都要轮流抽时间帮母亲擀好第二天中午要吃的面。中午的时间是最紧张的，跟打仗似的，面擀好了，母亲只需做好汤、菜，就可以直接下面了。

母亲1950年随父亲来到兰大时，地处西北边陲的兰州还相当落后，没有自来水、电灯、柏油马路和公交车等，喝的是需用明矾处理后澄清的黄河水，点的是煤油灯，出门乘的是马拉车，一遇刮风，沙土遮天蔽日，一遇下雨，平时坑坑洼洼的土路顿时泥泞难行……生活上的诸多困难是难以想见的！母亲以博大的胸怀，担起了抚育儿女和无休无止的繁杂家务的重担，一生辛劳。她用自己的爱，支撑着我们这个家，无怨无悔。她对自己肩上的另一副重担——工作，却抱着几近虔诚的态度，任劳任怨，认真负责，一直干到六十五岁才退休。即便自己成天忙得团团转，她对别人提出的帮助和请求，从来都是有求必应，不会说"不"字的。至今我都很后悔，年轻时不懂事不体谅母亲，自己学雷锋做好事却常常把麻烦加到母亲身上。1965年，我刚考上农大那一年的寒假，同学们都归心似箭往家奔。当时按火车的车次，从农大所在地黄羊镇到达兰州就已经是半夜了，这对于家远和需要在兰州转车的同学来说很不方便。我家离火车站近，我就自告奋勇给母亲写了封信，把这个接待任务交给了她。那天晚上，当我领着四五个同学回到家时，母亲早已煮好一大锅稀饭，准备了她自己做的四川泡菜、豆腐乳等小菜，招待饥肠辘辘的同学们，并腾出一张大床，让大家休息……"文革"时期，我班上的一个外地同学在兰州生了病，我把她带回家里，母亲好吃好喝地照顾了好几天。还有一次，另一个外地同学在黄羊镇的商店里买到了一块布却无法将布做成衣服，我又主动帮忙，将布带给了母亲并告诉她这位同学的大概尺寸。母亲接到布，二话没说，很快就把衣服做好了……母亲的辛苦，只有在我自己成了家有了孩子以后，才有了更深刻的体会。

母亲生性善良，从未见她与周围的人发生过冲突，也几乎没见过她与父亲吵架。倒是见过父亲向她发脾气，但她总是低眉顺目、一声不吭，"战火"很快就平息了。为了支持父亲的事业，她几乎包揽了大部分的家务，而对儿女，也不娇生惯养，从小培养我们的生活能力和自立能力。她教我们干家务，更教我们做人。她助人为乐，却从不愿给别人添麻烦，就连她最后的身后安排，也充满了她的这种情怀。

父母的遗嘱

1991年12月12日，母亲用铅笔在一张稿纸上写下了以下的文字：

亲爱的孩子们：

趁我在能思考问题（时），写下这些。

在你们爸爸脑子还清楚（时），我们商量过我们的后事：

1.不举行任何仪式，不收礼，最好在一两（天）里就送火葬场火化，不留骨灰。

　　2.就穿平时衣服最新的衣服就行。我们不喜欢旧俗那一套。

　　3.只希望能在《人民日报》（海外版）上登一消息"刘天怡教授（白朝莼女士）已于×年×月×日离去，谨告海内外亲友"。

　　我只希望我去后，你们照顾（好）你们爸爸，我太累了，想休息。

爱你们的妈妈

（19）91.12.12　6时

　　母亲并不知道，就在她写下这份遗嘱后，仅仅过了一个月，也就是1992年1月12日，她就永远地离开了我们。

母亲的遗照

　　就在母亲离开我们的半年前，周芹香副校长曾来家中看望父母，母亲对周校长说："老周，我太累了，我可能要走到刘先生的前面。"周校长当时劝慰她说："白先生您一定要保重呀！"不想母亲的话一语成谶。

　　母亲的身体平素一直很好，一直干到六十五岁才退休，还没有好好享受一下生活，父亲就突发脑出血而偏瘫，她照顾了父亲三年零八个月，最终累倒，先父亲而去。

295

三年零八个月，母亲事无巨细，事必躬亲，无论从精神上还是从身体上都完全透支了自己。她不顾自己患有严重的失眠和便秘，哪怕有时一天只能入睡两小时，她也强打精神，全力以赴照顾父亲。为了父亲，她拼尽了全力！

　　母亲的病来得太快，前后也就两个月左右，先是左肾失去功能，接着就突然说不出话、写不出字了。检查结果是肺部、脑部都出现了转移瘤。她心知肚明却无法表达，曾用手指指自己，又摆摆手，那意思就是说她知道自己不行了。幸好留下了遗嘱，就常用含糊不清的声音说"遗嘱……遗嘱"，幸好放在大立柜里的遗嘱也被我们找到了，她这才放了心，不再说话了。

20世纪80年代，父母亲于兰大校园

　　母亲去世于凌晨，讣告一出，人们惊异、痛惜，来家里悼念的人络绎不绝。母亲工作三十年，主要从事图书资料整理工作，她对工作敬业认真、一丝不苟，对同事以诚相待、乐于助人。她人品好，人缘极佳。当时由于怕影响到父亲的病情，就于当天下午匆匆将母亲的遗体火化了。我和弟媳连夜翻箱倒柜，除了内衣裤是纯棉的，我们发现母亲最好的衣服也是混纺的，她最喜欢穿的一双黑绒布鞋也是塑料底的，但当时也只好就这么将就了。母亲希望在《人民日报》（海外版）上登一条消息的愿望，但因一些其他原因，最终未能实现。

　　母亲的骨灰，当时保存在殡仪馆里，存期三年。一方面要等尚在美国留学的二弟回来瞻仰，另一方面是想等父亲百年后一起安置。没想到没过百日父亲就追随母亲而去了，父亲的骨灰按照父亲的级别要安置在烈士陵园里，而母亲的级别是进不了烈士陵园的，这样只有每次祭奠时两人的骨灰才能团聚一次，事后又分置两处。大弟为此十分生气，很快便将父母的骨灰接回自己家中去了。后来二弟取得硕士学位回来，走时将父母的骨灰各分了一些带去美国了。母亲生前一直想去美国探亲，未能实现，现在只能以这种方式去实现她的愿望了。2000年冬，大弟一家代表我们全体，带着父母的骨灰第一次回到我们的老家——四川省筠连县，将父母的骨灰撒在了爷爷的坟头上。老家的叔叔姑姑都希望将父母的骨灰安葬，入土为安，但大弟还是坚持按照父母的遗愿这样做了。

父母都是无神论者，万事想得开。他们自己喜欢清静也从不愿打扰别人，给别人添麻烦。他们的丧事确实很简单，没举行任何仪式，只是亲朋好友前去告别送行了一下。虽显有些冷清，但我想这正是他们想要的。

作者简介

刘元露，1946年3月9日出生于四川省宜宾市。1950年冬随父母来到当时位于兰州萃英门的兰州大学，先后在兰大附小（后改名萃英门小学）、兰州女中、甘肃农业大学读书学习。1970年大学毕业后分别在清水、漳县工作，当过农宣队员、公社干部、中学教师。1984年调到兰州大学工作，在物理系办公室工作两年后调到中文系资料室工作至退休。曾任物理系办公室副主任、中文系资料室主任等职，1997年聘为副研究馆员。

父亲母亲和我们

刘庆苏

父亲刘积高（1921—1999），湖南桂阳人，兰州大学生物系教师。
母亲卢博玲（1928— ），山西霍县人，兰州大学教职工。

父母合影

　　我们这个年纪，对萃英门记忆不多，却有着剪不断的情结，因为它是我们父母抛洒青春、展现抱负、教书育人、生儿育女的地方，有着我们时间不长但幸福快乐的童年。我们的父母不只是将血脉传给了我们，更给我们留下了宝贵的精神财富，这正是至今我们仍对父母思念难舍、想之心恸的原因。是他们给我们留下了取之不尽的力量和发挥能力的源泉，即便是跳入脑海的一些生活小事、琐事，如今想来也是那么的刻骨铭心。

　　我们的童年处在一个拮据、艰苦的时代，我们很少得到父母的娇惯和宠爱，他们往往用以身作则及必要的谈话或严厉的批评来教育我们，从小父母在我们心目中就是有威严、有力量的人。我们那个年代的孩子，一旦得到父母的赞许就会高兴得忘乎所以，遭到父母的批评就会由衷地感到惭愧，比之于当今的孩子，在父母的影响下，我们有着较强的自觉性、自制性和自立精神，并且追求积极向上。回忆我们的童年，那么美好有趣，真希望时光能够倒流，好再回到那些既平凡又珍贵的生活片段中去，重温那时的亲情、友情；让已故的亲人们能再回到当下共聚，好让我们来弥补儿时不懂事的欠缺；也让儿时的伙伴们回到当下，继续尽情我们的天真、纯朴和真实。

今天，要以萃英记事来回望我们的父母，无疑要求我们静下心来，好好回忆和总结父母的一生是怎么度过的，想想他们身处的环境和不易，以及他们工作的努力和奉献。更要想想他们是怎么教育我们成长的，这一点尤其重要，它奠定了我们人生的取向和我们对后代的影响。到了这一刻，才发现我们一路走来充满了仓促和遗憾，父母究竟是什么样的人，好像无暇在心中认真全面地思考过，即便有也是点滴和片面的。

父亲

有人说"记忆是一种相聚的方式"，我们何不打开记忆的闸门，与我们的父母和亲人们再次相聚，来完成一些情感的满足和再聚。

我的父亲刘积高于1921年出生在湖南桂阳的一个书香门第，祖籍为南京。历代族人都遵循"祖德流芳远，诗书继世长"的祖训，为官者"以德施政，为国尽忠，以民为本，为民造福，使百姓安居乐业"；为文者

"以德传后，诗书记事，坦率真诚，积善明德，使家人朋友安好"。为此，在家族历史上代有英才产生。为鞭策后人努力读书，总有一些美谈激励后代。如父亲高祖因读书过于专心，端午节吃粽子时竟将墨汁当白糖而不自知；父亲的祖父进京赶考，水路、陆路共一月有余，一个咸鸭蛋每餐用筷头蘸得一点，走完全程竟未吃完；父亲大伯天资聪颖、记忆力过人，每天完成背书之量是以纳鞋之锥扎进的深度计量，虽古书字迹偏大，仍令人难以相信。父亲在这种家族文化氛围的熏陶下，从小就立志以先人为榜样，学习刻苦，学业领先，尤其在算术方面有优异表现，被算术老师誉为"算术天才"。从1931年始，父亲先后在湖北汉口和武昌、湖南桂阳和长沙读小学，毕业后以优异的成绩考入当时著名的湖南岳云中学，在那里完成了初中和高中学业，打下了学习理科专业较坚固的数理化基础。此时，日寇侵占了湘北、湘中，继之逼近湘南，时局动乱。父亲无法继续升学，只能回乡，暂时任教于当地的小学，一年后同姐姐一起赴广东，在广东税务局任职半年左右。期间，因日寇渐渐逼近湖南桂阳城，父亲无奈解职返家并偕同家人出外逃难，待时局稍许稳定后，就读于武汉临时大学选修班。当年，父亲深怀远大理想，抱着张骞之志奔赴中国西北求学，考入兰州大学生物系（他的这一举动曾使族内兄弟姐妹十分羡慕，多年后仍频频提及），毕业后以优异的成绩留校任教。在几十年的教学生涯中，他兢兢业业，勤勉尽责，先后晋升为讲师、副教授和教授。

工作中的父亲

300

父亲性格好强又踏实肯干，不惧困难，能从点滴做起。他在治学、执教上实事求是，行事端正，一丝不苟，被选为系里的教学秘书。在繁忙的工作之余，他不断提高自身专业水平，修成两国外语，曾担任生物系教师俄语速成班辅导员。1953—1954年，他被派往北京大学随苏联专家学习巴甫洛夫学说等课程，同时在该校生物系动物生理学研究生班进修。期间，他为北京大学生物系动物生理学专业讲授动物生理学（呼吸系统）相关课程，并于这年独立担任起了人体及动物生理学实验和辅导等任务。

父亲对学术的热爱也深深地影响着我们，一些场景我至今仍记忆深刻。记得那时我们常会跟着他去植物园（生物系在校内的农场），在葡萄藤下的小手术床上看他给兔子做实验手术，在实验室看他带着学生给小白鼠、小青蛙做实验，在他的办公室看各种标本和在显微镜下看许多细菌的变化，甚至每次在家里杀鸡宰鸭时他都会让我们兄弟姐妹围观，一一讲解动物内脏的排列情况和不同器官的功能。让我记忆最深刻的一次实验是解剖一只大狗，当时整个实验室消了毒，我同他的学生们一样都穿上了白大褂。大狗仰面朝天四肢被固定在手术床上，被注射麻醉针之后脖颈和胸上部被解剖开，止血钳固定翻开的血肉使整个气管裸露在外，狗在沉重的呼吸中，气管一张一弛地急剧膨胀和收缩。我屏息静气地凝视着这一切，高度的集中伴随着紧张渐渐使我喘不上气来，以致我呼吸发生了障碍，最终全身发软，几乎窒息，最后被迫远离手术台坐地休息。我在父亲的影响下曾有过学医的想法，但因为这次实验我不得不放弃了学医的打算。

父亲从事生物理论教学的三十余年里，讲坛遍及兰州大学、西北师范大学、兰州医学院（现并入兰州大学）、郑州军区陆军总医院、原兰州军区高级护士学校等医院和学校，主要教授生物学、比较解剖学、医学生理学、人体及动物生理学、动物生理学、高级神经活动生理学、人体解剖生理学等七门课程及实验技术指导，涉及本科、专修科、回笼研究生、在校研究生及校外指导等。其中与原兰州军区某部队医院合作完成的《吴茱萸对高血压病和实验性高血压的影响》，发表于《新医学》1976年第7卷11期。有一次，在对治癌药物研究实验中，父亲不甚被注射了癌细胞的小白鼠咬破手指，一段时间，家人都惊恐不安。在工作上，父亲属于一贯踏实认真的人，每日清晨四时起床备课，从无懈怠。他极具钻研精神，吃苦敬业，刚毅坚韧，常常带病坚守在岗位上，不计较丁点儿个人得失。他教学方法得当，教学质量领先，成果突出，常受到学生、领导与同事们的称赞与好评。1979年，父亲获得了"奖给1979年度工作成绩显著的刘积高同志"奖状一张；1981年，他在兰州大学礼堂做了全校先进的教学经验介绍，主题是《写好讲稿和教案是搞好课堂教学的保证》（后收入《教学经验选编》）。后来，父亲的耳聋越来越严重，为避免课堂学生提问因听力困难受到影响，他努力将备课教案做到尽善尽美，对学生可能存在的各种问题事先做好充分准备，使学生详尽而全面地获得并掌握知识。父亲对教学的认真负责让很多学生记忆深刻，经常会有已毕业的学生前来拜访，直到1999年兰州大学建校九十周年盛典时，仍有十余位返校的老校友相约到家中看望父亲，并赠送题字"丹心育人，桃李争荣，师生情深，铭感恩德"的横幅一条及古香古色的茶具一套，还送了两盆花以示敬意。

由于父亲在学术方面的成果显著，曾多次应邀出席在全国各地召开的生物学研讨会及教材编写会，曾参与编写和翻译过不少教材，如《动物生理学》《动物生理学（实验指导）》《高级神经活动生理学》《人体及动物生理学（呼吸系统）》（皆为北京大学生物系用书）等，其中《人体及动物生理学（呼吸系统）》于1958年由高等教育出版社出版，为全国综合性大学生物系所用。他编写的生物理论教材曾对全国生物学、医学产生影响。他积极开展科研工作，曾多次在《兰州大学学报》（自然科学版）及其他国家级刊物上发表科研论文，如《吴茱萸降压作用及其降压的机制》《吴茱萸生物碱强心作用及心搏骤停后的复搏作用》《高血压病心血管机能的病变》《鞑靼黄瓜菜降低血压作用的初步研究》《脑下垂体前叶制剂对幼兔生长发育的影响》《切断坐骨神经与股神经对家兔红细胞的影响》《近年癌症研究简介及细胞动力学与癌痛治疗之关系》等。有些文章颇有影响，受到相关专家学者的很高评价。长期以来，他集教学、科研、实验等多项工作于一身，任务一直较繁重，因身怀专长，教学所需，后期不得不抱病讲课。此外，他还兼任中国动物学会甘肃分会理事兼秘书、中国生理学会甘肃生理学分会理事、中国科协自然科学专门学会会员、中国科学技术学会会员等。

父亲退休后，有了更多的时间饱览自己喜爱的书籍，间或会为一些研

学生、校友前来看望父亲（右三）

究生辅导论文，写一些自己喜爱的文章，有的文章发表后还获得了奖项，并有了一定的时间开始注重养生，这让他严重的冠心病也稳定了许多。父亲去世后，叔叔收集了他生前公开发表过的一些学术论文自印成集，取名《刘积高学术论文选集》，以为纪念。兰州大学在悼文《刘积高同志生平简介》中盛赞他"对党的忠心，对社会主义祖国的热爱始终如一""几十年来，刘积高同志工作勤勤恳恳，业务精益求精，任劳任怨，从不计较个人得失。为人光明磊落，忠厚老实；能和同事们和睦相处，乐于助人，是青年教师教书育人的楷模和榜样"。

我的母亲卢博玲，出生于1928年9月28日，祖籍山西。母亲的外家为书香门第，其外公是秀才，为河北当地一老中医。她的母亲也就是我们的外婆家族出过榜眼，外婆作为女性曾冲破封建束缚成为当时不多的文化人之一。外婆古文功底扎实，幼小即能作诗赋词，毕业于河北师范学校，婚后在山西霍县当国文教师，任教十余年。外婆对学生认真负责，关怀备至，经常宣传反封建思想，深得学生爱戴，师生间相处十分融洽，而且外婆能歌善舞，女红毫不逊色，这些都使幼小的母亲深受影响。外婆对子女管教很严，母亲小时候性格较为活泼，外婆对她管教尤为严格，要求她追求进步，勤奋做事，心胸开阔，不要抱怨，而且经常会讲"往者不可谏，来者犹可追"的道理给她听。外婆曾说，那时她每天上班前都会给母亲和舅舅布置背书、写毛笔字、纳鞋底、绣花等任务，完成了才能出去玩儿。可每当外婆下班回家时，远远就会看见母亲在路口玩耍，她推测母亲肯定是完不成任务的，于是便不由分说地生气地把她拉回家，到家后才发现所

中国生理科学会筹委会兰州分会会员合影（拍摄于1966年）

布置的事情母亲已全部完成，这才得知母亲从小做事就很快捷麻利。母亲也将这一家教继承，我们小时候她在上班之前也会将家务交由我们兄弟姐妹分工来做，擦桌子、扫地、倒炉灰、择菜等，由年龄大的孩子管理和监督，谁干完谁就可以出去玩儿。印象较深的一次是择豆芽，那时的黄豆芽根长带皮，择起来费时麻烦，由我哥哥分配一人一堆，堆的大小根据年龄有所不同。小孩子玩性大，为了能早点出去玩儿，干起活儿来只图快，自然质量欠缺，在监督下只能耐着性子返工。现在想起当时心急贪玩的心情和举动，不啻一道有趣的风景，久而久之我们几个孩子都练就了干活较为麻利快速的本领。

1934—1940年，母亲分别在山西霍县城内女子附小、河北栾城小学读书，后因时局动荡学校关闭，便随外公继续读书。母亲的哥哥当时是解放军部队的一名医生，随抗战部队走南闯北。母亲十来岁时，为了躲避抗战时期日军的侵扰，随兄跟着部队避走西安、宁夏等地。她先是被寄养在西安一位姑父家中，不久后又于1944—1947年被送往宁夏，就读于宁夏简易师范学校，毕业后先后在西安市黄良镇第一中心小学、甘肃平凉市私立城关小学教书。1949年，母亲来到甘肃兰州，进入甘肃省兰州女子师范学校（音专）学习，为了贴补生活，同时在兰州两湖私立文襄小学教书。那段时期，父亲以及他的好几个湖南籍同学也在文襄小学勤工俭学，父亲和

父亲与生物系同仁

母亲在那里相识、相知、相恋到结婚。为了进一步提升文化水平，1950年母亲进入兰州大学夜大学习，当时兰大幼儿园正处在筹建阶段，有关领导得知母亲读的是师范学校，遂于1950年4月将她调入兰州大学幼儿园工作。刚开始，幼儿园只有三位职工，一个园长、一个老师和一个阿姨。母亲承担着老师的工作，就是说她是唯一的老师，从教授孩子们文化知识、手工劳动、舞蹈、体育、趣味活动到为孩子们写总结批语等，很多必需和琐碎的工作，全部都由她一个人来完成。1951年，我哥哥出生，为了不影响工作，母亲产假休息不到一个月就去上班了，忙碌和压力使她在那段时期十分消瘦。兰大幼儿园当时的条件非常简陋，几十个孩子只有两间教室，无法分班，也没有足够大的活动场所，直到后来搬到静观园南面小学附近的大院子里，又增加了少许师资力量，条件才略有好转。这时母亲想继续提高文化水平，便于1957年就读于兰大中文系汉语言文学专业，同时参加外语系的日语学习，这为她日后多次变换岗位后很快适应工作打下了基础。

在兰大幼儿园工作的那个阶段，母亲的干劲很大，一天到晚只顾埋头工作。在工作上，她从不吝惜自己的时间和精力，尽其所能地采用各种方式、花样来教育孩子们。一拨拨孩子从她那里毕业，无论家长还是孩子对她的印象都颇为深刻，直到今天仍有一些老人对自己的那段童年生活还有

母亲

怀念和记忆。我对幼儿园的印象主要是在"新校"（盘旋路兰大校址），它设在兰大家属院6号楼的东南角，院落不是很大，但足够小朋友们玩耍。大门向西，进门左边有一转盘，右边有一滑梯，靠南边有坐南朝北一排漂亮的平房，除了办公室和放杂物的小房间外，面对操场的一面（北面）是大班和中班的教室，转到房后朝南的一面是小班、小乙班的教室。院子里种有几棵树，院子的东北角是木板地面的半露天厕所。当时，幼儿园只有四位老师：时髦漂亮的赵老师、和蔼可亲的胖王老师、慈祥严肃的冯老师（园长）和母亲，另外还有一个阿姨（我们称她为牛姨姨），在6号楼向北单元一楼的厨房为小朋友们做饭。室内活动主要是老师带着孩子们唱歌、说歌谣、画画、讲故事、做手工、劳动以及认字识数和做游戏等，唱歌伴奏用的是脚踏风琴，后来又有了一部半大的手风琴。有的儿歌我们至今仍记忆犹新，如："大锅饭，满屋香，小朋友们都来尝，吃得饱，长得胖，不要随便撒饭汤。""小猪小猪胖嘟嘟，吃完就睡呼噜噜，叫它洗澡它眯住眼，张嘴就说'啊不不不'。""（大灰狼）：'小兔子乖乖，把门开开，快点开开，我要进来'。（小兔子）：'不开不开我不开，妈妈不在家，谁来也不开'。"当时这些简单的儿歌代替了说教，在趣味中让我们懂得了很多道

1961年，兰大幼儿园留影

理。户外活动有跳舞、运动、游戏和自由活动，记得我们最喜欢玩的就是围成圈丢手绢和老鹰抓小鸡，总也玩不够。每种游戏都是老师和我们一起玩儿，玩老鹰抓小鸡时，老师一般充当"鸡妈妈"，我们拽住前面小朋友的衣服躲在老师身后形成一长串"小鸡"，"老鹰"也常由老师充当，其间欢声笑语弥漫，欢乐气氛难以言表。每隔几天就会有一次木偶戏演出。我清楚地记得木偶戏的幕板是天蓝色的，一竖条一竖条拼接在一起，条与条之间有密闭的小凹槽。板顶上有类似于"人"字形的小房顶，顶的边沿像房顶瓦片的排列一样富有曲线的生动性，顶下开一横向的长方形窗口，基本横贯幕板的整个宽度。窗口挂着打了褶子的颜色鲜亮的小帘子，幕板的下方有用合页固定的木腿，打开九十度便能使幕板稳稳地立住。这种简单的木偶表演舞台很有艺术性，也很符合儿童的心理特点。木偶剧在室外表演，幕板放在哪儿就在哪儿演，具有灵活性。小朋友们搬着小板凳坐成一片眼巴巴地盼望着。当幕布拉开，生动的木偶表演就开始了，幕板后的老师们或半蹲或半站地用手高高举着木偶，用生动有趣的台词配合木偶的表演和动作。每当这个时候，小朋友们都会屏气静心，随着剧情的进展而打开幼小的心灵世界。木偶节目会经常变换，但也有一些保留作品如《拔萝卜》《小红帽与狼外婆》等，可以说百看不厌。如今想起来，我们幼儿园阶段的生活是单纯快乐的，充满了童趣和幸福，同时也更能体会出当时老师们的辛苦、善良、耐心和责任感，尤其是对小朋友们充满了爱心。当时的女孩子多梳小辫儿，但孩子们的头发因为缺少营养润泽很难梳通，需要蘸水润开，颇费一点时间，有些家长因为忙而顾不上给孩子梳头。课间的时候，老师们就会让没有梳头的小朋友排上队，一个一个地帮她们梳头扎小辫儿。我也是家长顾不上给梳头的一个，给我梳小辫儿的多是胖王老师，她脾气很好，和蔼可亲，梳头时手很轻，不会拉疼我们，这一点印象很深。

有一段时间不知什么原因，母亲突然失声，无法适合幼儿的工作，于1963年调到兰大图书馆。因为母亲的字写得规范漂亮，她被调入编目室工作。图书编目工作专业性很强，且十分烦琐，主要是对文献资源进行分类、编制目录、建立馆藏目录体系。具体工作是对每种文献资源如各类图书、报纸、杂志（现今还有光碟、磁带等电子文本）等按照国家图书分类法制定的标准予以分类，诸如在书上贴标签编号，然后在卡片上登记，如书名、作者、出版社、时间、分类号、价格、馆藏地点等信息。图书馆的藏书量是很大的，达到几十上百万，而且种类多，名目繁杂，工作量极大，只有准确地归类，才能方便读者找到需要的书。母亲在幼儿园工作了多年，突然转到图书馆工作，反差比较大。我记得那段时期她非常忙，很少按时下班，经常天黑才回家。但也正是母亲在图书馆工作的那段时期成为我们全家阅读最多的阶段。当时我们尚小，读了很多国内外的童话故事、文学作品。父亲和我的外婆也常常是手不释卷，他们看的多为古典著作，印象中有大部头的《资治通鉴》，因为卷数多，母亲每次只借回来五六本，看完后再去续借，还有《古文观止》《吕氏春秋》及一些诸子百家的作品。父亲和外婆除了各自看书外，还常会在一起谈古论今，说得津津有味。而今回想起来，那种祥和的家庭读书氛围真让人感叹难忘。

母亲对工作一贯敬业，这使她在编目工作方面干得有声有色，成为一方主力。1963年至1966年上半年，中央在全国城乡开展了社会主义教育运动，简称为"四清"，后也称为"社教"。单位认为母亲能干，派往参与这个工作。当时我们家里困难重重，父亲实验教学任务繁重，四个孩子从四岁、六岁、八岁多到十二三岁不等，需要照料，可是组织已经决定，母亲只能克服困难前往。当时下去的人员规定一律住在农民家里，白天轮流

母亲与知识青年合影

到各家各户吃派饭以便访贫问苦，了解农民情况，晚上集中交流汇总，还要帮助当地民兵搞训练，那段时间简直忙得不可开交。我记得母亲说当时的农村环境十分艰苦，百姓的生活非常贫困，据说她所在的那个村子有的人家只有一床被子、一条裤子，谁出门裤子由谁穿。母亲完成"社教"任务回来时正逢冬天，她看到我们在寒冷的冬天穿的鞋子都露出了脚趾，心里很不是滋味，所以母亲回来后的一段时间里，搓麻绳、纳鞋底、补袜子成为我们家里常见的一道风景，我当时尽管才八岁左右，也常被要求学补衣袜。

在图书馆工作的那段时间，母亲的失声逐渐痊愈，或许是她在幼儿园工作的尽职尽责令很多家长印象深刻，竟然有一些学生家长向校方要求将母亲调回幼儿园工作。母亲那时已成为图书馆的骨干，图书馆自然不愿放人，后来在学生家长的强烈要求下，学校才最终决定将母亲调回幼儿园，同时担任教师和领导工作，那一年是1965年。幼儿园的工作本来就很忙，加上后来又增设了托儿所，增加了人员，母亲在教学同时还担任了领导职务，可以说是忙得不可开交，几年下来身体每况愈下。一次生病时她又被大夫打针碰伤了神经，一条腿无法正常行走，时间延续大半年，当时她拄个棍儿一瘸一拐走路的背影，至今想起来还十分清晰。鉴于这种情况，组织将母亲调至兰大总务处膳管科，而这对她来说又是一个全新的岗位。好在母亲是一个善动脑筋、不怕困难又很勤奋的人，在膳管科工作期间，她不断地跑粮食局、粮食厅熟悉业务，纠正了许多单据、账目等混乱问题，将工作做得井井有条，形成了有规可循、有据可查的方法，大大提高了工作质量和效率。在此期间，大批知识青年上山下乡，各单位也要求派出一定人员组成工作队跟知识青年一起下乡，兰大自然也不能例外。兰大推荐了母亲，理由是她能干肯干，不怕吃苦，放在哪里都能做出成绩。一开始，她留在省知青办工作，干了一段时间后，她多次要求到下面去，最终获批前往甘肃民乐县。在工作中，她同那里的知青、群众很快打成了一片，工作期满返回时，大家都依依不舍真诚挽留。母亲先后从事了好几种工作，她不但都能胜任，并且干得十分出色，所以每次工作调动时单位都不愿放人，她连续好几年被学校评为先进工作者，并颁发了奖状。她最大的优势是群众关系很好，能调动起大家的积极性，对同志有求必应，如家里吃饭时经常会有人来找她办事，不管吃不吃完，她都立刻放下碗就走，事情不办完不回家。正是这种勤勤恳恳和积极负责的工作态度及较强的工作能力，她被学校返聘到六十岁才得以退休。

母亲头脑聪明且富有智慧，我印象中没有能难住她的事情，只要到她手的事她一定会全力做到最好。她说外婆常教育她，不论干什么工作都要当作一项新工作来做，只有在新鲜感中才会富有创造力。对此，她做事常能独出心裁并富于创新。也正因为如此，她对我们也要求较高，但我们很少能达到她的要求，令她满意。母亲的心胸广阔，不计较个人得失，工作上积极主动、敬业负责，生活上一贯俭朴，别无他求。她对我们也是这样，很少有物质上的溺爱。比如，我们小时候，别人家的孩子过年都要穿新衣服，而我们家的孩子却从来没有，这不但影响了我们这代人，甚至还影响了下一代，每代人都不会刻意去追求物质享受。母亲一生信守的座右铭是"求知识，不求名利"，因此她做什么事干劲都极大，而且精力旺盛，不辞劳苦，一生中甚至没有睡过午觉，总在忙这忙那，很少考虑其他。她最突出的特点是遇事不抱怨，以积极态度处之，其中有两件大事很令我们钦佩，体现了她内心的坚强。一是"文革"中父亲遭到打击，她顶着多重压力，不惧怕、不回避，该干什么就干什么。当时家里的男孩子多，口粮不够吃，小弟弟庆谊至今还记得母亲领着他将家里的细粮拿去同有余粮的人家换粗粮，一斤细粮可换二斤粗粮。当时父亲的工资被冻结，母亲只有五十多元的工资，她想尽办法在逆境中带领全家老小度过了那段极其艰难的时期，也没有因此而造成我们的懦弱和不自信。哥哥是她最为疼爱的一个孩子，但却早逝，在白发人送黑发人的痛苦煎熬中，她没有让我们看到一滴眼泪，而是默默地坐了好几个昼夜，之后恢复正常生活，不再提及此事。我的父亲也是这样，平和正常，做出一切不曾发生的样子。父母用理智克制着自己的悲伤，将这一切掩埋在心底，用坚强和行动让全家人尽快地摆脱痛苦。

母亲兴趣十分广泛，爱好颇多，而且心灵手巧，很有才华。她十几岁在宁夏读书期间为学校做了一幅刺绣，据说悬挂了好几十年；她从小就练毛笔字，正楷尤好，常被人请去抄写。"文革"期间，她代表单位用金丝盘绣一尊毛主席像，成为当时省委及军区领导代表甘肃献给中央的唯一作品。在幼儿园工作时，她编的许多歌舞、小剧及制作的手工作品常常获得奖项。五六十年代，她任兰大职工篮球和排球队队长时，作为主力她充分发挥个子小的灵活性，带领大家在全省大专院校比赛中分别获得亚军和冠军。样板戏畅行时，她又代表兰大京剧社扮演了阿庆嫂一角。退休后，她参加的大专院校网球比赛荣获个人冠军，被选拔进入省级老年网球队，先后代表甘肃省赴广东、新疆、云南、太原、陕西等地参加全国大赛，并获得奖项，比赛图片及报道被当时的报纸和《甘肃画报》选登。退休后，母亲有了更加充裕的时间参加京剧社、舞蹈队、合唱队、模特队、打球、气

母亲与舞蹈队队员合影

功等活动。她创编的舞蹈涉及多种风格，其中古典舞《贵妃醉酒》（以梅兰芳同名京剧为题材）、外国舞蹈《卡萩莎》（俄罗斯风格）、民族舞《傣族情韵》在省级比赛中均获得奖项，颁发了奖杯、奖旗；她指导的模特在大专院校模特大赛中获得一等奖，并接受省电视台采访。此外，她还在兰大内部刊物《常青树》上发表文章《爱的真谛》《我执是我们最大的敌人》等，表述了她对于人生的一些看法。

在写父母和我们时，不得不提起家里的两位功臣——我的外婆和祖母。是她们为父母排忧解难，担当起家庭大任，成为父母埋首于事业的靠山和后盾。孩提时代的我们，受到祖母一辈人的陪伴、关怀、照顾和教育甚至多过父母，一个家庭的家风和教育是离不开传承的。

在父母最为繁忙和我们需要照顾的时候，是两位老人撑起了家里的大半边天。她们一为南方人一为北方人，生活习惯、受教育程度、处理问题的方式等等都有很大差别，但她们都有中国传统女性的共有特点——善良尽责、隐忍豁达、忘我爱家。当时，我们家祖孙三代共有八口人，关系融洽和睦，连周围的邻居都认为这样复杂的关系能相处得如此和睦是很难得的，因此我家还被评为"五好家庭"，发了一个"五好家庭"的牌匾。外婆的特点是慈祥随和，修养很高，从未见她发过火，涵养少有人能比，凡接触过她的人都有此共识。她善待每一个人，即便遇到天大的委屈，宁可自己受着，也从不会论他人一句不是，说逆来顺受也不为过，但这并非是低眉顺眼，而是宽容大度。每当遇到郁闷心堵之人，外婆都会好言相劝，三言两语便能使对方缓解释放。她还喜善举，经常帮助有困难的人，早年间她常用业余时间教乡亲们认字，施以道理；抗战期间，她多次掩护抗日游击队员转危为安。抗战后期，家乡沦陷，外公去世，她年仅三十余岁开始守寡，只身携带二女一子外出逃难，尝尽艰辛，毫不气馁，坚强乐观。新中国成立后于1957年由石家庄来兰州直至1988年，三十年中曾多次往返于晋陇之间，在兰州约有十八年之久。三年困难时期，她与我们同甘共苦，两个弟弟庆友、庆谊生下来即由她照料。她的眼睛高度近视，视物眼距只有寸余，就这样还常为儿孙缝补衣物至深夜。当时家里负担重，经济收入少，市面供应有限，家里的褥子曾补百余补丁，各色碎布被家人戏称为"万国旗""千层被"。还记得我最初的针线活儿就是外婆教我缝补油布

我们家祖孙三代（拍摄于1962年）

（护床单和防小儿尿床渗透的一种垫子），她教的两种针法我至今还会用到。外婆的辛苦父亲看在眼里，常想法去弥补。那时我母亲工作忙，所兼事务多，回家次数少，为了不让外婆寂寞，父亲业余时间经常会陪她上公园，有时晚饭后陪她在滨河路、林荫大道或校园等地散步。外婆与兰大家属很多人关系都处得极好，她擅长讲故事，懂很多典故，家人外人都爱听。搬到新校后，兰大家属院那时的傍晚很是热闹，大人孩子都喜欢待在院子里，聊天的、玩儿的，不亦乐乎。外婆身边常围坐很多老人，兴趣浓浓地听她说古论今。要不就是孩子们席地而坐，围成小圈，听她讲故事，故事常换常新，百听不厌，我总在想外婆肚子里怎么会有那么多故事。我哥哥的孩子生下后她帮着带并启蒙，小孩很小的时候就能背诵近百首唐诗，都是她口诵亲授。记得我考试背诵古文忘句时，也常是她给我提醒，我所会的裁衣、絮被、纳鞋、编织都是她耐心教授。外婆的歌也唱得极好，最常唱的是古诗，至今《木兰辞》的"唧唧复唧唧，木兰当户织……"还清晰地印在我的脑海中。母亲在这一方面更是涉及广泛，当然这与她曾从事的职业有一定关系。像我早期熟悉的一些戏曲、民歌及周璇唱的一些歌曲，都是当年从母亲那里听来的，她还教我识谱，所以我很早就能自己看谱学歌。外婆一生酷爱读书，看书时眼睛几乎贴到书上，直到她完全无法再读时就开始天天听电视广播，关心国家大事。外婆的为人得到亲戚朋友在内的几乎所有人的称赞，她为我们的成长、为减轻父母的负担

外婆

立下了汗马功劳。

我的祖母出身大户人家，未入学堂，略识文字，但她开明大义，从人情世故、女红烹饪到家园菜蔬、根植料理，均能应付自如，颇为能干。她自尊心极强，坚韧有毅力，遇灾遇难泰然置之，无有自卑。抗战时期，湖南战火连连，她迈开小脚独自带领儿女逃难武汉，又恰逢武汉发大水，房屋不稳，如雪上加霜，都被她努力克服。她不辞辛劳勤俭度日，不分内外一肩承担，为儿女筹措学费，族人无不称其贤能。我父辈兄弟姐妹受其身教，都能体悟时艰，自力更生。听父辈讲，祖母常以二语诫儿：一曰"学好样"，即嘱端正品行为人，父辈们也自觉遵守，终身无不良嗜好，从无损人利己、伤风败俗之事。二曰"要发狠（指读书）"，告诫儿女要发愤读书方有作为，为此，她常有尊师重道之举，如对于私塾先生，除缴学费外，每逢年节，她必另备三牲（猪、鸡、鱼）携儿拜谢老师。父辈们也自知必须努力学习，抗战结束后，两个儿子均考上重点大学。她一人带大三个孩子实属不易，这是对她最大的回报。祖母于新中国成立之初来到兰州，间或会往返北京为儿女们分担家务，在兰州待的时日最长，抚育过十余个孙辈成长，孙辈们大多成材。由于长期从事繁重家务，她腰背过早弯驼，在物资匮乏时代，她还在楼后开辟小块菜地为我们种植各种蔬菜来解决营养缺乏问题。1978年元月，父亲在离开故乡三十二年后首次返湘，带

祖母

领我和大弟弟庆友并相约北京的叔叔去看望祖母。乍一见到祖母，我们的心为之一痛，顿时泪幕遮眼，她拄着一根拐棍白发飘飘地站在那里，身上穿一件制服式棉袄，棉絮外露，眼神里充满了期盼。当时已八十六岁的祖母晚景非常凄凉，她住在亲戚舍出的一间在当时只能算作柴房的小房间里，地面坑洼不平，墙面贴着报纸和学生们的作业纸，一张床用砖头垫底摇摇晃晃，房间里黑暗潮湿寒冷，做饭在房外垒成的半截墙下，地上用三面砖支起一个黑黑的鼎锅（锅底为锥形的一种锅），周围堆放着柴火，简陋到不能再简陋，很难想象在这样艰苦的环境下一个年迈之身怎样艰难地熬过了八年时光。即便这样，祖母还是为我们做出了丰盛的过年佳肴，亲戚们每天上门不绝，来者祖母定当给两元钱作为酬谢。那时工资都不高，几天时间就将儿子们攒给她的生活费全部送完，最后只能将身边的机动费也献出，只留下回程的交通费。当祖母再度回到兰州时，已是半身不遂的糊涂老人，瘫痪三年，终不治逝世，享寿八十九岁。祖母的一生，可谓无私无畏，勤劳始终，苦多乐少，从无抱怨，默默地尽责尽力，为儿孙们提供了足够伟大而深沉的爱。

祖母的爱传承于我的父辈，他们相互扶持，勤勉努力，克己济贫，对生活富有热情，闲暇时都会吹拉一两种乐器。他们兄弟姐妹间关系相处极好，我的姑姑在"文革"期间没有收入，父亲和叔叔两人按月接济，直到姑姑被平反。20世纪50年代，我的姨姨全家生活一度陷入困境，一段时间也是由我父母月月补贴才得以缓解，至今姨姨还时时提起，舅舅读书的学费也由父母资助。对湖南老家较为困难的亲戚和朋友，父亲和叔叔也常常伸出援助之手，甚至对有的人毕生在帮助。父亲去世后，我在整理他的遗物时发现了一个小硬壳本，上面密密麻麻地写了很多人名和地址，后面标着资助他们的金额。父亲做人正直，讲原则，守信用，待人宽厚、善良，施恩不求回报，做事求实、认真、负责，常要求我们做一件事尽可能尽责尽力。例如，他强调我们做事一定要有头有尾，不能虎头蛇尾；约好的时间一定要先去，宁可自己等人，不可让人等自己；得到别人的帮助和好处要尽力相报，不可亏于人；不准随意问人借钱，可买可不买的东西坚决不买，如不得已而为之，一定要第一时间将钱还上，并要道谢；对人要有善心爱心，对有困难的人要尽力相帮，尤其是举手之劳不可放过；对家里的长辈要重生不重死，一定要有孝敬之心，让他们在生前活得舒心愉快等。父亲对家庭关心负责，尊老爱幼，特别是对我外婆嘘寒问暖，交流思想，关怀备至，为我们做出了孝敬之榜样，外婆在临终时再三嘱咐身后定要父亲为她写悼词。

父亲身体一直不好，有许多慢性病，在中学时代就得了冠心病并伴随他一生。我从小就看惯了他经常发病又抗过去，多数时间他下班回家后都十分疲弱，因为他学生物，一般自己调节病情，久而久之，全家人都对此习以为常，觉得他懂我们不懂，致使他心血管病突发而去世，这让我们十分愧疚，遗憾对他关心不够。今天慢慢回忆起他的许多所作所为，越来越觉得父亲是一个对我们爱护有加、关心无微不至的人。我们小的时候，他既要照顾我们的生活，又有许多工作上的事情要做。年轻时，他的脾气性情极好，极度有耐心，每天中午都是他给我们讲故事来哄我们入睡，周末让我们排着队一个个剪指甲，由母亲帮我们洗干净手，再在我们的口袋里装满零食，然后带着我们去五泉山、雁滩公园或白塔山，有时还带着我们去看电影、逛书店。物资匮乏年代，肉食短缺，他带领我们养了很多兔子，用竹片和木条钉成兔笼，最多时竟达到六只。我们天天都要去拔青草，那时兰大校园里包括操场周围到处都长满了青草。他按我们每个人的年龄买了相应的劳动工具，带着我们去劳动，记得那时我家的胡萝卜、向

日葵和麦苗长势都胜过很多人家，我们十分自豪。他对我们的教育也体现了一定的规划性，如幼儿园阶段为我们订阅幼儿读物，小学低年级阶段订阅《儿童时代》《中国少年报》，之后是《少年文艺》《十万个为什么》以及各种文字性读物等，随着我们长大再选择一些大部头书籍，让我们养成爱读书的习惯，我们也常会因为抢夺新书的最先阅读权而产生争执。记得父母上班后让我管带两个弟弟，因为他们年龄小认字还不多，我常会让他们搬着小凳靠墙坐着，为他们阅读一些有趣的故事，记得最清楚的是读《西游记》和《神秘岛》。

父亲多以讲道理的方式来纠正我们的错误，不伤我们的自尊但也不留情面，一旦我们某个人被留下来谈话，就是我们最紧张的时刻。他退休后子孙满堂，为了让大家心念亲情、和睦相处，他要求大家每周相聚，而他自己从周五就开始采购，忙碌两天，到周日为我们做上满桌丰盛的饭菜。从他退休到去世，将近二十年的时间每周六的家庭聚会几乎从未中断过。现在想起来，我们那时真是不太懂事，大家携儿带女在房间热闹玩耍，只有父亲在厨房里独自忙碌着，待我们酒足饭饱离去之后，他和母亲要吃很多天的剩饭。父亲对我们的爱可谓点点滴滴，爱而不溺，深沉难忘。他是一位慈严共具的人，是我们从心里深感敬重的人。

母亲同父亲的性格截然不同，她属于急性子，家里家外无时无刻不在忙。小时候每个周末的清晨，我都是在她搓洗衣物的"嚓嚓"声中醒来的。记得当年每隔一段时间她就要把家里的家具变换一个花样，桌柜床椅

家庭聚会

拉来拉去还不要人帮忙，干劲儿颇大。如从心理学角度讲，居室摆设风格经常变换，能一定程度刺激孩子的大脑细胞，使他们产生兴奋和好奇感，进而产生出一定思考，哪怕是幼稚的。而喜欢这种变换的成人其性格也更为开朗活泼、阳光向上，喜欢跟人交往且被人接纳喜欢，我觉得母亲就属于这种人。母亲年轻时可能由于家里家外太忙，同我们的交流不多，沟通相对较少，教育我们缺少一定耐心，有时不太注重方式方法，尤其见不得我们做事不认真或拖拉。很多时候，我们做事已经很努力了，也很难达到她的要求，更不要说表扬了。对我们的过失进行指责往往是突如其来的，以致有时我们受到处罚还不知道自己错在哪里，之后才得以知晓，这一点很符合她雷厉风行的作风。我们常会感到委屈，但无疑在进步，不得不说，母亲对我们的管教是严格的。她的一生充满了艰辛，也经历过磨难，好在她是一个乐天派，从不会被生活的不顺所干扰，更不会被压垮。有人说，人的性格发展具有两极性，即年轻时和年老时很不一样，这在母亲身上体现得很充分。如今的她脾气极好，柔软温和，性子也变得更加从容，与年轻时截然不同。她已经九十多岁了，每天坚持清晨五点起床，除了必有的锻炼活动外，还坚持天天拖地、上网、看iPad、看电视、捧书研学她感兴趣的东西，还时不时地关心孙辈的发展和教育，精力颇为旺盛，不减当年。

我们在成长的过程中受父母影响，多少具有他们的秉性，也学会了许多东西。我记得我不到八岁时就要站在小凳子上刷锅洗碗，每当包饺子时我还要站在旁边学（那时肉食限量，饺子难以常吃），洗衣、做饭、擀面条、蒸馒头我很早就学会了。家里有一个很大的铁皮工具箱，男孩子的东西坏了都是自己修。那时哥哥弟弟自己做的麻猴（一种玩具）、弹弓枪、冰车等，很多都超出了同龄孩子的水平。父亲最常说的一句话是"遇事靠自己"，母亲也常说"不要总是想着找别人，自己学"。其中更多的是长辈们的行动示教，诸多例子。父母没有让我们成为生活的弱者，我们多少也继承了他们做事钻研负责、不怕苦累的精神。哥哥刘庆中便是一个典型的例子。他在甘肃河西农建师时，一次放骆驼遇上戈壁风暴，沙丘随风暴移动，骆驼顺风而行，最终迷失方向。驻地派人寻找未果，认为他已失踪牺牲了。他在饥饿干渴中漂泊了好几天，已奄奄一息，终以责任和毅力找到了驻地，保住了集体财产，被部队评为"一心为公、不怕牺牲的五好战士"，受到嘉奖，当时他才十五六岁。回城后，他在铁道部西北研究所工作。由于勤奋好学，极具钻研精神，为单位解决了许多跨专业的难题，单位认为他是多面人才，无论大事小情都派他去。他在肝病已非常严重的情况下，还揣着药包，连续三次带领铁道部工作人员奔赴海拔五千多米的青藏高原风火山参加现场工作，脏活累活带头干。每当病情发作时，他就紧顶患处强忍疼痛，不声张不叫苦地坚持着，终因身体极度透支、体能过度消耗倒在了岗位上，将自己生命的最后一束光华毫无保留地奉献给了他所热爱的科研事业，逝世时年仅三十九岁。他的去世让单位震惊，因为大家都觉得他是一个不可能倒下去的人，西北所为他举行了有史以来规格最高、规模最大的追悼会，国家铁道部也派专人来吊唁。追悼会上对他的评价是"严于律己，宽以待人，尊老爱幼，作风谦和；勤奋工作，恪尽职守，任劳任怨，无私无畏"，说他"谁都对得起，唯独对不起他自己"，说他"是被活活累死的""不愧为焦裕禄式的好干部"等。今天以生命宝贵、生命至上的认识，已经不提倡这种不要命的工作态度了，可是我们这代人受到的毕竟是我们前辈所给予我们的教育方式和内容，感叹也好，称赞也好，悲伤也好，痛心也罢，换一个角度而言，它为我们建立健康正确的人生观无疑是有益的。

回顾同父母一起生活的岁月，越发感受到家庭教育对个人影响的重要性。今天，我们大都已过了耳顺之年，接近或进入了从心所欲而不逾矩的状态，由此结合自身的人生经历再来回顾父母的经历，回顾我们曾经所受到的教育，回顾我们快乐的童年，感受和认识就更加地深刻。我们不否认父母对我们的教育可能会有偏颇之处，因为他们也是从年轻时过来，也需要在生活中不断地学习和磨炼，也要有一个走向成熟的过程。今天的回忆和叙述，似乎让我们进入了一个对自己人生进行清理、反省和反思的状态，更加明确了什么才是正确的人生观，进一步体悟到父母给我们留下的值得珍惜的东西实在是太多太多。如今我的母亲还健在，已进入高龄，很多方面还能自理，但已有诸多不便。尽管她比较好强，不希望我们天天去，可我们做儿女的不放心，仍保证每天都有人过去看看，除了帮她解决些许生活问题外，主要是陪她说说话、走走路，在可能的情况下再带她旅旅游，尽量不让她孤独，因为老年人更需要精神上的慰藉，更需要亲人的陪伴。正是父母给了我们生命，哺育我们成长，在这里我当以最崇敬的心情和深深的怀念追忆已逝的亲人，祝愿他们在天堂里安好。对仍然健在的亲人，由衷地祝愿他们能够健康长寿，永远快乐。

2020年11月16日完稿

作者简介

刘庆苏，1955年生于兰州市萃英门。先后毕业于兰州大学汉语言文学专业和中国艺术研究院音乐学专业，甘肃省文化艺术研究所编辑、研究馆员。

寸草难报三春晖
——怀念母亲杨素宜

陈　胜

母亲杨素宜（1923—1993），出生于甘肃天水县（今天水市）。1930年随父母到南京读书，1935年外祖父病逝后母亲被送往晓庄蒙藏学校读书。1941年至1945年就读于四川璧山国立社会教育学院图书博物馆学专业，1949年8月受聘于兰州大学图书馆，任编目组组长。1983年在兰大退休。1993年8月因车祸逝世，享年七十岁。

母亲

我的母亲杨素宜，1923年2月出生，甘肃省天水人。1928年，外公应国民政府监察院院长于右任先生的邀约赴南京任职。1930年，外婆带母亲去南京与外公一起生活。天不假年，因积劳成疾，外公于1935年去世，在于右任的帮助下葬于南京黄栗墅。外公去世后，外婆在于右任、邓宝珊等西北乡党的关照下，到审计院工作，母亲被送到晓庄蒙藏学校读书。"七七事变"后，母亲和舅舅被送回天水，在西迁的国立五中读书。1941年，母亲被保送到四川璧山国立社会教育学院读书，攻读图书博物馆学专业，师从汪长炳、徐家麟、岳良木诸先生。母亲于1945年毕业，成为中国图书馆专业第一批本科生之一（共十九人）。在大学期间，母亲通过西北同乡会邂逅在中央大学文学院读书的父亲陈守礼，二人互慕生情。抗战胜利后，父母在兰州成婚后赴南京，父亲在教育部任编辑，母亲在监察院工作。1946年8月，父母的第一个孩子在南京出生。回陇后，母亲在兰州女师教书。1949年8月兰州解放后，母亲受聘于兰州大学图书馆，任编目组组长，工资每月以小米发放。住房分配在第三宿舍两间北房。从此，母亲的后半生就在兰大扎了根，我们随着母亲搬进了萃英门。

在萃英门的日子是母亲和我们最快乐的时光。春天可以到邓家花园赏花，看望邓伯伯。农历四月初八坐上马车逛五泉山，享受八卦亭的宁静，迷恋旱柳的飞花，渴了喝一口瀑布泉眼的琼液，饥了端一碗酿皮、凉粉或者吃上一个晶糕、粽子。夏天坐上羊皮筏子冲浪，到滩尖子看大河奔流或是到田畦间捕捉昆虫。秋天是丰收的季节，兰州是有名的瓜果城，红红的苹果、晶莹的葡萄、甜蜜的白兰瓜，还有秋桃、沙果、西瓜、醉瓜、哈密瓜等数不清的佳果，享不尽的口福。冬天到亚洲电影院看一场电影，然后吃一片烧鸡，喝一碗热冬果，心里暖暖的。那时兰大职工的业余生活十分丰富，昆仑堂的晚会、电影，至公堂的灯谜、舞会，大操场的运动会，静观园的冰场。最令人开心的是每年春假，学校安排几辆卡车去榆中兴隆山。走过古朴的卧桥，爬上太白泉，细听松涛，或是不畏艰险，登上通天柱，浏览峡谷风光。年幼的孩子们在小溪边戏水、采蘑菇，大人们则在躺椅上享受着春日的暖阳。

萃英门也是孩子们娱乐的天堂。春天可以采桑叶，喂养蚕宝宝，也可以摘榆钱、采槐花做困饭用。清明前后我们糊风筝、放飞鸢。"六一"儿童节我们唱歌跳舞，欢庆自己的节日。夏天，胆大的孩子钻过城墙，到黄河岸戏水、捞西瓜；老实的孩子则在操场上滚铁环、踢毽子、跳皮筋、丢沙包。秋天是丰收的季节，我们到静观园去偷摘成熟的冬果和红枣。平时，大家在操场上踢毽子、弹玻璃球，傍晚在石桥上踢罐头、捉迷藏，或是到曹国安家听曹伯伯讲七侠五义的故事。冬天，我们在雪地里支起筛子，撒点麦子，等候着麻雀的光临，或是背上冰鞋去静观园溜冰。过年了，我们燃起烟花爆竹。下雪了，天上白了，地上白了，我们唱着歌儿上学去。萃英门的童趣让我们难以忘怀，萃英门的时光让我们眷恋热爱。今天看来，那时围在城墙里的孩子是幸运的，我们受着父母的荫庇，接受良好的教育，过着比城墙外面孩子幸福的童年生活。

1957年下半年母亲被划入右派分子，在馆内接受劳动改造。1958年大炼钢铁，母亲去徽县背矿石，扭伤了脚踝，走路一瘸一拐的，后被送回兰州。幸得水北门老中医郭均甫给予治疗得以痊愈。经济困难时期吃食堂，粮食定量还要节约，母亲买来酱油膏冲水让我们充饥。为了克服困难，父母带我们开荒，在化工楼后面的一片荒地上种上了小麦、洋芋、向日葵，家里还养了兔子。秋收的时候硕果累累，让我们度过了饥荒。"文革"中，母亲被送到榆中劳动改造，接受贫下中农再教育。打倒"四人帮"后，母亲被摘掉了右派帽子。我上了电大，妹妹考上了大学，弟弟也被调回市区工作，父母脸上露出了久违的笑容。1983年，母亲光荣退休，父亲陪母亲重游江南，走遍了南京、扬州、无锡、苏州、杭州等名胜之地，享受夕阳红的晚霞。回兰后，在家操持家务，相夫教孙。那时，我和弟弟的三个孩子相继在兰大附中读书，在母亲的教育和照顾下，他们都考上了大学，开始了新的生活。同时，母亲还协助父亲完成了《甘肃省志·政权志》的撰稿和《陇西县志》的编纂工作，以及《甘肃郡县考略》《甘肃政区备志》等的研究工作。1987年，父母和舅舅、舅母去南京给外公立碑祭奠后，游历了南京、北京，而后到承德看望了大姑和姑夫，游览了避暑山庄及外八庙，这是两位老人家的最后一次出行。回兰后，父亲久病不起，母亲精心照顾。1991年3月父亲去世后，母亲呕心沥血完成了父亲的遗著《栗荆诗文选》的编校工作。1992年春节，妹妹和妹夫为了让母亲散心，带她到广州、深圳过节，让她感受到了改革开放的气息。翌年夏天，母亲带小卉去新疆旅游，游完天山天池后，遭遇车祸，竟成永诀，让我们痛不欲生、悲伤不已。母亲刚开始舒心的生活就离我们远去，没有母亲就没有了家，我们成了飘浮的游子，令人唏嘘痛惜。

母亲的一生是辛苦的一生。母亲为家庭的付出是无私的。她孝敬公婆，关爱家人，在极其艰难的情况下把我们培养成人。母恩难忘，但是我们为她做得却很少，羞愧万分。今天我们怀念她、追思她，也许她还在受苦，也许她已进入天堂，也许没有也许……

2020年5月15日于嘉兴枫华园

作者简介

陈胜，1946年8月出生于江苏南京，祖籍甘肃陇西。幼年就读于兰大附小、附中。1965年高中毕业后先后在省阶级教育展览馆和抗大展览馆工作，1968年下放省红旗山"五七干校"劳动，1969年分配到兰州平板玻璃厂工作，历任工人、保管员、小学教员。1979年就读于甘肃电大，毕业后分配到九机护建办，任秘书、技术员、办公室副主任。1986年任九机分厂副厂长，1987年任厂办公室主任，1994年任厂长助理，1997年后任经销公司经理、清欠办公室主任。2002年退休，现居住于浙江嘉兴。

缅怀父亲何志超

何新民

父亲何志超（1925—1976），1925年出生于甘肃会宁县。小学在当地柴家门乡私塾学习，初中在会宁县中学就读，高中就读于西北师院附中。1946年考入国立兰州大学地理系，1950年毕业留校任教，1956年职称评定为高级讲师。曾任地质地理系副系主任多年，主管教学。1962年任中国地质学会甘肃分会第一届理事会副理事长，后接任理事长。1976年因病去世。

父亲

我的父亲何志超，1925年二月初十生，甘肃会宁县柴家门乡二十里铺村人士。二十里铺村离县城二十华里，分上、下两部分，上部以姚姓人家为主，下部以何姓人家为主，中间有个山嘴，自然隔出来两个山弯。下部山弯全是何家，有几户临宽谷细流的祖厉河畔，所以当地人也叫何家崖边，其实是会宁县通往靖远县的一条谷地，中间是川，两边是山。何家崖边傍依的山叫紫微山，名字很好听，"祖厉河畔，紫微山下"是故乡。有山有水好风光，但祖厉河水是咸水，人不能喝，只能饮羊、牛、马等牲口，人喝的是窖水，也就是下雨集聚在窖里的水。只是在冬天，家家都去祖厉河背冰存入窖中，冰化成水后是淡水，一点也不咸。记得我小时候，祖厉河很宽阔，有的地方蹚不过去，而现在都快干涸了，冬天再也取不了冰了。父亲排行老二，自幼天资聪颖，勤奋好学，在县中学小有名气。爷爷见状心里非常高兴，虽然爷爷没有文化，家境也不富裕，但思想还是超前，一门心思地让父亲读书，他认为读书人受乡里人尊重，能说会写就是本事。那时重男轻女，爷爷只想让儿子读书，女儿就免了。1946年，父亲以前三甲的成绩考入兰州大学，就读地理系。据母亲讲，会宁县重视教育，县政府还敲锣打鼓地把喜报送到家中。1950年，父亲毕业留校任教，是兰大更名后的第一届毕业生之一。

我家是1952年搬入萃英门兰大第一宿舍的，入住大院东边两间平房。我记得旁边靠一窄道的厨房，厨房里有大水缸，每天清晨卖水的老王会给缸里倒满水。还记得那时两岁多的我惦记着给水票，其他事情的印象都模糊了，只有曹觉民先生送的童话故事书《避风珠》还知其名，内容已不详，童话的力量不可小觑，让几岁的我记到了老。1956年，我们搬到了第五宿舍。这是个大院，住了好多人家，我家住在最里面，门和窗都是小木格子样式，屋顶挺高，像庙一样。1958年，我们搬到盘旋路新校区6号楼，当时楼的四周野草丛生，坟堆遍地，晚上能听到狐狸的叫声。

父亲从事地质地理的教学和科研工作，教学工作中一个重要的环节就是每年的野外实习。父亲每年暑假都带领学生去野外实习，一去就是一个多月，加之他每天大都早出晚归在系里工作，我们与父亲见少离多。1958年夏，受中国科学院高山冰雪利用研究队队长施雅风先生的邀请，父亲和李吉均先生带领1955级刚结束生产实习的自然地理专业十七名学生，参加了祁连山现代冰川考察队。1958年7月1日，没有受过专业训练的考察队员不畏艰险，面对5145米的冰峰，勇敢攀登，几经努力终于登顶。该冰川后以发现日期命名，即为著名的七一冰川。七一冰川位河西走廊镜铁山柳沟泉地区，七一冰川所在的谷地也被命名为七一谷。在七一谷中，考察队对冰川做了大量全方位的科考工作，如测量冰川的大小，冰舌、粒雪盆地的情况，冰川的消融，冰蚀冰积地貌等。

父亲每天属于自己的时间就是晚上。挑灯夜战是当时知识分子的工作常态，人人都有好多书要读，有繁重的教学任务要承担，有大量的科研工作要做……时间有限，任务繁重，能挤出来的时间就是晚上。经常的状态

攀爬雪山（倒数第四位为父亲）

是晚上我们起夜时父亲房间的灯还亮着，已是后半夜了，门缝里常见到父亲伏案的身影或伸个懒腰走动一下。父亲热爱自己的专业，勤奋好学，笔耕不辍。每次出野外实习回来，父亲都带回一摞厚厚的笔记和资料需要整理，笔记中图文并茂，记录详尽，这是他撰写论文、著书立说的宝贵资料。

50年代初，全国上下都在学习苏联，连外语都是以俄语为主。地质地理属于自然科学，人家比我们强，取他人之长补己之短理所应当。父亲的俄语、英语水平都不错，阅读、书写、翻译都行，经常看到他的书里夹着写满外文的小卡片，笔记本上有大段的外文记录。我最后见到父亲翻译论文依据的资料是他与地理系菅玉芬老师合作的《洋底扩散、板块俯冲和板块成矿作用》一文。那是1974年，当时父亲给工农兵学员上课，时间较多。父亲很投入，几乎废寝忘食，每天花大量的时间在翻译工作上。父亲说那是当时最新的理论。论文由兰大训练部科技情报室印制，作为兄弟院校交流的资料。当时正值"文革"时期，父亲还想着自己的专业和一亩三分地，并且还有了收获，真是难能可贵。

闲暇时，父亲喜欢下象棋，不着迷，有分寸，但棋艺不精。父亲常和兰大图书馆的杨友荣老师一起下棋，两人棋逢对手，棋艺不分高下，所以惺惺相惜，成为长久的棋友。一般是晚饭后杨老师来我家，博弈开始，没有高声喧哗，时而窃窃私语、嘻嘻哈哈，有时伴着悔棋的争执。水平一般，棋艺一般，追求个心情极好。一般是晚十点而归，但"杀"到高兴时，哪管它几点。听父亲说过，他在学生时代喜欢打篮球，技术还不错，留校以后再没打过，不知是工作忙的原因，还是师道尊严的原因。

父亲每次实习回来我们都围上去，让他抱一抱、摸摸头，用胡子扎一下脸，再拔个"萝卜"，我们高兴得手舞足蹈，跟前跟后地缠着父亲。父亲很会讲故事，经常把他所见所闻、奇闻逸事讲给我们听。比如："黄羊跑得比狼快多了，狼追不上黄羊，狼要吃到黄羊只有凌晨发起攻击。这时，每只黄羊都憋着一泡尿，两后腿间的尿脬像气球一样，所以它们跑不快，狼拼命追能追上黄羊并吃掉它们。"我想对啊！我尿裤子的时候，两腿绷直，走不动路，更别说跑了。

"……河西的地名就是这样，当地人见到什么多就叫什么。用动物命名的有黄羊镇、野牛沟、野驴坡、兔窝子；用植物命名的有红柳园、芦花村、梭梭谷、杨树庄；按地形叫的有塬上头、坡底下、北沙窝、海子东等。"听完后，姐姐突然大喊一声"兔窝子"，"咯咯咯"，我们捧腹大笑。我想了想喊道"野牛沟"，"咯咯咯"，我们笑得前仰后合。父亲微笑着说："笑傻了。"

"这堆石头怎么颜色发青，是什么石头？"我问。"化石，海底化石。"父亲答道。"怎么在山上挖的。"我继续问。"原先是海，后来变成山了。""哪个山？""秦岭。"最后我终于认识了两个化石："石燕"，就是冬天我们抹手的蚌壳油的蚌壳；"三叶虫"，挺吓人的，一下就记住了，人就是它变的。我问了许多，父亲一一回答。

"这是什么毛，又长又漂亮。""孔雀尾巴上的毛。""这毛多吗？""多。还能开屏呢。""是你们拔下来的吗？""不是，是昆明市场上买的。""买的就好，可别拔！"都是些琐碎生活小事，不登大雅之堂，可住萃英门时期孩提时的我就记住了这些，故事里包含着沟通、交流和爱。

在1956年职称评定中，父亲被聘为高级讲师。父亲于1976年去世，再没有机会参加下一届职称评定了。父亲曾担任地质地理系副系主任多年，主管教学；1962年任中国地质学会甘肃省分会第一届理事会副理事长，后接任理事长。父亲很少跟我们谈起他工作方面的事情，许多事都是事后好长时间我们才知道的。

父亲是个做学问的人，论文数量多、质量好，发表的部分论文有《对中国自然地理的分区问题的意见》（《科学通报》1954年第8期，与冯绳武、王景尊合作），《天山地槽和祁连山地槽的界线问题》（《地质知识》1956年第10期），《玉门东灌区自然地理概况》和《武威的地形和水系》（《地理学资料》1958年第2期），《甘肃大地构造特点的初步研究》〔《兰州大学学报》（自然科学版）1962年第1期〕，《陇南徽成盆地北缘至天水间地质》〔《兰州大学学报》（自然科学版）1963年第1期〕，《秦岭的几个地质问题》〔《兰州大学学报》（自然科学版）1964年第1期〕。他还是《甘肃地理》一书的主要撰稿人之一，其中《从构造力及其起源说的观点分析谈大地构造学的研究方向》作为优秀论文被收入1965年《中国地质学会第一届构造地质学术会议论文汇编》，为学校和个人争得荣誉。

1971年，父亲和沈光隆老师一起去北京半年时间，参加国务院组织的新版中华人民共和国地图和地质图的编辑工作。

板块构造学是20世纪60年代后期地球科学中的一次革命，最主要的论点是洋底扩散和板块俯冲。前面提及的1974年父亲与菅玉芬老师合作的论文《洋底扩散、板块俯冲和板块成矿作用》，其亮点就是对这个问题的尝试与探索。论文的主要内容就是基于海洋地质资料提出的板块构造说，探讨如何将其运用到大陆上来和我国的实际情况结合，用板块构造说的观点分析大陆区的地质现象，但仅是一个尝试，还不成熟。

从板块学说的产生到1974年只有五六年时间，国内外已有人将海洋板块学说理论运用到分析大陆板块上，父亲受其启发进行探索，论文的每一章节都与我国的地质情况相结合，也算是先行者之一。

引大入秦灌溉工程是甘肃省重要的引水工程，根据甘计农〔1976〕007号文件精神，上级部门要求抽调兰大地质地理系1975级地质专业学员四十人、干部教师八人，配合省水电局勘测设计院一总队，从1976年6月15日至9月底，负责引大入秦总干渠下段勘测工作。父亲6月份带领学生出发，整天跟着学生跋山涉水，亲临一线，有时手把手地教，不对的图表重新勘测改过，走过的路重新走一遍，父亲感到特别累，紧赶慢赶完成勘测任务后于9月30日返回。10月4日中午，父亲整理好引大入秦的相关资料，下午上班前去厨房洗手，突然眩晕后后仰摔倒，造成颅骨损伤离我们而去，年仅五十岁。

野外实习（第二排右一为父亲）

父亲是个好老师，忠诚党的教育事业，一门心思扑在教学上，锲而不舍，危难时期还想着学生的实习报告。父亲怎么那么执着，我想不通也做不到，但很佩服。

他的学生秦大河（中国科学院院士）是这样回忆的：我们系一年级，开设的全是基础课，有自然地理、普通地质、普通物理、普通化学、高等数学和外语等几门课。第一学期结束后，按照惯例要到野外进行地质考察实习。这次实习是何志超先生带我们去的，地点在窑街煤矿。我非常珍惜这次学习机会，认真地进行考察分析，在何先生的指导下，认真地撰写了一篇实习报告。实习回来，"文化大革命"的风暴已经袭来了。……谁都不敢谈学习专业课，教师更是人人自危。我把这份报告写完后，就悄悄地收起了，再也没敢拿给别人看。没想到，被批斗了好长一阵子的何志超先生，有一次悄悄地找到我，将那份报告要了去，给我逐字逐句地进行了审阅，在结尾处又工工整整地批了个"优"字。后来，何先生又画掉"优"，改了个"合格"。原因是按学校规定，实习报告只分"合格"与"不合格"两个等级。何先生的批语是："条理清楚，有初步分析问题的能力。"何先生在那样一种严峻的形势下，还关心着他的学生的成长，这表现了一个知识分子多么高贵的情操！这份报告，我一直作为珍贵的纪念品保存到今天。

快乐无忧的孩提生活是父辈给我们的福祉，萃英门是我们丰富多彩回忆的宝库：洒满阳光的亭院，能跳方格、弹蛋子；宽敞的房间，让我们高枕无忧；天山堂、至公堂的宏伟，像金碧辉煌的大殿；工会前的石桥，如放大后的金水桥一般；园门曲径通往我们的学堂，静观园绽放的梨花是我们收获的遐想；"六一"的歌声、花边的连衣裙、背带的短裤是儿童的风采。还有五泉山、兴隆山、白塔山是踏青的场地，篮球场、足球场、单双杠强健体魄，踢罐头、打沙包、扇洋画片展示着我们的机灵，忠实、诚信、勇敢是信念……"断片"的童年回忆总是那样美好。

2020年6月

作者简介

何新民，1950年3月生。1966级初三毕业，1968年分配到农建十一师，1977年考入西北师范大学地理系。1982年到兰州一中任教，高级教师，2010年退休。

我的父亲母亲

朱 旭

父亲朱杰（1925—2003），1951年9月毕业于重庆大学经济系，分配到兰州大学经济系任教。1952年到中国人民大学进修两年后返校，主要讲授统计学。

父母金婚合影

母亲郑永秀（1924—2006），1945年重庆师范学校毕业后，一直从事小学教育工作。1953年2月调到兰大工作，任兰大附小校长。

父亲一生爱好不多，年轻时喜爱体育。不善言辞，但话匣子打开就收不住了。他一生中主要精力都扑在了事业上。写讲稿、论文，授课，辅导。出版过两本统计学方面专著。

1979年，中国统计学会成立大会暨第一次全国科学讨论会在杭州召开，父亲参加了此次会议，并荣幸地被选为理事之一。1983年11月，父亲参加了在昆明召开的全国统计科学讨论会。那几年他常参加会议，经常在外活动。与此同时，他也没忘记培养年轻一代接班人，1978年招收两名硕士研究生。

父亲从1974年开始连续多年奋战在讲台上，他几乎给每年进校的文史类新生都讲过统计学原理，他讲课特别敬业、卖力，晚上还常去教室辅导学生。

改革开放后，因形势的需求，他还常去工厂授课，如天水红山试验机械厂、兰州通用机械厂、甘肃电视机厂、兰州手扶拖拉机厂等，整天忙得不可开交。每天晚上他还要写讲稿，直到深夜才睡觉，加上他还有爱吃甜点心的习惯，最后身体透支了。1985年时他就患上了糖尿病，受病魔折磨十八年后，于2003年8月不幸离开了人世。时任兰大党委书记陈德文参加了父亲的追悼会，高度肯定和赞扬了父亲为兰大做出的贡献。

母亲人品很好，正直稳重，讲话不慌不忙，让人心服口服。母亲对工作十分敬业，任劳任怨，默默奉献。1960年8月，兰大附小由萃英门搬到盘旋路，由于初建成，许多事需要母亲去做，还要去附近的学校参观、学习和交流。

母亲对我们的教育也很严厉，对不良习气从不迁就。家里的大事均是母亲一手操办的。1973年为了我能上大学，她找到厂领导"舌战群儒"，最后成功；1977年，我的兄弟在兰炼受了工伤（一只眼睛受伤），她坚决要送北京301医院治疗，跑前跑后，腿都软了，当时已五十三岁的母亲一人陪着我兄弟在301医院待了二十天。多么伟大的母爱！母亲在兰大工作这么多年，人缘很好，受到很多兰大人的夸赞。她麻将也打得很好，记得还参加过职工麻将比赛。

母亲于2006年10月因病不幸离世，我为有这样一位母亲而感自豪。

小时候，我们对至公堂及其东面的观成堂最感兴趣。每年高考那天，至公堂静悄悄的，没人敢在它周边喧哗，感觉很神圣，而每场考试快结束时，卖凉面、灰豆子、醪糟、水果的小贩就会将担子摆在观成堂前面，好诱惑人啊!

观成堂是兰大工会俱乐部,每年元旦和正月十五,都会举办灯谜活动。在萃英门生活时期,我最喜欢的就是猜灯谜活动。记得兰大马列主义教研室的蔡寅老师曾出过一个哑谜:房梁上吊下一根系了疙瘩的粗绳,地面上画了个大圆圈,中间放了把椅子,旁贴一纸条曰"此谜不许男士猜"。只见一女士进入圆圈在椅子上坐了一下,然后起来,将头顶上的疙瘩解开,就猜对了,谜底为戏曲《苏三起解》。

兰大搬至盘旋路后,几乎每年的元旦、正月十五都在食堂二楼举办猜灯谜活动,主要是蔡寅、柯杨老师出灯谜。

灯谜既是一种民俗文娱活动形式,也是国粹之一。谜作与制谜者的性格、品德多有关联,性格庄重者制谜严谨,性格随和者制谜诙谐,性格骄傲者谜味恣肆,性格谦虚者谜味恬淡。

20世纪50年代初,兰大在萃英门西北修建了昆仑堂,在这里除了排练、演出话剧、戏剧、文艺节目外,元旦还举办灯谜晚会,后来才将这项活动移至观成堂。看来,灯谜与萃英门的关系源远流长,谁也离不开谁,但愿能一直延续下去……最后献上一首小诗:

制谜何如猜谜难,蹙眉搔首呕心肝。

灵犀一点通玄化,更觉国粹天地宽。

2020年10月27日于兰州

作者简介

朱旭,1949年3月出生,四川岳池县人。1969年4月兰大附中高中毕业后分配到甘肃省轮胎厂当工人,1973年至1976年在山东化工学院上大学,毕业后仍回到原厂,任副总工程师。2004年4月退休。

父母是儿女心中搬不去的顽石
——忆我的父母彭周人、张敬文

彭 峰

父亲彭周人（1927—2001），河南省罗山县人。1948年考入兰州大学化学系，1952年毕业留校，1953年10月至1955年8月在吉林大学唐敖庆教授量子化学研究生班进修学习，后一直在兰州大学从事教学、科研及管理工作，历任助教、讲师、副教授，1986年晋升教授，1992年享受国务院政府特殊津贴。1980年加入中国共产党。在兰大化学系，前后主讲12门课程，其中11门为化学系首开新课；量子化学学术带头人，在国内外刊物发表学术论文80余篇，培养研究生及青年教师23人，获省部级以上科技奖励6次，为化学系及物理化学学科的发展及教师梯队建设尽心尽力。1980年至1984年任兰州大学科研处首任处长，为兰大科研管理、

父亲

学科及学位点建设和研究生教育建章立制。先后担任物理化学教研室主任、化学系学术委员会委员、兰州大学学术委员会委员及校务委员等职。曾任中国化学会甘肃分会常务理事、中国化学会计算机委员会委员、《分子科学学报》（英文版）编委、《分子科学与化学研究》编委、《物理化学学报》编委、教育部高等学校理科化学教材编写委员会委员、高校《物质结构》教

材编委。多次被评为校先进工作者，出席全国科协第二次代表大会，出席建国十周年天安门国庆典礼。1994年6月退休。2001年4月18日逝世。

母亲张敬文（1927—2019），河南罗山县人。1948年7月考入上海大夏大学教育心理学系，1949年3月离校奔赴解放区参加革命，1949年6月至1950年10月在武汉中原大学政治学院、财经学院学习，并调干担任政治辅导员。1950年10月至1953年1月任中南区总工会纺织工会秘书，1953年1月至1960年2月任兰州大学医学院护士学校政治教员，1963年2月至1969年12月在省卫生厅做秘书工作，1969年12月至1970年11月在甘肃省张掖"五七干校"，1970年12月至1973年4月在沙井驿砖瓦厂子弟学校，1973年4月至1985年11月在兰州33中从事教学行政

母亲

工作到离休。2019年8月27日逝世，同年获得中华人民共和国成立70周年纪念章。育有彭长城、彭韬、彭峰、彭晖三子一女。

档案册

这是两本由大哥整理成册的写满了父母一生故事的档案册。

这一张一张无声的表格，表达着时光荏苒、岁月流转；这一份一份沉静的自述，诉说着时代变迁、岁月沧桑。我能够从这里面看到一点一滴的平凡，体会到一点一滴的非凡，它们在时间的链条上，让静止的档案具有了魅力，让生命变得鲜活，让我感受到无比震撼。

在我们成长过程中，填过各种各样的表格，写过或长或短的述职报告或自我总结和评价，其中有一些就进入了我们的档案。档案应该是个人经历的载体，如同古时的"结绳记事""刻木为契"一样为人生事件的记录。但是，作为单位人事管理的一个依据，明明是与个人密切相关，却变得只

能追忆不能见，生生蒙上一层朦胧面纱。

因时代的更迭，判断人生价值和生活方式的标准也随之改变，旧社会的一些功名利禄、富贵荣华也淡出了"标准"范围。为此，我们的父母几乎没有和子女们提及过旧家庭的状况和成长经历，即使在改革开放以后，也仅是蜻蜓点水般的只言片语，从不细说。可能是心有余悸，也可能认为过去的事没有什么值得夸耀的，我们知道的只是一点串不起来的模糊的信息。

然而，这些沉甸甸的原始资料，这些依旧散发着淡淡纸味墨香的文字，穿越数十年，真实地记录着父母亲曲折的生活轨迹，描述着他们丰富的心路历程，其荣辱升沉、成败得失尽在其中。了解父母生平，这些资料尽显珍贵，谁能说这档案不是父母给我们子女留下的最好的精神财富和重要的物质遗产呢？

考学与工作

1948年8月，对父母来说，想必是一个一生难忘的年份。

父母二人同年金榜题名，分别考入了私立上海震旦大学（1903年成立，1952年与复旦大学合并）和私立上海大夏大学（1924年成立，1951年与私立光华大学合并更名为华东师范大学）。他们如同一对冲出鸟笼的鸟，在蓝天自由飞翔。父母亲青梅竹马，由于年龄相当，在初中、高中阶

1947年，父母高中毕业照（前排右六为父亲，左三为母亲）

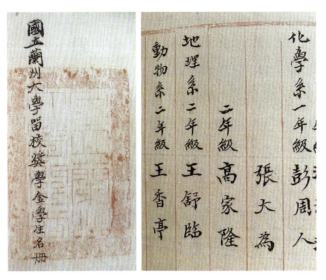

1948年，兰州大学留校奖学金部分获得者名单

段都有在同一个学校、同一个年级甚至是同一个班级学习的经历。父母亲的家庭都算是当地的大户人家，有一些姻亲的关系，相互之间也都会有些走动。在一次家宴上，父母双方家长在戏笑中指腹为亲。这算是门当户对的包办婚姻吧。

我的外祖父将田地看作立业之本，虽然生意做得不错，从家乡河南罗山做到了湖北武汉，但他更喜欢买田置地，田地一年比一年多，到后来的土改中被定为大恶霸地主。我的祖父，则想走一条从商之路，在外面经商，田地越卖越少，开米店、布店，入股办学，武汉是他生意的主场，一时间成为当地有名的乡绅财主。当地流行一个共识，母亲张家田多，父亲彭家钱多。实际上，在1939年抗战期间，曾祖父在汉口的铺面和加工厂被日军轰炸后便悲愤万千，一病不起，不久后在汉口病逝。祖父前往汉口办理曾祖父后事，并将所剩家业和生意转让，在兵荒马乱之中匆匆返乡，不幸遭遇散兵劫匪抢劫，现金、汇票等钱财悉数被洗劫。眼见曾祖父的辛勤积累葬送在自己手中，在极度悲伤和连惊带吓之下，他当即崩溃，回到家乡抑郁而亡。产业交到父亲这一辈的时候，彭家也就剩二三百亩田地了。对于农田耕作及做生意，父亲不热心亦无兴趣，唯对读书孜孜以求，"万般皆下品，唯有读书高"的孔孟之道深耕在他的脑海中，近乎固执。祖父去世以后，家庭的担子落在了我大伯的身上。家庭男丁不多，大伯希望重现往日辉煌，要求父亲学做生意，共同分担家中的事务，反对其继续读书，并以中断学习经费相逼，钱越寄越少，直至中断。当时，父亲的经济状况十分拮据，只有两个姐姐背地里给予少许接济，父亲在高中阶段就开始兼做小学教员，半工半读完成了自己的学业并考入大学。家道中落让他体会到了世态炎凉，然而这没有消磨他的意志，他始终被一个执着的信念所支配着，并义无反顾且坚定地走自己选择的道路。意志可以坚定，精神可以顽强，同时经费也必须解决，这也就是为什么父亲放弃了已经在读的上海震旦大学化学系，最终选择了提供全额奖学金的国立兰州大学化学系读书的直接原因（当年兰大化学系为两名同学提供了奖学金）。他没有愧对兰大对他的奖励，以优异的成绩毕业并留校任教，从此扎根兰州，为兰大贡献终身。

1953年，父母结婚照

　　母亲虽然考入上海私立大学大夏大学教育系，但就读时间不长便离开了学校。母亲高中时期已经受到革命思潮的影响，开始追寻革命理想，关注时局，关心时事，这和父亲一根筋地读书明显不同。在父亲离开上海去兰州读书后，母亲也中断学业离开了上海，来到武汉中南军政委员会报名参干，被分配到武汉中原大学（1948年7月由中共中原局创办，陈毅为筹委会主任，范文澜为第一任校长）。母亲边学习边工作，后又抽调到中南总工会纺织工会任首长秘书。当时新中国即将成立，百废待举，万象更新，这对于一个有能力的文化青年来说大有作为。母亲聪明睿智，勤奋努力，参加工作短短四年时间，行政级别已经达到了十八级，她的政治生涯一片光明。按说她已是一个冲破封建牢笼走向光明的进步青年女性，同一个思想保守、政治上无所追求的书生应该是格格不入的，再加上又有一个包办婚姻的封建遗留，我都认为他们的婚姻岌岌可危。显然，母亲对父亲情意绵绵，一往情深，让我为之感动。

由于自己心仪的对象——我父亲在兰州大学留校任教了，为追求这份爱情她放弃了那份前途光明的工作，宁可承受行政级别下调三级的待遇，毅然决然地来到了大西北兰州。她认为只要自己有能力在哪里都可以干好，更何况和自己的心上人在一起无坚不摧，可是接下来的事实却是无比沉痛。来到兰州后，母亲被分配到兰大医学院护校任教。1954年在母亲入党的政审调查中她的父亲被镇压的消息传来，入党被搁置，1960年"精兵简政"被退职回家。母亲被退职后十分郁闷，为抗争命运的不公她直接向卫生厅申诉，表述了退职的经过、退职前被评为单位先进个人的工作表现，以及自己渴望工作报效社会的心愿。在申诉报告结尾她写道："丢盔卸甲已两年，城乡巨变扣心弦，含屈忍冤非久计，逆水行舟也向前。"当时的省卫生厅某领导看了申诉材料后说："这样的人才我们不用可惜。"母亲随后被安排到厅办公室负责文案工作。虽然工作得以恢复，但是依然改变不了逆水行舟的境遇。"文革"期间，母亲被下放到张掖"五七干校"干农活，1970年底再分配到兰州沙井驿砖瓦厂，所幸当时的工厂子弟中学缺老师，她又干回了老师的行当，两年之后经过努力调回兰大附中任教直到退休。工作事业几经磨难，坎坎坷坷，母亲似乎一生都保持着革命的浪漫主义色彩，不怨天尤人，只是默默地坚持着与父亲一起度过了一道道的坎，命运的磨难让她一直保持着一份谦卑善良、乐观坚强。至少在我们孩子们面前没有表示出她精神上的脆弱。

父亲生病

在墨尔本唐人街上有一处华人寺庙。我抽了一支签交给了住持，住持解签不疼不痒，但其中一句"你应该回你来的地方去，否则亲人有难"一直在心里硌硬着我，压在我心头怎么都摊不开。1992年11月，父亲患脑出血让寺庙住持的解签成了事实，好在这次父亲患病医治得及时，很快就恢复了，母亲怕影响我在国外的学习、生活和创业而隐瞒了这件事，直到父亲再次犯病偏瘫失去了生活的能力，母亲才在信中告诉了我情况。我匆匆返回兰州。

"你爸爸现在的情况不好，很容易激动，这对他的身体恢复不利，他见到你一定会很激动，你要有心理准备，控制好自己的情绪。"妈妈这是让我不要被爸爸的情绪带着走了。

爸爸有几年没见我了，见到我后眼睛直呆呆地盯着，似乎在确认眼前的一个真实，接着放声大哭，用一些只有他自己才能懂得的语言和我诉说着。我心中翻江倒海，浑身战栗，如果不是妈妈事先有所叮嘱我真不知道会怎样。我强忍着夺眶而出的眼泪，上前紧紧地搂着爸爸，拍着他哽咽着说："好了，好了，爸爸，爸爸。"这时的我脑子一片空白，真的不知道应该怎么去安慰一个一生坚强、追求卓越的男人。

爸爸第一次中风是在六十二岁，第二次中风在六十四岁。正常来说这已经不是一个人在自己的事业中出成绩的巅峰年龄了，但因为历史的原因，父亲这代人至少将事业的巅峰期推迟了十多年，这几乎是他们这一代人大致相同的悲哀的人生经历。对父亲来说，当时正是他迟来的事业巅峰期。根据父亲档案记载，1978年前他曾发表学术论文十二篇，1985年前又发表论文二十三篇，1985年到1992年七年间发表论文达四十多篇，并获各类科技奖项六次，但疾病让他就此止步了。这种状况对于父亲这样一个以科学为信仰、被执着的信念所支配着、和事业玩命的人来说真是致命的。

吃过早饭，父亲递给我一个小本，上面是妈妈写的许多日常用语。失语，是中风的一个基本表现。父亲是让我教他说话。父亲即使生病也改不了早上学习的习惯，正是这样一个习惯，日积月累，让他在生病之前掌握了英语、德语、俄语三种语言。"吃饭，喝水，穿衣服……"只是，自己的母语中文现在还要从头来学。刹那间，阵阵悲痛凄楚从我心头流过。

语言练习本上几十条简单的句子，父亲都能说得出来，并能将大部分句子写出来。可是，直到父亲过世也没有将这些简单的句子正确地使用出来，就好像大脑中有两个平行空间，通道阻隔，始终不能联系起来。这在医学上一定也是一个亟待攻克的课题吧。

我自从1977年高考去北京上学，和父母离多聚少。父亲生病让我揪心，1994年我中断了在澳大利亚的研究生学业，并转让了公司回到国内投资办企业。

熟人朋友都建议我去广州、深圳、北京、上海这样的大城市。想到能和父母亲近一些，尽一份做儿子的孝心，在兄弟们的强力支持下我选择了在兰州创业。其实我心里清楚，无论生产力、市场机制还是政府的管理能力，兰州都不能和大城市相提并论。在兰州创业的几年间，和预想的一样，公司效益只能说马马虎虎。能让我心满意足的是陪在父母身边度过了几年美好的温馨时光，"在家孝父母，不必远烧香"，没有"子欲养而亲不待"的遗憾，那么公司的发展、公司效益的好与不好倒在其次了。

教学科研

有一次，母亲笑着对我说，你爸爸就是一个"拼命三郎"。父母严谨认真、一丝不苟的工作态度和治学作风，我们作为子女自然深有体会，而且对我们的影响也是长远的。这在我们以后的学习工作中体会得更深刻。这算是基因的能量，更是言传身教的力量。

翻开爸爸的档案，有不少关于父亲工作、学习、教学态度评价的文字。在一份共青团兰州市委表彰《彭周人同志先进事迹》材料中这样写着：

> 在教学上有卓越的成绩。他自1955年担任物理化学讲授以来，效果一贯良好，深受同学欢迎。
>
> 其讲课的特点是概念清晰，重点突出，前后关联，思想性强。
>
> 从历年考试的成绩来看，优良成绩逐年增加。一九五五年，48%的学生得到了优良成绩。到一九五九年优良成绩高达62%。工农兵子弟与调干同学的90%以上取得了优良成绩。从没有一个不及格的。
>
> 以教学原则严格要求自己。从未放松过课前备课，课后总结的工作，坚持自己所惯用的由讲义到讲稿、由讲稿到课堂提纲，精益求精的三步备课方法以及一线到底的讲课法。以高度的责任

感进行教学，创造性地运用了一套先进的教学方法。也正是他能在教学工作中取得卓越成绩的重要因素之一。

父亲（后排左二）和他的部分研究生

在另一份东北大学学生鉴定表中，他的指导老师、中国量子化学的奠基人唐敖庆先生以最朴实的语言写道："做学问非常踏实，因此进步快，缺点是政治理论学习不够抓紧。"

父亲在教学工作上倾注了毕生的心血。在教学中，他即使患病也坚持不缺课。有一次他感染了伤寒，讲课后竟晕倒在返回的路上，被送往医院抢救，为了不耽误给学生授课，住院期间他还偷跑出来去给学生上课。这让母亲忧心忡忡，父亲却不以为然："教课是一个良心活儿，既然我选择了教师这个职业就不能误人子弟。"父亲过世以后，一位研究生到家里探望母亲，说到父亲痔疮手术不能下床，召集他们来家中，忍痛倚靠床头为他们授课的情景时泣不成声。

小时候，在家里时常能看到父亲拿着教学提纲面壁而立，大声朗读，有时候一句话要重复好多遍，聚精会神，一丝不苟。直到后来我也做了教师才体会到他为教学所做的努力，他预演教学方案已经精准到把握每一句话达到的抑扬顿挫的效果。有多少付出就有多少收获，父亲授课深受学生的欢迎也是必然。一些学校的老人都知道，父亲在旧文科楼阶梯大教室讲课，走道和窗外都是听课的学生，成为兰大校园的一道美丽风景。有这样的老师授课，确实是学生的福分。父亲第一次中风后，医生要求一年内不能上讲台。因没有合适的接替他的代课老师，父亲不忍心即将毕业的研究生缺了量子化学这门课，仅休息了两个月便不顾家人的反对和阻止，带着病痛坚持为全系研究生上了量子化学的大班课程，这也是导致他第二次中风的直接原因之一。在兰大化学系北京校友微信群及父亲的研究生的小群中，大家都很怀念父亲。清华大学蔡强教授回忆道："彭老师是个严谨的学者和师者，上课没一句废话，满堂都是板书和讲解。我大学最喜欢量子化学，彭老师是我最佩服的老师，他的课笔记我记得最细、最全、最认真。后来有幸在彭老师指导下做本科毕业论文，这期间近距离接触老师，深深被老师的学识和为人折服，从此老师在我心目中是一辈子的目标。"已培养出两位国家杰青的北京工业大学于澍燕教授感叹道："回顾我取得的这点成绩，其实都得益于彭老师对我因材施教，善于发掘研究生的自主创新能力。在彭老师指导下打下的理论基础，在现在的专业研究中受益匪浅。"美国北卡罗来纳大学超算中心刘树斌教授亦感慨说："先生的学识、品德和为人早已为我辈树立起高高的标杆，其精髓也融化在我们的血液之中。我们一直以先生为榜样，在科学事业、学生培养以及为人处世等方面，严以律己，宽以待人，为人师表，兢兢业业，以无愧先师的培养和教诲。"

波士顿大学潘毓刚教授来兰州大学讲授量子化学课程
(前排左起：刘有成、潘毓刚、辛安亭；
后排左起：周耀坤、彭周人、李笃、纪杰夫、胡之德)

陶行知先生曾说"学高为师，身正为范"，广博的知识修养加上高尚的道德品行才能真正为人师表。正如《董仲舒传》上所书："夫仁人者，正其谊不谋其利，明其道不计其功。"晚唐诗人李商隐所诵："春蚕到死丝方尽，蜡炬成灰泪始干。"

在兰州大学为父亲写的生平简介里，我才知道，父亲教学前后共主讲了十二门课程，其中有十一门课为兰大化学系首创。十一门新课！回头细想父亲的人生，我不禁哑然，继而肃然，再一次被父亲的胆识、毅力和治学精神所深深折服。他能多次获得兰州大学先进工作者，并能代表省科协出席全国科协第二次全国代表大会，参加1959年共和国十年大庆，在天安门观礼台上作为嘉宾观礼，这一切，足以说明了他的努力，这一切，也让我释然。

我毕业留校做过几年大学老师，也曾开过一门新课，这门新课花费了我近三年的时间进行研究、学习、整理才得以完成。尽管我开设的这门课程十分成功，不仅在我们学院被认可推广，并被推广普及到了全国许多学院的有关专业领域，但我也没有勇气再开第二门新课，毕竟那是需要付出极大的努力、有足够的积累才能实现的。想起父亲追悼会后他的一位研究生对我说："彭老师是有大学问、大格局的人，不仅专业眼光独到，还能把所有的知识储备融会贯通，所以他研究的那些东西到现在我们仍然无法钻研透彻。当时眼看着就要出大成果了，实在太可惜了，他走得太早了！"

父亲不只是在教学上有很大的作为，在科研上也有不少成绩。在我们孩子的印象中，父亲很多时间都是在实验室里度过的，"文革"时期也不例外。记得我们兄妹经常在晚上去他的实验室玩耍，他实验室里那些奇形怪状的瓶瓶罐罐对我们有着极大的吸引力。有时候，他也会变魔术似的做一些化学小实验让我们看。有一次时间晚了，我想自己回家却发现整栋楼漆黑一片，我越走越没有信心，便掉头疯一样地跑回那个唯一亮着灯光的实验室。父亲于1955年开始担任化学系物化教研室副主任，做陈时伟先生的副手，1958年任教研室主任。1980年，他做了兰大科研处处长后卸任前职。这一时期，他带领物化教研室所做的科研工作在全国高校都具有很大影响，也是兰大的一面旗帜。在父亲的档案里有一张1963年的

《〈教育部教育厅关于教师职务提升的通知〉及我校教师职务的提升名单的布告》，当时兰大已经将提升父亲作为副教授呈报省教育厅和教育部，这距他留校只有十一年时间。据说由于这次呈报提升人数较少，学校有关人士没有太过重视，错过了教育部呈报审批的时间，而后"文革"开始，职称评定随之取消了。一个疏忽，就让父亲得到副教授职称晚了十五年，直到1978年教育部恢复职称评定后，兰大重新开始评定职称，父亲才得以提升。但这已经足以说明他的科研能力和他的教学能力一样出色。

父亲这一生共在国内外专业刊物上发表了八十余篇学术论文，获得全国或省级科技奖励六次，合计约一百多万字。父亲还在校外兼任一些社会

父亲获得的各种证书奖状

工作，曾任中国化学会甘肃分会理事会常务理事、中国化学会计算机委员会委员、《分子科学学报》编委、《分子科学与化学研究》编委、《物理化学学报》编委、教育部高等学校理科化学教材编写委员会委员、高教委高等学校《物质结构》教材编委会委员。父亲未雨绸缪，运筹帷幄，能将这些方面的工作都做得得心应手、风生水起，这和他的良心与责任、心胸与智慧是分不开的，"海纳百川，有容乃大""壁立千仞，无欲则刚"。

名如其人

在小学课本里，我们曾学过鲁迅的文章。当得知鲁迅原名是周树人的时候，脑子一激灵，想到我爸爸的名字也有两个字和周树人的名字一样，觉得自己的爸爸是否有点和鲁迅沾亲带故。瞬间，伟大的无产阶级战士——鲁迅的光芒照耀在我身上，自我感觉也似乎变得伟大了一点。回到家，我激动地问爸爸：为什么他选了"周人"两个字作为自己的名字？是因为过去崇拜鲁迅，才这样做的吗？爸爸平静地说：他过去叫彭倜，很多人不会念"倜"字，这个字带给他许多的麻烦，后来他就把"倜"字拆散，就成了现在的名字。我听后顿感失落，原来我们和鲁迅的伟大沾不上

父亲

一毛钱的关系。自那以后，我再也没有将名字做过任何的联想。

　　现在想想，父亲的"周人"两个字还真是一个好名字。起名取字，在传统文化中是一门玄奥的学问，很有讲究。《说文解字》一书中对名字的解释是："名，自命也。从口，从夕。夕者冥也，冥不相见，故以口自名。"就是说"名"由看不见的命和看得见的文字符号所组成。在无数次的使用中不自觉地对自己的名字加强了意念。意念是种无形的力量，具有极大的能量，能改变思想、改变事物，自然也包括改变命运在内。"周"字，表示环绕、全面、完整。"周人"，不就是说一个全面的、周全的人吗？我相信，这个名字在无形中潜移默化地影响了他的一生，他就是这样一个追求卓越，努力让自己达到全面、完善的人。

　　回头看看，父亲还真是一个能力全面的人。教学科研能力自不必说，在行政工作上也能够从容应对，避虚就实。

　　1980年，兰大成立科研处，需要找一位有开拓精神和能力的人主持工作。当时兰大党委书记聂大江找到了父亲。聂大江是父亲的老领导，对父亲的为人和能力是了解的。在万般推辞之后，以不脱离教书与科研为条件，父亲接受了这份工作。万事开头难，父亲把绝大部分精力都放在了科研处的工作上，建章立制，尽心尽责。为了减少工作遗漏，他将学校给家里配备的电话转给了专职的副处长（当时能装家庭电话的极少，家庭电话彰显着权力或财富），甚至将当时很珍贵的几次出国学习考察的机会都让给了更专业的人士。据父亲档案材料记述，这段时间，父亲平均每天工作十二个小时，与同事一起为兰大科研工作规划蓝图、争取项目、上跑下联，争取到了很多科研课题、硕博士学位点和大量的科研经费，为兰大科研工作的深入发展、加强校际合作交流等奠定了极好的基础。

因为没有把"乌纱帽"当回事儿，需要我当我就当，不要我当我就回归专业，父亲当得有条不紊，干得从容不迫。出于本心，为兰大谋利益，而非以权谋私，借机依傍权势，奉迎取悦，父亲的努力得到了各方面的好评，也有了以后中层干部及校委会对副校长候选人的推荐投票时父亲名列榜首却落榜之事。好在父亲将这种事看得很淡，不为此喜，不为此忧。

父亲为人顺心随和，对于帮助过自己的人，怀揣尊重和感恩之心。父亲是陈时伟先生在化学系物化教研室当主任时的副手，得到过陈先生在教学和科研上的直接教导和帮助。陈先生在1957年反右派斗争中受到了巨大的政治冲击。专案组曾向父亲调查情况，在那个人人自危的年代，父亲顶着压力如实陈述，没有说一句违心话。当年陈先生的夫人左宗杞先生离开兰州，在没有告知其他人的情况下，是父亲推着自行车把左先生送到火车站，在分手时左先生留下一句话：彭先生，你是一个好人。父亲逝世后，郑国锠、赵俪生等老先生送花圈寄托哀思，水天明、何天祥等老先生来家悼念、安慰母亲。兰州大学为父亲举行了隆重的追悼会，兰大党委副

父亲追悼会现场

书记周玲主持，校长李发伸及安常福、杨汝栋、李裕林等许多校领导和老先生亲临追悼会现场，众人心情沉痛，沈伟国副校长念悼词时多次哽咽。

在生活方面，父亲同样是尽显风采。"文革"期间，有两三年，他难得地放松了一下自己，休闲了一段时间，将精力放在了个人和家庭生活上。练书法、学绘画、拉二胡、吟诗赋词、跑步、做操、打太极甚至是炒菜做饭都是一把好手，每一样都做得有板有眼，有模有样，凸显了他较强的生活能力和丰富的才艺。他的这些生活小趣味和能力，也极大地影响了我们子女的兴趣爱好和发展方向。我之后学习绘画，报考中央工艺美术学院（现清华大学美术学院），并从事美术设计专业，最初激发我的动力，就是父亲画在木沙发侧边木板上的花鸟山水。父亲是我学习美术的启蒙老师。

夫妻恩爱

父亲故去的第七天，小阿姨小兰一直沉睡到中午。妈妈觉得这些天小兰十分辛苦，就没有打扰她，自己下厨房做了大家的午饭。饭菜上桌妈妈再去叫小兰，还是不醒。吃过午饭，母亲忽然感觉不对，小兰精力充沛从没有睡午觉的习惯，更别说叫不醒了。母亲用力摇摇小兰，"哇……"小兰突然惊醒，大哭着说："爷爷刚才就坐在我的身边，一直在跟我说话。我想坐起来，可是起不来。"母亲忙问："他都跟你说了些什么？""爷爷说他不想离开我们，但是那天没有抓住奶奶的手，不得不离开了。他感谢我对他的照顾，希望我以后也像对他一样照顾奶奶。他说奶奶一直以来都非常辛苦……"小兰还说了一些父亲的嘱托和另外几件事，本来这些事她根本无从知道。当时，我与二哥、妹妹、妹夫都在现场，从她的口中说出这些话来让我们十分惊奇。难道真是父亲托梦了？

母亲喃喃地说："为什么不给我托梦？为什么不给我托梦？"

父亲没有托梦给她，是怕自己被亲人的挂念拖住了，留在人间，不能完成六道轮回。从父亲托梦这件事可以看出他对母亲的一片真情，一片浸透在灵魂里对亲人的执念。

父母的婚姻具有两重性，既是封建的包办婚姻，同时也是新社会的自由恋爱。

父母在兰州大学22号楼404室家中

　　说他们是包办婚姻，是因为他们的婚姻由父母指腹为亲的。新中国成立以后，他们分居两地，都有自己的事业和工作，他们中任何一人都可以极其容易地打破这个封建的婚姻枷锁，追求自己的婚姻自主和婚姻自由。当时，打破封建枷锁的包办婚姻本身就是一种进步、时尚和挑战的行为，是极受社会鼓励的。

　　说他们是自由恋爱，是因为他们青梅竹马，两小无猜，又在一起上学，相互关心、吸引，直到爱慕。他们同时考入上海，几乎又同时离开上海，追求自己的理想。在两地书信往来间，相互关心关怀，互诉衷肠。尽管这些往来书信在"文革"中焚毁了，仍然可以在他们档案的自传材料中得到印证。

　　婚姻的亲疏远近、幸福与否人人感受不同，并没有一个客观的评价标准。每一对夫妻都有自己的相处方式，冷暖自知，没有太多共性可供借鉴。但是有一条可以确定，如果爱对方、在乎对方，就会为对方改变，为对方做出牺牲。1953年，母亲为追求这份纯真的爱情，放弃了在武汉的那份有着锦绣前程的工作，来到了父亲身边。后来外祖父的遭遇让她的理想城堡轰然崩塌。这件事成为我们家不可逾越的劫难，让母亲的工作事业每况愈下。这期间，父亲一直顶着巨大的压力始终如一地关心支持着母亲，父亲的坚定从容是母亲那时最有力的精神支柱，父亲的通达乐观让她望见曙光。父母亲一道微笑着面对困境，历经磨难，最终见到了光明。

1970年12月，母亲被下放到沙井驿红旗砖瓦厂。由于母亲曾经做过教师，不幸之幸被工厂子弟学校抽调做了数学、物理和英文授课老师。尽管是讲授中学的知识内容，但母亲多年不做教师，上手还是有一些困难。为了让母亲搞好教学并改变她在学校的处境，父亲不辞辛苦成了母亲的辅导教师。因路途遥远，往返不便，母亲住在工厂宿舍只有周末回家。从此，帮助母亲准备教案，预习下周的讲课内容就成了父亲每个周末雷打不动的工作。在父亲耐心细致的辅导下，母亲就这样一边学一边讲，现学现卖，一坚持就是两年多，在年终评比中母亲竟然获得了一个优秀教师的大红奖状。这个奖状饱含了母亲的坚忍努力和父亲的耐心付出，是对他们夫妻情深意切的褒奖。

母亲荣获中华人民共和国
成立70周年纪念章

现在流行一句话叫作：恋爱是两个人的事，婚姻是两个家庭的事。奶奶一直和我们生活在一起，直到离世。我们口中的奶奶是妈妈的母亲，我们应该叫姥姥才对。在她有生之年我们兄妹一直称呼姥姥为奶奶。我们也从来没有怀疑或者更正过这种叫法，也没有去问父母为什么会有这样一个"错误"。在中国传统观念里，奶奶和姥姥是有很大区别的。回过头一想，父亲对姥姥的关心照顾、体贴尊重始终如一。实际上，这种称呼体现了父亲对姥姥的恭敬和尊重。这一点在当今开放的文明社会里也是难以做到的。

心情烦躁这也是中风病人的症状之一，父亲生病以后脾气变得很差，稍有不顺就怒目圆睁，有时候我们做子女的都忍受不了。我们会不耐烦，甚至生气，这时父亲定会把目光转向母亲那里寻求安慰。可是，父亲对母亲的态度却时常有过之而无不及，这似乎是一种理所应当的心安理得。母亲能够看得懂父亲任何一个小表情和小动作，也听得懂他那些我们听不懂的语言，总之最终都是以父亲服服帖帖、高高兴兴收场。母亲照顾了他十几年，但我们没听过她一句怨言，也没见她对父亲发过一次脾气，并且总能以发自内心的宽容化解父亲心里的阴霾。实际上，那是母亲早已理解和承担起了父亲生命的一切痛苦，过去的漫长岁月已经化为不离不弃的相濡以沫。

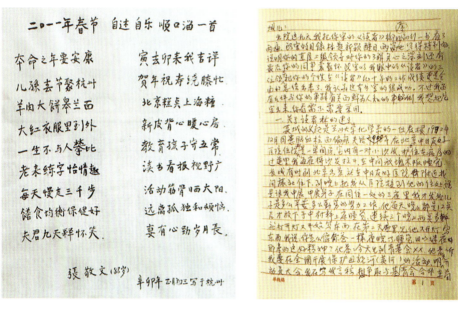

2011年春节，母亲自述自乐诗一首　　　　　　　母亲在杭州时写给大哥的信

父亲去世后，母亲随女儿一家去了山水秀丽的杭州生活。女儿是母亲的小棉袄不必说，女婿的孝顺更让这个家庭增添了无尽的温暖。我的姥姥有一个好女婿，母亲似乎承传了姥姥的运气，得到了上天的眷顾，同样得到了和我父亲一样孝敬的女婿。子女孝顺，承欢膝下，母亲少了牵挂，真正地开始度过她人生中幸福的晚年，恬然自足，舒心惬意。"母亲在，家就在"，妹妹的家就成了我们兄弟姊妹集合的家。儿孙们天南地北欢聚在杭州成为大家庭最幸福的时光，只是这时候母亲都会触景生情，为父亲辛苦一生而没有享受到这样温馨的时刻感到遗憾。母亲喜欢读书、看报、练字，还时不时地触景生情地写点她称为"顺口溜"的白话诗，诗中有对国家大事的关注，有对改革开放成果的歌颂，但更多的是家长里短、儿女情长。孩子们每取得一点进步有点喜事，母亲都写诗记录并相赠。在一首《自述自乐》的诗中，她记述了孩子们春节到杭州儿孙绕膝的欢乐心情，但也流

露出对丈夫的思念，"夫君九天释怀笑，妻有心劲岁月长"。在母亲房间里最明显的地方一直挂着父亲的遗像，每天她都会细心地为父亲添香盏、换酒肴，在她的心里永远有一片纯洁留给父亲，十八年如一日。

子女教育

父母对我们一生有深刻影响的事情，归总起来便是为家庭所营造的宽松自由的氛围，以及做事情独立思考的意识和锲而不舍为之努力的精神。实际上，更多的是他们自身的道德品行、做事的态度对我们潜移默化的作用。

相比现在的那些虎父狼妈，在我们童年、青少年时期，父母对我们的教育很宽松，没有过高的要求，只是不断提醒我们，要对自己的人生负责。他们这一代人在我们受教育期间一直处在各种政治运动中自顾不暇，没有多余的时间来管教我们这些孩子，自由成长是我们这一代人的基本特征。

母亲永远是和蔼可亲的，如果我们有什么需要，只需撒娇要赖便一定会得手。父亲也只是在特定条件下变得严厉，很多时候父亲与我们相处更

大哥入少先队纪念（1964年）

像是朋友之间的交往。很少见父母大发雷霆，揍孩子的事儿更是少之又少。印象中，有一次大哥因为得了一个三分的成绩，父亲认为大哥作为长子，给弟弟妹妹们做了一个坏的表率，所以要给大哥一个记忆深刻的教训，同时也给我们兄弟一次教育，便将我们几个孩子叫在一起，少见地用鞋底对着大哥猛抽过去，却重重地落在了大哥身边桌腿上，杀鸡儆猴的意味非常明显。鞋底效应对我没有产生太大的影响，我的成绩一直徘徊在三分、四分之间没有压力，仍然我行我素。但父亲有意识地培养我们独立思考的能力以及解决问题的能力，这在我们的一生中的确发挥了很重要的作用。

人是用大脑来思考，用五官来感受，用手脚来探索世界的。六岁那年，我的食指伸进了一个小玻璃瓶口中无法拔出，我找到父亲，父亲看了一眼说："自己去想办法把它弄出来。"看父亲在那儿忙着，我就只好自己去想办法了。办法试了很多，都不好使，只剩一个敲碎它的办法了。我拿石头小心翼翼地敲破了这个瓶口，瓶口裂成两半，悲催的手指被尖锐的玻璃碴口插进肉里，倒是少了阻力，我使劲一拔，手指出来了，鲜血直流，两道深深的划痕留在了手指上至今都不愿褪去。我捂着伤口又来到父亲面前，父亲看后，默默地拿出医药包给我进行包扎，随后摸着我的头说："你的方法不对。"扎心！时至今日，我也没找到正确的方法。据说，在瓶口上抹一点香油就很容易拔出来了，是否如此，反正我这一辈子不会再尝试了。这件事我一直耿耿于怀，至今记忆犹新。还记得有一次我问父亲："如果人触电了是一种什么样的感觉？"父亲以一种怪异的眼神笑着对我说："感觉很微妙，不好说，你试一试就知道了，只是注意脚要和地面绝缘。"对我来讲这同样还是个血的教训，母亲知道此事后只能跺着脚对着父亲嚷嚷。父亲这样做的结果倒是让我们兄弟几个在八九岁的时候就已经能够将家里的钟表、自行车拆成零件再重新组装起来。

我十岁那年，学校停课闹革命没有什么可做的事情。父亲花了五块钱或许更多一点，给我们兄弟买了一台最简陋的海鸥120照相机。当时有一台相机那就是贵族。这款光圈和速度都是固定的功能简单的相机，却让我们那些年的小学生活充满生机，平添许多忙碌和快乐。男女老少的人物、春夏秋冬的风景皆成了我们摄影的体裁。家里不到两平方米可以遮光的厕所成了我们的暗室。从选景照相到交卷冲洗，从调配冲洗药水到曝光显影，从照片剪裁到照片上色，所有工序都由我们自己完成。自那以后，我动手的能力也从钟表、自行车这种精细的机械的重复组装上升到了一种理性思维的具有创造性的量化的更高层次。也正是这台照相机培养了我一生对摄影的爱好，也潜移默化地影响了我以后的专业选择。人生会变苍老，按下快门的一瞬间却永葆青春。相信我小学的好朋友手里一定还存有这段时间拍下的有点模糊的泛着历史痕迹的120老照片。

小时候，我和二哥总是被大哥带着到处玩耍。一个周日，他决定要带我们去白塔山，我们在家里找了点可以吃的东西，加上大哥的一个同学带着他的弟弟，上午十点左右我们五人乘坐1路公交车从兰大校门口出发，到终点西关十字下车，然后步行经过黄河铁桥到达白塔山公园大门口。炎热的盛夏中午，没走几步我们几个小孩便口渴得要命，见到冰棍车就挪不动脚步了。大哥无奈只好拿出坐公交车的返程票钱给大家买了冰棍。从白塔山下来，天色已近黄昏，这时大哥已身无分文，我们只能走回家了。大哥设想如果能从雁滩大桥走回去，那可要近很多。为了确定这个事实，他向路人打问，确定了可行性后，我们就一直沿着白塔山下黄河北的马路往东走，路越走越窄，越走越荒凉，一直走到一片菜地处，路消失了。向菜农再次打问，才知道这边是没路通到雁滩大桥的。当时天已黑，我们都已精疲力尽。我实在走不动了，大哥只能背着我，牵着二哥，步履艰难地返回黄河铁桥。走到西关十字的车站时，末班车也已经离开。就这样，一个小孩背着一个小小孩，拖着另一个小小孩，沿着电车的轨道，一路走走歇歇、歇歇走走。那时的城市没有现在的繁华，夜深人静人们早已进入梦乡，夏日夜晚的月光皎洁明亮，满天繁星点缀在天空星光荧荧，条条街道静谧无声，偶尔的蝉鸣伴着几个小孩儿疲惫的脚步声在街道上响起……清早四点钟，我们终于走回了家。当然，家里则是另一番惊天动地的乱象。看着倒头就酣睡的大哥，父母心中的担心和责备瞬间变成了欣慰，久久坐在床边，看着几个疲惫不堪的孩子泪眼潸然。

大哥是1969年的"新三届"初中毕业生，未满十六岁便进入了工厂。1977年恢复高考，他在不被人看好的情况下和我们两个弟弟同年考入大学，进入兰大历史系学习。毕业后分配到《读者》编辑部，他从一个助理编辑做到读者集团总经理，与大家一道将一份只有几万份发行量的杂志办

全家福

成了一本月发行量超过千万的亚洲最大、世界排名第三的著名杂志。母亲晚年津津乐道的事情多与大哥有关：大哥当选党的十七大代表和第十二届全国人大代表，能为国家的发展建言献策；大哥作为杰出校友代表，在兰州大学建校百年庆典大会上发言感恩母校，说出了几十万校友包括彭家两代人的心声；在父亲于天安门观礼五十年后，大哥参加了建国六十周年庆典。在大哥身上，能看到父亲坚韧、担当的影子。

二哥打小身体比较弱，但是心思缜密，好学好问，学习成绩一直在我们兄弟三人中最好，并且有广泛的兴趣。有趣的是，二哥还能将这些兴趣搞得有声有色。他在插队期间，利用业余时间学习针灸，在自己身上找穴位、练下针摸索实践，最后居然用针灸治好了村里中风老人的嘴眼歪斜，得到村民们的大赞，成了村里唯一的赤脚医生。1977年高考，二哥报志愿为北京医学院，阴差阳错被山西医学院录取。毕业后被分配到省卫生防疫系统，是单位公认的业务尖子，获得好几项省级大奖。他有极强的组织能力，身边总有几个掏心掏肺、两肋插刀的哥们。如果不是我回国后将马上提升副处的他拉下海，他也应该会官运亨通吧。

小妹是我们家唯一的女孩。父母有了三个儿子，当然地对小女儿会有些溺爱。妹妹毕业于兰州医学院。和我们这三个哥哥不同，她比较安于现状。尽管她的学习成绩始终很好，从小到大一直担任学生干部，但在心性上完全继承了父母佛性的一面：温柔善良，随遇而安。在职称问题上，她

父亲寄到澳大利亚的邮件包裹

多次受到不公正对待，周围的人都看不下去了，她却泰然处之，在单位留下了一个好人缘。退休后，她的好名声和实际工作的能力让她成了香饽饽，许多医疗体检机构开高价请她就职，她忙得不亦乐乎。妹妹一直在父母身边，父母日常得她力最多，我们三位当哥哥的打心眼里感谢她和妹夫一家。

父母对我们的教育不仅是创造机会让我们在实践中成长，而且对我们做出的有意义的选择也是倾尽全力给予支持。记得那是1991年中秋节，我和一些朋友在墨尔本家中小聚，天南海北地聊着就聊到了对国内事情的牵挂。虽然墨尔本有着现代大都市的繁华，到处充满着多彩的快乐，但对我们这些新移民来说仍然是陌生的。牵挂总伴着乡愁，在游子心中挥之不去。这是人们感情中最柔弱、最不禁外力的部分，哪怕你学富五车、饱经风霜，也总有"何处合成愁，离人心上秋"之感。

那时候，互联网尚未诞生，信息交流非常不顺畅，音讯难传，乡书难寄。国内来澳华人只能通过唐人街上的几份香港和当地华人办的中文报纸得到一些国内的消息，这些消息会延迟并带有极强的政治倾向性。我和几个朋友商议一起办一份杂志刊物，既满足自己的思乡之情，也可以填补其他来澳大陆华人的乡情饥渴。

有这个意向是因为想到大哥时任《读者》杂志副主编。他们杂志社有大量来自读者的投稿，那些没有被采用的稿件，我们可以进一步筛选使用，占近水楼台的便利。不想公私不能两顾，这条路走不通。父母得知我这个想法以后，认为这是个好事情，写信极力鼓励我做好这件事。与平时一样，我的困难变成了他们责无旁贷的义务。没与我商量，他们就订阅了二十多份报纸、杂志，迅速地进入了工作状态。母亲白天大量阅读，父亲下班后两人讨论，为我们做初步的筛选，然后将选好的文章裁剪下来，分门别类推荐给我们。我们办的杂志为月刊，每月月初，我都会定时收到从国内邮局寄来的贴满邮票的邮件包裹。在父母亲的支持、鼓励和推动下，两个月后，杂志的创刊号在墨尔本发行了，这是旅居在澳大利亚的大陆华人创办的第一本简体中文刊物，在华人社群中引起极大反响。我为这份杂志起名为《大陆剪报》，让同胞一目了然。每次我接到沉重的邮件包裹，心里都有一种无以言表的感动，同时也有一份隐隐的不安。父母为我们的杂志付出太多，费时费力，每次包裹的邮费就超过了父亲月工资的三分之一。这份杂志是我们三个朋友利用业余时间完成编辑，联系印刷并出版发行，不以赚钱为目的，只求收回成本，期待能通过广告收入养起这本杂志。父母的爱是一条穿越时空的线，这端是我，那端是父母，我走得愈远，这条线收得愈紧。杂志一直没有找到更好的资料来源，我当时刚起步创业，资金紧张，发行了六期以后，虽然难以割舍，我还是狠心将杂志停刊了。我们这本杂志算是抛砖引玉，在我们停刊之前又有了两本新杂志出版，这让我聊以自慰，也让我感觉到我们的努力以及父母亲给我的这份厚重变得有了更大的社会意义和价值。

儿女孙辈陪着母亲过生日

在人的成长过程中，每当我们遇到问题都会不自觉地从我们的成长经历和自身体验中寻找答案，这便自然地想起我们的父母，回想他们处理问题的方法。父母就是我们的一面镜子，一块我们心里搬不走的顽石。这块顽石上写满了父母的人生经历、经验教诲和喜怒哀乐。它是一个隐藏在我们身体里的巨大能量，常常在不经意间给我们一些启示和慰藉。它是生命中温暖的阳光，更是生命中拨云望日的希望。文豪泰戈尔曾说："生命是上帝赋予的，我们唯有献出它的时候，才真正拥有它。"父母给了我们无私奉献的爱，我们回馈父母敬爱传承的心，从而获得生命的喜悦和幸福，才真正拥有一份厚重的生命意义。

作者简介

彭峰，男，1957年出生。1981年2月毕业于中央工艺美术学院并留校任教。1988年作为访问学者赴澳大利亚阿德莱德学习工作并留澳居住。1993年回国创办多家企业。现居住澳大利亚悉尼。

兰州大学萃英门大院的孩子（一）

刘元露

可以说，萃英门校园就是一个大院子，包含了十七个教工家属宿舍和十二个被称作"堂"的教学实验建筑及学生宿舍。

至公堂基本位于萃英门校园的中心位置。它的东面是观成堂，观成堂的南面，密集地呈反"L"形分布着第一至第五宿舍；观成堂的北面，是第六至第九宿舍。至公堂的北面，则是最大的第十宿舍——老甘院。至公堂的南面是办公厅，那里从东到西有四个宿舍。至公堂的西面是静观园，那里从南到北又有三个宿舍。每个宿舍的院子一般住四到六户人家，老甘院中间是个三进大院，东、西还各有三个侧院，住的人家就更多了。

20世纪50年代初，时兴学习苏联的英雄母亲，几乎家家都是三个以上的孩子，独生子女的只有刘安妮一家，双子女的也只有刘瑞、匡文留、李人俞三家，凤毛麟角。宿舍大多没有大门，更没有闭门锁户一说，因而很方便孩子们走门串户找着玩，所到之处立马就能凑起一帮玩伴，捉迷藏、跳房房、踢毽子、过家家、弹（tán）弹（dàn）儿（兰州话发"额"音）……有意思的是，"在老甘院的中院玩捉迷藏，家家房门都是敞开着的，孩子们想躲谁家就躲谁家。我们还常躲在李老师（四川人）家，他家床后有泡菜坛子，我们就捞里面的酸豇豆角吃。"孩子们走门串户的另一个内容就是交换或借阅图书，当时的孩子求知欲强，家长们是积极鼓励和支持的。拿我父亲来说，每月都给我们订一些儿童报刊，《小朋友》《儿童时代》《儿童文学》《中国少年报》《新少年报》等；另外，还不定期地让我们去新华书店买书。母亲经常从兰大图书馆给我们借一些书。因此，图书交流，是孩子们之间经常在做的一件事，而且，"好借好还，再借不难"，是大家都信奉和恪守的一个规矩。有一件事，我至今记忆犹新。我不知怎么发现周晓家有一书架儿童书，立刻如获至宝，大概她家的书不外借，我就天天去她家看书，一去就直奔书架，看个不亦乐乎，直到一架子书几乎看完。现在回想起来，那时是多没眼色啊！周妈妈脾气多好啊，能容忍一个孩子天天去她家看书。每每想起来，心里总是充满了感激之情。除了周妈妈，其他的大人也个个都是好脾气，任凭孩子们在院子里大呼小叫吵翻天，他们从不嫌烦，从不出面干预，默默地在家里做自己的事。有时，他们还参与进来，陪孩子们下跳棋、飞行棋、行军棋、斗兽棋等。有一次，我们几个孩子在吕太平家的院子里玩，吕妈妈一边手里做着活儿，一边给我们讲故事，我们别提有多高兴了。她讲的是周幽王烽火戏诸侯的故事，那个讲故事的场景，吕妈妈的声音、表情，至今都深深地刻在我的记忆里。

每天做完功课，晚饭后，孩子们必定倾巢而出。人多的时候，大家就一起玩"踢罐头""官兵捉强盗"等大型游戏，不玩到汗流浃背、筋疲力尽，是不会回家的。萃英门大院，几乎没有孩子们走不到的地方，大操场、单双杠、爬绳、浪桥、平衡木、吊环、秋千、肋木、天梯，经常可以看到孩子们玩得忘乎所以的身影。走浪桥，得有胆量，在男孩子们的带动下，女孩子们从跃跃欲试到大胆成功。打秋千，不管男孩女孩都在相互比试着看谁打得高，恨不得和秋千架顶荡平了才罢休。肋木（类似几个木梯的组合式器械）上，孩子们爬上爬下，这面翻到那面地抓人玩，相同一面抓到不算。手脚并用，看谁翻爬得快……

静观园的假山、梨园（滑冰场）、花园，还有那棵结满桑葚的大桑树和那棵吊蛋树，不知吸引了多少孩子驻足，流连忘返。静观园的许多桑树，为孩子们喂养蚕宝宝提供了便利的条件。萃英门大院的每个角落，都布满了孩子们的足迹。甚至那个有浸泡解剖尸体的福尔马林池的祁连堂，都经常吸引孩子们前往探险。

每年榆钱成串、槐花飘香的季节，也正是一些孩子大显身手的时候：女孩子们用竹竿当工具，竹竿头上绑上弯钩状的铁丝，然后把榆钱或槐花枝子钩下来，其他孩子则一拥而上，一把一把地往下捋，边捋边吃边装满衣裤的口袋。胆大的男孩子干脆爬上树，坐在树杈上大把大把地捋，衣袋装不下，"干脆脱下上衣来包装胜利果实，回去交给大人，裹上面，上笼屉蒸了,拌上酱油、油泼辣子、醋,当饭饱餐一顿"。

萃英门大院的孩子们到了入学年龄,大多数都进了兰大幼儿园或兰大附小。我是在1950年四岁时跟随父母来到兰大萃英门的,是1952年兰大幼儿园第一届毕业生。因当时年龄不足七岁,1953年才进入兰大附小。

20世纪50年代,昆仑堂东面的操场
(左起王家纯、郑瑞澄、吕太平、吕太和,照片由郑瑞澄提供)

兰大附小,位于静观园的南端。它初建于1949年10月,开始并不在这里,据说当时校舍很小,两个年级合用一个教室,校长、教师都是由兰大的老师和家属兼任。王家纯(王德基先生的长女)是兰大附小的第一届学生,马国玮(马元鹏先生的长子)是兰大附小的第二届学生。我于1953年上兰大附小时,学校已在静观园了,有教室、操场、办公室,初具规模。校舍是简陋的平房,冬天靠火炉取暖。记得刚上一年级时,课桌不够,临时拉来一批黑桌面的解剖桌应急,占了教室的一半,另一半则是我们说的"好桌子"——黄色的正规课桌。我们谁也不愿意坐这种黑桌子,老师只好采用排队轮坐的方法,轮到谁谁就坐。我曾"有幸"轮到坐这种黑桌子。这种桌子连桌斗都没有,书包无处放,只好用书包带系在桌下的横杆上,砚台也只能放在桌面上。所幸时间不长,黑桌子就被撤走了,换上了正规课桌,我的心理阴影才算解除了。同学们轮流当值日生,任务是每堂课后擦黑板,每天下午放学后搞教室卫生和区域(教室门前院子)卫生。每次搞卫生，尽管洒了水，也是尘土飞扬；大操场由高年级学生清扫，全校师生喝的开水是高年级男生用水桶去兰大开水房抬的。冬天生火炉，除了低年级，其他年级也全由值日生来干。自己的事情自己做，从小培养孩子们的自立能力和劳动习惯，这也是学校教育目标的一个方面。大院的孩子们一批批在这里受到良好的教育，幸福快乐地成长。

刚上一年级时，我们学的是繁体字和老拼音字母"b、p、m、f"等；到了三年级，文字改革，我们又开始学简化字和新拼音。我们1953级前后的几届学生是既认识繁体字和老拼音，又认识简化字和新拼音的。

1952年，兰大幼儿园第一届毕业照 [前排左起：李梅生、张小琪、徐志文、赵老师、钱妈妈、卢老师、李米年、金一蕾；后排左起：李宝琳、曹国安、○、赵幼诚、周东东（?）、刘安妮、刘元露、刘琪]

我们住的老甘院和学校之间，一路分布着菜铺子、合作社（商店）、灶房。食堂伙食很好，每天都用小黑板公布几样小炒菜谱，如黄焖鳝段之类的。每天早晨，如果时间来得及，我们都去食堂吃早餐，吃上一个馒头夹酱油黄豆，喝上一碗粥或者一碗羊肉清汤。

课间十分钟，是孩子们抓紧玩耍的时间，有拍皮球、跳皮筋、跳大绳、扇洋画片、跳集体舞、斗"鸡"、跳"山羊"等各种游戏，甚至冬天的"挤热伙伙"都是孩子们的最爱。

那时候，学校每年都组织春游，地点大多是五泉山。同学们穿上自己漂亮的服装，背上吃的，按班排好队，队伍最前面是鼓手和旗手，踩着队

363

鼓点子，步伐整齐，精神抖擞，一路走到五泉山。到了五泉山，找一处亭子或空地坐下来，各班开始表演自己精心准备的节目，然后就开始自由活动……

每年六一儿童节，学校都要组织少先队员入队仪式，地点一般都在静观园。这一天是孩子们的盛大节日，静观园里到处都是花的海洋和红领巾的海洋。一批批的孩子在这一天激动而光荣地戴上了红领巾。仪式完毕后，照例是各班表演节目，孩子们穿着节日的盛装尽情地唱啊跳啊，尽情地欢度自己的节日。

六一儿童节加入少先队

学校经常在大众影院包场看电影，凡有益于儿童身心发展的影片都包场，记得还有一次走好远去豫剧团看《马兰花》。学校也曾组织全校学生去部队与解放军叔叔联欢，还请来过工人、农民和解放军代表，同我们一起欢度六一儿童节。朝鲜战争结束后，学校还请来志愿军叔叔与全校学生联欢，至今，他们教我们跳朝鲜舞的场景还历历在目。

1956年，学校分来了五个上海老师（支青），一女四男，分别叫王懿德、翁志华、田德华、梁国英、吴树德。他们的到来，仿佛给学校的教师队伍注入了新鲜血液。他们将外面精彩世界的新鲜东西包括教学理念、教学态度、教学方法等带到了我们这个地处西北黄土高原偏僻小城的小学校，活跃了学校的气氛，美化了师生们的心灵。比如他们会带学生到静观园写生，开阔学生视野；组织篝火化装晚会，发动学生去静观园捡柴火，让学生自己制作面具，培养学生的想象力和动手能力；组织兰大附小合唱队，提高孩子们的音乐素养；还与省广播电台联系，组播了一台由兰大附小学生表演的声乐节目，有合唱（合唱队表演，李宝琳领唱）、独唱（匡文留等表演）、快板（吕太平、刘元露表演）等。

1956年，演出归来（前排左起：吕太平、马咸宁、刘元露、刘安妮；中排左起：○、谈老师；后排左起：刘琪、周桂花、刘慈佑）（照片由刘安妮提供）

文艺会演每年都有几次，包括学校的和学区的，有时还有城关区和市上的，基本都是各班自己编排节目，反复排练，在全校演出，好的节目再选拔上去参加会演。经典保留节目有谭湘的独唱《在泉边》《解放军同志请你停一停》，双胞胎兄弟杨经、杨纬的小合唱《我有条小毛驴》，刘琪等人表演的《肮脏的小姑娘》等。记得1956年推广普通话，举办了多次普通话比赛，吕太平代表兰大附小参赛，取得一等奖的好成绩。

在萃英门大院里生活和成长的孩子们，身上都不缺艺术才能和运动细胞，一不小心，才气大的孩子就会脱颖而出，走上专业的文体道路。谭湘大我四岁，她父亲是老红军，任医学院的书记（曾任原兰州军区卫生部部长），她就是班上的文艺尖子，上五年级的时候，她就组织大院的女孩子们表演《红楼梦》，她演贾宝玉，王豫生演林黛玉，大一点的女生都派了

1958年，樊梵西（前）和张靖原

角色，我们一众小女生则充当丫鬟……谭湘后来考上兰州艺术学院戏剧系表演专业，后来去了北京，在文联系统工作。樊梵西小学毕业后考上了兰州艺术学院附中，学钢琴。张靖原遗传了母亲的基因，长了一张维吾尔族女孩的漂亮面孔；但由于父亲早逝，家庭生活陷入困顿，为了减轻母亲的负担，也正好遇上一个机会，1960年省文化厅选拔文艺人才，经兰大附中老师推荐，通过考核被选拔到省歌舞团舞蹈专业接受培训，一年后到西北民院艺术科舞蹈班学习，1965年分配到临夏歌舞团工作。由于工作出色，1989年6月任国家二级舞蹈编导（副教授），1990年当上临夏州歌舞团副团长，1992—1997年任临夏回族自治州第七、八届政协委员。她编导的诸多民族舞蹈曾荣获国家和省级一、二等奖，并独立撰写《甘肃省舞蹈集成》（临夏卷）。

还有郝义，小小年纪就被招到省秦剧团学秦腔；周新浦，被招到甘肃省话剧团；俞启元，进入省足球队；马新民，进入省乒乓球队（刘仁杰本来和马新民一起入选，后来只要一个，马是老红军子弟，于是入选）。萃英门大院的大多数孩子都顺风顺水，走的是父母走过的求学之路。

兰大工会在孩子们心目中是一个全心全意为教职工服务的组织，几乎每年都要组织一次上兴隆山游玩的活动，有时一去两天，晚上住在庙里，这对孩子们的影响别提有多大。春暖花开时节还经常组织大家去五泉山、雁滩或安宁桃花园春游。

1955年，安宁桃花园（从左至右：樊梵西、张靖庸、张靖原）　　　　　　　　　　　　（照片由樊梵西提供）

那时几乎每周都会放映一次露天电影，有的电影不止放映一次，如最受孩子们喜欢的《祖国的花朵》，我们都不知看了多少遍，《让我们荡起双桨》这首歌，伴随着多少代孩子们成长。兰大工会还经常请来省上市上著名的文艺剧团在昆仑堂大礼堂演出，甚至曾将梅兰芳请来演出过。还有学生会，每年都组织好几场文艺会演，年底的娱乐活动如猜灯谜等，孩子们都可以和大学生们一起参加，并一样拿到奖品。

1956年底兰大开始搬往盘旋路新校，1958年兰大附小改名为萃英门小学。

我是1959年考上中学的，算是最后一批离开这个小学的兰大子女，我家也是最后离开萃英门的家庭之一。我是1965年最后一批考上大学的（俗称"老五届"大学生）。纵观萃英门大院孩子们这十年的升学情况，考上大学的有陈绪光（北大1956级）、苏培仁（兰大1960级）、刘琨（兰大1961级）、周育民（北大1963级）、段欣然（西安交通大学1963级）、陈绪明（兰大1962级）、周晓（兰大1962级）、王瑜（兰大1962级）、周桂花（兰大1963级）、王家絜（兰大1963级）、丁若一（兰大1963级）、窦存温（兰大1963级）、郑瑞澄（重庆建筑工程学院1963级）、朱启明（西安冶金建筑工程学院1963级）、刘瑞（西安交通大学1964级）、宋大康（中国科技大学1965级）、吕太平和朱亚兰（四川医学院1965级）；其他还有甘师大九人：张靖宇（1956级）、张紫菊（1959级）、马国玙（1959级）、王家纯（1960级）、马国玮（1962级）、何若莲（1962级）、韦桂藻（1963级）、苏馥庆（1963级）、李延生（1965级）；兰州铁道学院一人：王豫生（1962级）；甘工大一人：窦存慧（1960级）；兰州医学院二人：朱任之（1962级）、续兴国（1964级）；甘肃教育学院一人：满松风（1965级）；长春兽医大学一人：郦能守（1964级）；甘肃农业大学十人：苏培民（1959级），王玲（1961级），靖璞玉（1962级），魏芝（1963级），赵宗藩（1963级），王珍（1964级），张万里、刘珙、朱启敏、刘元露四人均为1965级。

1958年，兰大附小改名为萃英门小学

说明：文中图说中的"○"表示不知其名。

兰州大学萃英门大院的孩子（二）

吕太平

　　1952年，父亲被调到兰州大学生物系工作，我家被安排在静观园西北角的一个四合院里，院子为南北长方形，院门开在东南角。小院住四户人家，我家住三间北房，两间东厢房住外语系李端严先生一家，李伯伯为人和善开朗，很有才华，反右时被打成右派。他的女儿李宝琳也是我的发小，比我高一个年级，我们常在院子里一起做作业。宝琳学习偏科，但她却有一副百灵鸟般的好歌喉，后来从女师毕业分配到白银市一小学教音乐。南房住徐蓉蓉一家，她家搬走后，1955年孙艺秋先生与家人来兰大住此房，他家四个孩子年龄相差不大，小院里天天充满孩子们的欢声笑语。

　　与四合院南墙一墙之隔的是1955年从复旦调来的朱子清教授一家，

1957年，静观园四合院的小朋友（前排左起：孙绿江、孙安宁、吕太乙、李宝平；后排左起：李安迪、李宝琳、孙祖眉、吕太平）

（照片由孙绿江提供）

369

他的女儿朱启敏也是我们的小学同学，却因说一口上海普通话，迟迟未能融入我们的圈子。静观园内有一从南向北延伸的假山，假山在朱家门口向东拐了一个弯，故呈反"L"形，假山的南段有一烈士纪念亭（此亭后移至盘旋路校区），还有一垃圾箱。

从我们的四合院出来不远就是郑国锠教授家的小独院。他家位于假山的东西段，在山的南坡。郑伯伯的女儿郑瑞澄比我高两个年级，常来我们四合院玩，由于她家是南方人，又在国外生活过，所以她常常拿着家里的面包或蛋糕来我们院子换李宝琳家的糜面枣糕或者飘着葱花、蒜苗的兰州酸汤面。

萃英门大院里的孩子是幸福的。那时虽没有提什么素质教育，也没有各种培训班，但我们有大把自由玩耍的时间，在玩耍中我们无师自通地学会了滑冰、唱歌、跳舞、画画等。静观园冬天是溜冰场，春夏百花盛开，美术老师有时会带我们在静观园写生，满松风（图书馆满达人先生之子）是个特立独行的小男孩，他不画山不画树，选了垃圾箱作为素描对象，由于线条、比例、明暗对比都不错，还得到老师的表扬。他是班上最有美术天赋的孩子，画的老牛栩栩如生，迄今让人难忘。1965年，他考入甘肃教育学院，后因院校合并，他从甘师大毕业分配至平凉。

20世纪50年代，静观园假山上的烈士亭

那时兰大工会经常组织包场去大众电影院看电影，去人民剧院看话剧。当年甘肃省话剧团享誉全国，他们每换新戏，我们都要去看，如《滚滚的白龙江》《在康布尔草原上》《保尔·柯察金》《八二六前夜》等，主演赵组国是女孩子们的偶像。工会也常组织去看甘肃省京剧团和兰州市越剧团、豫剧团的传统戏目，梅兰芳的弟子陈永玲是京剧团当家花旦，上海来兰的尹树春、李慧琴在越剧团挑大梁，由他们主演的《梁山伯与祝英台》《追鱼》等也是我们的最爱。除了本地剧团的戏，一些国内名角大腕来兰演出，工会也必包场观看。我们搬到盘旋路校区后，工会曾先后组织观看了关肃霜（昆明京剧团）、尚小云（西安京剧团）和叶盛兰、杜近芳（北京京剧团）以及西安易俗社在兰的演出。那些年兰州最贵的戏票是六角钱一张，外地来兰的名角的票每张贵至1.2～2元，所以父母有时也不带我们去看。但学校每年在昆仑堂大礼堂组织的文艺会演，我们小孩是必定到场从头看到尾的。至今还记得生物系学生聂秀菀等人跳的《采茶扑蝶》《十大姐》，卢博玲老师和张万里妈妈演的京戏《拾玉镯》。参加电影《女篮五号》拍摄的地理系大学生陆晶荪是我们心中的女神，她不光人长得漂亮，个子高挑，篮球打得好，据说学习也很棒。平时我们的游戏内容除了跳绳、跳房子、捉迷藏外，女孩子最喜欢过家家。我们的四合院里就经常上演才子佳人的"古装戏"，将枕巾绑在手腕上作"水袖"，咿咿呀呀有模有样地舞来舞去。宝琳嗓子好，越剧能唱得五六分像，自然是女一号，扮演小姐，瑞澄个子高，扮演公子，我虽只能演个丫鬟，但也很开心。在这种氛围下长大的孩子，不论后来从事什么工作，对艺术都有一定的欣赏力和喜好。

那时我们的理想基本一样，个个都想长大当科学家。我与刘元露（经济系刘天怡先生之女）、安妮（财务科刘先生独生女）是最好的朋友，晚上我们常坐在昆仑堂前东面小操场的双杠上憧憬未来，想象要像苏联电影《忠实的朋友》里那样，三人都是科学家：元露是土壤学家，安妮是天文学家，我则要当生物学家，幻想由安妮考察月球，然后元露将地球上的土壤带上月球，我则去月球上种植粮食。多么天真，真可谓无知者无畏！

有一段时间班上成立学习小组，我们仨和赵幼诚（经济系赵从显先生大儿子）、宋大康（经济系宋荣昌先生大儿子）在一个小组，每晚轮流去各家学习，有时家长还会拿点零食招待我们。真是无忧无虑、幸福成长的童年！

1955年，六一儿童节我们戴上了红领巾

[吕太平（前），刘元露（后左一）、刘安妮]

1965年，我们迎来了"文革"前的最后一次高考，当时政治条件要求比较严，我的一众发小都考入了黄羊镇的甘肃农业大学，有刘元露、刘琪（中文系刘让言先生三儿子）、张万里（历史系张傅梓先生之子）、朱启敏（化学系朱子清大女儿），他们可都是品学兼优的好学生。从小学到中学一直当班长的赵幼诚高考落榜后，直接去了林建师当工人，陈胜（图书馆杨素宜之子）落榜后去了省博物馆工作。但是金子总会发光，他们在后来的工作中都有出色的表现，幼诚早已成为著名的诗人，曾任《甘肃诗词》的副主编和《陇风》的主编，作品多次获奖。陈胜后来成为甘肃平板玻璃厂的厂长助理，其诗词造诣也不容小觑，至今笔耕不辍。刘琪（原化学系刘义德先生之女）通过自己不懈的努力，在中央民族大学获得少数民族经济学硕士学位后，与张万里、刘琪、魏绪昌等人一样，先后都走上了领导岗位，其中刘琪任省社科院信息所所长，著作颇丰。我的父亲吕忠恕是个少言寡语、小心谨慎的人，所以在"文革"前的历次运动中能平安度过，我从兰州一中考入原四川医学院药学系（后改为华西医科大学，现为四川大学华西药学院）也实属正常。

大院里的孩子不光喜欢扎堆玩，读书也往往互相影响。我初中上了兰州

1964年，小学同学看望班主任张老师（左起前第一排：靖明玉、李梅生、吕太平、张岫云、刘元露、朱启敏、朱亚兰；第二排：马咸宁、张老师儿子、张国庆、魏绪昌、杨经、陶国方、宋大康、张健梅；第三排：张万里、刘珙、陈胜、赵幼诚、满松风、杨纬、曹国安）

女中，同校的还有几个兰大子女，如高我两个年级的郑瑞澄、王家絜（地理系王德基先生二女儿）及外语系何天祥先生的妹妹何若莲，比我高一级的有江一曼（江隆基校长大女儿），同年级的有王念芸和发小刘元露。那时，我和郑瑞澄、王家絜经常早上一起去上学。1962年，我考入了兰州一中（高中），在这里又意外碰到发小宋大康和马咸宁（经济系马嗣扈先生大女儿），他们分别从兰大附中和兰州八中考入一中，我们同在一个班，比我们高一个年级的有刘瑞（化学系刘有成先生大儿子），比我低一个年级的有魏绪昌（地理系魏晋贤先生之子）。1965年，我弟弟太和也从兰大附中考入一中。

1963年，郑瑞澄考入原重庆建筑工程学院供热及给排水专业，与任正非是同学，她对天府之国四川的一番描述，使我心向往之，所以我报考成都的四川医学院也是受其影响。"文革"后，郑瑞澄考上硕士研究生，后来在北京建筑科学院工作，成为国内太阳能应用研究方面的知名专家。我进入大学后的第一个惊喜便是同专业同年级又有我的发小——朱亚兰（经济系朱杰先生之女），她中学时读师大附中，住在学校，我们已好几年没见面，居然不约而同地考上了同一所大学，当年川医药学系在甘肃省只招五人，就有两个兰大子弟，这是多大的概率、多巧的缘分！从此每个假期，我们都相伴一起返回兰州。1970年，我们全体在校生下到四川凉山解放军农场劳动锻炼，我们药学系所在连队就位于现在的国家级贫困县昭觉。1971年，我被分配留校作师资，亚兰被分配到峨眉县，后照顾爱人关系调到西安某军工厂医院工作。大院里比我们年纪小的孩子全都在"文革"期间中断了学业，经历了上山下乡，直到"四人帮"垮台，才有了上大学的机会。

我们这代人的爱情和婚姻也有着显著的时代特征。发小大康是个天生的"理工男"，记得小学的音乐课上，老师让他站起来唱《东方红》，谁知他只有第一句算是唱出来的，后面全是说出来的，引得同学们哄堂大笑。进了一中，他在班上崭露头角，尤其是数理化学习令人咋舌，作业做得又快又好。更为夸张的是高考填志愿，他从第一志愿开始连填三个中国科技大学，自信心爆棚。后来，他果然如愿以偿地考上了中科大核物理专业。但理工男的爱情却遭遇滑铁卢，大康喜欢高中班上一位才女，这位女生却因家庭政治条件不好而高考落榜，为了不影响大康的前途，她拒绝了大康，一段懵懂、纯洁的爱情就此画上了句号。发小咸宁在高中时已出落成楚楚动人的小家碧玉，由于父亲的问题而高考落榜，早早地找了一个根红苗壮的工人把自己嫁了，让一中几个暗恋者气得直跺脚。不过凭良心说，咸宁的老伴还是挺不错的。兰州的同学在农宣队锻炼一年后也分配了，元露被分配到漳县一个公社当妇联主任，后又调到漳县中学当老师，80年代中期才调到兰大中文系资料室工作。

童年的马咸宁、吕太平、刘元露、刘琪（从左至右）
（1953年拍摄于太平家门口）

岁月如梭，斗转星移，如今我们都已是七十多岁的老人，是改革开放让我们有了一个虽不大富大贵却也衣食无忧的晚年。回首往事，感叹不已。唯希望我们的后代岁月静好，国家富强，国泰民安。

感谢发小们给本文提供了珍贵的资料和建议。

2020年6月13日

萃英门：我们心中游戏的"诺亚方舟"

刘　琪

孩提时代的游戏将会影响和造就孩子的一生，而一群孩子共享、共玩缜密的游戏，更会在这群孩子中形成一种文化、一种品格和风格、一种特定环境中的"大院"精神。兰大特殊的人文环境和美丽的封闭式的自然环境，使萃英门游戏的兴起与传播带有明显的区域性特点。所有孩子都沉浸在这种氛围中，每种游戏都是孩子们的记忆和珍藏，都有特殊的意义。游戏在孩子的生活中占有重要的位置，也是孩子认识世界的渠道，在孩子的成长道路上有着不可替代的作用。游戏在给儿童带来快乐的同时，也帮助儿童认识社会，是最佳的学习方式。

萃英门——童年心灵最美的地方

世界上最美的地方在哪里？在我们童年稚嫩纯洁的心灵里，在我们童年幸福美满的梦境里，在我们儿童独立存在忘我游戏的精神世界里。萃英门建于清光绪初年，是考举纳士、招才聚贤的甘肃举院，可容纳四千余考生。举院景观大气，气势恢宏，肃穆静谧。四面筑以城墙，西南角开城门，有左宗棠题匾"为国求贤"。后来封西门，留一东门，上书"萃英门"三个大字约提于清朝光绪年间，自此萃英门成为举院的别称。国立兰州大学成立，将八个机关、学校前后迁出，萃英门内建筑亭堂尽归兰大使用，面积也由原来的65亩扩大为239亩。经精心设计，修旧建新，以原至公堂为中轴，留其原貌，门楣上悬挂左宗棠书匾"至公堂"，两侧留左宗棠三十字对联……在其东北方向建三座教学大楼，以山喻志，分别名为"祁连堂、贺兰堂、天山堂"，这在当时平房、旧房林立的兰州，可谓巍峨挺拔。三层亭楼明远楼于1919年移入兰州著名仙地五泉山内，改为万渊阁，为后人留下观瞻、回顾历史的文物真迹，在其址上建图书馆积石堂。原计划所建中山堂，已不能满足教学、聚会需求，改建为宏伟壮观的大礼堂。大礼堂呈飞机状，占地面积740平方米，设两千座位，并可随机加椅凳。前楼左右两侧二层，对称排列，近百米之距；中部三层，高四丈有余，上下楼面积达3600平方米；堂门前设方形阳台，与二楼衔接，下以四根钢筋水泥柱支撑，原台阶设计为方形，以示"方正"，后改为半圆，寓意"方圆"；台阶为十二级，"拾级而上为天干，延节而下为地支"。这种建筑在当时的兰大乃至全省的校舍中都堪称之最，遂以西北最大名山昆仑山为名命名"昆仑堂"。在这个名贯西北的大礼堂中，凝聚了一代海内外学子、一代萃英门孩子的文化、娱乐、游戏、情感的梦。同时，又修建了五座学生宿舍楼，三座在至公堂北，两座在办公区"红门"（办公区、财务处、总务处所在大院，因南向萃英门而开的圆形红门而得名）的西侧，分别冠名"衡山堂、嵩山堂、华山堂、泰山堂、恒山堂"。孩子们则简称其为男生楼、女生楼。幼儿园紧挨女生楼东。在园周围修建了三排白墙红瓦的砖混结构房屋作为单身职工宿舍，以解决教师住宿奇缺的燃眉之急。至此，兰大萃英门这块城墙环绕的"举园"，傲然屹立在西北名城兰州，像一颗冉冉升起的高校璀璨明珠，散发出夺目的教育之光。这是一片酝酿学术、教书育人的净土，这是一座承载中外专家学者、莘莘学子的诺亚方舟，在历史的滚滚潮流中急流涌进，勇往直前。

静观园——孩子们的"伊甸园"

真正成为兰州大学师生修身养性、孩子们幸福乐园的风水宝地是静观园。1917年，刘尔炘呈准省署在甘肃举院西南面建祝楠别墅，30年代改为静观园。静观园构思精巧，匠心独运，平面与立体相结合，展现出中国园林与西方园林特点相结合，融汇山、水、田、林的建园艺术，集古朴风貌与现代实用为一体却不失平衡的园林美学思想。以山为主体，南北两座假山，左山为"乾"，上建八角古亭，书以"休休亭"；右山为"坤"，山体高奇，巨树相拥；中设一座古典建筑，雕梁画栋，挑檐青瓦，窗棂则是现代的方窗，玻璃镶嵌，绿色帘帷，与"静观"月牙形门相对。两山均堆土为山，边以垒石镶砌，山之两头置以巨石，是孩子们最喜欢的"马"，骑上如临疆场，充满荣誉感与自豪感。两座假山上设小路，可供两人并肩而行。原本仅留南北两端登山口，设石级，让人拾级而上，时有清风薄雾，如临仙境。然而，对年少轻狂的大小孩子来说，两边石砌随处可登，久而久之这些所登之处成为一条条小路，并在石缝中长出野枸杞和冰草。园内百年巨树随处可见，据说多为左宗棠所栽，而更多的是果树，以梨树为主，还有桃树、杏树、苹果树等；在中间建筑前，布以橘、竹、梅等。树下种着各种花，有牡丹、菊花、夜来香，到处可见古藤蔓条，四处是垂柳青杨。在这里，物我一体，天人合一，人与自然和谐相处。在这里，我们运用一切有意识和无意识的能力去接触外部世界的信息，并赋予这些信息以人文和心灵的关照，使外部世界与内部世界整合一体，在幼小稚嫩的心里浇铸了大自然的伟力。

在萃英门里，孩子们的踪迹踏遍了"三山、五岳"，孩子们的活动踏遍每一方土地，孩子们的游戏遍布各个角落。但是，静观园是萃英门的天心地胆，是其文化的精华所在，它凝聚着时代印迹、历史积淀和文化传承。静观园特殊的人文环境，形成了特殊的群体游戏，形成了一代人的"游戏"人生。

静观园山有情，树有情，一草一木皆有情。"静"中有乾坤，"观"中存日月，"园"中留花夜。孩子们在这里茁壮成长，这里留下了他们的生命历程，也留下了他们终生难忘的梦……孩子们最喜欢的是左边山转角处的休休亭，在这聊天、赏月、玩过家家、写作业……静观园的春天是最美的，春风化雨，满园春色，溢香流彩，蜂鸣蝶飞，莺歌燕舞，鸟语花香……我们在这里尽情游戏，追逐梦想，让人陶醉，让人眷恋。静观园的冬景是最有特色的，园内树木银装素裹，雪花飘舞，梅花暗香，在这纯洁而寒冷的冬季里享受着大自然的馈赠，等待着春日。梨园略加修建，除掉地中间的盖塄，灌水成冰，一座滑冰场便成为我们的冰上乐园。在冰天雪地里和呼啸的寒风中，我们穿着各式各样的溜冰鞋尽情地玩耍，动作不一，但都学会了滑冰；当积雪很厚的时候，从城墙高坡向下滑雪，更是我们乐此不疲又最有兴趣的游戏。从高坡上急速滑下，如离弦的箭，风驰电掣，有时翻倒了人会甩出很远，但是没有一个人因为害怕而退却，即便女孩子也毫不退缩……这也造就了我们勇敢坚强、永不言弃、决不言败的品格。每当下雪时，清晨总能见到一双双小脚丫的足迹留在假山的路上，孩子们总是起得最早的。剪一程宁静如冰的风景，听雪花飘落的声音，不知不觉半个世纪过去了，但纵使时过境迁，繁华落尽，依旧傲雪独立、红尘含笑。

静观园已不再仅仅是一个风景秀美的自然景观，它已成为兰州大学一代人心中特有的精神、文化象征，承载着每个曾生活在那里的孩子心灵深处的爱和温暖。它是我们幸福生活、健康成长的"伊甸园"，是我们魂牵梦绕的"世外桃园"，是我们心里的天堂。走过岁月，回首茫茫来时路，胸中涌现的是对世事和人生的更深、更真的感怀与领悟：灵魂融汇，凝结成永恒！

艺术熏陶我们的精神世界

孩子有孩子的世界，有他们自己认知世界的方式，儿童的精神世界是一种独立的存在。孩子将艺术熏陶中的精华导入自己的游戏世界，又在游戏中创造属于自己的文化，并以游戏的方式来表达这种文化。在静观园这种特殊的文化环境中，孩子们已不满足只是唱唱歌、跳跳舞、过家家、踢皮球，女孩已不满足只把竹筒当针管给洋娃娃打针，用小勺给洋娃娃喂饭，男孩也不满足只用一根竹竿当马骑，用一只小板凳"开机车"……他们过早地在昆仑堂与大学生们一起接触到了许许多多国外和国内的电影、戏剧，《美丽的华西丽莎》《三头凶龙》《绵子姑娘》《莎特阔》《一只勇敢的小花狗》等等，这些充满对美好生活的向往、对丑恶事物的批判的优美童话故事，打开了孩子们童真心灵的大门，也很快成为他们游戏的主要内容。女孩们过家家，最美的孩子是美丽的"华西丽莎"，男孩则以勇敢坚毅的"莎特阔"为荣耀。在看了《牛虻》《柯楚别依》《夏伯阳》《坚守要塞》等电影后，孩子们认识到什么是正义，什么是邪恶，什么是勇敢，什么是不屈。《牛虻》中亚瑟的名言"不管我活着还是死去，我都是一只快乐的牛虻"，《夏伯阳》中主人公夏伯阳在枪林弹雨中身经百战，他高呼着"来吧，兔崽子……"成为孩子们的心声，激励着孩子们勇敢。在看了《风从东方来》《丘克和盖克》《狂欢之夜》《蜻蜓姑娘》《驯虎女郎》《运虎记》等电影，孩子们在趣味中开阔了眼界，了解了我们不熟悉而应该去追求的一种美好的生活，特别是每部片子中幽默有趣的部分甚至是滑稽的动作都成为孩子们在游戏中模仿的对象。《蜻蜓姑娘》中美丽的姑娘从楼梯扶手上潇洒地滑下来的场景，《风从东方来》中滑稽幽默的"油门的换挡，换挡的油门"，想停却加大了马力，将沙滩度假的被单一条条刮跑的场景。《二十四只眼睛》《战火中的妇女》《暗无天日》等电影，让我们明白了战争给人类带来的灾难与罪恶，在我们心灵深处萌生了正义感与同情心，从而更加热爱和平、热爱新生活，痛恨战争及法西斯。《欧赛罗》让我们增生了凝重的悲剧意识，唤醒了我们心中一种特殊的审美情感，对美的同情和对丑的痛恨。《堂吉诃德》则给我们的是喜剧意识，在对现实生活的夸张与变形中，认识到滑稽与笑是正面的人生，这也成为兰大孩子的表演形象，在无形中追求和塑造真、善、美。同时，卓别林进入孩子们的视野和心灵，他塑造的形象无情地揭露了资本主义对工人的剥削和劳动人民遭受的苦难，在《大独裁者》里，他把矛头直接指向希特勒和墨索里尼，在《舞台生涯》里，他进行了严肃的人生探索，表现了对未来的希望，通过他的电影孩子们已学会"含着泪的笑"。

同样，梅兰芳、常香玉、侯宝林等大师们精湛的艺术表演，把祖国最珍贵的艺术形式展示给我们，也让我们这些年幼的孩子深受滋养和熏陶。新中国成立之初的兰大，每隔一段时间都有自己排练的话剧以及戏剧演出，如《西望长安》《血泪仇》《拾玉镯》《苏三起解》《盗御马》等，这些演出都有教职工及孩子们参加，这些节目感人肺腑，至今仍让人铭刻在心。记得在静观园的假山上，王洛宾用沙哑的声音将《在那遥远的地方》献唱给了兰大，而这首歌也成为萃英门孩子们最喜爱的歌曲，伴随我们的一生。

我们这一代人出生于国立兰州大学时期，不论父母来自何方，不分年龄、性别，都在萃英门聚居成长。孩子们在静观园和大学环境的影响下，实现了全面发展，并终身受益。文化活动在游戏活动中成为独立的表达方式，在玩中发挥自己的想象力，在稚嫩的心灵世界里无拘无束，天马行空，任意想象；在童年幻想的世界里充分展示自我，表达自我，展示天性，每个孩子的个性得以充分的彰显和终生的延续。

群体游戏让孩子们凝聚在一起

　　而真正成为孩子们的群体游戏的是"踢罐头"和"官兵捉贼"。"群体性游戏"体现了一种真正意义的静观园的精神与文明、心胸与格局。游戏把来自"五湖四海"的孩子凝聚在一起，使西方文化的精髓与中国古典文化的精华有机地融合在一起。游戏以无穷的魅力与吸引力，让孩子们发挥无限的想象力与创造力，使他们积极忘我地投入其中。每到星期六和节假日，都会听到"踢罐头"的"哐当、哐当"声，都会看到一群群追逐的"官兵"与"贼"。纵贯南北的单身教职工宿舍北边敞开处，静观园与昆仑堂只有一步之遥，几乎连通一体，为孩子们提供了奔跑、躲藏的极佳环境和场所。在游戏中，我们尽情接触外部世界，并赋以人文和心灵的关照，使外部世界与内部世界融为一体，在幼小稚嫩的心里浇铸了大自然的伟力，构成我们文化和精神的灵魂。在玩的过程中，我们认识他人，了解自己，建立友谊，掌握与同伴交往的技巧，学会处理人际关系。珍视游戏：踢的"罐头"是游戏的唯一道具，孩子们争相从家里寻求最好最结实的圆形罐头盒，再从中选出最适合最鲜亮的。为了拿出最出众的罐头盒，有的孩子拿出了父母留学时期带回来的外国奶粉罐，有的甚至拿出了父亲珍藏的朝鲜战场的战利品罐头。规则契约：游戏有严格的每个参与者必须共同遵守的规则。"踢罐头"是画一个圆圈，一个罐头放在中间，有一个"守罐人"，其余的人都躲藏起来，谁踢到罐头谁就是这一场活动的胜利者；而"守罐人"则观察、捕捉躲藏的人，在圈内一边用罐头敲地一边喊被看到者的名字，而被喊者都会诚实地走出隐藏地，走到圈子里，成为被"捉"的人，直到全部躲藏者被"捉"；若喊错了，被喊者则会用手在嘴上"哇、哇、哇"边拍边走出来，被"捉"的人会被解救出一人，一般是第一个被捉者。"官兵捉贼"游戏则是分成两边均等的人数，然后"官"方在树或电杆旁画一个圆圈，"官"方追逐并抓住躲藏、奔跑的"贼"，放到圈里，第一个被捉的"贼"必须手挨树或电杆，被捉者手拉手连接，他们快速移动，最外边的"贼"只要碰到前来"营救"的"贼"的手，被捉者则全部被"释放"，这是一场奔跑速度与智慧的角逐和较量。守时按点：每个孩子都按照规定和约定的时间准时来参加游戏，很少有迟到者，而迟到者只能做"守罐人"或"局外人"。游戏会按时结束，即便是星期六或者节假日，这让孩子们养成了守时的观念。公平无私：绝对公平的人物"角色"分配，"踢罐头"大家用"石头、剪刀、布"，最后输的那个人就是"守罐人"。十多个人发出同一个声音"石头、剪刀、布"，同时伸出手，那场面是非常壮观的，会引来无数大学生围观和羡慕的眼光。而"官兵捉贼"大家推选出两个最强壮的首领，两人猜拳，"赢者为官，输者为贼"，再挑选各自的"人马"。诚信契约：在游戏中没有一个孩子耍赖或者不守规则。"守罐人"看到谁并喊出他的名字时，被看到者都会非常诚实地站出来，而不是掩饰、换人。大家都能够严格遵守游戏规则，培养和形成了诚信守约的契约精神。策略奉献：为了不被捉和解救被捉的人，所有的人都开动大脑，积极想办法，可谓用尽了"三十六计"，真正是一场智力、体力、精神的角逐；为解救同伴，有的孩子做出"牺牲"，吸引对方，为同伴争得时机。沉稳等待：往往最后被捉的总是女孩子，他们能够细致入微地观察周围的变化，沉稳耐心地等待时机。沉稳耐心，淡定从容，这是一个人的最优秀的品质，而孩子们也正是在这个时候通过游戏培养了这种品质。在游戏的过程中，我们培养、完善了集体意识，发掘、展现了聪明才智，不断地从游戏之中感受到不同一般的能力。游戏"童年"带来了游戏"人生"，得到人生从童年到暮年的双赢。

孩子们在静观园里过着无忧无虑的幸福生活，同时也憧憬着外面的世界。最让他们感兴趣的是爬上城墙看外面的世界，城墙上有攀登者挖出的小坑，可以用手脚登攀，但是对于身手矫健的孩子，即便是女孩，也能很轻松地攀登而上。伫立城头，放眼远处，奔腾的黄河水、巍巍的白塔山、逶迤连绵的北山、苍凉古朴的黄河铁桥、"哗、哗"作响的巨大水车、墙外驴驮人挑的买水人……尽收眼底。四时河景更是令人心醉，极目西望，云吞雾绕，恍若仙景，黄河之水天上来；放眼东瞭，鱼肚云裳，朦胧诗意，奔流到海不复还。特别是初阳升起，北山披银，紫气蒸腾，云深天蓝，黄河之水恍如烟；晌午时分，夏木成荫，河柳拥岸，暗紫丁兰，郁郁葱葱；月夜下，河中月浮动，山上、河边灯光密布，恍若清梦，阵阵清风，月色黄昏令人心醉……

人物访谈录

我的父亲张雅韶和母亲枣尔汗[*]

——张靖原访记

刘元露　张靖原

　　父亲张雅韶（1901—1959），原名张珏，又名玉符，甘肃漳县盐井镇人。少年时在私塾上学，成绩优异，后考入甘肃省第一中学（兰州一中前身），1921年底毕业。1922年7月考入北京民国大学中文系，期间受大革命的影响和激励，参加了反对帝国主义和北洋军阀政府的斗争。在革命斗争中，他接受了党的培养和教育，先后加入青年团和中国共产党。大学毕业后，受组织委派赴莫斯科中山大学政治科学习。1928年底毕业回国，指定到上海与组织联系。当时白色恐怖笼罩上海，联系无果。他来到北京，改名张雅韶，几经努力找到了党组织，不久又被国民党军警冲散，再次与党组织失去联系。1930年到马仲英领导的纵队任秘书长兼顾问，1933年5月随部队进入新疆，同年7月

父亲

受马仲英派遣，在迪化同国民党新疆省主席盛世才谈判，遭扣押，三进三出，前后长达十余年。1945年出狱，担任新疆第一中学校长。1949年5月，回到家乡。1950年2月，任漳县中学校长。后又调入兰州大学历史系任副教授。1958年由兰州大学调任张掖师范学院。1959年11月2日，病逝于兰州中医院。

母亲魏桂菁（1921— ），维吾尔族名枣尔汗，是新疆战乱时期的一名孤儿，被一魏姓小买卖人和维吾尔族妻子收养。与父亲在新疆成婚。父亲在新疆坐监期间，她带着我们一起被发配到伊犁，在工厂打工。后随父亲来到兰州大学，一面操持家务，一面在兰大缝纫厂工作，后任厂长；之后调任兰大化工厂任厂长。

母亲

我们通过微信联系到居住在临夏的萃英门发小张靖原（小名丫丫），请她讲一讲自己的父亲母亲。以下是微信谈话的记录。

元露：丫丫，你还记得住在萃英门老甘院的情形吗?

丫丫：记得呀！那时虽然年幼，至公堂、天山堂、昆仑堂的名字我还记得，记得在昆仑堂我和父母欣赏了梅兰芳大师的京剧《霸王别姬》，还记得静观园盛开的牡丹、兴隆山壮观的松林和安宁美丽的桃花园。

我们家是1949年5月从新疆回到漳县盐井乡老家的，父亲任漳县中学的校长，后调入兰州大学历史系任副教授，一家人便跟随父亲来到了萃英

我们一家在静观园

门。在那里，我们住在一个长方形的大院里。母亲每天把院子打扫得干干净净，她种了牡丹花、丁香花、荷包花等各种花草，五颜六色，老甘院香气扑鼻。院子里还住着几家人，其中有刘安妮一家三口，刘安妮跟我同岁，都是1946年出生的，她妈妈是我们兰大附属小学一名和蔼可亲的老师。

元露：丫丫，你父亲是一个很有名的人，能讲讲吗？

丫丫：我父亲张雅韶少年时读私塾，学习勤奋，成绩优异，后考入兰州一中，又到北京上大学，在校期间加入了中国共产党，是1925年入党的早期党员，随后由党组织派往苏联中山大学学习，跟张闻天在一个支部。毕业后父亲回到祖国，正赶上国内大革命失败，白色恐怖弥漫，在原来确定的上海联络点找不到联系人，后几经周折，终于在北京找到了组织。后来父亲又被派往新疆，在同盛世才谈判时遭关押，被关在新疆第一监狱，出狱后经同事介绍担任新疆一中校长。父亲的经历在甘肃省党史研究室有记载。听城弟说，兰州白塔山纪念馆里有父亲的照片。父亲去世后，兰大文学院原院长水天同曾说："张雅韶一生的经历使他掌握着西北近代史上极为复杂混乱的一段历史的第一手资料。这样的人要再找一个是不容易的。"张掖师范学院原党委书记、党史研究委员会副主任康和厚说："这个人水平很高，才华少有，能写诗写文，出口成章，是个可贵的人才。"

元露：丫丫，小时候我们见过你母亲，很漂亮，能歌善舞，是维吾尔

我们一家在老甘院

母亲和大哥在乌鲁木齐

族。说说你的母亲吧！

　　丫丫：我的母亲是一位美丽、善良、勤劳的伟大女性，只因父亲过早地离开了我们，为了这个家她付出了自己的一切，度过了苦难的人生。为了生活，她起早贪黑地扫过街，为了不让孩子们挨冻，她捡过煤核。艰辛的生活造就了她坚强的个性。她老人家留给我们的是善良、宽容、奉献和坚韧不拔的精神。

　　母亲是新疆战乱时期的一个孤儿，她的养父是陕西人，姓魏，做点小买卖，养母是维吾尔族人，两口子很善良，没有后代，对母亲很是疼爱。母亲生于1921年2月17日，维吾尔族名叫枣尔汗，嫁给父亲后，父亲给她起名叫魏桂菁，意思是老家漳县有个贵清山，是个风景秀美的地方。以此为名，这也是父亲对母亲的疼爱和赞美吧！父亲和母亲结婚后不久就有了我的大哥，取名张靖宇，母亲就成了全职太太，日子过得也很顺心。后因大革命失败父亲被关押入狱，母亲和大哥也被遣送到新疆伊犁。为了生活，母亲在一家工厂打工，数年后才回到乌鲁木齐和父亲相聚。1949年底，父亲带着全家回到了久别的家乡，一年后调入兰州大学历史系任副教授，居住在萃英门大院，以后又搬到新校址。母亲除了操持家务外还在兰大缝纫厂工作。因为她工作认真踏实，任劳任怨，不辞辛苦，不久就被提升为厂长，之后又调到兰大化工厂任厂长。父亲在穿戴上不讲究，但在伙食方面比较讲究，经常买好吃的东西，这就忙坏了母亲，母亲又有一手好

母亲和我

厨艺，每顿饭都被我们一扫而光。尤其在过年的时候，大炕桌一摆，好吃的东西应有尽有，父亲品上两盅酒，就开始给我们讲古今了，兄妹们好开心呀！母亲高兴了也给我们来一段维吾尔族舞蹈围囊，我和庸妹也凑热闹跟着母亲跳来跳去，绕绕手腕，动动脖子，全家人沉浸在幸福之中。母亲开朗、乐观的性格让我至今难忘。

元露： 丫丫，1958年院系大调整，兰大文科三个系都被划分出去了，你父亲被分配到哪里去了？

丫丫： 记得是在1958年底，我们家搬到了张掖，父亲任张掖师专的副教授。可惜不久患了重病，送到兰州中医院抢救无效，于1959年11月2日去世，享年五十八岁。

元露： 父亲突然去世，对你们一家打击太大了，那一年你多大？

丫丫： 那一年我十三岁。父亲的早逝，无疑给母亲和我们兄妹带来了灾难性的困境。母亲带着我们又回到了兰州，在林迪生校长的帮助下，我们在兰大后门"陕西会馆"里的两间房子住下了。

元露： 当时你们家的收入来源主要靠你哥哥吧？

丫丫： 是的。父亲去世后，我们全家六口人面临的是如何生活的问题。大哥的学业是在西北师范大学物理系完成的，只因生活所迫，提前一年休学。休学后，在土门墩煤厂当过工人，在二十里堡中学当过教师，在兰州八中也任教过，最后在兰州一中任物理教员。大哥对母亲很孝顺，记

父亲和大哥

得我在西北民院上学时，正是困难时期，有一次我把省下来的两个大馒头给大哥吃，他没舍得吃，说要带给母亲和弟弟妹妹们。回到家里，他兴冲冲地给母亲说他带来了两个大馒头，可没想到那两个大馒头已被小偷偷走了，大哥伤心地哭了一场。困难时期的两个大馒头，对百姓来说是何等的重要呀！

哥哥善良、正直，对看不惯的事情喜欢评论。他年轻的时候学得一手形意拳，形意拳的特点是神速，攻击力很强，双方交手时，对方还没有反应过来，他已贴近你身旁，将你翻倒在地。有时，我们和大哥也玩耍一阵，最后还是招架不住败下阵来。

元露：你大哥真是不容易！

丫丫：是的，大哥最后拿的是西北师范大学物理系的毕业证书，在一中是副教授职称。母亲还有一个帮手，那就是庸妹。我的妹妹张靖庸，机灵、泼辣、能干，从小就帮助母亲维持家庭生活。为了减轻母亲的负担，她曾在工人文化宫、五泉山摆过书摊卖小人书。

元露：这些我听父亲说起过。他说有一次在五泉山大门口，看见你妹妹庸庸在摆一个小人书的书摊，父亲心中不忍，便蹲下去拿起一本书看，

母亲和庸妹

还书时夹了五元钱，你妹妹还能认识我父亲，高兴地笑了。

　　丫丫：是的，我妹妹记性很好，她回家后给母亲说了，说见到了刘伯伯，母亲知情后非常感动。庸妹小学毕业后考到西固苗圃专业队，成家后调到兰州机车厂，后随丈夫又调到广西柳州机车厂工作。她擅长美食制作，考取了国家一级京粤厨师证，从此转入了饮食行业。妹妹对母亲极为孝顺，多次接母亲去柳州、北海游玩。母亲喜欢大海，在海边散步、玩沙、捉蟹，心情得到彻底放松。

　　元露：丫丫，我还记得你家从萃英门搬到新校区后，我们家还住在老甘院，有一天我们姐弟几个到新校来玩，你妈妈做了一大桌子香喷喷的饭菜招待我们。那天我们玩得特别高兴，却忘了身边的弟弟不知道什么时候走丢了，一直找不到，最后还是警察送回来的。

　　丫丫：丢掉的弟弟正是愚愚，他个性比较内向、厚道、做事死板，爸爸起名是有寓意的，所以称"愚"是合适的。我最小的弟弟城城，思维敏捷，个性开朗，知识面较广，写得一手好字，母亲和朋友都喜欢他，称他是老顽童。在我们兄妹之中，他和母亲相处的时间最长，两人的感情也是最深厚的。后来，两个弟弟都长大了，他们都有了自己的家庭和生活。

我怀着一颗崇敬的心，叙述了我的父亲母亲，不知是否能表达我对他们的深爱。由于我从小在外上学、工作，离开母亲较早，陪伴母亲度过的艰辛的日子是有限的，这是我人生中最遗憾的一件事。如果有来生，我还愿做他们的女儿，永远陪伴在他们的身旁。

母亲在临夏红园

说明：* 本文是刘元露等根据微信访谈张雅韶长女张靖原整理成稿。

作者简介

张靖原，1946年9月出生于新疆乌鲁木齐，后随父母移居兰州，在兰大附小、附中上学。1960年考入省文化厅舞蹈专业，一年后到西北民族学院艺术科学习舞蹈。1965年分配到临夏回族自治州民族歌舞剧团工作。1989年任国家二级舞编导（副教授），1990年任临夏州歌舞团副团长。1992—1997年，任第七、八届临夏州政协委员。曾任中国舞蹈家协会会员、甘肃舞蹈家协会理事、临夏舞蹈家协会主席。所创编的舞蹈作品多次获得国家级、省级舞蹈比赛金、银奖，独立编纂完成了《中国民族民间舞蹈集成》（甘肃临夏卷）。曾多次在《花海雪冤》《牡丹月里来》《迎春花儿开》等大型花儿剧中担任舞蹈主创，并在各类主题歌舞晚会、文艺晚会中担任总导演。

三十功名尘与土*
——纪念陈时伟伯伯

刘新陆

陈时伟（1906—1973），湖北英山人，1949年3—4月回国任国立兰州大学教授。1951年4月至1957年12月任兰州大学副校长，九三学社社员，二级教授。1973年病故。

教育部征求父亲对工作分配意见时，国内有好几所著名的大学都愿意接受父亲去任教，因为父亲是美国威斯康星大学经济学院的博士生。

父亲说，是陈时伟校长的一片诚心，打动他来兰大的。

陈时伟有三招儿：一是认同学，二是认老乡，三是给条件。

陈伯伯和父亲都是当年国立中央大学的校友，陈伯伯比父亲高几届。说起三四十年代中央大学的人和事，他们一下子便拉近了距离，陈时伟又在黄埔军校担任过理化教员，这又增加了父亲的认同感。为了动员父亲来兰大任教，陈伯伯把夫人左宗杞拉来做母亲的工作。左伯母一副大姐模样，慈眉善目，清秀端庄，说一口长沙乡音，便使母亲泪眼婆娑。两个女人的话，似乎比两个男人多得多。左、白两家有世交，母亲见到左伯母，有遇到了娘家人的感觉。左宗杞和陈时伟夫妇又都是访问过美国的高级学者，在父母心里的分量，更是非同一般。

陈时伟的撒手锏，还是教授待遇的问题。因为父亲没有拿到威斯康星大学的博士文凭，另外几所大学都只答应给父亲一个副教授，而陈时伟告诉父亲，兰大地处西北，缺少父亲这类人才，拿一个正教授比较容易。他大概为此是拍了胸脯的。

父亲终于点头同意接受兰大的聘书。

陈时伟先生

陈时伟高兴得笑了。这是一种理工男的笑，坦诚、睿智、无拘无束，前仰后合，开怀大笑。

像父亲这样，被陈时伟校长聘请到兰大工作的人，萃英门不止父亲一个，可惜无人作一个统计。

父亲带我们一家来到兰大萃英门后，搬了一次家，在老甘院住了将近八年。

陈时伟伯伯住在至公堂南侧学校办公院的南小院里，坐北朝南，三间上房，旁边还有两间作餐厅和厨房。

有一天下午，姐姐带着我还有同院樊祖鼎教授的女儿樊梵西一起到陈伯伯家里去玩。他家无人，大门敞开着。那时，好像家家户户都不用锁门的。姐姐她们几个在小院里跳方方，我因为好奇，以前听人说过陈家有钢丝弹簧床，便溜进去一探究竟。房屋里很宽敞，阳光明亮，右边一间进去便是卧室，果然有一张宽大的钢架床，上面铺着白色的床单，很素雅洁净。我的头比床沿稍高一些，手伸进被褥下摸索，果然是钢丝弹簧床。这令我羡慕不已，睡在上面，该多软和呀！

父亲请陈伯伯夫妇来老甘院家里吃过一顿饭。在家里，我们叫他们陈伯伯、左妈妈。母亲做得一手好湘菜，汽锅鸡端上桌子，满屋飘香。

我家几间房子都不大，父亲有一间书房。我和姐姐的房间便是公共空

间，一个小方桌既是餐桌也是我们平日做作业的书桌。小方桌拉到屋子中间，一头靠床，另外三面放凳子。陈伯伯坐在床上，算是上坐，左、右两边是左妈妈和母亲，下首是父亲。我们几个小孩不能上桌，门边摆一个小桌，拨一些菜下来，坐在小板凳上吃。大人们吃得高兴，聊得开心，只听陈伯伯哈哈大笑，前仰后合，后脑勺撞到墙上"咚"的一声响。左妈妈连忙去扶，陈伯伯仍然满面笑容，毫不在意。

父亲与陈伯伯的话题很多。大致有三类：一是怀旧，二是治学，三是九三学社。

陈伯伯是抗战中西迁至四川绵阳三台县的东北大学最年轻的化学教授，他与夫人左宗杞虽不大涉足政治活动，却非常注意保护进步青年。他们住在一间大房子里，中间拉一个布帘子，左先生在里面备课，陈先生在外间接待学生。他们在四川培养的学生中有许多甘肃籍人，后来被他聘请到兰大任教。

谈及治学，陈伯伯告诉父亲，一定要"有自己的东西"。学富五车，终有一册，这一册便是自己的。父亲接受过系统的西方经济学教育，在新的政治环境下如何学以致用，形成自己的东西？他在陈时伟夫妇的身上找到了榜样。经过几年的思想改造和政治学习，父亲翻译和撰写了一些评价

在黄河边取水的水客子

凯恩斯学说的文章和著述，逐渐在国内经济学界崭露头角。

陈伯伯动员父亲加入九三学社，多年以后父亲还担任过甘肃省九三学社的秘书长。

陈时伟夫妇育有一儿一女，儿子名叫陈绪光，女儿名叫陈绪明。两人的名字连起来，便是"光明"二字。他们都出生在抗战时期，可见父母对儿女的期待，对未来的向往。

兰大萃英门

陈时伟担任兰州大学副校长以后，注意力逐渐由治学转向治校。他早年是主张教育救国的，受蔡元培、黄炎培、陶行知等人的教育思想影响很深。蔡元培"思想自由，兼容并包"的办学理念，是他在上大学和教学生涯里，植根于血脉之中的准则。现在他要执掌一所大学，自然而然地秉承了这个传统。他的目标，不是只局限于办好一所普通的地方大学，而是要建立一所像他的母校——中央大学一样的国内一流大学。

陈时伟决心办好三件事。

第一件事，广揽英才。他首先是重视招收本地人才。在这一点上，他与时任校长辛树帜的认识高度一致。他本人和左宗杞先生，都是在辛树帜校长"广揽天下英才而用之"的感召下来到兰大的。当初他们来到萃英门时，学校师生敲锣打鼓，夹道欢迎。1950年，辛树帜校长离开兰大到北京学习，后来在西北农学院任职，这个任务便由陈时伟来继续完成了。当务之急是不能让辛树帜校长当年辛辛苦苦招来的人才，随之而去。图书馆的靖钦恕便是其中之一。

辛树帜办兰大留有三大宝："图书、仪器、顾颉老（指顾颉刚等一批国内知名人士）"。留住靖钦恕等一批图书馆管理专家，至关重要。靖钦恕当时很年轻，又是原西北农学院农经专业的讲师，天资聪颖，多才多艺。他在图书馆资料管理和利用方面有独到见解。留下靖钦恕，还有示范效果。所以，陈时伟下了一番功夫，终于留住了靖钦恕，而后来靖钦恕也不出所料地在中国图书情报索引学方面成为开拓者。

其实，他留人的招数，还是"诚心"二字。凭着一片诚心，老兰大的教学骨干力量，保住了一大批。当然，留住并吸引人才，并非陈时伟一人之力。当时在校的许多教师，都各尽所能，利用各种人脉关系延揽人才，这才有了新旧交替之际新兰大群英荟萃的好局面，为后来的大发展奠定了基础。

与此同时，陈时伟利用他在教育部和全国各地著名院校的关系，大力招收海外留学生（包括留苏学生）以及国内知名的教授学者。这些人后来都成了兰大的顶梁柱。同时，还选拔了一大批优秀毕业生留校工作，由此形成了文理结合、梯次发展的师资力量。

第二件事，是恢复教学秩序。新中国成立前，兰大即已形成了文、理、法、医及少数民族学等二十六个学科院系。新旧交替之际，必须加强教学管理，保证学生能按期入校，照常上课，按期毕业。在这一方面，要说的事太多，不可一一道来。仅以化学系为例，即可说明。陈时伟和左宗杞二人为兰大化学系的发展，倾注了大量的心血。新中国成立前夕，他们拒绝了国民党政府迁台的安排，组织师生护校，转移隐蔽实验仪器和药品。他们还为化学系添置了不少当时比较先进而过去没有的仪器设备。在他们的努力下，化学系的专业不断扩展，培养出一批又一批的专门人才，每班学生的数量也由六七人扩充为四五十人。青出于蓝而胜于蓝，长江后浪推前浪，这为兰大化学系成为全国一流的专业院系奠定了基础。化学学院是兰大的一棵常青藤。

第三件事，是陈时伟对兰大的建设和发展所做的最重要的贡献。在1952年全国教育系统院系调整中，兰大成功列入教育部直属十四所重点综合大学之一。陈时伟为此与时任教育部副部长曾昭抡书信往来不断。曾昭抡原任北京大学化学系主任，调入教育部后负责全国高教系统院系调整工作。陈时伟抓住这时机，夜以继日地工作，准备了翔实的资料，做了扎实的工作，疏通了校内校外各方关系，方才得以成功。

兰大被列为全国重点综合大学以后，飞速发展，从此走上一条康庄大道，进入黄金发展时期，这是世人皆知、有目共睹的事实。辛树帜、陈时伟，独树一帜，乘时而为。这两个人的名字，后人不能忘记。

1954年，陈时伟、左宗杞夫妇在兰大萃英门校园

陈时伟虽然一心扑在兰大的教学工作上，但他在政治学习和思想改造方面也丝毫没有放松。他与前后两任校长曲正和林迪生的关系可以用四个字来概括，那就是配合默契。这两位校长，都是从延安来的，是党的领导，年纪也长几岁，陈时伟非常尊重他们，与他们的个人关系很好。曲正是学医的，曾留学日本。1938年去延安，任延安医大的校长。1953年3月，曲正调去北京后，林迪生接任兰大校长的工作。林迪生也是留日学生，1936年到延安，新中国成立后曾任中共西北局教育部部长。陈时伟与林迪生相处时间最长，但前后两段，恍如隔世。

陈时伟偏重教学工作，对行政后勤等部门的工作，特别是涉及学生生活饮食服务方面，以及新校区的基建工程方面，求之心切，责之甚苛，容易得罪一些人。这些细节，陈时伟似乎毫不在意，知识分子大都注重做学问而不在意俗务。好在当时国泰民安，政府召开了知识分子工作会议，对知识分子的政策有了新的变化，开展了向科学进军的新规划。在这种形势下，学校的各项工作，特别是教学和科研工作，都取得了突出的成绩。兰大提出的科研规划，在全国教育战线异军突起，得到了广泛的好评，令学界刮目相看。学校又组织了一次职称评定工作，一大批年轻助教和讲师得到升职，积极性大大提高，显示出欣欣向荣的大好局面。文理科各系都有了学科带头人和教学骨干力量，形成了新老结合、后继有人的崭新格局。这一切，也使得陈时伟在校内外的威望，在全国教育系统的声誉，有了很大的提升。

自从兰大在盘旋路开建了新校区，萃英门校区的维修管理工作便有些松散了。父亲的心情，也随之有些失落。他在那次职称评定上一无所获，更增加了这种失落感。他觉得，同样是美国威斯康星大学的博士，他比老同学郑国锠、吕忠恕夫妇早一年回国，人家两人都已经评上正教授，自己仍然是副教授，心里不好受。他去找陈时伟，诉说委屈，表示当年要是不来兰大也许更好。陈时伟当然明白父亲的来意。他沉吟了一会儿，缓缓地

1957年5月4日，陈时伟、左宗杞和其他教师一起参观邓家花园
（后排左起：程溥、徐躬稠、王德基、水天明、陈时伟、左宗杞；
前排左起：刘有成、吕忠恕、李端严、樊祖鼎、叶金声；后排一人为邓宝珊）
（照片由程芹提供）

晚年的左宗杞先生

说，院系调整后，兰大的一些人文社会学科如法学、社会学等都砍掉了，经济学的教学课程也有很多改造，兰大能够保留西方现代经济学的教学和研究，已属不易；从个人的角度讲，最根本的还是要做学问，有了自己的东西，什么时候都能立得住。

听了这一番话，父亲茅塞顿开。他的眼前，浮现出左宗杞先生的身影。左先生是搞分析化学的，又在化学系大力拓展无机化学、有机化学、物理化学的研究和教学内容，据说又要搞生物化学。人称她是兰大的居里夫人。父亲暗下决心，一定要拿出自己的东西，来证明自己的实力。

功夫不负有心人。一年以后，父亲的成名作《凯恩斯思想批判》一文，在国家经济学权威期刊《经济研究》上发表，引起了全国经济学界的关注。

在父亲的一生中，他觉得最对不起的有两个人。一个是他的养父刘绍斌（质文），一个便是陈时伟。

晚年左宗杞

陈时伟校长去世后，左宗杞先生独自一个人生活，眼睛几近失明，后移居美国。她离开兰大时，她的学生彭周人一个人推着自行车悄悄地把她送到火车站。

1986年5月28日下午3时，兰州大学化学系为陈时伟举行了追悼会。尽管规格不高，但是远在美国的左宗杞先生听到这一消息后仍然激动不已，写信表示感谢。尽管她年事已高，仍然愿意为祖国的化学教育事业尽绵薄之力。

我每次到兰大校园，总会到假山下的烈士纪念亭去。亭子虽小，但在我眼前，却会浮现出天安门广场上的纪念碑。那上面，有共和国的缔造者毛泽东主席的亲笔题词。

1957年初寒假，陈时伟先生及其弟一家人于兰州大学
[前排左起：左大欣（左宗楳之女）、陈时伟、左宗杞、左宗楳（左宗杞之弟）；后排：陈绪明（左）、陈绪光]

说明：＊本文为刘新陆的回忆文章。

十年风雨萃英门[*]

——老校长胡之德访记

刘新陆

2020年6月11日上午10时，夏初微凉，我和刘元露、王秋林一行三人，按照约定时间，来到胡之德老校长的家。八十九岁高龄的胡校长亲自开门，手拿消毒剂喷雾器，为我们上下前后喷洒一遍，方才进入屋内。只见室内敞亮整洁，充满书卷气。刘元露首先献上手捧的康乃馨和百合花，表达萃英门发小们对老校长的崇敬和祝福之情。胡校长满面笑容，精神矍铄，十分高兴。

胡之德校长

因为在此之前，王秋林已将我们此行的来意向胡校长作了汇报，所以落座之后，我便拿出我们家姐弟四人编印的《刘天怡日记》一书，送给胡

校长，并简要介绍了这本从1958年开始到1973年中止，连续十五年不间断记录的六十多万字的日记的主要内容。胡校长听了，十分感慨。

胡校长说，他了解刘天怡的情况，他很不容易。他的一生，让人最遗憾的是，本来早就可以拿到博导，而且可以说，他在全国经济学界是泰斗级的人物。如果在北京，他早就是了。因为他们那一批从美国回来的人，不光在经济学界，在其他领域，也都是泰斗级人物。但他的成长和发展，受到了环境的影响和制约。作为四川老乡，他对父亲的遭遇感到很遗憾，他也曾亲口给父亲说过。当时我们是邻居，经常见面。父亲病了以后，胡校长还到家里看望过多次。

1959年，兰大文科的三个系——经济系、中文系、历史系被划了出去。兰大由一所综合大学变成了纯理科大学，后来又把物理、化学、地理的一些专业教师、实验室人员，划入刚组建成立的甘肃科技大学，甚至一度要把兰大收归到甘肃省教育厅管辖。幸亏高教部赶紧从北大派来江隆基，才稳定了局面，保住了兰大这块全国重点综合大学的牌子。江隆基校长用了好几年时间才重建兰大文科三系，但许多优秀的教师都流失了。

胡校长说，1952年全国教育系统搞院系调整，把兰大确定为高教部直属重点综合大学，是党中央和毛主席的战略部署。当时苏联援建的一百五十六个项目，甘肃有十五个。甘肃是一个亟待发展的少数民族地区，又有涉外边境线，因此必须要大力提高教育水平，培养多学科的人才，才能满足大西北发展的需要。兰大这个大平台是不能丢的。有了这个平台，才有优秀的教育科研人才来到大西北。兰大也才由一个地方性的大学上升到更高层次，有了发展壮大的基础。没有这个平台，能够留住多少人才？胡校长说，他在当校长的时候，也就这个问题去北京反映过情况。这个话题引起了大家的兴趣，我们告诉胡校长，作为兰大萃英门子弟，大家对1949年到1959年这十年的历史很关心，我们的父母都是这十年兰大发展壮大又经历风风雨雨的参与者和见证人，兰大的每一个成就，都有父辈们的贡献，而在这些贡献背后，父辈们的生活、为人、对子女的教育，有许多鲜为人知的故事，我们想把这些故事记录下来，收集成册，留给兰大，留给后人。

胡校长非常支持我们的想法。他说，萃英门这十年，在兰大百年校史中是非常值得研究的，其中许多人许多事，对当代人和后代人都有教育意义。他以自己为例，说："就拿我本人说，我是四川荣县人，家里很穷，是国家培养我上了大学。1952年，我考入兰大化学系，当时学校条件很差。我们男生住在两间大平房里，冬天很冷。女生住在衡山堂那边的三层楼上，算是受照顾了。吃的水是用毛驴车拉上来的黄河水。我们化学系主任是左宗杞，勤勤恳恳、兢兢业业，工作很认真，是非常敬业的一个人。她提出来，做化学试验需要自来水、需要煤气，要求改善办学条件。修新教学楼时，左宗杞从萃英门到盘旋路来回跑，监督施工质量。每一个门窗都要查看是否密闭，否则会影响化学试验。这样的人，很少见的。1959年，我被发配到酒泉边湾农场劳动一年，那里条件十分艰苦，又冷又饿，吃不饱肚子。风很大，吹起来看不见人，铁锹都能飘起来，女同志冻得直哭。我是党员，带头劳动，给沙土地浇水。渠道还没修成，就用草帘子堵水。两边两排人，把水堵住，形成水位落差，一块一块浇灌。祁连山流下来的雪水，冰冷刺骨。有时候跑水了，跳下去用身体堵。又吃不饱，每顿饭一个小小的馒头、一碗稀汤。人饿得黄皮寡瘦，路都走不动了。有一天上面来人搞调查，找到我了解情况，我大胆地反映了真实情况……在农场参加劳动的共有二百多人，化学系就有六十多人。另外还有韦镜权，原来是玉门油田的专家，国际上的知名人士，许多人都不知道。所以，你们作为子女，讲一讲父辈们的故事，的确很有必要。你们怀念父母亲，我提一点建议，就是要从家训、家学、家风、家传这些方面入手，多讲一讲父母在儿女成长的每一个阶段的言传身教，有形无形的影响、教育、培养和引导。习近平总书记也讲家风嘛！你们对父母亲的了解是最多的。"

刘新陆采访胡校长

访谈中，厨房里突然响起警报声，胡校长笑着安慰我们说，那是因为刚才我们进门时喷洒了酒精和消毒液，气味慢慢漫布到厨房，引发了警报。访谈将近一个小时了，胡校长仍谈兴不减，反应敏捷，妙语连珠，语重心长，笑声朗朗，谈话范围越来越广泛。我们本想多待一会儿，但刘元露暗示，要注意老人的休息，我们只好打住。离开座位时，我注意到沙发边的扶手上，堆放着各种书报期刊，其中有《世界科学》《标准科学》等，都是最新版的。

说明：*本文为刘新陆等人采访胡之德校长的文章。

念想渗透于生命之中*

——卢博玲老师访记

刘新陆　樊梵西

　　儿时的记忆是模糊而真切的。说它模糊，是因为其中一些是碎片化的，已不清晰，只知其一，不知其二；说它真切，是因为虽然经过了岁月的过滤，仍然真真实实地留在记忆里，几十年过去了，一直忘不了。幼年时留下来的记忆大多是这样，最后变成了一个念想，渗透在我们的生命之中。萃英门幼儿园的卢老师，就是这样被我们生动而真切地留在了记忆里，成为我们终身的念想。她是我们幼儿园所有孩子心中的女神。但是，直到我们最近去探访卢老师，才算对她有了一个更全面的认识。

　　卢老师住在兰大盘旋路校区家属院一栋旧楼房的一楼，屋内光线稍暗

拜访卢老师（中）

一点，但收拾得干净整洁，墙上挂着一幅儿孙满堂其乐融融的大照片。卢老师是1928年出生的，今年九十二岁了，行动自如，反应灵敏，口齿清晰。说起萃英门的人和事，她如数家珍，清清楚楚。她的眼睛虽然有一点儿老花了，看书要戴老花镜，但拿起iPad，翻动灵活，跟年轻人交流，一点也不困难。

卢老师是1949年八九月间来兰大的，住在静观园旁边的单身宿舍里。1950年结婚后，搬到了至公堂北面的老甘院。

兰大萃英门幼儿园大约建于1950年。刚开始的时候，幼儿园就设在一号家属院对面的小院里。园门在北面，从学生宿舍楼泰山堂这边进去，有两间教室。当时大、小班混合在一起，大约有二三十个娃娃。有些家里有老人的，还是习惯自己带孩子。后来，幼儿园搬到静观园南边的大院子里，才分了大、中、小三个班。幼儿园隔墙就是小学。

据刘元露回忆，他们班的幼儿园毕业照是1952年照的，照片上写的是"1952年兰大教育工会幼儿园第一届毕业留念"。卢老师一一辨认照片上的老师和学生，她能记得许多学生的名字以及家长的姓名。

当时幼儿园的园长是赵蕴时。赵园长的丈夫是新疆维吾尔族人，困难

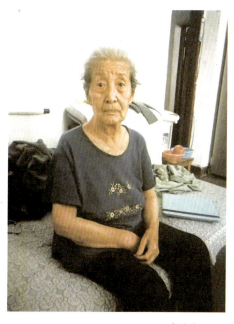

卢老师近照

时期她随丈夫回了新疆。幼儿园的老师先后有钱老师、赵老师（郝仁的妈妈）、冯老师（李人瑜的妈妈）、康老师（张万里的妈妈）等，大都是学校教职员工的家属。

卢老师祖籍福建，后来先辈移居山西，到了她爷爷那一辈他们家已成为当地的大户人家，家里房屋连片，还有专门的马舍牛圈。家里有耕读传家的传统，家教甚严，孩子们从小就要读《左传》《朱子家训》一类的书，还要写字练书法。她有两个哥哥和一弟一妹。

抗战期间，她随大哥从石家庄逃难到宁夏银川，在那里读了师范学校。她的父亲是国民革命军的军官，曾任县长。母亲也曾在石家庄师范学校读书任教，后来到山西教书。卢老师受母亲的影响很大，喜欢唱歌跳舞，追求进步，但做人做事小心谨慎，比较低调。

卢老师是跟随先生刘积高一起来兰大的。她和刘先生是在湖南两湖文襄小学认识的，那时，刘先生在小学任教。新中国成立前，刘先生是兰大生物系的学生，毕业后就留在兰大工作了。

小朋友们喜欢卢老师，并不完全是因为她年轻美丽，更是因为她对人和蔼可亲。她对我们说过些什么，已经记不清了，但她的每一个举止，都会让我们的眼球随她而动；她的每一个轻微的抚摸，都会让我们心情愉悦。在她的面前，孩子们很自然地分成两类：调皮好动的，会更加活泼；安静温顺的，会更加听话。双方都只有一个目的，那就是努力吸引卢老师的注意力，争得老师的宠爱。但卢老师秉持一个博爱的理念，平等地对待每一个孩子，把慈爱之心像阳光一样公平地洒在每一个小朋友身上。

幼儿园里设有文化课（主要是讲故事、数数）、音乐课、舞蹈课、手工课、游戏课等，其中手工课很有特色。有一种手工，是按照纸上画的画，用香头烫出线条来。还有一种手工，是按照一块布上画出来的小猫小狗等动物的图像，把中间带孔的彩色小珠子用针线穿起来，再沿着小猫小狗的线条缝在布上。这些手工作品，会让小朋友自己带回家去给父母看，然后收藏起来，作为纪念品。

这个手工课虽然有一点难度，但对于我们学会穿针引线的针线活儿，很有帮助。长大以后，很多缝缝补补的活儿，我们都会自己完成，减轻了父母的一些负担。

手工画

　　赵园长有两个女儿，一个叫阿依昆，一个叫阿依其白尔。她特别安排老师给我们教新疆歌舞。女孩子们非常感兴趣，很快就学会了身体不动而头能向两边侧移或者腿脚跳动而上身不动的技巧。记得那时刘安妮很有学舞蹈的天赋，不但自己学得快、跳得好，而且很快便成为老师的小帮手，有模有样地带领大家跳舞。

　　数数，对于每一个小朋友都是一道必须迈过去的坎。从1数到10，似乎比较容易，但要数到100，却要费一番周折，数着数着就乱套了。小班的小朋友大声数数，开始还整齐划一，很快就各数各的、数字不一，最后乱作一团。

　　游戏课是大家最喜欢的，丢手绢、老鹰抓小鸡、滚铁环、指天画星星等游戏，我们百做不厌。

　　幼儿园还经常组织小朋友去静观园游玩。静观园的花草树木，都会引起孩子们的极大兴趣和无穷无尽的好奇心。每天下午放学排队回家穿过校园时，看到大学生纷纷给我们让路，便十分兴奋。昆仑堂前的大操场是我们经常穿梭奔跑的地方。

　　卢老师家里，保留着许多幼儿园时的照片，她一一翻给我们看。照片真是个好东西，许多已经淡忘的场景，看了照片，立刻回想起来，并且又会联想起更多的人和事。之前，王芹、樊梵西、魏绪昌等一些幼儿园的"小朋友"都来看望过卢老师，把她珍藏多年的照片拿去翻印，在发小群

卢老师（右一）与好友们合影

里分享，引起大家无限的欢乐。人生有此欢乐，我们应该感谢卢老师！卢老师说，德分上下，上德就是做了好事，不为人知，不求回报。

我们有些"小朋友"至今还保留着幼儿园给我们的学期评语。这种学期评语是手刻油印在麻纸上的。上面有许多空格是卢老师填写的，所以今天我们能有机会一睹卢老师那一笔娟美秀丽的钢笔字。我除了保留着自己的两份学期评语，还保留着大弟弟刘仁杰的一份学期评语，其中都有"聪明好动爱干净"的评价，而我的小弟弟刘东平就没有这个荣幸。小弟弟刘东平上幼儿园时，兰州大学已经有了盘旋路校区，卢老师已经到盘旋路校区上班去了。父母亲从萃英门到盘旋路两头跑，最后只好把大弟弟送到保育院去了，每星期接回家一次。樊梵西也保留着幼儿园时期的学生评语，她已经把资料捐献给了兰大档案馆。

卢老师后来调到兰大图书馆工作，因为字写得好，被分到图书馆编目组工作。这个工作很重要。所有的新书都要分门别类编制书目，旧书需要清理，没有编目的都要补录。当时图书馆馆长是刘佛吾，在图书馆一起工作的还有杨素宜、靖钦恕、满达人、方淑珍等。

卢老师喜欢读书，1949年刚到兰大时，她就报考了兰州女师，后来又在兰大中文系刘让言先生那里进修。70年代知青下乡，学校派她去带队，当时因为家务缠身她不想去，刘佛吾馆长也不放她走，后来他在民乐县知青办干了一阵子，回来后就调到学校总务处工作了。

卢老师年轻时就喜欢运动，五六十岁的时候还学打网球，参加过许多比赛，还拿过奖。现在她每天早睡早起，早上五点钟就起来健身。她的孩子们经常来帮她做家务，都很有出息。在奥地利维也纳读书的外孙给她买了iPad跟她聊天，她写了这样一段话：念想渗透在我们的生命之中。她告诉外孙，语言是有生命的，具有创造和毁灭的能力。现代物理学有一个伟大的发现，物质就是能量，这也是爱因斯坦对人类做出的贡献。他向我们揭示，物质只是能量的一种形式。艾因顿（音）这位伟大的科学家说，我们总以为物质是一种（实体）东西，但现代物理学告诉我们，物质其实是一种能量。物质比起（实体）东西来，更是一种念头，物质是来自念头，来自我们的思想。如果不是先有了飞机的念头，科技不会制造出飞机来；如果不是有了写作的念头，这本书就不会呈现在我们的面前。如果你剖析一幅图画，你就会发现，它是由画布和一些颜料组成的，但一幅画能够成为一幅美丽的图画，它不仅是画布和颜料等物质的总合，也来自绘画者的念头，如果没有这个念头，就不会有这幅画。同样的道理，念头既可以创造生命，也可以毁灭生命。

我们惊叹卢老师这么大岁数的人，还有这么现代的思想。物质和意识是统一的，这当然是老话了。但常识告诉我们，人是物质的，也是精神的，精神就是观念。有一个哲人说，从长远来说，传播一个新观念，就是

程芹拿出家里相片让卢老师辨认

引领一个新社会。

　　听了卢老师的这番话，众人都说，卢老师真是活到老学到老，这种境界正是长寿的秘诀！

　　说明：* 2020年8月，程芹、靖明农、刘新陆和刘元露先后两次去看望卢老师。事先与樊梵西取得联系，交换了信息，本文中的许多资料和图片是她提供的。我们两次都是捧着鲜花去的，因为只有鲜花能代表我们的一片真心。白色纯洁的百合花象征着卢老师在我们心中的形象，而红色鲜艳的康乃馨则表达我们对卢老师的祝愿。靖明农还带去了他自己的一幅书法作品。

张孟伦教授的儿女们*

——张雅彦访记

刘新陆　张雅彦

　　张孟伦，历史学家，出生于1905年6月，江西万年人。九三学社社员。1933年毕业于国立武汉大学历史系，曾在中学、大学任教多年。中华人民共和国成立后，在张掖师专、兰州大学任教，曾任兰州大学古籍整理研究室主任，担任史学史硕士生导师。

　　2020年7月21日下午3时，我去拜访了张雅彦。他是张孟伦先生的儿子，住在兰州大学盘旋路校区家属院13号楼1单元2室，今年八十一岁。1962年，我家从段家滩的甘肃财经学院搬回兰大，他家也从张掖师专回到兰州。我们两家都住在7号楼，成为楼上楼下的邻居。多年不见，格外亲切，加之我与他的妹妹张雅善又是从幼儿园到中学的同学，更是有许多话要说。以下是我们的谈话内容（根据录音整理）。

一、关于张孟伦先生来兰州大学任教的经历

　　问：你们家是哪一年到兰大萃英门的？

　　答：是1950年9月中秋节前后，我们一家是从南昌坐火车先到西安。那时候，西安到兰州的火车还没有通，我们又坐汽车走了七天才到兰州。一路上黄尘滚滚，黄土有一尺多厚。我们乘坐的汽车是20世纪40年代美国制造的大鼻子轿车，又旧又破，可乘坐二三十人。开车的司机说，这辆车抗战时期还跑过缅甸。

　　我们乘坐的马车也是轿子车，是带有篷座的。马的脖子上挂着铃铛，一路带响，路人听到响声，便远远地避让。马屁股上挂着粪兜，以免马粪

张孟伦教授

撒在地上。马粪收集起来，还可以做燃料。我记得很清楚，我们在中山林那里下了汽车，又累又渴，便在路边瓜摊上买了几个白兰瓜吃。那瓜真甜，甜得蛰嘴，所以印象很深。然后雇了两驾马车，沿着一条铺了沙子的马路往北走，到了一个大红门的衙门，后来知道那是辕门，是省政府。从那儿向左拐，继续往西走，出了西关城门便来到了萃英门。

到了萃英门门口，正碰到陆润林的美式吉普车开出来。陆润林是当时兰大的教务长，开车的是钟师傅，后来我家还跟钟师傅家住过同一个院子。陆润林对父亲说，正要去中山林接我们，不想我们已经到门口了。

问：你家刚到萃英门时，住在哪里？邻居是谁？

答：刚开始住在工会北面顶头的院子里，隔墙就是工校。我家五口人住三间西房。北房住的是医学院的病理学家马馥庭一家，东房住的是医学院的病理学专家张培源一家，外院住的是陶国梁、陶国柱、陶国方兄弟家。陶妈妈又瘦又小。陶家生活比较困难，每天用一个小砂锅煮洋芋吃。陶国梁后来到学校办公室当勤务员，给校长提开水。

我们以后又搬过两次家，先是搬到华山堂和衡山堂西边的一个小院子里，那里住着钟师傅一家；后来又搬到西边印刷厂旁边的院子里，那里住着中文系的刘让言、历史系的张传梓、经济系的李明忠等先生。李明忠有两儿两女，大儿子叫李安平，安徽出生的，小儿子叫李兰平，兰州出生的，女儿叫李青平，大概是青海出生的。还有医院的刘大夫，她的丈夫是工程师，有两个儿子，叫大胖、二胖，我们都差不多大，常在一起玩。静观园是我们经常去的地方。我的弹弓打得好，瞄着冬果梨的把把儿打，冬果梨就掉下来了。打麻雀也很准，有时能一弹弓打下两只来，常常提着一串麻雀回家。我到萃英门时已经十一岁了，在武都路的民国路小学上学。王长仕的儿子王德民是娃娃头。陈时伟的儿子陈绪光比我大，他很幸运，1955年考上了北京大学化学系。他妹妹陈绪明运气不好，考不上大学了，我也一样。

二、关于张孟伦先生的求学经历

问：你的口音还带有南方人的味道，你家是哪里的？

答：我父亲是江西南昌人，母亲舒佩瑜是江西鄱阳人。爷爷去世早，我没有见到过。父亲是在他伯父的支持下才上学的。他伯父家有七百六十多亩好地，还开有油坊。伯父是老中医，给乡里人看病，很有名望。穷人看病没有钱，他便不收钱。山里有一帮土匪，曾经抢劫过伯父家，有一次土匪头子生病，差一点死掉，是伯父开了药方救了他的命。那人提着礼品跪在伯父家门口谢恩，伯父闭门不纳。父亲学习用功，后来考上了武汉大学历史系，毕业后留校任教。母亲祖上也是当地的大户人家。母亲的曾祖父曾留学德国学法律，娶了一个黑头发的德国女人。母亲从小读书，后考入林学院。因身体不好，到兰州后没有出去工作。

父亲在南昌大学工作时，月薪是三百大洋。他每个月只留一百大洋家用，其余都寄回老家，以报伯父养育之恩。接到兰州大学聘书后，他的月薪是一千二百斤小米。

三、关于张孟伦先生在兰州大学的教学生涯

问：张老先生是教哪门课的，带研究生吗？

答：我父亲教的是中国通史，专长史学史，著有《中国史学史》《汉魏名人考》《宋代兴亡史》以及《评刘知几的三国志评论》《隋代史学》

等。他曾任兰州大学古籍整理研究室主任，带硕士研究生，国内著名的宋史专家张邦炜、史学史专家罗炳良，皆出自父亲门下。

父亲在家里一天到晚就是趴在书桌前读书写文章，一直到深夜。有时夜里睡觉说梦话，说的都是他写的书上的事，可见他有多么沉迷执着。1957年被错划为右派。1958年院系调整时，兰大文科三系被划分出去，父亲被分配到张掖师专任教。

问：张老先生也是被分配到张掖师专的吗？我还以为你们去了师大。

答：当年兰大文科一部分教师去了师大，如历史系的赵俪生教授、中文系的匡扶教授。我家去了张掖师专，一起去的还有张雅韶副教授。我们两家都是1957年前后搬到盘旋路校区的，住在现在图书馆前面的简易房里，后来又一起到了张掖师专。可惜张雅韶先生不久患病，回到兰州治疗无效去世了。他的大儿子张靖宇比我大一点，后来在兰州一中任教。

问：你在哪个学校读的中学？

答：是33中。中学毕业后我被分配到农建十一师。在农场干了十六年，结了婚。妻子廉秋燕是天津知青。1979年父亲平反。1980年，我们从八一农场调回到兰州，那时儿子已经十岁、女儿五岁。

问：你们在农场的生活怎么样？

答：我当时年轻有力气，不怕吃苦。农场的活儿，啥都干过。春种秋收，一天都不落。中间转了好几个地方。

问：你妹妹张雅善呢？

答：张雅善也是下乡知识青年。在陕西安康待过，后来到庆阳宁县插队落户，吃了不少苦。她从小喜欢读书，读了不少书，有思想、有才华，后来调入兰州平板玻璃厂当工人。我还有一个小妹妹，身体不好，已经去世了。

问：还有两个姐姐呢？

答：二姐当年没有来兰州。她参加革命早，搞过土改，嫁给了一个四野的南下干部。现在她们都已经去世了。

问：儿女们还好吧？

答：都在兰大工作。

问：家里还有父母亲的文献资料和照片吗？

答：搬了几次家，剩下的资料也不知道放到哪里了。2018年，兰大历史文化学院举办了"纪念张孟伦教授诞辰113周年"的学术活动，邀请我们参加。当时乔健、赵梅春等人也参加了，他们那里可能还有一些资料吧。

说明：* 刘新陆采访张雅彦撰文并经张雅彦审阅。

作者简介

张雅彦，1939年出生，江西南昌人。1964年到农建十一师参加工作，后转入八一农场。1980年落实知识分子政策调入甘肃省水利学校任职。2004年退休。

编后语：满目青山夕照明

这本《萃英门：我的父亲母亲》是兰州大学"萃英记忆工程"系列丛书之一。编写收笔之时，恰逢庚子大雪，山舞银蛇，原驰蜡象。手捧这本厚重的文集，百感交集，心绪难平；掩卷而思，如释重负。

首先，我们尽己所能，心存敬畏，在忐忑而又兴奋的期盼中，经过八个月的联络、动员和组织工作，校内外、国内外联动，多环节衔接，终于完成了本书的编纂和审核工作。数十位萃英门子弟情氲七十年，热望本书早日付梓。这本书承载着我们难忘的青春，寄托着我们无尽的怀念。尽管它还有很多瑕疵、偏颇甚至错误，但我们为能得到萃英门发小们的信任，受此重托，担负此责，完成这项工作而深感荣幸。

书中收录的所有文章、照片和实物图文均来自个人投稿或捐献，这是我们大家共同的精神财富，是我们父辈青春芳华和曲折人生的真实写照。文中所有文字和故事都来源于作者的真实生活，发自作者个人心灵深处的真切感受。文稿中的每一字、每一句、每一事，都是大家不顾老眼昏花竭诚而作，许多是含泪写成。它真实生动地再现了七十年前那一代教育工作者的生活场景和生存状态，记录和反映了那个特殊的时代及父辈们难得的成就。如今，那一代教育工作者当中的大多数人已经离我们而去，而书中收录的故事和图片，却展示了他们当年的青春形象。本书是对他们最好的致敬，是一烛缅怀和告慰的心香。

本书文稿的作者，从年龄上划分，可以分为两拨：一拨出生于1949年新中国成立前，另一拨则出生于新中国成立后。他们的共同之处是都曾在萃英门生活过一段时间，了解萃英门的来世今生；而不同之处在于，由于"文革"的发生，后一拨人中断了学业，成为知识青年。这种差别，在本书收录的文稿里可以表现出来。一是因为过早离开父母的抚育而产生的疏离感,二是在文字表述能力上的区别。尽管其中也有部分人在改革开放后搭上了恢复高考的末班车,有非同一般的表现,但就大多数人而言,却有现实的困难。这可能就是本书收录到的文稿,尚未达到更广泛更全面更深刻程度的原因。毋庸讳言,其中也有往事不堪回首的因素仍然在起作用。在编撰本书的过程中,我们秉持一个正向思维的观点。所谓正向思维,就是艰难困苦、玉汝于成。用诗人普希金的话来说,就是"心永远向着未来"。这一点,得到了大家的认可。

中华民族历来崇祖重教。家风家教是一种重要的文化传承。回顾我们这一代人的生活经历,无论是处于顺境还是处于逆境,在爱国敬业这一点上,我们是完全接受了父母亲的言传身教的。父母亲所处的时代,比我们所处的时代要复杂得多。他们在新旧社会交替之际,从思想、学业、生活、环境等各个方面都经受了难以想象的磨砺,但他们的理想信念从来没有动摇过。他们从战乱中走过来,深知积贫积弱的国家和民族需要有一个强大的核心领导力。这个核心领导力,历史选择了中国共产党。在父母亲一代人当中,普遍是把爱国爱家的家国情怀与相信共产党和听党的话跟党走连为一体的。这个道理,从小就灌输到我们的内心深处。我们父母亲一辈子就是这么想这么做这么教育我们的。即使遭受误解,也从未有所动摇和改变。这就是父母亲留给我们的财富。做真人、写真事、吐真情是我们的共同心声,也是本书的根基所在。唯其如此,一位读了本书文稿的前兰州大学的领导由衷地说出了自己的读后感:"这是一本具有独特文献价值,具有西部高等教育发展史价值,具有人类生存哲学价值的好书。"

对于有过三年插队生活的萃英门子弟而言,虽然这三年在他们的人生长河里只是弹指一挥间,但却在他们心中留下了刀刻斧凿般的印记,在他们生命里程中难以磨灭。"文革"改变了这一代人的生命轨迹,但他们始终没有沉沦,一直在砥砺前行。其中一个重要原因,是他们此生有缘曾经生活在兰州大学萃英门的校园里,晨钟悠悠,耳濡目染,近距离接触、亲身感受校园里健康文化的熏陶。尊师重道,勤学笃行,诚信坚毅,乐观向上,这样的校园风气造就了他们健全的心智。当他们从校园走向农村迈进社会时,这些美德善念就成为一种不同于其他人的学养基础,帮助他们走出了不同凡响的拼搏奋进之路。萃英门子弟当中，涌现出一大批学有所成、对社会有所贡献的人物。所以，我们对于兰州大学的感情，犹如对父母亲的感情一样，始终是心心相印、息息相通的。我们关心兰州大学的发展变化，既为之取得的成就而欢欣鼓舞，也为其一时的困难而担心。我们的感受是，一个学校的校风是一个学校的根基和命脉。我们编撰这本专辑，除了以此纪念我们的父亲母亲，同时也是想通过父辈的经历来展现他们身上焕发出来的兰大气息，体现出来的兰大精神。本书是敬献给兰州大学的一束郁金香。在此，我们感恩兰大，感谢师长，感念每位萃英门的发小！

在本书的编撰过程中，自始至终都得到了兰州大学档案馆各位老师的支持和帮助。档案馆和口述档案研究中心组织专业人员参与本书的编辑和审稿工作，更为重要的是，把本书正式列为兰州大学"萃英记忆工程"系列丛书之中。正是由于档案馆和口述档案研究中心的不懈努力，保证了本书的顺利出版。在此，也对北京新领先医药科技发展有限公司法人陶新华校友对本书的出版资助表示诚挚的感谢。

2020 年 12 月